基金投資與管理

FUND INVESTMENT AND MANAGMENT ・伍忠賢 著・

五南圖書出版公司 印行

謹獻給恩師劉維琪教授

感謝他對我終身的教誨

自序

——本書讓你一次看個夠

「明天會更好」這是普世的價值觀，當退休金不足以糊口情況下，一半以上的人必須自謀生計，「靠政府不如靠自己」，因此每個人的**投資（一般書刊稱為理財）**需求越來越殷切。

需要為發明之母，**投信（國外稱為基金公司）**、證券公司、銀行甚至壽險公司（投資型保單）努力衝刺財富管理業務；其中主要商品便是共同基金。

一、三個理由讓你一次看個夠——省錢、省時、省力

相信許多人都聽過庾澄慶的一首歌「讓我一次愛個夠」，同樣的，許多商店都朝「一次購足」（one-stop shopping）的方向邁進，讓顧客可以不用東奔西跑，便可一次買到所有需要的東西；同樣道理，跟買電腦、軟體一樣希望能有「全部答案」（total solution）。在本書中，我延伸這個觀念，以迎合讀者「一次看夠」，一本書看到最多素材的心理需求。

本書如何做到三合一，而能提供你「省錢（花一本書的錢可以看到三本書內容）、省時、省力」的需求呢？

由表0-1可見，3I的三合一特性，本書可說包括下列三大領域。

- ·共同基金的第一本書（入門）。
- ·共同基金step by step，為達到「實用」的目標，大部分基金（例如chap10～11）我都有報「明牌」（即推薦基金），是以過去一年（此例為2007年9月～2008年8月）的報酬率前三名。
- ·共同基金聖經（即投資策略）。

自序

表0-1　本書三 I（三合一）的特性

3I	市面上書籍特性	本書優勢來源與篇章
Intelligence（智慧）	聖經、寶典、投資策略	投信研究報告、博士論文等實證文獻，本書第13、14章基金投資策略
Information（資訊）	2007年基金投資、定時定額基金投資	工具書：銷售管道的聯絡方式、基金排行榜、基金評比，本書第15、16章可說是共同基金step by step
Introduction（導論）	第一本書、基金百科、Q & A	創意、圖表、架構，讓你一目了然，本書第1～12章

(一)一張圖抵得過千言萬語

本書以投資理論為架構，因此能夠抓得住重點；我們以清晰的全書架構圖讓你一步一步的瞭解共同基金所有事情，而且大量使用圖表，以發揮「一張圖抵得過千言萬語」（A picture is worth of a thousand words）的效果，就跟電腦檔案壓縮技術一般，同樣篇幅卻有別人二三本書的分量，可說是物美價廉。

透過我獨創的資產預期報酬率、預期虧損率為基礎，不僅可以把各類基金在圖上分類，讓你一目了然；而且，更像化學元素表一樣，立即可以明瞭各共同基金長期應有的報酬率、虧損率。

此外，透過我簡易的基金報酬率速算公式，可以讓你用計算機在一分鐘內便可輕易算出（包括海外基金）報酬率。

又如圖2-1、表14-3只用一個圖、表就可說明在人生各階段該把多少資金擺在基金、投資範圍（地區）、哪類資產，可說是三合一的分析圖。

我費盡心思，就是為了讓你能「快易通」的瞭解共同基金，希望讓你：「只要會用計算機，就可以運用本書！」

㈡掌握資訊讓你迅速進入狀況

有不少投信提出一些好聽的基金投資原則，其實只是包裝精美罷了，可說是口水多過茶水。例如：

・投資的TV法則，T是時間、V是指投資工具（vehicle），即是指定時定額基金投資足以掌握此法則，所以掌握了投資二大成功因素。

・基金贖回六大禁忌。

本書是我20年來從事金融分析、投資、教學、寫作的心得，因此實務性強，而且也很務實，不需要念過財務管理、投資學也能融會貫通。我還提供你有關基金重要資訊。由此可見**本書就跟食譜一樣**，到處充滿著可以快速拿來應用的觀念，省得在一堆經濟數字、投資建議中打轉，還不知買什麼呢！

㈢另類創意

曾聽過一個建議：「大學教授最好也從小學教起」，一直無法體會其真正涵義。直到撰寫本書，不能像以往教大學、寫公司理財書，可以直接談貝他係數、標準差、效率前緣等。本書假定讀者沒有學過財務管理、投資學，因此靈機一動，以預期虧損率來取代（海外基金）投資風險，並藉賠率的賽馬賭博的關係，取得預期報酬率跟預期虧損率之間的連結（函數關係）。並進而：

1.　在圖2-2中，把所有資產標示在預期報酬率、虧損率的座標圖，予以分類，不僅一目了然，而且更從實務的數學，推演出表2-2「各類資產應有的報酬率、虧損率比較表」。

2.　從資產組合的報酬、虧損率的計算結果，投資人可以明確看到不同組合的預期報酬率、虧損率。

當我把這創意發展完全後，雀躍不已，終於體會到「大學教授應從小學教起」的道理，即用別人能懂的語言來回答問題。

自序

　　而這個創意竟是我在財務管理領域中的創見，這完全拜寫本市井小民可以看得懂的理財書之賜。

　　本書架構主要是依圖2-1，由右至左循序漸進。

二、字斟句酌方顯專業

　　本書中有不少譯詞（例如umbrella fund、hedge fund）、觀念（例如基金停益、系統贖回、停損等），我不怕你煩的詳細「正名」。縱使連個名詞翻譯也這樣字斟句酌，詳見表0-2，看似有點吹毛求疵、小題大作；但唯有如此方顯專業。

表0-2　本書譯詞跟一般譯詞不同之處

英文名詞	本書譯詞	一般用詞
B-fund	手續費後收型基金	B基金
beneficiariers	投資人	基金受益人
fund	一「支」基金	一「檔」基金
fund company	投信	基金公司
fund manager	基金經理或基金管理者	基金經理人
management fee	管理費	經理費
umbrella fund	免費轉換條款	傘型基金

三、感謝

　　我撰寫此書時，受惠於許多教授、學生（尤其是邱郁淇允許我引用其部分期末報告於第16章第9節）的寶貴意見，無法一一列名感謝，特在此表達謝意。

伍忠賢

謹誌於台北縣新店市2008年10月

投信公司 ‖ 中英對照

AIG Investments　友邦投資，包括友邦投信、友邦投顧

Alliance Bernstein Limited　聯博資產管理

Allianz Global Investors　德國的德盛安聯資產管理集團，在台有投信、投顧。

Aviva Fund Service　英國英傑華基金投資公司

AXA　法國安盛保險集團

AXA REIM　安盛房地產投資管理公司

Baring　霸菱資產管理公司，美國美邦保險集團旗下的子公司

BGI (Barclays Global Investors Limited)　巴克萊投資管理公司，是英國巴克萊集團（Barclays PLC）旗下子公司，所管理的iShares系列多為「基金形式」，擁有較多的管理彈性，旗下基金超過2,000支，覆蓋全球250多個指數，所發行的指數型基金支數居全球之冠。

BlackRock Group　貝萊德集團，是美國股票市值最大的資產管理公司，2006年9月，合併美林資產管理公司

Brown Advisory　布朗顧問公司

BNP Paribas Asset Management　法商百利達資產管理公司，法國巴黎銀行集團旗下公司

EPFT　新興組合研究

Everest Capital　常豐資本公司，專作衍生性金融商品基金

Fidelity　美國富達

First state　首域

Fortis　（比利時）富通投資，涵蓋原荷銀資產管理公司，下轄富通投顧（2008年3月以前的荷銀投顧）；是比利時富通銀行（Fortis）旗下公司

Franklin Templeton　美國富蘭克林資產管理公司，是富蘭克林公司的子公司，執行董事是墨比爾斯（Mark Mobius）

Franks Russell　羅素公司

FTSE　富時公司或英國倫敦金融時報指數公司

ICI　美國投資公司協會

Invesco　景順

Investec　天達資產管理集團

Janus Capital Management LLC　美國駿利資產管理公司

Jupiter Asset Management　英國木星資產管理公司，第三大

KBC Asset Management N.V.　比利時聯合資產管理公司，2007年買下台灣的台陽投
　　信予以改名

Legg Mason　美國美盛基金公司，旗艦基金為價值信託基金，由傳奇基金經理米勒
　　操盤

Mass Mutual　美國美邦保險集團

Massachusetts Financial Service (MFS)　全盛

Mellon　邁倫

Morley Fund Management　倫敦莫理基金管理公司

MSCI　摩根士丹利證券旗下的摩根士丹利資產國際

NVCA　全國創投資本協會

Old Mutual　英國耆衛國際

Pictet　百達，私人銀行業者

PIMCO　美國太平洋資產管理公司，全球最大的債券基金公司，是德盛安聯資產
　　管理公司的子公司

Putnam　普特南

Research Afiliates　銳聯資產管理公司

Schroders plc　英商施羅德投資，2008年9月買下玉山投信，並改名為施羅德投信；
　　另下轄施羅德投顧（在台原名為寶源投顧）

SSGA（或SSgA, State Street Bank and Trust Co.）　道富環球投資管理公司

TCW　威信基金管理公司

T. Rowe Price　普萊斯

Thomson Financial　湯瑪遜財務公司

Vanguard Investment　先鋒集團

目　錄

Contents

Contents

Contents

Contents

Contents

Contents

Contents

Contents

第 1 章 財富管理業務導論

基於全球戰後嬰兒潮世代退休,以及不可避免的全球人口老化趨勢,投資人已從過去單純的儲蓄,改為增加一些中度風險、中度報酬的投資;而我們觀察到,過去高儲蓄率的亞洲國家投資人,逐漸接受共同基金的投資概念,所以結合共同基金與退休規劃,這類的市場需求在亞洲與拉丁美洲大增。

———麥道森(Michael Dobson)
英國施羅德資產管理公司總裁
《商業周刊》,2006年9月25日,第58頁

君子愛財，取之有道

「在什麼都在漲，只有薪水不漲」的類似**停滯性物價上漲（stagflation）**時代（2007～2009年），節衣縮食、兼差已成潮流，把肚子顧好是每個人的切身問題。

連號稱鐵飯碗的軍公教人員都擔心退休金可能會後繼乏力，很多人先退先拿，至少「一鳥在手，勝過九鳥在林」；那就更不用談紙飯碗的民間公司、機構了。

「少子化」、「高學歷高失業」的結果是，現在中年這一代可能是「奉養父母的最後一代、被子女棄養的第一代」，越來越多人有危機意識，必須自求多福。

往積極方面看，「馬無夜草不肥，人無橫財不富」，1980年代以來，投資已成全民運動，除了薪水這些得靠勞力付出的**主動所得**外，靠錢賺錢（包括房租收入）的投資所得，在2006年，幾乎已占國民所得的四成。

只是跟工作一樣，「工作越來越難找」、「薪水越來越薄」；同樣的，在投資方面也是「好股票越來越少」、「錢越來越難賺」。

「你的需要，就是我的商機」，於是財富管理業因應而生，本章依序說明四種代客投資的業務。先拉個遠景，第二章以後，再拉近景聚焦在本書主題共同基金。

1-1 投資的委外——財富管理時代來臨

「老年化」、「少子化」、「全球化」、「全球暖化」這些是常見的全球趨勢，全球化的結果之一是**日本趨勢大師大前研一**在2005年所提出的**M型社會**。「**富者越富，窮人越多，中產階級變窮**」。

M型社會的後遺症之一是「**美國人退休後最擔心的問題是錢不夠養老**」，連美國人都必須自求多福的投資（俗稱理財），那更何況是所得只有美國四成、社會福利較單薄（註：2008年10月1日開始實施國民年金，月繳至少917元，40年期滿後領6,600元）的台灣呢？由表1-1可見，台灣可能有七成民眾擔心老本不夠。

這項調查由宏利人壽委託TVBS民調中心，針對40至69歲的民眾601位（其中富人占128位）抽樣訪談調查，有近八成民眾擔心退休後缺錢花用。詳見表1-1。

表1-1　退休需求調查結果

調查項目	結果
理想退休年齡	60～64歲，平均61歲
退休後每月需要多少才滿意	目前收入的62%（即所得替代率62%）
每月願意提撥薪資比例	一般人平均願提撥22% 富人平均願提撥32%
投資工具	一般人以保險最多（37.7%） 富人以股票（50.2%）略高於保險（48.9%）
最擔心的事	退休後收入跟不上物價上漲（近七成）
最重要的事	一般人：能有保障終身的收入 富人：報酬率低沒關係，本金一定要有保障

資料來源：宏利人壽委託TVBS民調中心民調結果，《工商時報》，2007年9月13日，C1版，陳欣文

一、99%以上的人不適合作股票

股市有句諺語：「頂二十，底八十」，其中一個解釋是「**賺錢的只占二成，賠錢的人占八成。**」而賺錢的這二成中依序是公司派（俗稱大股東）、三大法人（投信、外資、綜合券商自營部）。那麼不用說，賠錢的這八成中主要就是像唐·吉軻德般的散戶了。

套用美國1980年代當紅的專欄作家包可華所說的，誰夠格成為美國總統，他採取「刪去法」的條件說，即必須符合下列條件。

- 男性，這刪掉一半人口（即女性）；
- 沒有違法違警紀錄（包括喝酒駕車），這又「殺掉」一半男性；
- 只結一次婚（雷根總統例外）；
- ……

到末了，符合條件的美國男性又剩下寥寥幾個。同樣的由表1-2可看出，只要你符合其中一項條件，你便不合適直接投資股票，而應該委託專家代勞。

二、沒有三兩三，怎敢過梁山

台股集中市場（即上市）約700支股票，櫃買中心（即店頭市場）約550支股票，合計約1,300支股票；要記130支股票的名字已不容易，更何況是1,300支股票。

台股市場結構已經轉變，外資法人占市場交易的比重已經拉高到35%，連同投信法人占交易比重合計已將近45%，法人對台股影響力明顯增強，台股市場已從散戶為主，轉為由法人主導。法人注重基本分析，結果是「好公司上天堂，壞公司下地獄」。**買錯股票的結果是「賺了指數，賠了價差」。**

◈ 表1-2　不適合玩股票而應買基金的人

屬性	說明	占成年人口比重
一、個性		
1.決斷力	優柔寡斷、患得患失（有氣喘、高血壓、心臟病的人）。	4%
2.賺錢企圖心	與世無爭的「懶人」。	
二、時間	1.沒空的人，尤其是空中飛人型的老闆、高階管理者、業務代表。	5%
	2.上班期間不准作股票的上班族，尤其是很多公家機關有此規定。	
三、能力		
1.財務	每月只有三五千元或二三萬元的小錢結餘。	90%
2.投資能力	理財「文盲」。	

於是，有些人求助某些投顧公司（例如第4台上70到80台）或投資周刊的明牌；明牌如果那麼好賺，那麼「解盤老師」何必收散戶，每月賺會員5,000元、3萬元的會員費呢？

三、把煩惱丟給專家──專家管理，賺得比你多

作股票跟釣魚正好相反，釣魚的樂趣在於享受等待過程的寧靜以及和魚兒搏鬥的過程，因此許多老外把釣到手的魚兒放生。作股票的樂趣在於享受成果，而不在於過程中無聊的「做功課」（蒐集、分析資料）或是心驚膽戰的看盤，甚至收盤後的「患得患失」。

如果有人可以代勞，不少投資人寧可「把煩惱丟給專家，夏威夷（投資報酬）我們去就好了」。

「聞道有先後，術業有專攻」，這句話最貼切形容專業分工的好處；絕大部分家庭主婦煮了二三十年的飯，可能不及一位凱悅飯店餐廳中只有三年經驗的二廚。連我們自認熟悉的事情，有人因比我們專業，所以做得比我們好。那就更不用說是牽涉到複雜投資地區、資產、稅負、策略的投資了！

由於「利之所在，勢之所趨」，幫別人投資的財富管理市場因運而生，由表1-3可見，常見有四種委外操作方式，第一列，依金額（最低投資金額）由低往高排列，接著，本章各節依序說明。

表1-3　委外操作的幾種投資方式

委外方式 說明	基金	集合（管理）帳戶 小額指定用途信託	全權委託 （代客操作）	私募基金
金額	單筆：1萬元 定時定額：3,000元／月	10萬元 定時定額：3,000元／月	1,000萬元 以上	數千萬元
資產運用人	投信	銀行	代操業者 1.投信 2.投顧	私募基金 （private equity）業者
募集方式	公開募集	私下募集	私下募集	私下募集
類比	捷運、公車	公車	計程車	集合包車
費用	申購手續費1.5～2% 管理費1.5%	手續費1.5% 帳戶管理費1.5%	管理費1.5% 以上	
法律關係	委任	信託	委任	委任
強制執行的權利	可	不可	可	可
法律	證券投信投顧法	信託業法	同左	－
主管機構 （金管會）	證期局	銀行局	證期局	證期局、銀行局

四、連股票上市公司都應該買基金

　　大公司應該買基金嗎？那是一定的，或許很多人（包括上市公司董事長）都有個誤解，以為「高薪」聘用財務經理，再加上帳上也有不少閒錢，所以應該直接買股票，而不該「偷懶」地去買基金。其實這是**似是而非的看法**（有人稱為「**迷思**」）；就像企業再造所主張的，只要不是企業核心活動，一切活動皆可以採取外包方式，所以買基金就是把股票投資活動外包給專業的投信投顧去做，所付出的代價只是一些基金費用（約占投資成本的2%），而所增加的報酬率可能是「二三個人小搞搞」的二倍、三倍。

　　當然，財務經理可能擔心因看起來「偷懶」而薪水低，但縱使只是買基金，財務經理仍可能有其獨特的貢獻，不僅可證實自己存在的價值，而且還可能賺到投資績效分紅獎金呢！

　　更何況有足夠規模設立投資部，直接投資股票的台灣企業可能不超過100家，連幾家發行台裝海外基金的投信，還是暗地裡請國外的基金公司操盤呢！所以基金不單是散戶（自然人）、投資者的最愛，更是台灣99.99%企業（包括銀行）投資股票的最佳管道。

由此看來，如何善用基金來投資，反而應該成為「投資管理」課程的重點，甚至是投資專題課程。

五、財務管理商機有多大

2007年上半年銀行、券商和保險等可以承作**財富管理業務**的業者，合計承作財富管理業務規模已達8.18兆元（其中海外基金約占3兆元），為歷史新高，顯示國人對理財需求有逐步提升的趨勢。

多家金融控股公司（金控）的財富管理業務呈大幅成長，財富管理業務的獲利已普遍打敗消費金融、企業金融等業務，成為金控旗下銀行獲利的主要來源，如包括中信、富邦、台新、國泰、玉山等金控公司，財富管理手續費收入均創下歷史新高。以中信銀來說，2007年全年財富管理業務稅前獲利為95億元，富邦金的財富管理事業群2007年的盈餘也比2006年成長133%，達42.3億元。不過由於銀行、券商和保險業者對財富管理的定義並不同，甚至同是金控公司對財富管理也有不同的標準，金管會也沒有對金融機構財富管理業務有一定的門檻。

財富管理業務包括什麼商品？除了一般銀行推出像連動債、定存加碼這類理財商品外，透過指定用途信託購買基金也都算是財富管理業務。

六、大陸財富管理市場

2007年9月，有個統計指出，在大陸人民幣1,000萬元以上資產的家庭數目有300萬戶，而且還持續快速增加；大陸跨省或跨金融商品的MMA（投資管理帳戶）市場很大。因此香港寶來證券公司今年可賺三分之一資本額，還獲得多筆大型MMA諮詢案，將先從法人客戶開始，未來再打入MMA個人顧客市場。

1. 大陸2,000萬人投資基金

    理柏基金研究機構統計，2007年8月基金開戶數達到512萬戶，超過378萬戶的A股開戶數。由於證券登記結算公司的統計，不包括基金公司或託管銀行自己登記的開戶數，實際的基金開戶數更高，到9月10日為止，大陸基金開戶數已經達到1,995萬戶；以股票約1億人有效開戶數來看，至少還有四五倍的成長空間。

2. 台灣約20萬人登陸買基金

    2007年9月18日，上海建設銀行一位高階管理者指出，台灣人在建設銀行開立陸股基金帳戶的人數超過7萬人，年初以來新開戶人數已超過前兩年的總

和。他保守推估，在大陸開戶買基金的台灣人至少超過20萬人。[1]

1-2 基金的四大功能

基金的好處很多，至少有「風險分散、強迫儲蓄、專業管理、質押節稅」等四項，這是本書第一次出現可以用來作為問答題的一節。是的，很多考試都會考這一題，但是我希望從這一節開始，可以讓你對本書刮目相看，希望讓你覺得比較像理財月刊、書籍，唯有讓你喜歡看，你才會在開學第一週就看完本書（有學生真的這麼做），而不是考試前才臨時抱佛腳。

一、投資人為何買基金？

2007年9月5日，台北金融研究發展基金會跟政治大學統計諮詢中心、《今周刊》公布「基金投資行為大調查」，結果詳見表1-4，簡單說明於下。

1. 投資人報酬率沒有「好高騖遠」，占四成的投資人把年報酬率目標放在11～20%，近兩成把目標預設在1～10%，跟實際投資報酬率狀況差距不遠。

2. 不同年齡購買基金的理由不同，30歲以下的社會新鮮人是為了強迫儲蓄，而31～40歲人是普遍希望透過基金以分散風險的效果穩穩賺錢。

3. 有75%的投資人不考慮「波動風險」，也就是不在乎短時間內市場異常波動的風險。

4. 投資人選擇基金的考量因素依序是過去的績效、穩定性高的基金經理和未來的發展性。過去績效的考量主要是放在過去一年與過去三年的績效。

5. 在資產配置觀念上，表現沈穩的全球股票基金是各類投資人的標準配備；以風險較高的單一國家基金來看，自認是保守型投資人的受訪者僅29.2%有投資該類基金，穩健型投資者的比重為40%，自認是積極投資人，則有52.7%手中持有單一國家的基金。

6. 從比較高風險的新興市場基金投資狀況，也能發現越積極的投資人投資比重越高，保守型投資人有50.7%投資新興市場，而穩健型與積極型的投資比重，則分別拉高至61%與74.1%。

7. 投資人會停利的比率是57%，會停損的比率有22%，投資基金只「停利不停損」。

---

[1] 《經濟日報》，2007年9月19日，A6版，王茂臻。

8. 2006年有74.8%的投資人確定獲利，18.8%的人表示並不清楚投資績效，僅有6.5%的人虧損，2006年的平均報酬率為16.8%。不過，單就報酬率來看，報酬率1～10%的投資者最多，約占三成；報酬率11～20%的投資人次之，占28%；績效達30%以上的高報酬投資人只有8%。

◤表1-4　基金投資行為調查

問題	回答項目	所占比率（%）
選擇以基金作為投資工具的原因	分散風險	56.4
	強迫儲蓄	54.8
	相信專業操作	30.1
基金占總投資金額比重	5%以下	23.2
	30%以上	21.5
	5～10%	18.5
投資人持有各類基金的狀況	股票基金	61.0
	債券基金	29.6
	組合基金	19.0
區域基金的市場持有比例	新興市場	61.9
	歐洲	55.0
	北美	18.2
國人對新興市場中偏愛的市場	亞洲	71.1
	拉丁美洲	39.0
	東歐	22.3
選擇基金的考量	過去績效	56.4
	未來發展性	30.2
	穩定性高的基金經理	29.1

資料提供：台北金融研究發展基金會、《今周刊》，2007.9

二、基金助你分散投資風險

　　一位只有三根頭髮的男人去理髮時，要求理髮師幫他理了中分髮型，這個笑話許多人都聽過。同樣情況，投資學書中指出，要想達到股票投資風險分散的目的，最好投資八個產業的各一家公司。依平均股價50元來說，至少要有40萬元的資金，如果投資名單中指名要有股價200元以上的宏達電或大立光，光一張股票就需20萬元，那可是不小的錢哪，財力不夠的投資人根本就沒福氣達到「不把所有雞蛋擺在同一個籃子」的目標。

　　基金集合小額投資人的資金，積少成多，至少也達5億元以上，可以買三五十支股票，所以能比個人投資進行更大範圍的風險分散。難怪諾貝爾經濟學獎得主、

投資大師夏普（William **Sharpe**）會說：「共同基金是一個最能分散風險並降低成本的投資工具。」

開放型基金在申購金額上多已標準化，即1萬元，而封閉型基金一張面額也是1萬元。只有極少數開放型基金的最低申購金額為10萬元或100萬元，主要是債券基金。

股票基金是否能長期**打敗大盤**（**best the market**），是財務學者最喜歡探討的主題，然而幾乎沒有爭議的是「基金有分散風險」的功能。

三、定期定額投資——強迫儲蓄之道

台股基金2008年8月底規模4,700億元（詳見表2-5），基金規模穩定上升外，**定期定額**（或定時定額）、整體受益人數成長幅度也很可觀。

基金受益人數為167萬人，定期定額人數約60萬人，逾整體受益人的三成；換句話說，每三位基金投資人中，即有一個投資人以定期定額方式投資。群益投信指出，定期定額對投資人是一個強迫儲蓄的投資之道；以群益店頭市場基金為例，2006年6月迄2007年5月，定期定額1年即有24%的報酬，2年40%以上，除了短期之外，10年的扣款投資報酬率150%。對於一個不知如何投資的投資人來說，可以先從定期定額的扣款開始，選擇一家值得信賴的投信，持之以恆的扣款，長期大抵有不錯的成效。

・強迫投資——讓錢幫你工作

腦袋差異決定口袋差異，有本暢銷書《有錢人想的和你不一樣》，作者哈福・艾克（T. Harv Eker）也有類似的說法，「**富人讓錢幫他們辛苦工作，窮人則是辛苦工作賺錢。**」、「**富人就算恐懼也會採取行動，窮人卻會讓恐懼阻擋了他們的行動。**」

根據理財行為調查數字顯示，只有2%富人會把閒置資金放在銀行定存，但是有4%以上的中低所得者，會這麼做。這就是富人跟窮人投資行為模式的差異，富人因為容易取得投資訊息甚至會有專人提供投資服務，可以判斷投資標的，因而投入資金讓錢賺錢，24小時不休息。但窮人卻忙於生活，無暇顧及投資，對投資資訊又沒有正確判斷能力，只能辛苦地花更多時間工作，導致貧富差距越來越大。

四、基金經理有專業，賺得比較多

2007年3月，為了瞭解台灣民眾的基金投資行為，《Smart智富月刊》特別委託

TVBS民意調查中心，以人員電話訪問方式，針對20歲以上的民眾調查，有效樣本1,077份。圖1-1可見，投資人中至少有七成賺到錢。

但是有經驗的民眾比例偏低，只有19%！經過交叉分析顯示，家庭年收入越高，有投資經驗的比例也越高，年收入在100萬元以上有投資經驗者占四成，年收入50萬元以內有經驗的比例僅27%。

該月刊發行人童再興指出，這現象突顯M型社會的特質，越有錢的人越懂得利用工具投資，創造財富的效果越好，年輕人、低所得族，不趕快加入投資行列，將離致富之路越來越遠。「你不理財、財不理你」的定律在此調查中也可驗證，貧富懸殊的問題未來可能越來越嚴重。因為有64%的人未來仍「不考慮」投資基金，其中年紀越老、教育程度越低的人越不考慮投資基金。

在投資基金的方式上，20～39歲的年輕人最常定時定額投資；中年或有些資產者，定時定額跟單筆投資兼具。月刊社長林奇芬指出，這顯示民眾投資的靈活性提高了。但比較讓人擔心的是，有超過三成以上的民眾對於自己所投資的投信、名稱、甚至投資的市場並不清楚，顯見民眾對於基金的認識還有待提升。[②]

㈠基金比較賺

180支股票基金，每個月至少有七成會打敗大盤，底下是更精細的分析。

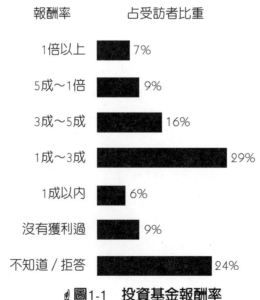

圖1-1　投資基金報酬率

---

② 《工商時報》，2007年3月29日，C3版。

　　華頓投信投資長楊師銘表示，猜指數來投資，不如買基金，因為根據歷史資料顯示，股票基金績效跟加權指數相比較，發現八成股票基金平均報酬率高過加權指數。

　　在很多投資人心中，常常會有一種感覺，那就是投資股票基金不如直接投資台股，以1988年元旦投資1萬元為基礎，每個月平均買進所有股票基金，截至2006年年底為止，計算月報酬並累計計算，每個月第一個交易日期更新，不計算八年當中交易成本，發現買股票基金，投資報酬率約80%，加權指數投資報酬率約40%。[3]

　　對於台股股票基金績效比直接投資台股好，楊師銘提出兩點解釋：

1. 台股屬於淺碟市場，容易暴漲暴跌，要是直接投資加權指數，一不留神很可能血本無歸；最明顯的是2002年，指數下跌43.9%，基金沒能替投資人止血，但堪慰的是「少輸就是贏」，當年建弘中小基金報酬率−15.8%。

2. 類股輪漲，有陣容堅強研究部支持的基金經理才能抓得住輪漲的節奏，免得「捉龜走鱉」。

(二)暢銷書排行榜：十本有三本

　　2008年9月的財經企管書市，依舊是基金投資類書籍的天下，有3本蟬聯排行榜前10名。

(三)基金警語：基金不保證收益

　　所有財富管理人員都不能對顧客提供獲利保證，基金尤其明顯，所有基金廣告都有下列制式的警語。有點像成藥包裝盒上的「本藥須經醫師指示使用」的警語一樣。

　　2004年11月，金管會銀行局核定「信託商業同業公會辦理查察會員登載廣告作業要點」，依據該要點，信託業所刊載的廣告不可有「保證獲利或低獲利率」，如經信託公會理事會決定有違反廣告要點的事實，可處2萬元以上、100萬元以下的違約金，或呈報銀行局做適當處分。

---

[3] 《工商時報》，2007年4月11日，C2版，黃惠聆。

基金警語

本文提及的海外基金，經金管會核准（或同意生效）在國內募集及銷售，惟不表示絕無風險。基金公司以往的經理績效不保證基金的最低投資收益。投資本身就具有風險，基金經理公司除盡善良管理人之注意義務外，不負責基金之盈虧，也不保證基金的績效或最低收益，投資人申購前應詳閱並瞭解基金的公開說明書及投資人須知。有關基金應負擔費用（含分銷費用）已揭露於基金公開說明書及投資人須知中，投資人可至**海外（或境外）**基金資訊觀測站中查詢。

五、基金的其他用途

㈠感性動機

就跟釣魚一樣，除了釣魚的成就感外，等待魚上鉤、尋找、聽音樂、忘憂等等也都是附帶的好處。買基金也是如此，除了前面二個理性的投資考慮外，至少還有下列二個比較感性的動機。

1. **基金送禮，希望無窮**

在美國，買基金送禮已經變成一種習慣。例如美國的聯博資產管理公司（Alliance Berstein Limited）在電視上打廣告，說服消費者買基金禮券作為禮物送人，收禮人憑禮券去挑選自己所要的基金，效果還不錯呢。有些人認為以基金作禮物相當實惠，即使淨值下跌也不至於跌到一無所有，而且長期來說，股市還是會上漲的，**「擁有基金就有希望」**！

投信也學美國基金公司1973年的做法，例如主要節日的促銷方式為「母親節時，購買定期定額基金作為母親節禮物，以表達子女的孝思」。

2. **儲蓄習慣、國際觀的養成**

父母送基金給國小到高中的子女當生日禮物、過年紅包，尤其是定時定額投資，並且讓他們有機會參與基金轉換（即變更投資範圍，例如由歐洲基金轉到亞洲基金），這比送存錢筒、存摺給子女更具有積極意義，而且比任何大富翁遊戲更能讓子女學習如何做正確的投資。

不僅可以養成子女的儲蓄習慣，而且更可以培養他的國際視野，說不定念小學六年級的他（或她），學期報告的題目是「各國何時從2008年的美國金融

海嘯中浴火重生？」呢！

㈡基金可以質押借款

投資人可以拿基金向原購買基金的銀行分行質押，不過，這並不是基金的特有好處。幾乎所有有價證券都可以拿來質押借款，例如定期存單、上市公司股票就是最普遍情況，基金是有價證券的一種，當然也可以質押借錢。

基金質借的條件各銀行皆有不同。

- 質借成數：以基金前一（或三）個月平均淨值跟質借前一天淨值中較低者，再打二折（質借八成）到五折（質借五成）。不過，跟股票質押一樣，一旦抵押品價格下跌，銀行會通知貸款人增加基金數量以補強質押品的價值。
- 貸款利率：依短期擔保貸款利率，大部分是各銀行的基本放款利率（約3.8%）再加0.75至一個百分點，有些銀行採取小額信用貸款利率3.5～9%，視銀行而定。
- 放款期間：一般為一年，最長五年。
- 本金償還：到期全部償還本金，期中也可陸續還本。
- 還息：每月攤還利息。

不過，基金質借可能會譜休止符，此動向宜密切注意。

1-3 共同基金是什麼？

共同基金（**mutual fund**）簡稱基金，有時直接問：「你買了基金沒？」會讓人誤以為「雞精」，例如白蘭氏雞精。

基金並不是個專有名詞，像財務管理中就有償債基金，美國片中父母常為子女準備大學基金（college fund），在台灣則稱為教育基金。有些公司、社區有大家繳的「公」基金，大學時每班同學都會繳一些班費，就是公基金；影印講義等都是班費出。

「就近取譬」很容易瞭解新觀念，基金比較像班費，大家集資來投資，有投信派專人管理。

一、共同基金

由圖1-2可見，共同基金就是一筆集合投資大眾的資金，把這筆資金交給投信

所組成的小組操作，進而賺取報酬，享受專業管理帶來的績效。

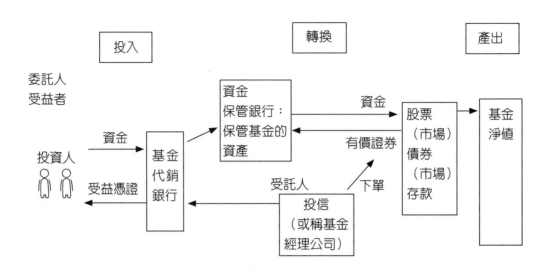

圖1-2　共同基金的申購、投資過程

二、小氣財神的作手：投信

投信推出共同基金——藉大家「共同」的錢所成立的「基金」，以提供投資人一個「不特定委託」（代客操作）的選擇機會。

有些投信在基金廣告上以「用枕頭理財」來形容基金投資的輕鬆容易。

共同基金就是集合眾人的資金，交由**投信**代為投資，以分散投資風險、共享投資成果的方式做投資。

㈠投信、基金公司、資產管理公司

光一個計程車，英文稱為taxi、香港人音譯為「的士」，台灣有些人因其顏色為黃色，稱為「小黃」；其他國家的用詞也不一樣。

光一個投信，就有台灣、國外二種用詞，由表1-5可見，在台灣，投信生產出基金，由銀行代賣、自己也賣，投顧還代理國外基金公司的基金。因此有二種用詞來稱呼，一種直接講「投信投顧」，一種稱為基金公司。

最後，國外的基金公司大都掛上capital management，其次是asset management，因此又稱為資產管理公司，把這行業稱為**資產管理業**。

◤表1-5　**資產管理公司**

	台　　　灣	海　　　外
俗稱基金公司	投信：生產「基金」，至於銷售則委託代銷銀行。 投顧：代理銷售海外基金、全權委託（即代客操作）。	1.主要，稱為capital management 2.次要，稱為asset management

㈡對投信操作的規範

當投資人購買基金後，操作龐大資金的責任便落到投信的肩上，他負責操作基金的投資組合以為基金賺取最大報酬，除了投資人的利益考量外，投信本身的報酬也常常跟基金的績效表現有關（投信向投資人收1.5%管理費，這視基金金額而定）。當基金的績效表現越好，投信的報酬也越高，由於此種報酬方式的設計，使得投信有動機去冒高風險以賺取高報酬，產生了**道德風險**的問題。

因此證期局對於投信的主要規範有二個法令：「證券投資信託事業管理規則」及「證券投資信託基金管理辦法」，該兩法令規範了關於基金募集、利益分配、訊息揭露及道德規範等議題。

㈢發行與募集時的規範

投信取得基金發行執照的資格後，證期局規定投信最遲必須在一個月內提出申請募集基金，並在證期局同意該申請後六個月內開始向投資大眾募集。

投信向證期局提出申請募集基金的要求時，必須準備募集發行計畫、證券投資信託契約、公開說明書等相關文件供證期局逐一查核。投資信託契約的功能主要是給予投資人一份有法律效力的契約，使投資人可依此區分其跟投信、基金保管銀行間的權利與義務，使投資人有所保障。

證券投資契約通常需具備以下內容。

‧基金的發行單位及基金為封閉型或開放型；

‧購買每單位基金的金額及費用；

‧基金投資的策略及目標；

‧基金淨值的計算方式；

‧基金保管機構的責任及費用；

‧基金投資利得的分配；

‧投資人贖回受益憑證的程序及所須支付的費用；

‧投信給付贖回價金的時間及方式。

(四)對基金經理的規範

基金經理（**fund manager**，本意是基金管理者，**俗稱基金經理人**）負責投資，為了避免他借花獻佛（即財務管理中代理理論所指的代理問題），因此有下列三道機制層層把關。

1.　法令：買進報告書

根據規定，基金經理及基金管理人員對於管理基金所做每筆交易，均需說明原因並定期檢討，更需將其建檔保存以供證期局詳查，此外基金經理選擇投資標的時更需遵循法規及投資限制。

2.　證券交易法

「證券交易法」則規範了基金經理的行為，例如「內線交易之禁止」等。

3.　其他：例如自治公約的道德標準

從事基金產業相關工作的人員須具備高道德標準與廉潔的特質，無論是在面試或工作上，廉潔與操守都會被納入績效評估。在一些國際性的執照考試中道德規範也被列入考題，或要求申請人簽下願意遵守職業道德同意書，以確保符合資格的人員能兼具專業能力及高道德標準。

邏輯上，幾乎所有投信（甚至有些證券公司對其營業員）都規定其員工及配偶，不准買賣股票，以免瓜田李下，啟人疑竇。這在僱用契約中都會載明。

三、保管銀行

為確保資產的安全管理及資金操作上的專業誠信原則，資產管理跟保管分開，**保管銀行**（**custodian**，**俗稱保管機構**）設有基金專戶來保管資產，**證券投資信託公司**（**簡稱投信**）則負責基金的管理，並不經手基金資產，所以不會有不當動用基金資產的情形。所有的業務都受**主管機關**（金管會證券暨期貨管理局，簡稱**證期局**）的監管，以此方式來保障投信、保管銀行和投資人三者之間的權利和義務，詳見圖1-2。

· 對保管銀行的規範

基金保管銀行在基金的運作中占十分重要的地位，雖然它並不涉及投資，但除了保管資金外，基金經理所做的每一樣投資，其資金的流動均需經過保管銀行的帳戶。因此，要是保管銀行的內部管理不夠嚴謹，便容易有作帳的問題發生，進而影響每位投資人的利益。所以對於保管公司的規範及資格，證期局也立下了相當嚴格的規定。

申請成為保管銀行最少要符合以下規定。

・投資於該投信不得超過其發行股數10%以上；
・保管銀行或其董事及監察人不得擔任投信董事或監察人；
・保管銀行之股份不得由其他投信持有10%以上；
・保管銀行之董事或監察人不得由投信或其代表人擔任；
・保管銀行不得擔任投信簽證；
・其資格符合證期局主觀判斷。

由上述規定可知，證期局規範的目的主要在於使保管銀行跟投信間的利益能加以迴避，避免兩者有機會勾結、互相輸送利益，也要求保管銀行具有超然的地位，以保障投資人權益。

四、受益憑證（即基金）

當投資人購買基金時，投信為了表彰投資人的受益權，便會發給投資人**受益憑證（certifiates）**。受益憑證是一種有價證券，上面會記載受益憑證文字、憑證號碼、信託契約條款、基金名稱、該憑證的受益單位數等重要事項。並且一定要有投信，以及基金保管銀行負責人署名才有效。由於在法律上，受益憑證被視為是一種有價證券，在進行任何轉換或贖回前均須把其交回投信，要是不小心遺失，補發程序相當的繁瑣費時。所以，通常投資人沒有特別要求，投信不會把此憑證發給投資人，而是以買賣通知書代替。

1-4 銀行的財富管理業務

銀行業的分行多，而且又擁有人和（跟存戶關係好），因此銀行大力衝進財富管理市場，大賺手續費收入。

銀行除了代銷基金，也推出二種獨門產品，想跟投信搶生意。還是以運輸為例。

・類似銀行包車（遊覽車）vs.基金像捷運、公車，即集合管理帳戶。
・類似豪華禮車來接送VIP顧客的私人銀行業務。

一、集合管理帳戶

為擺脫只能當基金銷售通路，賺取微薄利潤宿命，銀行蜂擁申辦商品特性與基

金雷同的集合管理帳戶（簡稱**集合帳戶**）業務，2003年5月第一支集合管理運用帳戶誕生。

在銀行眼中，集合管理帳戶跟基金比起來，前者好比自創品牌的商品，後者就像幫人家做代工；自創品牌須投入較多資源，但利潤高，不像替投信投顧賣共同基金，只能賺手續費。

集合帳戶是一種信託產品，可以形容成是銀行信託部為顧客量身打造的**私募商品**，概念是集合不同銀行顧客卻具有相同目的——**金錢信託**，讓銀行信託部統一運用，以聚少成多方式，發揮更大的投資效應，詳見圖1-3。

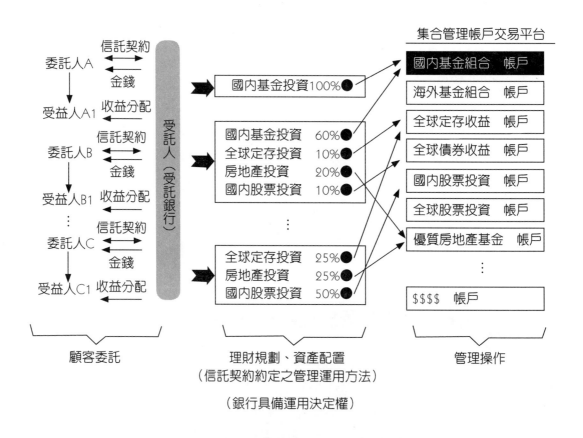

圖1-3　信託資金集合管理運用架構

資料來源：國泰世華銀網站

集合管理帳戶可投資標的包括：共同基金、股票、債券、存款、黃金、房地產等，操作方式為，把投資人的錢放在同一個帳戶中，由銀行聘請的經理去操盤，跟投信發的基金相比，同樣要收手續費、帳戶經理費但免收保管費，商品特性跟基金（尤其是組合基金，詳見第12章第4～5節）大同小異。

根據銀行局資料，截至2008年8月底，國銀獲得核准的118支商品，只有26支、369億元如期開辦，突顯銀行自創品牌之路相當艱辛。

銀行就跟量販店一樣，既然賣永豐餘的衛生紙，但是家樂福又推出自有品牌的衛生紙，難免會引發垂直競爭。此外，投信的專長就是資產管理，而銀行以保守穩健為特色，因此在報酬率方面難免會中庸一些。

集合管理運用帳戶則受到信託相關法規限制，集合管理不得向非特定人招募，因此不能打廣告、不能公開宣傳，具有私募的性質。

集合帳戶的顧客只能為該行的存戶，不能公開募集，通路主要為銀行信託部門；集合帳戶可以定期定額，也可以單筆投資，首次加入要收手續費、投資期間則需支付管理費，集合帳戶也需要每天公布淨值。

集合帳戶對許多散戶來說「知名度」不高，但因為操作靈活、費用低等優勢，已經是銀行財富管理VIP的熱門商品。

中信銀市占率高達43.1%，距第二及第三名差逾27個百分點，呈現「一家獨強」。中信銀一支以全球固定收益基金為投資標的靈活收益集合帳戶，規模上看100億元，已經媲美大型基金。

二、集合管理帳戶與基金的不同點

集合帳戶投資的門檻也不高，業界通常以10萬元為投資門檻。

集合帳戶跟台灣的股票基金主要不同點在於，集合帳戶沒有持股比率的限制，而股票基金有最低持股比率的限制。當空頭市場時，股票基金可能會哀鴻遍野，但是集合帳戶可以退出，逃過一劫。

三、私人銀行業務——禮車服務

外商銀行普設**私人銀行部**（**private banking**）承接富人（**high net worth**，或**高資產顧客**，是指家庭財富扣除房地產的）財富管理業務，富人的水準如下。

- 台灣：10萬美元（300萬元），在台灣的本土銀行理財業務稱為「**單獨管理運用帳戶**」，年費費率0.75～1.5%；外商銀行的門檻大都為30萬美元（1,000萬元）；**市場潛力約12.5兆元。**
- 美國：50萬美元。
- 瑞士：100萬美元。

瑞銀執行長伍夫里（Peter Wuffli）說，到2010年時，全球富豪資產管理市場將成長30%，投資金額至少100萬美元的顧客資產從2005年的40兆美元，大幅成長至

2006年的53兆美元。私人銀行業務蓬勃發展,也為各家銀行貢獻不少獲利。

1-5 全權委託

全球個人電腦龍頭美國惠普公司(HP)的桌上型電腦由鴻海精密(2317)代工,台商可說是全球**3C公司**(**個人電腦、通訊、消費電子**)的主要代工公司;1980年代以來,這是全球3C品牌公司的外包(outsourcing)最主要的選擇。

同樣的,在投資方面的委外,便是「**全權委託**」(**mandate、external management**,俗稱代客操作〔股票〕,簡稱代操)。

全權委託金額在6,000億元以上,僅次於共同基金。金額如此之高,主要委託人是**政府四大基金**(勞退、勞保、退撫、郵儲)。

一、有比較,才會更瞭解

單獨解釋全權委託的法令,連我們都覺得悶。想瞭解全權委託業務,最佳方式是跟相近業務相比,由表1-6可見,投信投顧業者的全權委託跟信託業者的集合帳戶相比,全權委託更像量身訂做的計程車,至於銀行的集合帳戶比較像公車。

表1-6　全權委託跟銀行的集合帳戶

	全權委託	銀行的集合帳戶
法律關係	民法上的委任	信託法上的信託,所以財產已由委託人移轉至受託人,財產有隔絕性,即投資人的債權人無法查封財產
投資人資格(最低投資金額)	1,000萬元	500萬元
受託人資格	金管會證期局核准之代操業者:投信、投資顧問公司	金管會銀行局核准的信託業者:銀行信託部、信託公司
費用 1.手續費	—	帳戶成立費2%
2.管理費	1.5～3%	1.2～3%
3.績效管理費	例如顧客賺10%,代操業者抽四成	√
4.保管費	√	—

1. 全權委託

　　1998年年底，政府核准合乎資格的投信、投顧公司可以執行代客操作業務。

　　投資人可以把資金「全權委託」給業者，這才是真正的量身訂做，其中也可以在海外開戶，購買還沒在台灣銷售的海外基金。

　　法令規定是全權委託，也就是投資人不能指名道姓要求基金經理買進哪一支海外基金。唯一算得上量身訂做的是，基金經理會瞭解投資人的資金可用期間，以及可容忍損失上限、預期（或希望最低）投資報酬率。

　　還有很重要的一點，政府對代客操作的法令規定：「代操業者不准向投資人承諾、保障投資報酬率」，所以，縱使代操業者跟你訂約，白紙黑字保證年報酬率15%以上，也是違法、無效的，所以投資人不宜一廂情願。

2. 2008年起，壽險公司可替保戶代操

　　2007年11月，金管會完成相關法令修改，開放保險業兼營全權委託投資業務，代保戶操作投資型保單的投資帳戶資金，即**內部基金**（**internal fund**）業務，這在國外已相當普遍。

　　金管會配合保險法修正案的開放，修訂相關法規，包括投資型保單管理辦法、全權委託管理辦法等，開放保險公司從事內部基金業務。內部基金跟一般投信基金不同，不能公開募集，對象限於保戶，類似私募型基金，多家業者也積極規劃內部基金業務。而保險公司可以從事內部基金業務後，績效好的保險公司，將可提高投資型保單的投資收益，吸引更多的保戶。

3. 大小眼是難免的

　　有錢人的待遇比較好，很多行業都有這種顧客關係管理（CRM）的規定。代操業者、代操經理也是將本求利，所以有些業者難免「大小眼」，最常見情況是，對小戶（例如1,000萬元）的帳戶幾乎不聞不問，對大戶（例如，1億元）則是晨昏定省。

二、代操虧損誰之過？

　　美國有八成的證券投資人把資產委託給券商營業員（stock broker）打理，賺錢時雙方皆大歡喜，虧損時責任究竟該誰來負？這可分為下列二種情況。

1. 正常情況

　　營業員接受私人委託投資，虧損時頂多沒面子，而技不如人的結果，生意可能一落千丈。

2. 代操者怠忽職守時

一旦投資人懷疑營業員怠忽職守，以致賠了自己血汗錢，可向相關機構（即國家證券交易商協會）聲請「**證券仲裁**」（**securities arbitration**），要求賠償。

2006年12月，三名投資人就控告一家金融機構Ameriprise Financial的營業員Robert Gormly「把他們的儲蓄錯誤的投資在高費率的共同基金上而導致虧損」；這事經美國「國家證券交易商協會」（National Association of Securities Dealers, NASD）判決，該公司及營業員必須賠償三名原告包括補償性損失、懲罰性補償以及律師費共930萬美元（約3億元），這或許是近來最大宗投資人向營業員討公道而獲勝的案例。

把虧損責任推給營業員並不見得都可行，國家證券交易商協會的數據顯示，2000年投資人認為營業員辦事不力導致虧損而提出仲裁的案件裡，有53%獲得賠償，但到2006年這個數字降為42%，金融顧問公司SLCG研究結果相近，在1990年代末期，投資人聲請仲裁的案件中，勝訴的占了59%，而每一美元的損失，投資人能要回38美分；但到2004年，投資人勝訴比率卻降到44%，而且每一美元損失只能拿回22美分。[④]

1-6 私募股權基金

私募股權基金（**private equity fund, PE**）是不能公開募集（public placement）的股票型基金。以餐廳來做比喻，它比較像高檔、會員制的私人招待所；而共同基金比較像快餐店。限於篇幅，只介紹台灣的私募基金。

以2006年8月來說，台灣的25家投信發行的私募基金金額約460億元、168支。

• 台灣的私募基金

「證券投資信託及顧問法」於2004年6月30日經總統公布，依本法第11條規範基金的私募，投信業者可針對少數顧客，量身訂做基金商品。

1. 符合資格的投資人（QDII）

本法第11條第1項規定證券投資信託公司私募證券投資信託受益憑證的對

---

④ 摘修自楊少強，「代操虧損誰之過？」，《商業周刊》，1031期，2007年8月，第130頁。

象，包括銀行業、票券業、信託業、保險業、證券業或其他經金管會證期局核准的法人或機構；以及符合金管會證期局所定條件的自然人、法人或基金，應**募人總數不得超過35人**。

(1)自然人是指
- ・本人淨資產1,000萬元以上或夫妻淨資產1,500萬元以上；或
- ・最近兩年度，本人年度平均所得150萬元以上，或夫妻年度平均所得200萬元以上。

(2)法人或基金是指
- ・最近期經會計師查核簽證的財務報表資產5,000萬元以上之法人或基金；或
- ・依信託業法簽訂信託契約之信託財產5,000萬元以上者。

簡單的說，這些就是符合資格的國內投資人（QDII）。

2. **私下募集**

證券投資信託基金管理辦法第51條就私募基金則規範證券投資信託公司向特定人私募基金，在招募期間，不得為一般性廣告或公開勸誘的行為。違反規定者，視為對非特定人公開招募之行為，並依本法第103條處分。

3. **投資對象**

本法第14條就證券投資信託公司私募證券投資信託基金的種類、投資或交易範圍及其限制，授權由金管會證期局定之。基金管理辦法第54條以負面表列方式訂定私募基金不得投資的項目。也就是採取負面表列，投資限制少，甚至是國外**衍生性金融商品基金（俗稱對沖基金，hedge fund）**、沒有在台灣註冊的海外基金，私募基金都可投資。

4. **最低投資金額**

最低投資金額300萬元。

5. **避險**

私募基金因避險目的所持有的未沖銷證券相關商品空頭部位外，其未沖銷證券相關商品部位的契約總市值，占基金發行額度30%以上者，應申請兼營期貨信託事業。

6. **淨值計算與揭露**

依本法第28條第1項規定，私募基金應每營業日計算基金淨資產價值，但依本法第29條第2項規定，私募基金不適用每營業日公告其每一受益權單位淨資產價值，但應依基金證券投資信託契約規定向受益人報告。

1-7 財富管理市場的大戶

證券公司把顧客分為自然人（散戶）與法人，擴而大之的財富管理市場對顧客的區分也是一樣，按「80：20原則」，法人所占比重高達八成。其中聚沙成塔的**退休基金（pension fund）**就是一個例子，像勞委會代管的4,000億元勞工退休基金就是一個例子。

本節僅以二個有掛上基金的法人資金為例來說明財富管理市場的大戶。

一、美國的校產基金

整體來說，全美25大校產基金（**endowment fund**）一般會用於員工薪資、獎學金或提高資本。例如哈佛和耶魯2007年就得到16億美元捐款，可支應學校三分之一的預算。其中哈佛管理公司（Harvard Management Company, HMC）管理哈佛大學370億美元的校產，1998～2007年十年平均報酬率13.8%，打敗標準普爾500種指數，2008年3月27日，聘用門洛迪（Jane Mendillo）女士擔任總裁兼執行長。[5]

二、主權基金──資產管理市場最大的投資人

隨著外匯存底持續擴增，許多國家政府為這些錢尋找投資出路的壓力也告加重，紛紛設立**主權基金（sovereign wealth funds**，或**主權財富基金、國家主權基金，SWF**），把外匯存底投入市場來擴大收益。

油元收入與貿易順差擴增是主權基金迅速成長的兩大推力，加入全球主權基金俱樂部的國家已經擴增到25個，其中包括非洲東部的波札那共和國、澳洲、伊朗、新加坡、汶萊及哈薩克，詳見表1-7。

1. 2012年會超越全球外匯存底

主權基金數十年前就已存在，例如阿拉伯聯合大公國的ADIA、科威特的KIA、新加坡的GIC與挪威的GPF。不過，直到2006年起，隨著某些國家（尤其是亞洲）外匯存底增多到超過操作外匯政策所需水準後，才開始受注意。

主權基金注定成為市場大戶，隨著外匯存底持續增加，這些基金規模也會不斷擴大。新的主權基金陸續出現，如日本考慮成立這樣的基金。摩根士丹利估計日本可能有7,000億美元投資於高收益債券。

---

⑤ 《經濟日報》，2008年9月14日，A4版，季晶晶。

表1-7　主權基金規模

2008.8

國　　家	基金名稱	資產（億美元）	創立年代（年）
阿拉伯聯合大公國	阿布達比投資局（ADIA）	8,750	1976
新加坡	GIC	3,300	1981
沙烏地阿拉伯	多種沙烏地阿拉伯基金	3,000	N/A
挪威	政府退休基金－全球（GPF）	3,150	1995
大陸	國家外匯投資公司、中央匯金	2,000	2007
新加坡	淡馬錫	1,000	1974
科威特	科威特投資局（KIA）	2,130	1953
澳洲	澳洲未來基金	490	2004
美國（阿拉斯加）	永久基金公司	400	1976
俄羅斯	穩定基金	320	2003
汶萊	汶萊投資局	350	1983
南韓	韓國投資公司	200	2006

資料來源：路透、英國《金融時報》

　　美國金融顧問業者全球洞察（Global Insight）公司指出，估計主權基金的規模到2014年將由2007年的3.5兆美元增至13.2兆美元。要瞭解13.2兆美元對市場的影響有多大，可以拿近年來在市場上興風作浪的衍生性金融商品基金做比較，其規模在1.6兆美元，而全球股市總市值則在55兆美元。[6]

　　這類基金喊水會結凍，而且都在尋求報酬率高於國家債券的投資工具。如此一來，全球市場的流動性會增加，而且這些資金不僅是進入股市，同時也會湧入房地產與其他資產。

2. 可能在目標國家遭受阻力

　　大部分的主權基金都欠缺透明度，而他們背後的神秘特質也使他們在國際投資上遭到不少阻力。在當前股東權益主義高漲下，企業遭逢股東壓力理所當然。然而如果一家公司的大股東是外國政府，該怎麼辦？

　　主權基金積極投資海外資產，可能會引發投資保護主義的興起，影響所及，不但限制了資金的自由流動，甚至可能使得全球化開倒車。2007年5月，**國際貨幣基金（IMF）**警告，任何一個這類基金驟然調整投資組合，就會對某些資產族群價格造成重大影響。

　　這些基金的興起可能也代表市場的運作會有所改變，因為這些基金的投資

---

[6] 《經濟日報》，2008年4月30日，A8版，吳國卿。

可能會在目標國家受到阻力，引發政治爭議。各國政府有充分的理由禁止把屬於策略資產（例如國防工業、關鍵科技、能源等）的公司股權賣給外人。例如，新加坡官方的淡馬錫控股公司收購泰國與印尼的電信集團，就引發國家主義敏感議題；大陸一家石油業者想買美國的石油公司Unocal引發風波，最後鎩羽而歸。

不過支持者認為，美國和歐洲各國應歡迎這些大部分來自亞洲和中東的資金。英國研究機構Lombard Street Research經濟分析師史登認為，假設中共或阿拉伯的政府基金要收購一家公司，如果經營得好，對經濟和就業率都有利。如果經營不善，最後大概也只會認賠出場。

瑞士聯合銀行（UBS）倫敦分行經濟分析師麥那斯認為，因為主權基金通常是大顧客，著重的是長期獲利，所以可能願意多出點錢收購。如果有哪一個政府願意多付點錢投資歐美資產，讓大家多賺點，沒什麼理由拒這些資金於門外。西方國家無須擔心這些外國政府基金會搶走他們最珍貴的資產，因為這些基金都是以本國未來利益考量。主權基金並不是一般人想像中的那種豪賭客，通常都是低調且謹慎的。

當然，也不能排除有些政府會企圖利用經濟實力以達到其政治目的，例如威脅拋售美元資產或收購一家重量級企業。截至2007年止，國際投資人（尤其是各國央行）共持有美國44%的公債。儘管國際政治紛爭層出不窮，但還沒見到哪國大舉拋售美國公債。所以對外國主權基金大舉投資的疑慮，顯然是多餘的。

3. **阿拉伯產油國**

全球最大的主權財富基金屬於阿拉伯聯合大公國的阿布達比（或杜拜）投資局（ADIA），資產規模估計達8,750億美元。

4. **伊斯蘭基金**

國營投資公司杜拜國際資產公司（DIC）估計，到2010年的五年內，大公國、科威特、卡達等波斯灣六個政府預算剩餘合計可達5,000億美元。

2006年12月，國營杜拜世界公司（Dubai World）和杜拜伊斯蘭銀行（DISB）完成規模100億美元的伊斯蘭基金（Islamic fund），下面有七支基金，遵照伊斯蘭教原則，禁止投資烈酒、軍火及賭博等公司。主要投資對象是能源、電信和金融服務業等私人公司，由伊斯蘭銀行成立的千禧年金融公司（Millennium Finance Corp）管理。

簡單的說，不道德基金（詳見第9章第3節）主要投資對象以外的，就是伊

斯蘭基金投資的對象。

5. 聞香下馬,投其所好

　　2006年10月起,帶動波斯灣國家經濟繁榮,促使西方金融機構紛紛推出符合伊斯蘭教義(詳見表1-8)規範的金融商品,以迎合穆斯林的需求,不料也引來非伊斯蘭投資人購買。

表1-8　符合伊斯蘭教義的投資原則

1. 可蘭經禁止利息和投機,伊斯蘭金融業的存在是為了避免違反戒律。
2. 伊斯蘭理財觀迥異於西方的觀念——即理財是為有形的交易或生意保值,風險應由投資人與機構分擔。
3. 這意味當代的銀行帳戶、債券、衍生性商品和貸款結構都被禁止。但銀行業者已設計出符合可蘭經規定的商品,通常是採用股票型的機制。
4. 最棘手的挑戰是衍生性金融商品。儘管銀行已聲稱這類商品已符合可蘭經規定,但穆斯林仍不以為然。

資料來源:英國《金融時報》

　　荷蘭銀行(ABN Amro)、法國興業銀行(Societe Generale)、瑞銀和德意志銀行(Deutsche Bank)都紛紛推出伊斯蘭投資工具。

　　2006年,瑞士聯合銀行(UBS)協助馬來西亞國營投資機構Khazanah Nasional Berhad發行總值7.5億美元的伊斯蘭債券(Sukuk, Islam-compliant bond)。

　　伊斯蘭債券跟其他債券最明顯的不同,是為避免觸犯伊斯蘭教聖典可蘭經給付利息的禁令,改用基本營業收益支付投資人報酬。按伊斯蘭律法,企業可獲利,但不准以生利息的方式賺錢。

6. 大陸的中國國家外匯投資公司

　　大陸為有效運用高達1.8兆美元的外匯存底,已決定發行1.5兆人民幣的特別國債成立中投公司,對外匯進行多元化投資。

　　2007年5月20日,**中國國家外匯投資公司(簡稱中投公司,CIC)跟百仕通集團(Blackstone,俗譯黑石)**達成協議,中投公司投資30億美元,購入百仕通集團9.37%股權,成為中投公司首筆境外股權投資。[7]

---

[7]　《工商時報》,2008年9月20日,A2版,楊泰興。

第 **2** 章　基金的投資屬性

　　新興市場近年來漲幅已大，部分類股甚至比美國還貴。投資人不要一味追高，反而應該細心挑選價值被低估的標的。價值還是現階段選擇新興市場股市的關鍵。

　　　　　——馬克‧墨比爾斯（J. Mark Mobius）

美國富蘭克林公司（Franklin Resources）旗下富
蘭克林坦伯頓基金公司執行董事
新興市場基金教父
《經濟日報》，2007年1月5日，B3版

看清森林，再來看樹木

如果說冷凍調理食品可使家庭主婦做出傅培梅水準的菜，那麼基金便是市井小民成為投資大師的終南捷徑。不過基金產品的多樣化，已到了目不暇給的程度，要是研判錯誤，照樣會損失不貲。

那麼投資人該如何挑精撿肥呢？挑基金的第一步當然是認清基金的性質，在本章中，我們將只要用預期報酬率、預期虧損率這二項因素，就可以把不同投資地區和資產的海外、國內基金，量化分析出其本質，例如「泰國基金」的預期報酬率和虧損率多少，而不是用「高報酬、高風險」來抽象形容，或是「風險等級第五級」來分析。相信必定能讓你很容易又迅速的瞭解基金的全貌。

2-1 共同基金發展簡史

基金概念源自1822年歐洲的荷蘭，由荷蘭國王威廉一世創立第一個屬於私人性質的共同基金，專門負責處理國王與貴族的私人投資，隨後再流傳到英國和法國。

1868年才有由政府負責規劃的基金機構成立，英國倫敦國外及殖民政府信託是最早的投資信託公司組織，專門替中小企業作海外投資，當時主要投資標的是以英國海外殖民地所發行的公債為主。

至於第一支民間集資共同運用的基金則是美國哈佛大學教職員在1893年所成立，但這個基金僅服務該校教職員，並未普及到一般社會大眾。

美國在1921年引入英國的證券投資信託制度，且以投資公司（investment company）的方式成立，1924年3月21日第一個具有官方性質的基金成立，由美國全盛（有時簡稱全盛）（Massachusetts Financial Services, MFS）引進英國共同基金的架構所成立的美國第一支基金「全盛投資信託基金」（Massachusetts Investors Trust）。從此以後，美國大眾可以享受以往僅屬於富人的美國股市的投資機會。基金從此真正的流行。

1929年美國股市大崩盤，使得基金成長呈現趨緩現象，美國政府也隨即在1933年及1940年分別通過證券法及投資公司法以重建投資人對股市、共同基金市場的信心；到了1960年代，約有270支基金，資產規模約480億美元。第二次世界大戰之後以及1980年代和1990年代在美國更是呈現蓬勃發展的景象。

一、全球基金的規模

根據基金評鑑公司美國的**晨星**（**Morningstar**）統計，21世紀以來，全球基金業資產規模持續增加，從2000年的11兆美元成長到2006年底的21兆美元。

總體來看，決定基金規模成長的主因是基金存量市值的變化，而不是資金流量變化。也就是新投入的資金占比重不大，反而是既有基金的市值因資產（主要是股票）價格起伏而熱脹冷縮。

美洲基金業總體規模最大，占全球的53%，其中美國基金業規模就達10兆美元，約占全球的一半。歐洲居次，占36%，亞太與非洲僅占12%。美國約有600家基金公司，推出約8,000支基金，每年約有500～1,000支新的基金成立。不過，每年合併或清算的基金也是這個數目，因此數年來，美國基金總數沒有太大改變，都維持在8,000支上下。

全球基金市場集中度也很高，美國、盧森堡、法國、澳洲、英國、愛爾蘭、香港、日本、加拿大與義大利是前十大市場，合計規模達15兆美元，占全球的87.4%。

根據Investment Company Institute的統計資料顯示，截至2008年第二季止，**全球共計有將近6萬支基金**可供投資人選擇。

二、台灣的基金發展

台灣基金起步稍晚，1983年第一家投資信託公司才在行政院「引進僑外投資證券計畫」政策下，為提升金融市場的國際地位及引進僑外資本流入台灣，由證管會（2004年7月改稱金管會證期局）首度核准「國際證券投資信託公司」（簡稱國際投信，2007年9月17，由兆豐國際投信吸收合併）成立。成立的目的，主要在吸引外資來台投資證券市場，因此國際投信1983年7月11日成立後，於10月成立在英國倫敦發行的第一支基金，名為「台灣基金」（Taiwan ROC Fund），該基金在美國紐約證券交易所（NYSE）掛牌上市。繼國際投信成立之後，光華投信、建弘投信及中華投信分別於1985年11月、1985年11月及1986年2月設立，這四家投信被稱為第一代投信或稱老投信。在2000年左右，光華投信賣給荷蘭銀行、中華投信賣給匯豐集團後更名為匯豐中華投信，四家只剩建弘投信碩果僅存。

1991年起，開放證券投資事業公司設立，並且在1992年1月11日核准11家投信的基金募集計畫，這11家稱為新投信或第二代投信。之後，投信成立就隨送隨審，不再採取批次放行方式。由於投信跟人一樣有「生老病死」，投信家數約39家，股票基金約180支、金額3,500億元，債券基金約80支、金額0.9兆元。由投信、投資顧

問公司（簡稱投顧）代理的海外基金約850支，股票基金650支、債券基金200支。

共同基金公司在台灣通稱為「證券投資信託公司」（簡稱投信），根據台灣證券投資信託業務法規，其核准營業項目包括下列四項。

1. 發行受益憑證募集證券投資信託基金；
2. 運用證券投資信託基金從事證券及其相關商品之投資；
3. 接受顧客全權委託投資業務（詳見第1章第5節）；
4. 其他經行政院金融監督管理委員會證券期貨局核准的有關業務。

2-2 投資人的需求與基金的分類——依資產的投資屬性來分類

・一小時讓你成基金快易通

許多人看到海外、國內基金淨值表列出密密麻麻的1,110多支基金，許多資產連聽都沒聽過，基於「不懂的投資不做」的原則，所以乾脆不投資基金，但故步自封的結果就是損失許多絕佳的投資機會。

反之，有不少人買了基金，例如歐洲認股權證基金，如果你問他這基金投資哪些國家？他回答：「不清楚」，你再問他：「什麼是認股權證？」他的回答還是：「不知道」。家庭主婦到傳統市場買菜，還知道魚新不新鮮，買菜還會多要些蔥。但碰到動輒數萬、數十萬元的投資，很多人根本不曉得買的是什麼東西，這不是跟自己的錢過不去嘛？

分類的目的在於御繁為簡，即把複雜事實予以簡化，以加速我們瞭解現實。分類方法有N個角度，唯有以目標導向（或解決問題導向）來作指引，這樣的分類才「饒有意義」！

基金公司賣基金給投資人，是為了幫各種投資人「更富」，因此依各種投資人致富目標與限制，來把基金分類，這樣做，你才會覺得分類得好。

一、投資人的需求

「一樣米飼百樣人」、「人之不同各如其面」，似乎把全球64億人看成64億個體，如果要量身訂做的話，那豈不是要有64億種基金。然而相似血型的人認為8種血型（O、A、B、AB，各分陽性、陰性）或是星座算命認為12種星座，就足以分

析人的個性、命運。

由圖2-1可見，我認為投資人的「民之所欲」可依年齡層分成五類，許多基金公司更簡化成三群：**冒險型**（18～35 歲）、**成長型**（36～55歲）與**保守型**（56歲以上的銀髮族）。同一年齡層內的人，家庭狀況（婚姻、子女）、工作、購屋狀況大同小異，因此對投資目標、風險承擔的需求相去不遠。在第14章第1節還會詳細討論。

二、投資屬性：報酬、風險

水果的分類屬性只有「甜不甜、酸不酸」，「甜而不酸」是大部分人買、吃水果的共同要求，許多果農都有甜度計來量自家西瓜、柳丁的甜度。

就近取譬，由水果來看資產的投資屬性就容易瞭解了。**投資屬性的報酬率比較像水果的甜度，風險像酸度。**

三、資產風險的衡量方式

資產投資風險的衡量方式，常見的有下列二種。

1. **貝他係數（β）**

    貝他係數是從由1991年諾貝爾經濟學獎得主之一的美國史丹佛大學教授夏普（1965）所提出的資本資產定價模式（CAPM）所計算出來的，主要在衡量「投資組合」（本例為基金）的「系統風險」衍生出的崔納比率（很多海外基金評比資訊上都附有崔納比率）。

    可惜的是，此模式只能解釋實際的三成，也就是一張明星照片，遮住七成，你還能猜出他是誰嘛？這方法早已被美國財務管理大師佛蘭奇（French）和法瑪（Fama）在1994年宣布：「死二次了！」

2. **年化標準差（volatility，又稱波動性、波動值）**

    報酬率標準差越大的股票代表風險越大，貝他係數、年化標準差並無法單獨使用，這就如同你問我：「二部不同品牌電視，一部可用七年、一部可用五年，你會選哪一部？」我無法回答你，因為我不知它們的售價。同理，風險就跟電視的耐用年限一樣，話只說了一半，因此還是不夠的。光靠標準差也不能得到多少推論，所以可略而不看。

㈠投資人聽不太懂太深奧的金融術語

根據美國投資公司協會（ICI）在1996年3月針對基金公司的投資說明書內容，

向投資人進行訪談，發現下列結果。

1. **投資人不要**

投資人抱怨基金公司常用一大堆讓人看不懂的統計數字（像夏普比率、貝他係數、波動值等風險衡量方式）來說明基金投資的風險。受訪者中只有26%的人會使用基金公司提供的數字，但他們也表示不完全瞭解這些數字。

2. **投資人希望**

投資人希望基金公司不要故弄玄虛，最好用淺顯易懂的方式來說明風險。最希望的是以十年期條形圖，詳細說明基金操作的績效變化，讓投資人瞭解其風險（例如虧損、獲利的高低起伏）。

這個調查結果令很多基金公司、投資理財報刊跌破眼鏡，縱使像美國這麼注重基金投資的地方，絕大部分投資人看了淨值波動值、年化標準差、貝他係數，仍然跟鴨子聽雷一樣，那麼就更不用說台灣的投資人了。

(二)投信投顧公會的分類方式

地震、颱風有分級，投信投顧公會想，把資產依報酬風險（return risk, RR）分成五級（詳見表2-1），這樣總該簡單明瞭吧！

8級地震比7級地震嚴重1倍，風速也大抵是以10公里為一個級距（例如17級風時速170公里，16級風時速160公里）。可惜，投信投顧公會的這五級分類，屬於序列尺度（即第1、第2等），而不是名目尺度，即無法論「度量衡」。

由表2-1可說，風險第1低的是定存、第2低是債券、第3低是平衡型基金（債券七成、股票三成）、第4低是股票，和第5低的衍生性資產。但卻無法推論股票的風險比債券高多少；此外，資產超級分類中的商品完全被遺漏了，更不要說一些更細的分類，像保本型基金該歸在哪一級？

「需要為發明之母」，接著我們提出比較像**化學元素週期表**的投資屬性作為資產分類方式。

表2-1 投信的風險五等級（只是粗略分類）

超級分類		金融資產			商品	價值儲存
大分類	衍生性資產	合成資產	基本資產			
中分類	期貨、選擇權	平衡型	股票	債券		定存
投信公會的資產風險五等級	5	3	4	2		1

四、報酬率和虧損率的衡量方式

　　有些外地人覺得台北市馬路名字不好記，以致常常迷路、找不到住址，其實只要有系統，3分鐘就可以把台北市「東西向十條、南北向五條幹道」用棋盤畫法說得清清楚楚。同樣的，本書中用十章的篇幅來說明基金的性質，在本章中，我們先用投資地區、投資資產這二個因素，說明這三個超級分類基金的「性質」——「預期」（或長期應該有的）報酬率、虧損率，讓你很具體地瞭解基金的屬性。例如「泰國基金」的預期報酬率和虧損率多少，而不是用「高報酬、高風險」來抽象形容，或是「風險等級第五級」來分析。

五、依投資資產來分類

㈠一石兩鳥

　　如果能依投資人的投資屬性「目標報酬率、可容忍虧損率」來把資產分類，可說畢其功於一役，圖2-1是難得的巧合。

1. **上表是投資人需求**

　　　上表依五個年齡層，把投資人的投資屬性數值標示出來。

2. **下圖是資產分類**

　　　資產分成三大超級分類（**super class**），我們是依據美國學者Robert J. Greer（1997）的定義，剩下是我們的推演，依**生物分類的層級**「界門綱目科屬種」，把資產細分為「**超級分類—大類—中類—小類—細類**」。

　　　接著在三大超級分類資產上方有一個橫軸（X軸），只是方向由右至左，報酬率由「價值儲存」處的2.5%，一路走到衍生性金融資產。

　　　此外，各類資產的位置大抵也跟個人生涯階段一對一對映。例如36～45歲的中年人適合以金融資產中的基本資產（大類）中的股票（中類）為主，66歲以上的退休人士以固定收益證券為主，餘類推。

㈡依報酬風險圖分類

　　由圖2-2可看得出來基金投資的資產約可分為三個超級分類，其中3.1(1)中的3代表金融資產（即第3種超級資產），1代表基本資產，(1)代表固定收益證券，(2)代表股票。3.2代表合成資產，3.3代表衍生性金融商品。

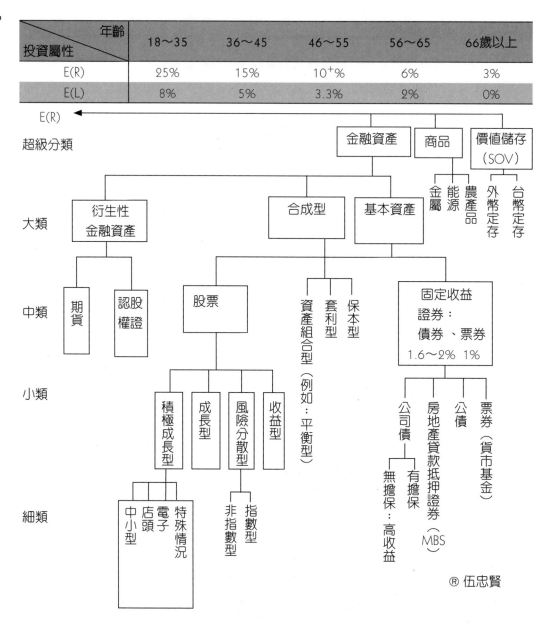

投資屬性 \ 年齡	18～35	36～45	46～55	56～65	66歲以上
E(R)	25%	15%	10$^+$%	6%	3%
E(L)	8%	5%	3.3%	2%	0%

® 伍忠賢

圖2-1　個人生涯階段理財目標與資產配置

1. **縱軸代表資產的預期（年）報酬率**

由報酬率最低的固定收益證券到報酬率最高的衍生性金融商品，前者報酬率僅2～6%，而後者為125～175%，可說是前者的20倍以上。

資產必要報酬率恰巧跟其本身既有的孳息能力成反比，像債券不管是固定或浮動利率，大抵已比同一期限定存利率還高；在「有底」的保障下，其投資風險就較低，相對的，投資人要求的「風險溢酬」就比較低些。股票則沒有一定孳息，只能憑歷史、靠預測。

　　但是商品、衍生性金融商品無法孳息，尤其是衍生性金融商品可說完全沒有底，所以本身風險最高，連帶的投資人也要求較高的預期報酬率。

2. **橫軸代表資產的預期（年）虧損率**

　　「投資風險」這名詞並不難懂，**有賠才算風險**，所以我們用**預期虧損率來衡量投資風險**。由圖2-2看來，定期存款完全沒有風險，除非銀行和中央存款保險公司都倒了。股票的風險眾人皆知，碰到大多頭，指數一年可能上漲四成；但碰到空頭市場，也可能跌四成，遇到回檔也會跌一成。

㈢「預期」報酬率、虧損率

　　圖2-2中的報酬率、虧損率都是「**預期的**」，沒有人會笨到事先知道股市會腰斬，而還去買股票基金的。這「預期」就是指「有可能」，那麼如何瞭解各種資產、各個區域的預期報酬率、虧損率呢？

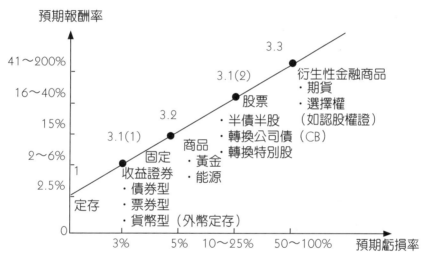

■圖2-2　依資產大分類來分析基金投資屬性

　　最簡單的做法便是「以古鑑今」，你常會看到各基金的報酬率計算期間有：過去一個月、今年至今、過去一年、過去三年和過去五年。

　　另一種做法則為預測法，隨著景氣榮枯，而各種資產（尤其是股票）也有多頭、空頭市場循環的情況，沒有人年年過年的！

㈣報酬和風險間的關係

　　偷雞也得蝕把米，想要多賺一點，就必須多負擔一些可能虧損的風險。由經驗法則來說，大部分人願意接受「**三比一**」的賠率，也就是說輸了賠1元，但贏了

賺3元。要是以「報酬率、虧損率」的觀念來說，某種資產（以股票為例）可能會賠10%，對保守的投資人而言，最少要有30%的報酬率他們才願意投資。記住這觀念，詳細的資產應有報酬率、虧損率，詳見表2-2「各類資產應有的報酬率、虧損率比較表」。

圖2-2中虧損率、報酬率間大抵呈正向關係。當然，這條線其實跟耐吉球鞋的商標一樣，是向右上角翹的曲線，即當虧損率超過某一水準（例如50%），此時投資人要求的賠率可能是「四比一」，而不是「三比一」了，只是為了方便起見，把它用直線表示。

各類資產界線並不是像楚河漢界，有些資產是腳踏兩條船，例如「半債半股」的轉換公司債，票面利率為1.5%，雖不到一般債券的一半，但好歹也有個孳息。但另一方面，還有一項權利，可依轉換價格把債券轉換成股票，所以又兼具股票的性質。不過股票部分才具有主導性質（就跟染色體中的Y染色體一樣），難怪轉換公司債是在股票市場交易，從每天股票行情表可看到它的交易價量。具有同樣性質的還有轉換特別股，這二個雙胞胎合稱為轉換證券（或混血證券），其報酬、風險就介乎股票、債券之間，這由圖2-2便可看見。

(五)「各類資產應有的報酬率、虧損率比較表」說明

套用經驗法則，大抵可以把三大超級分類資產依預期報酬率、可能的虧損率由高往低排列，大致可看出各類之間有個比價倫理在。

1. 標竿（benchmark，下標符號代號為b）

我們說空氣輕、鐵重，那都是相對的，標準是以水當標竿，也就是水的比重是1，同樣體積（例如1立方公分）的鐵一定比水重。

同樣道理，我們說股票賺得多，那是跟一年期定期存款利率比，由表2-2來看，股票應有的報酬率為一年定存利率的四倍。由第三欄台灣情況來看，一年期定存利率2.5%，股票應有的報酬率是它的四倍，那就是10%。

其他資產的報酬率同理可推，如果把第三、四欄換成別的國家（例如美國），只是標竿數字改變罷了。

2. 「三比一賠率」的報酬率和虧損率關係

先把第一欄各類資產應有的報酬率依標竿為底換算出來，接著便可依「三比一賠率」去推算可能的虧損率。

表2-2　各類資產應有的報酬率、虧損率比較表

資產類別		長期的投資屬性		以台灣為例		投信投顧公會等級
		報酬率(1)	虧損率(2)	報酬率(3)=(1)×2.5%	虧損率(4)=(2)×2.5%	RR5
衍生性金融商品	期貨	70×	23.33×	175%	58%	
	選擇權（例如認股權證）	50×	16.67×	125%	42%	
股票基金	積極成長型	30×	10×	75%	25%	RR4
	成長型	20×	6.67×	50%	17%	
	分散型	8×	2.67×	20%	6.67%	
	收益型	4×	1.33×	10%	3.33%	
股票	股票（大盤）	4×	1.33×	10%	3.33%	
商品	能源	30×	10×	75%	25%	
	黃金	20×	6.67×	50%	16.67%	
	房地產基金	3×	1×	7.5%	2.5%	
合成金融資產	組合基金	12×	4×	30%	10%	RR3
	攻擊型平衡基金	10×	3.33×	25%	8.3%	
	防禦型平衡基金	2×	0.67×	5%	1.67%	
	保本基金	6×	0×	15%	5%	
債（票）券	轉換特別股	2.6×	0.87×	6.5%	2.17%	RR2
	轉換公司債	2.2×	0.73×	5.5%	1.83%	
	無擔保公司債	1.5～2×	0.5～0.67×	3.75～5%	1.25～1.67%	
	有擔保公司債	1.4×	0.47×	3.5%	1.16%	
	資產擔保債券（ABO、MBS）	1.3×	0.43×	3.25%	1.08%	
	地方政府公債	1.2×	0.4×	3%	1%	RR1
	公債	1.1×	0.37×	2.75%	0.92%	
	票券	0.8×	0.26×	2%	0.67%	
標竿（b）：一年期定存		1×	0%	R_b=2.5%*	L_b=0%	

®伍忠賢

*R_b：一年期定存利率，以台灣銀行為基礎，2008～2009年以整數2.5%來方便舉例

▌表2-3　一些基金的本質

超級分類	金融資產			商品 （即原物料）			價值儲存
大分類	衍生　合成		基本	金屬 （即礦產）	能源	農產品	
中分類			股票　債券				
小分類							
區域基金					拉丁美洲基金 東歐基金 中東基金		
國家基金				澳洲	拉丁美洲中26% 放在墨西哥，墨 西哥以原油出口 為主 東歐基金中有 60%放在俄國， 俄國以原油、天 然氣出口為主	紐西蘭	
金融資產	高收益 債券 基金本質上 是股票基金		房地產基金 （REITs）本 質上是商品 基金，例如 礦產基金				貨幣市 場基金 （money market fund）

六、依投資地區來分類

　　存款依幣別來分，可分為台幣存款、外幣（例如美元）存款：同樣的，基金依投資地區不同，可分為**國內基金（onshore fund）**、**海外基金（offshore fund）**。

　　在決定投資資金的分配時，最重要也是第一個問題便是把資金投資在哪裡；第二個問題才是投資在哪些資產（債券、股票、商品、衍生性金融商品等）。

　　投資地區的大小和區位對投資報酬、風險的影響，我們可用表2-4的「投資地區股票報酬率、虧損率倍數表」來舉例說明。

㈠「投資地區股票報酬率、虧損率倍數表」解說

　　地區越大，在經濟上開發程度越高，其投資風險越低，所以我們可以用三種不同的基準來看投資地區的投資報酬率、虧損率間關係，詳見表2-4。

表2-4　投資地區股票報酬率、虧損率倍數表

倍數：×

	類別	報酬率	虧損率
單一國家	開發中（例如四小虎）	6×	4×
	新興工業國（例如四小龍）	4×	1～1.4×
	已開發	2×	0.8×
跨國	開發中和開發中（例如泰馬）	2.6×	3×
	已開發和開發中（例如美台）	2.2×	0.8～1.2×
	已開發和已開發（例如西葡）	1.8×	0.7×
區域	新興市場（拉丁美洲、東歐、東南亞）	3×	2×
	已開發（美、歐、亞、澳洲）	1.6×	0.6×
全球	（G,global）	1×	0.5×
標竿		全球股市＝1× 其他地主國＝1 台股＝1×	

®伍忠賢

$R_G = 20\%$　$R_{tw} = 40\%$

1. **以全球（股市）為「標竿」（或基準）**

　　以全球為標竿，可說風險值為1，區域基金的風險較全球高，又可分為已開發地區，風險係數為1.6倍，相形之下，新興市場型區域基金的風險係數至少是已開發區域的2倍。

2. **以台灣（股市）為標竿**

　　「站台灣看天下」，投資人熟悉的是台灣股市、關心的是海外投資，因此以台股做基底：

(1) 單一國家來說

台灣比上不足但比下有餘，所以像歐美等（日本除外）已開發國家的風險只有台股的0.8倍，反之，像泰馬等開發中國家，風險可能比台灣高三倍。**依據比利時聯合資產管理公司（KBC）的研究數據顯示**，以成熟國家的本益比比較，歐洲仍是最便宜的區域，歐洲股市的本益比總是比美國股市低大約6～10%；但至少這些先進國家的風險都屬同一層。

(2) 跨國來說

跨國如果只是難兄難弟，例如泰馬，這種二國皆是開發中的，風險值比單一國降低，但效果不大，比較大的是跨二洲的，或結合已開發和新興工業國。

由圖2-3，我們大抵可看出，如果以台灣股市作為單一國家的標準（風險倍數為1），那麼全球基金的虧損率只有台股的0.5倍，可見全球基金可以大幅降低單一股市的風險。區域型基金的風險倍數可分為二種情況：北美、

歐洲（不含東歐）等已開發區域，其風險倍數0.8，也就是比台股低二成；不過，新興市場的區域型基金，風險倍數至少在三以上，也就是比台股高二倍以上。

㈡用台灣股市來類比

許多人都作過股票，但不見得買過基金，由表2-4可見，我們可以依海外基金投資地區的大小來跟股市相比，例如**國家基金**（**country fund**）就好比單一個股，跨國基金就等於買二支個股，**區域基金**（**region fund**）則可說是類股；至於**全球基金**（**global fund**），可用大盤或綜合性共同基金來比喻。

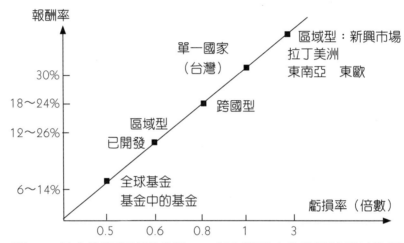

圖2-3　基金依投資地區分類——以台灣股市為標竿說明其性質

註：本圖虧損率的倍數是以台股為基準（設定為1＝100%），詳見表2-4第3欄

七、基金規模

由表2-5可見基金規模，國內部分總額約1.5兆元。

八、名實相符

有許多基金光看名稱無法望文生義，必須瞭解其本質，由表2-3可見，舉例說明於下。

1. 國家基金

像區域基金中的拉丁美洲基金、東歐基金本質上是能源（主要是石油）基金，國家基金中的澳洲基金主要是商品基金中的礦產基金（大分類），因為澳洲出口以鐵礦、煤等礦產為主。

表2-5 2008年8月基金規模

(取整數) 單位：億元

超級分類	金融資產				商品	價值儲存
大分類	合成資產		基本資產			
中分類	平衡型	保本	股票	固定收益		貨市
境外	1.264	2.7	1.3,437	債券197		
	2.模組307		2.組合型1,692			
國內	1.一般股票型 476		1. 4,000	1.類貨幣市場型 9,000	房地產基金 (REITs) 664	132
	2.價值股票型 121		2.指數股票型 700	2.固定收益型36		
			3.指數型7.2	3.金融資產證券		
			4.組合型11	化187		

資料來源：投信投顧公會

2. 其他資產

　　房地產指的是住家、商用大廈，房屋的本質是商品，尤其房子是水泥、鋼樑等建材蓋起來的，所以**房地產基金（REITs）**本質上是商品基金，尤其是其下的礦產基金。

・簡單就是美

　　撇開相對報酬率的觀念對或錯不講，在第2節一開始時，我們就強調散戶聽不懂「標準差、貝他係數」。所以到最後，報刊甚至投信投顧公會定期公布基金績效排行榜，也只以絕對報酬率為準。

　　因為連三歲小孩都知道，四顆糖果比三顆糖果好。

2-3 基金的相關性質

　　除了投資屬性外，基金還有一些性質，表2-6的第1欄，是依投資人投資的時間順序而排列的。其中本節只討論第5項和其他。至於第1項申購手續費詳見第4節，第3、6項詳見第5節，第2項基金經理人數詳見第3章第3節。

⬛ 表2-6 基金相關性質

情況 ＼ 頻率	較不常見	常見
1.募集方式	私下募集權益基金（private equities fund, PE），詳見§1.6	公開募集基金，即常見的「共同基金」
2.申購手續費（銀行收取）	後收手續費（back-end，簡稱B-fund），衍生型（C-fund）	前收手續費（front-end，簡稱A-fund）
3.基金管理者人數	多元基金經理（multi-manager）一人多基金，詳見§3.3	一人一基金
4.基金管理費計算、收取基礎	累退的 (1)隨基金規模 (2)隨投資人持有基金期間	固定費率（年費率，台灣為例） (1)股票基金：1.5% (2)債券基金：0.6%
5.轉換條款	免費轉換旗下其他子基金，又稱「雨傘條款」（umbrella fund）	×
6.基金可否贖回	×，即封閉型基金（close-end fund） 投信 投資人	√，即開放型基金（open-end fund） 投信 投資人
7.贖回手續費	投信額外收取贖回懲罰費，比較像銀行對貸款戶提前清償的懲罰性利率	投信酌收贖回手續費：一張基金100元

一、合法vs.非法

㈠合法

申購的海外基金是合法的嗎？投信投顧公會人員說，判別的方法很簡單，銷售海外基金的單位，除了銀行或信託業外，不管是證券投資信託公司、證券投資顧問公司、證券經紀商等銷售機構的公司全名上都有「證券」兩個字。

㈡非法

投信投顧公會人員指出，非法賣基金的情況，主要分成以下三類型。

1. 基金在台灣有核備，但是，銷售公司不合法，投資人申購以後，易生糾紛。

2. 基金在台灣沒有核備，銷售公司也不合法。

元大投信引進的首域基金中，投資於大陸的基金，都不能在台銷售，不過，在市面上有公司直接賣首域大陸基金。

3. 基金是虛設的、空的，銷售公司也屬非法，投資人買了以後，權益更沒有保障。

畢業熱季到，有些非法公司大肆招募社會新鮮人銷售基金，公會人員指出，初入社會的畢業生最好弄清楚，以免觸犯法令，成了共犯。

投信投顧公會人員指出，這類公司大都以財務顧問公司、資產管理公司、基金銷售平台、國際顧問公司、國際投資人信託，用電話行銷或向親友推薦，像老鼠會方式拉客，甚至公開舉辦說明會，不一而足。非法兜售基金，陸續有投資人投訴，財產損失、求償無門。[①]

二、開放型vs.封閉型基金

依投資人可否要求投信贖回基金，把基金分為下列二種。在表2-6中第5項，畫了個圖，以水管為例，封閉型基金是尾巴封閉（此管不通）的。

1. 封閉型基金

有些基金專有名詞容易瞭解卻不易記憶，要是能用生活中的例子來輔助說明，則比較不會即學即忘。例如有些電影院規定戲票一經售出，消費者便不可退票；在基金，這種一經售出便不可要求投信贖回的基金便稱為封閉型基金（close-end fund）。

2. 開放型基金

投資人可以要求投信贖回的稱為開放型基金（open-end fund）。

㈠優缺點比較

由表2-7可見，封閉型基金對投信比較有利，因為投資人不能要求贖回，基金規模不會自然流失。**投信的收入來自管理費**（**基金規模乘上管理費率**），一旦基金規模有保障，這筆管理費無異是投信的基本收入。

證期局為了保障投信的生存，在1997年以前，任何新投信成立，第一支基金一定是封閉型基金，而且募集金額下限是15億元。

但是由表2-7可見，封閉型基金對投資人不利，即會發生基金折價問題，基金淨值20元，但是在股市中成交價卻打八折，只有16元。當淨值上漲10%，基金股

---

① 《工商時報》，2007年7月3日，C1版，黃惠聆、李國煌。

價只上漲8%，久而久之，投資人對封閉型基金就越來越覺得漲得少，逐漸失去興趣。一旦屆臨改型（由封閉型改為開放型）：**連續20個營業日折價20%**，在受益人大會中，投資人紛紛決議轉型，還可賺取這二成的價差。以致封閉型基金就一支一支轉型了。證期局順應民意，1999年以後，就廢掉了「新投信的第一支基金必須是封閉型」的規定。

▌表2-7　封閉型與開放型基金優缺點比較

基金類型 投資屬性	封閉型基金	開放型基金
一、報酬性 　1.淨值報酬率 　2.基金折價，即基金成交價比基金淨值低	較低，因為淨值報酬率或許較高，但被基金七折八扣後，報酬率反而較低；基金規模固定，基金經理敢孤注一擲，因此邏輯上，淨值成長率比開放型基金高。 一般約10～20%，因為基金持股明細不立即公布，因此投資人針對此資訊不對稱予以打折。	由於擔心投資人贖回，基金經理不敢放手一搏，因此持股比率頂多九成。
二、安全性		
三、變現性	跟股票一樣，T+2日交割	T+4日交割

(二)封閉型基金改型原則

為了解決封閉型基金折價過大的問題，證期局以基金存續期間和定期召開受益人大會的方式，來解決封閉型基金折價過大的問題，並引導封閉型基金轉型為開放型基金。依據證期局於1997年3月發布的行政命令，封閉型基金成立滿3年，最近1個月的平均折價率在10%以上，受益人可以在次月的特定日期，以淨值贖回其持續持有1年以上的基金。之後，對封閉型基金改型規定更廣。

1. 新發行基金，期限在5年以內者，期滿就一律贖回，不論期間折價幅度多大。
2. 新發行基金，期限在5年以上者，需定期召開受益人大會討論是否改為開放型。新基金自成立日起的3年內，就必須召開受益人大會。要是決議維持封閉，則之後2年內需再召開受益人大會；此後每年均應召開受益人大會，直到改型為止。此外，基金成立滿10年者，需自動轉型為開放型基金。

㈢封閉型基金分成三種

由《工商時報》B7版證券表，《經濟日報》C4～C5版證券行情表可見，封閉型基金可分為三種。

1. 一般股票型基金1支：富邦富邦（0015）
2. 指數型基金（ETF）11支（0050～0060）
3. 房地產基金（REITs）8支（01001T～01008T）

三、最低申購金額

許多保本、衍生性金融商品、套利基金，最低投資金額常在**3萬美元以上**，美國《財星雜誌》（有人譯為財富雜誌）把此類鎖定投資人金字塔頂層富人的基金，稱為「貴族型基金」。以買車為類比，一般中產階級開的豐田汽車為Corona，而貴族型基金則是凌志（Lexus）。

為什麼這類基金門檻弄那麼高呢？主因在於這些基金風險較高，有錢人風險承受能力比較強，而且可接受比較長的投資期間（不會中途或隨時要求贖回），所以基金公司以投資金額作為門檻把小戶篩掉。

四、信用擴充的風險

除了衍生性金融商品基金外，所有基金均不准舉債投資，這種規定的目的在於讓基金的風險僅限於投資面，而不至於來自財務面（即財務風險），否則，金融投資本來就是有風險的投資，如果還加上額外的財務風險，可說變得「生命中不可承受之險」。不過，有些海外基金規定在應付投資人贖回時，於淨值的二成內可以舉債付款，但不准舉債投資。

五、基金的生老病死

基金跟公司較像，縱使是法人，也跟人一樣，會面臨「生老病死」。本段以此時間順序來說明基金的相關性質。

㈠公開募集期間

投信向證期局申請成立基金，接著會有了一個月的募集期間，最普遍使用的公開募集方式就是在報刊上登廣告，基金經理接受記者訪問。

海外基金的情況下，就跟美國好萊塢的巨星會來台隨片宣傳一樣，老外基金經理會來台辦公開說明會（road show）。

㈡閉鎖期、新基金

夫妻分為新婚、「老夫老妻」和離婚夫妻三種情況,同樣的,基金也有類似三情況。最大差別在於開放型基金,新發行基金有贖回凍結期的限制,而「老」基金則沒有,即投資人可以隨時要求投信贖回基金以求現。「閉鎖期」規定是指,新基金募集完成、進場投資的前一個月(或三個月),投資人不能要求贖回,以保護基金經理順利布局,不要中途有投資人攪局(要求贖回以致造成基金規模縮小或變得不確定)。閉鎖期越長對投資人越不方便,所以投資新發行的基金時必須注意這一點。

證期局不會核准海外基金中的新基金進來,以保障投資人權益,因此在台銷售的海外基金至少皆已掛牌六個月以上。

㈢「老」基金

過了凍結期,新基金就變成「老」基金囉。

㈣停售

基金申請成立時,都有額度(例如50億元),一旦暢銷,賣到沒貨,投信自然會把該基金「停售」。大部分情況,會再向證期局申請追加額度,有貨後才再賣。

1. 避免大而無當

海外基金停售的原因大抵是擔心「大而無當」。以2007年3月26日有條件停售的百利達歐洲轉換債券基金為例,基金公司法國巴黎資產管理公司擔心基金規模過大(2007年3月時,已達18億歐元),以致造成流動性風險,進而可能影響基金的績效下,為了保護現有投資人的權益,因此在通知全球23國銷售機構,有條件地暫停一般投資人的申購,僅接受已投資該基金單位(約500萬歐元)與定時定額投資人可以繼續申購本基金。

基金暫時關閉後,通常連定期定額也會停止。投資人如果買不到某一支基金,可以買同系列的基金。例如,買不到摩根富林明歐洲動力基金的投資人,摩根富林明證券引進摩根富林明歐洲動力巨型企業基金,可讓台灣投資人能有機會買到同一操作策略的同系列基金。

2. 討厭搶短線的投資

基於規模太大而暫停新資金申購,通常是全球投資人都買不到。不過,像聯博印度成長基金卻是例外,原因是台灣投資人喜歡短線交易,基金公司不堪其擾,因此2006年年初只有台灣投資人被排除在門外。投資行為很難立刻改

變，短期內台灣投資人恐怕還是買不到這支基金。

㈤下架

食品、藥物「下架」，皆因不符合衛生署的規定；同樣的，基金下架（即不能販售），因為不符合證期局的「海外基金管理辦法」。由於原有投資人權益不受影響，不少投資人趕著向銀行辦理定期定額申購，這樣一來即使基金下架仍可繼續扣款。2007年包括新加坡大華投資基金、富達東南亞基金等陸續下架，都掀起投資人一股搶購熱潮。

基金下架，常見的有下列三種情況。

1. 「大陸」占比重太大的

海外基金申請下架的原因，多數是因海外基金投資大陸、香港股市超過金管會訂定的上限。海外基金持有大陸的A股、B股，比率不得超過淨值的0.4%；投資港、澳紅籌股，投資比重也不得超過10%。不過，2008年5月，國民黨執政後，這項**基金的戒急用忍政策逐漸解凍**。

2. 台灣投資占比重九成

國內投資人比重超過九成，就是台灣市場常說的「募爆了」。新加坡大華投資基金，即是台灣投資人太捧場，逼近基金的九成，因此下架。

3. 衍生性商品的基金

根據境外基金管理辦法第23條第1項第1款規定，海外基金從事衍生性商品交易，持有未沖銷多頭部位價值的總金額不得超過該淨資產價值的15%。

2007年5月中旬，環球沛智（2008年8月以前原名美國運通）全球抗通膨債券基金也停賣，原因是避險部位可能超過證期局規定。

金管會核准法國巴黎銀行（BNP）在台分行，從9月25日起終止「百利達歐洲高息債券基金」（Parvest European Bond Opportunities）在台灣募集、銷售業務案。該銀行對金管會的說明是，因衍生性金融商品投資已超過金管會規定的15%上限，必須下架，跟次級房貸無關。

歐盟各國金融機構發行的股票基金，2007年起適用可轉讓證券集體投資計畫（UCITS）Ⅲ的規定。基金可以投資在衍生性商品的比重提升到100%，如果加計融資，操作上限更可以擴充到110%，但也嚴格要求基金分散風險、資訊揭露及要有完備的風險管理機制。證期局可能於2008年底前放寬，衍生性金融商品比重可望從15%到30%。

㈥基金合併

基金合併跟基金清算不同，基金清算指基金信託契約終止，投資人權益也告終止；但基金合併是投資人原來的權益仍然存續，可分為下列二種情況。

1. 一家投信合併旗下基金

2007年4月7日，國泰投信指出，由於過去三支類貨幣型基金績效表現及性質相近，考量操作彈性及投資人最大利益，所以決定合併旗下三支類貨幣型基金。

國泰債券、國泰長利債券與國泰台灣債券基金，2006年底基金規模分別為238.28億元、47.37億元及48.05億元，於4月27日合併為一支基金，存續基金是國泰債券基金。[②]

2. 二家公司投信合併

投信業者合併，或是投信旗下基金合併，都有前例可循。投信業者強調，兩家投信合併後，原本的基金並不會因而被清算，頂多是更換名稱，對投資者人權益影響不大。以2003年3月台壽保投信合併蘇黎世投信為例，投資人在收到合併通知書後，可在指定日期前贖回，或是轉換投資原台壽保旗下基金。

㈦基金清算

上市公司如果經營虧損、跳票，是會被勒令股票下市。那麼基金是否也會發生下市情形呢？當然也會有，碰到基金快被除名，投資人宜及早贖回，另作打算。否則碰到清算期間，不僅錢變成死錢（沒用在投資），而且還得耗上一段時間才領得到。

基金下市的標準至少有下列二種情況。

1. 自己殺，賺腹內

基金規模低於8,000萬元時，必須強迫清算，也就是把基金掌管的資產全部變現。全部分配給投資人，該基金也就壽終正寢。

有時，投信基於成本或投資報酬考量，也會把基金安樂死，例如組合型債券基金投資範圍比債券基金寬鬆，後者逐漸萎縮，2007年4月，下列5支債券基金遭清算：瑞銀台灣債券、國泰長利債券、保誠美元短期債券、台陽投信國票勝利債券與建弘美元短期債券基金。

---

② 《經濟日報》，2007年5月9日，B2版，葉慧心、周慶民。

2. 當投信快不存在

　　台陽投信在2007年3月的董事會中決議，將可能「出售」或「解散」，受此影響，台陽投信4～5月清算旗下三支基金，僅剩的一支國內股票基金——遠見基金，也會進行清算。[3]

2-4 基金相關費用Part I

　　透過券商買賣股票，交易成本很簡單：小額買賣時，券商依成交金額課0.1425%券商手續費，賣出股票時券商代扣0.3%的證券交易稅。但是買賣基金時，相關費用明目比較多，因此本章以二節篇幅來詳細說明，這一節先講導論和銀行收的費用，以後者來說，保管銀行的篇幅較少，放在第二段，第三段再來介紹基金代銷銀行收取的申購手續費。

　　至於基金公司收的三種費用，在第5節再來介紹。

一、基金各項費用

　　任何基金皆會涉及三個不同公司，因此各會向投資人收費，**基金費用（fund charges或fund fees）** 可分為二種性質，詳見表2-8，簡單說明如下。

1. 外加vs.內含：外加是指投資人除了買基金的本金外，額外還須付現支付的費用。
2. 一次vs.按日計算（on going）：投信、保管銀行提供投資人長期服務，所以他們收的基金管理費、保管費率皆是逐日計算，屬於年費性質。

表2-8　基金的相關費用

時間	申購時	持有基金時	（轉換時）	贖回時
費率	申購手續費，付給銀行 1.國內投信的基金 　　2% 2.海外基金公司 　　2～3%	1.投信收（基金）管理會 2.（股票、現金等的）保管銀行，收取保管（銀行）費 0.2%。	（轉換手續費）	贖回手續費，付給投信

---

③　《經濟日報》，2007年5月8日，B4版，徐慧君。

二、銀行保管費

銀行保管費（**custodian fee**，或信託保管費，詳見表2-9）是基金的款項、證券保管銀行的收入，之所以向投資人收費，主因在於投資人是基金資產的受益人，保管銀行只是受託人、代為保管資產罷了！

以國內股票基金來說，保管費率是0.15%，這當中的保管費用，包括存券保管費以及轉帳服務費。轉帳服務費，是因交易產生的費用，按每次交易時依有價證券撥轉張數計收，即交易越頻率，相對轉帳服務費也高，這部分的成本是由保管銀行自行吸收。

國際保管銀行分為兩種報價，一種是分列細項，把轉帳服務費跟存券保管費分列；而另一種則是單一報價，但價格一定會較高。以貸款來比喻，消費者向銀行貸款，固定利率一定比浮動利率高，因為銀行一定會事先把相關成本計算在內。

▌表2-9　各類基金保管費率一覽

基金類型	收費標準（%）
國外股票基金	0.30
國外債券基金	0.10
國內股票基金	0.15
平衡基金	0.12
國內固定收益基金	0.08

三、申購手續費

投資人可向代銷銀行、投信填單申請購買基金。對代銷銀行來說，申購手續費（front-end fee）是它代銷基金的主要收入來源，詳見表2-10。

本段第三小段起，主要是講代銷銀行的情況。

㈠收費vs.免費

首先依是否收費，分成下列二種。

1. 收手續費：**收手續費**（**load fund**）的基金是常態。
2. 免費（免手續費）：**零手續費**（**no-load fund**）是特殊狀況，而且大都是由基金公司直銷，既然免了「中間（指代銷銀行）剝削」，當然要把利益回饋給顧客。

◤ 表2-10　基金申購手續費的收費標準

基金生命 銷售管道	基金募集時	基金成立後	
		平常日子	節慶行銷
一、代銷： 向銀行、券商 等買基金	海外基金 台灣基金	新顧客打五折，例 如2006年10月，台 新、萬泰、慶豐銀行	
1.臨櫃交易	打五折		打三折
2.網路下單	五折		
二、直銷： 向投信買基金	2007年4月23日迄7月 底投信推出，電子交 易戶定期定額扣款一 次成功者終身免手續 費	2000年，海外基金向 基金公司網路下單越 來越流行零手續費	摩根富林明投信，領有身 心障礙手冊者及其子女定 期定額投資，可享終身免 手續費優惠

(二)免手續費的割喉戰

　　隨著投信業競爭越來越激烈，已經有人祭出手續費殺價競爭，等於是投信代投資人付這筆費用給代銷銀行。投信業的行銷已進入「完全競爭」的戰國時代。

　　2007年7月，定時定額基金投資人突破50萬人，且是連續第五個月成長，投信業者為了搶食這塊市場大餅，相繼祭出「終身0手續費」強勢促銷手段，基金界正展開一場空前的搶錢「大車拚」。14家投信定時定額「終身0手續費」優惠條件詳見表2-11，各家投信推出優惠條件限制有所不同，大致分為「扣款次數限制」、「基金標的限制」、「優惠期間限制」、「申購對象限制」以及「參加人數限制」等五大類。

(三)直銷vs.代銷

　　其中向投信直接申購的，有些投信對於大戶（例如金額1,000萬元以上），手續費往往只是意思意思收一點，甚至檯面下出現免費情況，此稱為**低手續費**（**low-loads**）。

(四)基金募集期間手續費五折優惠

　　新基金在募集期間（稱為優惠期）手續費都會打折，常見的是五折優惠，原來1.5%的費用此時只收0.75%。

表2-11　終身零手續費條件

投信	扣款次數限制	基金種類限制	截止期限	對象限制	參加人數限制
犇華	X	X	9.30止	X	X
新光	X	X	9.30止	書面申請滿9,000元	達門檻金額後不分人數
寶來	24次以上	X	X	X	X
景順	累積扣滿36次以上	X	X	X	X
保誠	X	限保誠印度、亞太高股息、亞太房地產3支	12.31止	網路申購	X
保德信	60次以上	X	X	網路申購	X
統一	60次以上	X	X	X	X
第一富蘭克林	累積扣滿36個月以上	X	12.31止	書面申購	X
永豐	累積扣至第37個月起	限永豐高科技、永豐股票二支	9.30止	X	X
富達	X	限台幣計價基金	X	X	X

資料來源：各投信，2007.9

㈤依申購方式來打折

網路下單對基金賣方可以省掉實體店面的房租、人事費用，所以網路下單買基金，手續費常打對折以上，詳見表2-12。

1. 銀行

投資人透過銀行或者券商的複委託交易來買海外基金，手續費率頂多打七折。如果使用銀行、券商網路下單，海外基金手續費折扣可以低到五折。

2. 向基金總代理買更便宜

2007年4月中，先鋒投顧取得第一張海外基金電子交易（網路下單）業務許可執照，越來越多投顧陸續加入，投資人透過投顧業者所架設的網頁——電子交易平台作交易，手續費率折扣更高。先鋒投顧董事長林寶珠表示，只要三人成行（一起開戶），手續費率最低可以打到三折。下單單筆達100萬元以上，手續費率也可以打至三折；在該基金平台開始營運之後至2007年年底，所有基金手續費率都是三折優惠。

▌表2-12　債券基金網路下單與一般下單方式比較

比較項目	電子交易方式	傳統交易方式
交易方式	不論申購／買回／定期定額申請都是簡單三步驟： 1.輸入交易資料 2.輸入密碼確認申購資料 3.網頁確認交易完成，收到即時交易委託確認通知電子郵件	步驟多，手續複雜 1.傳真方式：填單→電話報單（申購）→繳款（申購）→傳真→電話確認傳真→寄回正本 2.親自辦理：赴投信或代理機構→填單→繳款（申購）、收件機構核印（買回）→取回收執聯
收件時間	一年365天全天候24小時	週一至五08:30～17:30
交易地點	任何可上網或撥電話處	投信或代理機構
花費時間	輕鬆一指5分鐘搞定	從填單→報單→繳款→傳真→電話確認，整個流程至少花費30分鐘
申購繳款	・指定交易帳戶扣款 ・ATM轉帳（股票基金不開放） ・電匯（股票基本不開放）	・親自繳現 ・ATM轉帳 ・匯款
買回付款	・匯入指定交易帳戶 ・轉申購	・匯款 ・郵寄支票 ・轉申購
申購手續費	3萬元以上免手續費	0～1.5%

資料來源：國泰投信整理，2003.8

註：以國泰投信固定收益基金申購手續為例

　　海外基金投顧業者在電腦系統設計之初，就把資金流跟資訊流分開，投資人的資金透過集中保管結算所，與行之有年股票交易系統在同一套集保模式下，安全性無虞。跟個人隱私有關的資訊流，也在SSL層層加密之下，使投資人的個人資料受到保護。

㈥依申購金額累退

　　手續費幾乎都是隨著申購金額累退的，最常見的級距如下。

　　・100萬元以下，1.5%；

　　・101～500萬元，1.2%；

　　・501～1,000萬元，0.8%；

　　・1,001萬元以上，0.6%。

㈦節慶行銷

　　2007年5月，投信因應母親節推出基金申購優惠的業者，包括新光，摩根富林

明和保德信，其中以新光投信推出的最為優惠，只要在5月底前申購旗下任一支基金，就可以享有手續費終身0.3%的優惠。

㈧依持有基金期間打折

月退俸的性質是「活得越久，領得越多」，相反的，有些基金公司為了鼓勵投資人長線投資，針對手續費提出「持有越久，打折越多」的優惠，詳見表2-13。

◈表2-13　海外基金手續費收取方式

繳費時機	申購時	贖回時	贖回時
錯誤英文	Class A Share	Class B Share	Class C Share
錯誤翻譯	A股基金	B股基金	C股基金
正確名詞	前收手續費 （front-end）	B型後收手續費 （back-end）	C型後收手續費
手續費費率	2～3%	隨投資期間遞減 口訣是「1234～4321%」，即 第1年內贖回時，手續費率4% 第1～2年贖回時，手續費率3% 餘類推 4年以上　0%	隨投資期間遞減 同左 1年以上0%
管理費費率（年費）	0%	0.75～1.5% 例如1%	0.75～1.5% 例如1.25%
轉換費 透過基金公司	0.5%	0%	0.3%

1.　必也正名乎！

由表2-13第2、3列，你可以看到實務人士直譯的用詞，但是由表2-14可見，對於A、B，股票早有習以為常的用法。基金自創一格，恐容易混淆。

表中第4列是我們的意譯用詞。

◈表2-14　幾個跟A、B有關的用詞

	貨幣 銀行學	股　　票		基金
		美國	大陸上海	
A	$M1_A$	A share： 普通股	A share： 本國板	A-fund 手續前收型基金
B	$M1_B$	B share：比較像特別股	B share；國際板	B-fund手續後收型基金

2. 前收手續費

前收手續費是指你向銀行買基金，手續費率2%，當你買了1萬元基金時，額外還得付200元給銀行。

3. 後收手續費

很多報刊把**手續費後收型基金**（**back-end fund**）中依英文Class B Shares直譯為B股基金，猛然會讓人誤以為是大陸股市的境外板的B股，或是美國股市中的B股（比較像特別股）。

為鼓勵投資人長期投資，美國開始於1980年代發展出一種申購時無須繳手續費的基金，即**B型後收手續費**（**B-fund**）。當投資人因報酬率不佳，可能在一年內出場而被收取高達4%的手續費時，常造成銀行跟顧客糾紛，因此銀行銷售後收手續費基金的比例越來越少。

B型和C型後收手續費的基金銀行還會在每年加收0.75～1.5%的管銷費，而且是直接從基金淨值扣除，常常為投資人所忽略，所以同一標的的手續費後收型基金淨值報價通常會比前收手續費基金低，因此股資人選擇基金時必須留意相關的隱藏性費用，一旦投資年限未滿規定，後收手續費基金不全然會比前收手續費基金划算。

C型後收手續費（**C-fund**）其最大吸引力在於投資滿一年就可免手續費，縱使沒有滿一年贖回，也僅會被收取1%的手續費，另外1.25%的管銷費用則直接扣除，反映在淨值中。很適用投資期間在一年以上、四年以下的「中期」基金投資大戶。

「B型應該會逐漸消失，未來應該只剩下手續費前收型與C型」，美林投顧總經理張凌雲大膽預言。[④]

4. 不必貪小便宜

不論投信業者是否以手續費價格優惠爭取顧客，投資人在選擇基金時，應該以其長期的績效為標準，而不是僅為了節省費用。要是長期績效不彰，縱使零手續費，長時間的績效差距，可能最後獲得的報酬，還不如績效良好的基金。

群益投信認為，基金績效表現穩健才是吸引投資人最大的主因。要是投資人選到排名後段班的基金，眼看著基金績效直直落，即便是不用手續費，也無法享受到零手續費的優惠。

---

④ 《商業周刊》，2005年6月13日，第57頁。

5. 小心有些理財專員的陰謀

台灣基金銷售手續費之低是亞洲之最，買股票基金，前收手續費3%，但香港就要5%，台灣的銀行競爭激烈，大家競相削價競爭，股票基金打七折（約2%）手續費者大有人在；固定收益基金前收手續費一般是1.5%，打七折只要1%左右。但是B型後收型手續費，股票基金第一年贖回就要收取後收手續費達4%，固定收益基金要3%。

基金業者指出，香港或歐美流行B型後收手續費，前提是前收手續費率高達4～5%，後收手續費逐年下降，對投資人才是有利的。台灣因銀行競爭激烈，前收手續費已如此低，B型後收手續費對投資人不僅無利可圖，反而有損權益；更引人非議的是還有理專勸進顧客買B型後收手續費債券基金，每賣百萬元，基金公司會私下贈予2,000元禮券，相等於20個基本點的回佣，難怪不少銀行銷售榜首總是B型後收手續費債券基金。[5]

2-5 基金相關費用PartⅡ：投信收的管理費、轉換費和贖回費

基金費用中有三個項目是由投信拿走，因此，在本節中集中討論，依收取的時間順序來說明。

一、基金管理費

基金**管理費**（或是基金**經理費**，management fee）是投信的主要收入，是投資人支付給投信管理基金資產的管理服務費用。很多投信收取的管理費是隨著投資資產、地區而有所不同，詳見表2-15，費率的差別主要反映著研究分析、操盤成本和基金規模。

1. 研究成本

以固定收益證券基金來說，性質比較單純，每一家基金公司的投資績效沒有很大差異，再加上基金本身報酬率又低（貨幣市場基金約1%），所以費率不會很高。而如果基金類型的操作困難度較高，或者投資地區的資訊取得較困難、研究成本較高，也會收取較高的管理費。

---

[5] 《經濟日報》，2006年5月9日，B5版，張瀞文、白富美。

表2-15　各種資產、地區基金的管理費費率

國別	衍生性商品資產	組合	平衡	股票	債券	商品資產	價值儲存
海外	認股權證基金 1.75~2.45%			1.國家比區域基金高一些	1.美國0.65~0.8%		貨幣市場基金 0.2~0.6%
		保本型 1.35%		2.區域1.5~2.5%	2.新興市場 1.6%		
			全球 0.7~1%	3.全球0.6~1.5%，其中組合型約1%			
台灣	0.4%			1.5% 指數型股票基金（ETF） 0.7%	0.6%		

全球基金看似研究地區大、投資股市複雜，該擺數百個人來研究、操盤，但是全球、資產配置型基金大都買現成基金，因此只要研究全球景氣和國家基金就可以，管理費反而不高。

2. 操盤成本

像認股權證基金，操作的難度比較高，交易頻率高，而且往往由多位不同基金經理各負責某一部分（最常見於衍生性商品基金），所以管理費率會比較高。

㈠管理費計算方式

就跟活存利率一樣，以1.5%的管理費來說，它是一年的費率，不過是依日計算。例如你買了基金，180天後要求贖回，所以投信所收的費率為：

$$1.5\% \times \frac{180}{365} = 0.74\%$$

管理費費率乘上淨值與期間就是管理費，大抵是這麼算的。當然要是你投資期

間很短，投信另有最低管理費金額，以保障自己的權益。

1. 台灣

投信對管理費採取「不論賺或賠，管理費不變」的方式，以股票基金為例，投信大都採單一費率，以1.5%為最常見。

2. 國外

由於國外法令較寬鬆，因此國外基金公司對管理費的收取，變化很多，至少可依下列基準去調整。

(1) 隨基金規模累進

最常見的是，隨著基金規模（尤其是大於100億美元時）變大，所收取的管理費也降低，這是因為基金管理（含下單的券商手續費）有規模經濟交易，如果基金的規模較大，平均每受益單位所負擔的費用就降低了，所以要把這部分的利益部分回饋給投資人。以富達國際房地產基金為例，由於資金大量流入，這支基金的管理費下滑。

美國晨星公司指出，事實證明低費用率的基金表現更好，越來越多的投資人也開始注重基金的管理費。優質的低管理費基金總會受到投資人的青睞，所以投資人最好不要購買管理費過高的基金。

這種講法是「倒果為因」的，因為「基金績效好→基金規模變大→基金管理費率下降」。反之，有些基金公司資產規模縮水，管理費只好上揚。富達和先鋒（Vanguard）這兩家基金公司原本的管理費較低，但2007年中都有部分基金調升費用。

2. **績效費**

不過，海外基金中有少數（大都為保本基金）基金公司採取「累進分紅」的管理費制，當替投資人賺得越多，基金公司每一級距所抽的管理費就水漲船高。

歐美有不少基金公司在基金績效不佳時（例如跌三成），基金管理費打七折收取，以示向投資人賠罪。例如，以指標指數標準普爾500種股價指數為基準，基金報酬率如果高於該指數20個基本點（**1個基本點是0.01個百分點**），就會加收費用；反之亦然。

㈡免佣基金只是噱頭

有些基金公司抓住某些投資人斤斤計較的心理，推出免佣基金，宏利集團就是其中代表公司。

1. **免佣的範圍**

   免佣的範圍包括下列三項。

   ・手續費
   ・基金轉換費
   ・持有二年以上，不收贖回費

2. **管理費依投資績效來收取**

   管理費分成二部分。

   ・基本費：這部分只有0.75～1.5%。
   ・**基金經理表現費**（或**績效費**）：假設基金績效及格標準為年報酬率10%，超過這部分，基金公司可以向投資人收取其中8%作為酬勞。舉個例來說，基金報酬率為15%，那麼投資人還得付多少給基金公司作為基金經理表現費呢？

$$(15\% - 10\%) \times 8\% = 0.4\%$$

   如果基本費率是1.5%，再加上表現費率0.4%，合計1.9%，跟一般基金的1.5～2.5%的管理費率還是差不多。所以免佣只是噱頭，要是真的免佣，那代銷銀行賺什麼呢？

二、轉換費

   基金大都是不可轉換的，投資人只能要求投信贖回，再付一次申購手續費來改買其他基金。

1. **台灣的投信**

   在同一投信情況，縱使可以轉換其他基金時，投資人額外還得付轉換費用（或稱轉換手續費）。

2. **母子基金**

   只有母子基金，投資人可以在同一投信所提供的大傘下免費去轉換成另一子基金。

㈠母子基金

   由圖2-4可知，有些投信（本處以富邦投信為例）推出一個套裝組合的基金組合，稱為**母子基金**，在這組合內，一年可以四次免費轉換到其他基金。由於外表就

好像打開的雨傘，任何一支傘骨皆可通到傘中央再通到另外一支傘骨。因此母子基金俗稱**傘形基金**（**umbrella fund**）。

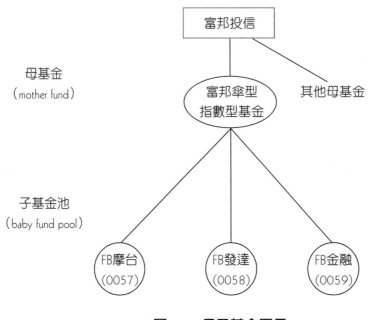

圖2-4　母子基金圖示

(二)免費轉換條款

在美國等，基金公司競爭早已白熱化，所以不少基金公司在一年內不超過限定次數的情況下，把原基金轉換成同一基金公司其他限定範圍基金，免收轉換費用。

「傘型基金」就跟捷運的轉乘券，或是外匯存款的幣別轉換條款一樣，或是跟北高航線的航空公司聯營一樣，「一家購買，可搭乘多家航空公司飛機」。所以「傘型基金」不是一種基金，它只是基金受益憑證中的一條條款，賦予投資人一年幾次免費「轉換基金」（由甲基金轉換為乙基金）的權利。這條款讓投資人不需重複負擔手續費、管理費，只需一次付費，便可有多種（僅限該基金公司）基金的投資機會，對投資人是很好的權利。

稍微懂得英文文法習慣的人就知道，「傘型基金」是個不懂英文的人硬照字面翻譯的名詞。美國人說：I an not a good cooker，不能譯為「我不是個好廚師」，這句話是指：「我不太會煮菜」。

美國人喜歡用名詞、句子來取代形容詞，同樣道理，umbrella fund並不是指一種基金，應該翻譯成在基金條款中「一年內限次免轉換費用」的基金。就跟有些壽

險保單也有加上免費轉換成同一壽險公司其他保單的「條款」一樣，沒有人把它生硬的翻譯為「傘型保單」。

當然這是題外話，只是提醒投信、記者在翻譯外來語時，要稍微用心一些。而對你來說，也可以多學一點英文，下次你聽到老外說：I am not a liar時，你就知道他的意思是「我沒有說謊」，不能翻譯成「我不是個說謊的人」，中文沒有這麼說的。所以我們會把「傘型基金」翻譯成「可免費轉換為其他基金」的「轉換條款」。

㈢免費轉換條款的運用──永豐銀行的效率投資法

2007年4月，永豐銀行推出效率投資法，投資人只需要付出第一筆母基金的單筆投資手續費，後續由母基金定期定額撥款投資子基金，都不需再付出手續費，成本也較低。

什麼是效率投資法？簡單說就是母子基金的概念，投資人可先把一筆較大額的單筆資金放在穩健型基金，例如債券型或平衡型基金，再由母基金每個月撥款投資較高風險的子基金，以定期定額方式，賺取更高獲利，卻又可以平衡風險。投資人可自行選擇要投資哪些風險較高的子基金，例如新興市場、能源基金等，一支母基金最多可以投資三支子基金。最方便的是，投資人不需要每個月自行贖回、買進，只要透過電腦系統，就可以自動由母基金撥款到子基金定期定額投資。

投資人還可以自行設立停利點，以10%為例，在子基金達到10%報酬率後就自動轉入母基金內，鎖住獲利、降低風險，透過電腦系統的平台，更有紀律地管理投資，透過母子基金的效率投資法，可以降低轉換費用。

㈣A到B基金的淨值認定

贖回A基金並轉申購B基金，必須等贖回一基金款項入帳後，依入帳金額和當日基金淨值計算可申購B基金單位，由表2-16可見，要以第T+5天的B淨值來計算申購B基金的單位數。

三、贖回費

當投資人要求投信贖回基金時，投信可能會收取贖回費，不過大趨勢是不收贖回費，只有像一些保本、衍生性商品基金才會收取。少數投信海外基金以淨值的0.5%作為贖回費（稱為買賣價差），用途在於支付贖回時當地證券交易費用和行政費用。

▌表2-16　各類基金轉申購基準日規定

買回基金類型	買回淨值基準日	轉申購基金類型	轉申購基金基準日
國內股票基金	T+1	國內股票基金	T+3
國內股票基金	T+1	國外股票基金	T+3
國內股票基金	T+1	債券型	T+3
國外股票基金	T+1	國內股票基金	T+5
國外股票基金	T+1	國外股票基金	T+5
國外股票基金	T+1	債券型	T+5
債券型	T+1	國內股票基金	T+1
債券型	T+1	國外股票基金	T+1
債券型	T+1	債券型	T+1

註：T指贖回日

1.　透過原代銷銀行贖回

代銷銀行對投資人臨櫃辦理基金贖回，銀行會收個贖回手續費（redemption fees）如下。

(1)　全部贖回者，每「件」50元。

(2)　部分贖回者，每件100元。

2.　向投信要求贖回

如果你勤快點，跑到投信去贖回基金，這手續費往往就免收了。

㈠對短線交易略施薄懲

金管會為導正國人在基金投資上的歪風，決定對於短線交易者祭出罰則，要求各投信針對短線交易做出定義並且訂定罰則，且在2006年10月10起實施。各家投信在基金公開說明書、交易確認單或對帳單通知受益人。

「**短線交易**」是指投資人於短期內頻繁交易某支基金，至於「短期」是指多久，在多數投信定義中，把2～7天的買賣基金行為定義為「**短線交易**」，罰金則大都為贖回價金的萬分之一。此舉主要是為因應金管會政策鼓勵投資人長期投資，不過，如果贖回10萬元基金只被罰10元，可能效果相當有限。

以國外基金業者的做法來看，多半以90天作為短線交易的期限，有些則是規定某些基金在一年內轉換超過四次，即為短線交易，基金公司有權拒絕轉換交易，以作為保障投資人權益的做法。

㈡交割期間

　　各類型基金贖回的處理時間不同，固定收益基金的作業時間最短，申請贖回T+1天即可取得現金，股票基金T+3天。海外基金則隨各地區時差和外匯轉換效率不同，作業時間約T+5天。

2-6 基金報酬率

　　做生意只要搞懂二件事就可以，即「成本」、「售價」，就可以算出利潤。同樣的，金融商品的投資也是將本求利，在第4節中，已說明基金的相關費用，接著下來，就可以計算基金報酬率了。

一、報酬率分為二大類

　　基金投資是大四課程，針對報酬率的基本觀念，在大二財務管理、大三投資學中皆有一章詳細討論，作學問跟接力賽跑很像，因此本節儘量不炒冷飯。

　　由表2-17可見，在第1欄中，報酬率分為二大類：絕對、相對報酬，底下詳細說明。

■ 表2-17　投資報酬率的二種計算方式

報酬率分類	公式：衡量方式
一、相對報酬，屬於超額報酬（excess或abnormal return）觀念	或稱為「風險調整後報酬率」（risk-adjusted performance, RAP）
㈠跟市場模式的理論報酬率比	詹森比率（Jensen index） $\alpha_i = (R_i - R_F) - \beta (R_m - R_f)$
㈡跟無風險利率比	1.夏普比率（Sharpe index）$= \dfrac{R_i - R_f}{\sigma} \cdots$ 〈2-1〉 單位總風險溢酬（return per unit of risk） 2.S&P Micropal $= \dfrac{R_i}{\sigma}$ ……………… 〈2-2〉 3.崔納比率（Treynor index）$= \dfrac{R_i - R_f}{\beta}$
㈢跟同類基金比	1.資訊比率（information ratio） $= \dfrac{R_i - R_b}{\sigma}$…………………… 〈2-3〉 R_b：標竿報酬率，即同類型基金的平均報酬率
二、絕對報酬	例如一年賺20%

二、絕對報酬——基金報酬率速算法

基金報酬率計算方式比股票還簡單（股票還有除權、現金增資），我們提供你一個速算公式，用計算機不需一分鐘，便可算出一支基金持有期間的報酬率、年報酬率、利潤。

為什麼我們把速算公式簡單推導的過程列出來，那是方便你碰到各種名目的收入、費用時，可以從最根本的「淨值報酬」這一公式下手修修改改，至於用英文符號表示，那是為了方便導出最後結果和方便記憶。

㈠期間報酬率算法跟股票一樣

光看淨值的漲跌大概（因為還沒考慮至少占你投資本金2%的申購費用）就可以算出你的基金替你賺多少錢了。

運算公式：

（單位）利潤＝（單位）收入－（單位）成本，單位或稱「平均」

淨值報酬 $= NAV_1 - NAV_0$

1. （期間）報酬率 $= \left[\dfrac{NAV_1}{NAV_0(1+F)}\right] - 1$ 　〈2-4〉

2. 年報酬率 ＝（期間）報酬率 $\times \dfrac{365}{投資期間}$ 　〈2-5〉

$= \left[\dfrac{贖回時淨值}{買入時淨值} \cdot \dfrac{1}{1+手續費率} - 1\right] \times \dfrac{365}{投資期間}$

3. 利潤（或報酬金額）＝報酬率 × 本金

完整公式：當有除息、轉換手續費時

年報酬率 $= \left[\dfrac{(NAV_1 + 除息) - 轉換手續費}{NAV_0} - 1\right] \times \dfrac{365}{投資期間}$ 　〈2-6〉

上述英文代號的意義作表整理如下。

	買入時間（T_0）	賣出時間（T_1）	英文簡寫
淨值	NAV_0	NAV_1	NAV: Net Asset Value
匯率	EX_0	EX_1	EX: Exchange Rate
手續費	F		Fee
除息	D		Dividend

(二)淨值

簡單的說，淨值（**net asset value, NAV**）跟股價的意義一樣，計算公式如〈2-7〉式。

$$（單位）淨值 = \frac{基金總資產價值 - 應支付費用}{基金發行在外單位總數} \qquad 〈2\text{-}7〉$$

$$舉例 \quad \frac{25\ 億元}{2\ 億個單位} = 12.5元$$

(三)買賣價

由表2-18可見，基金的買價零時差，但是賣價則差一天。

表2-18　開放型基金的買賣價格

買賣價格	說　明
申購價格，即買入時淨值NAV。	1.承銷期間和成立日前（含當日），每單位10元（面額） 2.基金成立後，依申購當天的單位淨值計算
買回價格，即贖回時淨值NAV$_1$	依申請日次一營業日單位淨值計算

(四)基金費用的處理方式

對投資人來說，在計算基金報酬率時，要處理手續費等外加的手續費。

1. **申購手續費的處理**

你從〈**2-4**〉式這一關係式中可以看出，我們把申購手續費作為投資（平均）成本的一部分，因為它是外加的。

至於贖回費、基金轉換費視為收入的減項。

2. **內含費用的處理**

由公式並無法看到投信管理費（例如一年1.5%）、銀行保管費（例如一年0.15%）等內扣費用，之前我們已說明過，這些都已作為計算每日淨值的減項。由下式便可以看得清楚，每天你在基金淨值表上看到的基金淨值，其實是經過下列過程計算出來的。幸運的是，投資人不用自己去計算，投信會幫你算出來。

$$每天淨值表上淨值 = 毛淨值 \times \left(1 - \frac{1.5\% + 0.15\%}{365}\right)$$

3. 除息或其他費用的處理

前面速算公式用於基金單純情況，但也是最常見情況，要是情況稍微複雜，例如基金有配息、銀行收取轉換手續費，那麼我們可以用完整公式〈2-4〉式來計算報酬率。

完整公式其實還是速算方式，因為它沒有考慮「折現」（即不同年度的貨幣時間價值）。

㈤淨值報酬率略高於投資報酬率

下列名詞特別需要分清楚。

1. 淨值報酬率（NAV return或total return）

這是你在報章上看到的基金在某一段期間的漲（或跌）幅，稱之為淨值報酬率或基金漲跌幅，少數人稱之淨值成長率，但是我不喜歡「成長」二字，因為它暗示淨值會（正）成長，但許多時候，淨值也會不增反減的出現負成長。一般來說，講到投資時，「報酬率」是比較恰當的用詞。

2. 基金投資報酬率（load adjusted performance）

投資期間的淨值報酬率再扣除所有費用，才是你賺的，我們稱為基金投資報酬率，不過這是稅前的，投資報酬率仍應計算到稅後情況，因為個人適用稅率級距不同，所以此處不浪費篇幅說明。

㈥對匯率處理方式

買過股票的人應該很會算股票報酬率，海外基金以外幣（例如美元、歐元）計價的報酬率，必須轉換為以台幣表示的報酬率。

由〈2-7〉式再乘上下一個項目來把外幣轉換成台幣，處理方式可說很簡單：

$$\frac{贖回基金時（銀行買匯）匯率}{買入基金時（銀行賣匯）匯率}$$

其中值得注意的是，由於基金贖回時款項入帳需四至六天，所以贖回時淨值是依贖回日（假設為該月2號）為準，但是入帳金額卻是依匯回日（假設為該月7號）

的匯率為準。

㈦完全不需要基金單位數的資料

由上面公式可見，不論是計算報酬率，或是利潤時，都不需要「受益憑證單位數」（可說是股票中的股數）的資料。不過我會說明單位數的計算方式，讓你瞭解你手上有多少單位的（各種）基金。

$$共同基金受益憑證單位數 = \frac{本金（投資金額）}{買入時淨值} \qquad \langle 2\text{-}8 \rangle$$

$$以本例來說 \quad 5{,}000單位 = \frac{10{,}000\ 元}{20\ 元}$$

㈧由期間報酬率到年報酬率

$\langle 2\text{-}4 \rangle$ 式算出來的只是期間報酬率，投資期間越長，期間報酬率越高；為了比較標準一致，所以所有的利率、報酬率都以年為期間，稱為年報酬率（annualized rate of return）。$\langle 2\text{-}5 \rangle$ 式便是由 $\langle 2\text{-}4 \rangle$ 式經過年化處理而得到年報酬率。

再更進一步分析，計算年報酬率時還有下列二種方式：

已知

NAV_0：1998年買入基金，淨值20元，申購手續費0

NAV_1：2007年賣出基金，淨值40元

1. **算術平均報酬率**

$$平均報酬率 = (\frac{40 - 20}{20})\ /\ 10年 = 10\%$$

這是一般人最習慣使用的報酬率。

2. **複利報酬率**

由終值表可得出來，期數十年，本利和成長二倍（從20元至40元），此時所需的複利報酬率為7%。

由此看來，這基金的報酬率並沒10%，而只有7%。

三、相對報酬

如果我告訴你我身高175公分，打籃球可以灌籃，你相不相信？這看起來有點像腦筋急轉彎，或許你已經猜到答案了，我是在小學的籃球場打球，籃球架已配合小學生的身材而往下調整了。

再來看一個類似例子，甲業務代表月營業額100萬元，看起來比乙業務代表的80萬元高，我們是否可以說甲比乙會賣呢？那得看壞帳比率囉，難怪商場有句話：「會賣的不是（老）師，能收現的才是（老）師」。

藉由這二個生活中的例子，我們想告訴你一個簡單的道理，同一類基金，不能只看其絕對表現（淨值報酬率）來論英雄，而必須依「相對表現」來較長短。

(一)以相對表現論英雄

以科技類的積極成長型股票基金來說，如果A、B二支基金，報酬率相同，但是A基金手上以投機股、轉機股、高科技股為主，在所有股票中這些股票最容易暴漲暴跌。反之，B基金則以一些新世代**藍籌股**（在台灣稱為**績優股**）為主，一旦大盤棄守，A基金的跌勢會像溜滑梯，而B基金則比較像人走路下樓梯，差別的原因在於A基金本質上風險太大了，反映在外的便是基金淨值波動大。

所以，財務學者絕對報酬不準，而必須考慮風險平減（risk adjusted，或稱風險調整）報酬率，即相對報酬率。

(二)「風險平減」的概念

「風險平減」是把所有基金置於同一風險水準下，來比較其報酬率，如此便不會發生「抱一堆投機股」的基金自然比較會漲的事。舉例說明，你會豁然而解。小學生用的籃球架有依小學生的身高調整過，所以連我都可以來個灌籃，依使用者身高來調整籃框高度，就是種「風險平減」觀念。

(三)夏普比率——單位風險溢酬

由1991年諾貝爾經濟學獎得主之一的美國史丹佛大學教授夏普（1966）所提出的夏普比率（Sharpe index或Sharpe ratio），本質是單位總風險溢酬（expected return per unit of risk）是全球最普遍使用的基金績效評比方式，連英國最大的基金評鑑公司標準普爾Micropal（S&P Micropal）所採取的「單位風險報酬率」也是源自夏普比率。

夏普比率的真正名稱是「報酬率對變異數比率」（reward-to-variability

ratio），先看它的公式。

$$夏普比率 = \frac{投資組合的報酬率 - 無風險利率}{分子（或稱超額報酬）的標準差} \qquad \langle 2\text{-}8 \rangle$$

投資組合：本書即指基金

念過統計學的人應該會想起，夏普比率只不過是標準化Z值（$Z = X_1 - X_0 / \alpha$）的運用，是很淺顯的觀念。

1. 指數vs.比率

漢武帝的名言之一為「慎在於治小，智在於治大」，有點「小處著手，大處著眼」的味道。這對我們做學問有重大影響，就以用詞來說，我們很「龜毛」，因為我們相信「字斟句酌，方顯專業」。

由這一段，你可看到雖然英文用詞是**Sharpe index**，但是因為不像物價指數、股價指數一樣照指數原理去編製，夏普比率本質上只是「**單位風險溢酬**」（**return per unit of risk**），只是超額報酬率對超額報酬率變異數的比率，所以我們稱其為夏普比率！

2. 基金報酬率

當然，儘可能的話，公式中分母的其中一項基金「報酬率」，應該用稅後報酬率來算。

3. 超額報酬率

〈2-1〉式的分子便是超額報酬（excess return）之一，此時所減的效標為**無風險利率**（risk-free rate, R_f），在美國為**10年期國庫券利率**，在台灣為台灣銀行一年期定期存款利率。

超額報酬是個正確觀念，投資人冒險投資在基金，總希望比躺著投資時賺得多一些。

資訊比率（**information ratio**）跟夏普比率是同族的，只是比較的標準是同類型基金（例如店頭基金）的平均報酬率。可惜，沒有大師撐腰，知名度很低。

4. 標準普爾Micropal的計算公式

由於各國的無風險利率的水準不同，像美國約3.7%、台灣2.7%，差距很大。如此，以基金10%報酬率為例，在美國超額報酬率6.3%，在台灣7.3%，結

果不一。弄得夏普比率無法跨國比較，甚至同一國，也無法跨時比較，因為今年跟去年（甚至這個月跟上個月，今天跟昨天）的無風險利率不一樣。

有鑑於此，標準普爾Micropal公式略施小技，把分子的超額報酬率改成絕對報酬率，就解決上述夏普比率無法跨國、跨時比較的問題。

5. 舉例說明夏普比率

我們可以用夏普（1994）自己舉的一個例子來說明怎樣運用夏普比率。由表2-19可看出，A基金夏普比率為0.25，高於B基金的0.2，也就是在同樣的風險程度時，A基金的報酬率高於B基金，那當然應該選購A基金囉。

表2-19　夏普比率的示例

	A基金	B基金
(1)報酬率	7.7%	4.7%
(2)無風險利率	2.7%	2.7%
(3)標準差	20%	10%
(4)夏普比率＝(1)-(2)/(3)	0.25	0.2

6. 台灣共同基金的例子

運用的準則很簡單，也就是買進夏普指標最高的基金。

最後還可以拿各基金的夏普比率跟加權指數的夏普比率比，像2月加權指數的夏普比率為0.1377，如果基金的夏普比率比這高，則可說是基金的表現比大盤還要好，這是基金的及格標準，就跟考試及格標準為60分的道理一樣。

7. 舉二反二

在表2-17中，還有同出一系列的二個指標。

(1) 以比率表現的崔納比率（Treynor index）。

(2) 以數值表現的詹森比率（Jensen index）。

由於使用率很低，因此不予贅述，至少你可以看出，崔納比率跟夏普比率神似，分子相同，只是分母不同，即風險衡量方式不一樣，崔納採用資本資產定價模型（CAPM）所計算出的貝他系數（β）。

第 **3** 章 基金的投資方式

選對適當的市場，卻選錯股票，你還是會賠掉一大半的資產。如果你倚賴市場來拉拔你的股票，那還不如搭巴士到大西洋城賭一場。

——彼得・林區（Peter Lynch）

富達集團副董事長，麥哲倫基金前任基金經理

《商業周刊》，2006年9月25日，第58頁

（註：對彼得・林區有興趣的讀者可參考《今周刊》，2008年8月18日，第96～110頁）

戰術作為也有差

資產配置決定了基金八成的投資屬性，這屬於「大同」的部分，以統計學來說，這是組間差異，白話一點說「西瓜跟西瓜比，橘子跟橘子比」。但是同中有異，即大同「小異」，同樣是西瓜，至少可分為大西瓜和小玉西瓜，縱使是大西瓜還有分長圓形與圓形，甚至還有農夫刻意把圓形西瓜栽種成方形，一顆至少可賣600元。

講了這麼多，只想強調不同耕種方式，也會影響西瓜的外觀、品質（包括無子西瓜），只是在策略層面，無法把西瓜種子種出橘子罷了。同樣的，同一種資產，因投資方式，也會造成組內差異。本章前三節先著眼人腦操盤的基金，後二節再來說明電腦操盤的基金。

如同探索頻道（Discovery）以一小時深入探討一個小主題，讓你能「內行看門道」。同樣的，我們會以一節篇幅來詳細說明一家代表性基金公司、基金，以具體例子讓你「摸得到」，而不只是浮光掠影的看熱鬧。

3-1 基金的投資方式

連饅頭都有分手工饅頭、機器做的，同樣的，同樣一種基金（例如股票基金），可能因投資方式不同，因此報酬率、虧損率也南轅北轍。

一、基金的投資屬性（即基金追求的目標）

不管哪種超級資產的**基金**，**依投資屬性**（尤其是預期投資報酬率）**可分為四型**，在表3-1中，由低到高依序為**收益型**（income fund，**追求10%報酬率**）、**指數型基金**（index fund, 20%）、**成長型基金**（growth fund, 40%）和**積極成長型基金**（aggressive growth fund, 60%）。雖然這樣分類方式常見於股票基金，但並不是股票基金的專利。

二、目標跟手段配合

投資方式必須跟投資目標吻合，才能使命必達，一般來說，**投資方式**可分為「由上而下」（**from top to down**）的**積極投資方式**與「由下」（**from down**）的**消極投資方式**。

㈠積極投資方式
　⇒ 成長型基金、積極成長型基金

　　採取積極投資方式的目的，當然是希望追求表3-1第1欄中的「相對報酬」（relative return）中的打敗大盤（beat the market, market指的是某特定指數）。

　　積極成長、成長型基金就是採取積極投資方式的結果，一般來說，七成以上會打敗大盤，有三成左右會弄巧成拙。但投資人不會因噎廢食，因此不管商品、金融資產，這二類基金約**占80%**，**指數型占10%、收益型基金10%**，趨近於「**80：20**」原則。

　　以股票基金來說，依股本（在美國為市值）來分，**積極成長型基金主要買中小型股票、店頭市場股票**，成長型主要是買傳統高科技股票（主要是電子股）。

㈡消極投資方式

　　消極投資方式至少有二種方式，但是投資目標不同。

1. 複製指數（indexing）
　⇒ 指數型基金，追求跟指數相去不遠

　　指數型基金主要採取複製指數（indexing）的投資方式（俗稱追蹤指數），追求跟指數亦步亦趨，也就是不自作聰明。當指數長期（5年以上）呈多頭走勢時，這種基金滿適合歐美退休基金（pension fund）作為主要投資對象。

2. 買入持有法（buy-and-hold）
　⇒ 收益型基金、價值型基金

　　收益型基金顧名思義主要是賺「息」（例如股息），**不是賺資本利得為主**，因此買入對象主要是績優股，績優股大都是大型股，所以**大型股基金**（**large cap fund**）大都是收益型。

　　另一種投資方式是「逢低買進」、危機入市的人棄我取「即撿便宜貨」，華倫‧巴菲特的慧眼獨具，主要是能在煤炭堆中找到鑽石。買入後，也是抱很久。採取此種投資方式的基金自稱為「**價值型基金**」（**value fund**），即買進「物超所值」（或價值低估，under value）股票。

　　像2008年9月，**美國駿利資產管理集團**（**Janus**）在台大力宣傳駿利美國20基金，尤其在9月15日，雷曼兄弟證券、美國國際集團（AIG）引發的美國金融海嘯後，舉其例說明價值投資。其副總裁兼客戶投資組合管理部主管嘉弗

雷（Mark Godfrey）說：「值此金融市場動盪，負面消息流竄，投資人根本聽不進很多產業和公司基本面，但我們依舊透過扎實研究、逢低承接具價值的股票，時間沈澱和醞釀下，股票價值終會見真章。」

　　這基金投資的股票都是深具潛力的大型股，挖掘「堅若磐石」、「永續不墜」企業、覓尋突破性成長契機的股票，不僅可全攬藍籌股最佳投資題材，更可靜待價格受壓抑股票的發酵。[1]

㈢截長補短

既然消極、積極二種投資方式各有其優缺點，少數投信公司自作聰明，認為均衡一下可收截長補短之效。這類基金喜歡用「**多重策略基金**」（**multi-strategies fund**）的名字，像元大投信的元大全球債券組合基金便是其中一例。

三、人vs.電腦操盤

由表3-1可見，除了指數型基金外，其餘三類基金都有人（基金經理）、電腦（即計量模組）的二種操盤方式。

㈠人定勝電腦

人操盤至少占八成，電腦占二成（以內），主因還是跟道路駕駛一樣，路況太複雜了，電腦無法完全處理。因此汽車自動駕駛可能要到2020年才會逐漸上路。

㈡電腦取代人腦

「人為疏失」占車禍、墜機七成以上原因，因此以電腦操控的自動駕駛是主要發展方向；基金也是如此，電腦蠶食人腦的操盤方式。

四、以全球基金為例

為了避免你覺得上一段太籠統，在本段，以全球基金為例，詳見表3-2。

---

[1] 《經濟日報》，2008年9月22日，B3版。

⬛ 表3-1　股票基金分類與投資方式

說　明 預期報酬率	基金分類	投資方式	
		電腦	人
一、相對報酬 　（relative return） (一)打敗大盤 　（beat the market）	1.積極成長型基金 　（aggressive growth fund） 2.成長型基金（growth 　fund）	詳見§3.4	1.一人操盤（single manager），例如動能投資法（momentum investment）偏重技術分析 2.多人操盤（multi-managers），詳見§3.3
(二)跟指數看齊	3.指數型基金，尤其是證交所指數型基金（ETF）	指數複製（indexing），指數型股票基金，詳見chap 7	
二、絕對報酬 　（absolute return）	4.收益型基金（income fund），詳見§3.2、§3.5 ・平衡型基金 ・全球基金	電腦操作的計量模組基金	

®伍忠賢

⬛ 表3-2　全球基金的投資方式

投資方式 自動化程度	消極投資方式	積極投資方式
一、全自動	仿「指數型基金」（例如摩根士丹利世界指數），以全球大型權值股（約2,000支）為投資對象 跟著指標指數比重配置選股，偏重「由上而下」。	計量模型（或模組化）全球基金 代表性基金： ・摩根富林明α基金 ・德盛安聯全球計量平衡基金 ・德盛安聯多元計量平衡基金 ・施羅德環球精選價值基金
二、全手工	**買入持有法**，選股偏重「由下」，**選股不選市**，以避免陷入全球景氣循環中，投資對象約15,000支股票。 代表性基金 ・富蘭克林坦伯頓高價差基金 ・天達環球策略股票基金 ・摩根富林明全球發現基金	

五、一夫當關vs.三個臭皮匠勝過一個諸葛亮

　　基金經理可分為一位與多元（二位以上）二種，人多的優點是可以發揮「聞道有先後，術業有專攻」的分工優點。**邏輯（不能用理論）上來說**，多元基金經理的基金其報酬率應該優於單一基金經理。但是，事實上我們以日本基金中的摩根富林明旗下的基金們相比，諸葛亮還是勝出。

　　但是除非是極廣的全球基金、資產配置基金（例如平衡型基金），否則單一國家內的單一資產基金，大抵一位基金經理就可以搞定。否則，多擺一些人，基金的管理成本也升高，其餘詳見表3-3。

表3-3　單一與多位基金經理

基金經理人數　　　　說明	一位基金經理	多元基金經理	
		台灣方式	組合基金
一、運作方式		1.台灣方式 (1)一位核心基金經理 (2)一至數位協管基金經理 2.美國基金家族（American Funds）	1.組合基金方式 2.傘型基金觀念
二、對投資人來說 (一)優點 (二)缺點	要賺就賺大把一點 猛虎難敵猴拳	更專業分工，邏輯上績效更好 1.二個和尚抬水喝，三個和尚沒水喝 2.人多，管理費用可能水漲船高	

(一)在美國，小組管理漸成趨勢

　　從美國基金家族（**American Funds**，美國第二大資產管理公司，以廉價聞名）搶盡風頭，可以看出基金業英雄末路，投資人越來越偏愛小組管理（一般稱為團隊管理）的基金。

　　小組管理的基金出頭，原因之一是美國證管會規定，基金公司必須加強揭露負責日常管理的所有人員；原因之二是基金公司擔心靠單一明星經理撐場面的後果，一旦明星經理自行創業，投資人通常會跟著轉移陣地，更糟糕的是經理帶槍投靠其他基金公司，原公司會大出血，對手卻立刻壯大。其他原因包括基金規模越來越大，選股和投資越來越難，單一經理不易照顧全局，找到埋在砂中沒有人注意的寶石，大量買進，創造優異績效。

　　美國基金家族從1958年起，就主張用小組來管理基金，小組的壞處是有人保

守、有人積極；有人看好傳產、有人看好高科技，可能不會大量投資最新的東西；不會一窩蜂的投資高科技股，因此在高科技股熱潮時，表現不如大量投資高科技股的基金。

但話說回來，**壞處未嘗不是好處**，碰到泡沫時，損失也會小多了。一加一減，呈現出良好績效、穩定踏實的優點，自然會吸引投資人近悅遠來。

㈡多元基金經理

台灣在2007年6月18日，終於跟上美國多元（或多重）基金經理的做法，金管會宣布**多元基金經理**（**multi-manager fund**）上路，一支基金不再只限一名基金經理。金管會也同步開放把基金有關匯率操作部分，可委託第三者管理，打破投信基金管理不得委外情形。

基金經理雖可同時擔任其他基金的協管基金經理，兼管的基金類型、數量、投資地區不受限制，但兼管基金應屬同類資產，或跟其本身所管理基金的主要投資標的，屬同類資產。要是兼管不同類資產，則必須專案向證期局申請核准。運用證券投資信託基金的投資或交易決定書，應由一名**核心基金經理**（**core manager**）和協助管理各類資產基金經理（**assistant managers**，簡稱**協管基金經理**）共同簽名負責；除在投信投顧公會登錄外，並須在基金公開說明書中，揭露各基金經理職責範圍；詳見圖3-1。

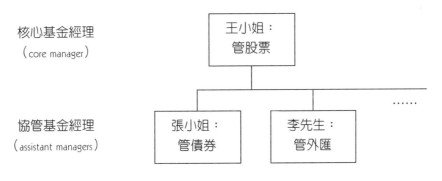

◢圖3-1　**多元基金經理的例子**

㈢分工而不是各立山頭

由圖3-1的架構可以看出，這才是多元基金經理基金的本質，一定有一位核心基金經理，他（或她）決定各時間各資產的分配比率與挑選協管基金經理。當然，此類基金大都依資產類別來分工，像第一段中所介紹的復華全球債券組合基金，是

3-2 「由下」投資策略的基金——兼論價值型基金

基金採取由上往下投資策略約占八成，「由下」投資策略約占二成，反倒是「由下」投資策略的基金是少數族群，需要特別介紹。

一、只有「由下」沒有「往上」

嚴格的說，「由下往上」（from down to top）只有「由下」而已！因為既然不管大盤漲跌，只看個股值不值得買，那就沒有「往上」的部分。縱使「調節」，那也是只看個股股價，不管大盤。套用台灣諺語：「樹頭站得穩，不怕樹尾做風颱。」

「由下」投資策略一定是「買入持有法」（buy-and-hold），耐心等待「麻雀變鳳凰」的一天。一旦變了鳳凰就獲利了結。以**股神華倫‧巴菲特（Warren Buffet）**投資大陸的中國石油天然氣（簡稱中石油）為例。

二、「由下」的投資方式

由下的投資方式必須很擅長做公司鑑價，主要在從煤炭堆中找出鑽石，因此必須慧眼獨具與膽識過人，因價值股常是冷門股，就如同去餐廳吃飯一樣，去門庭若市的餐廳比較令人放心，到門可羅雀的餐廳吃飯有時會令人「心裡毛毛的」。

㈠由下的全球基金：富達國際基金

富達旗下的國際基金成立於1991年底，截至2007年7月底止，兼顧大型成長股與價值股，掌握知識經濟與產業轉型趨勢，發掘主流企業，更以結合22種相異投資風格、六大投資地區、九大產業和高達1,800餘支個股的投資策略，追求投資風險最小化。該基金的基本假設是：企業猶如經濟大國，經濟版圖一日千里，塑造的影響力無遠弗屆，創造另一種大國崛起的時代趨勢。

面對大國崛起的新趨勢和金融變局，投資人需要的是全新的投資思維和不同的眼界來布局全球資產。21世紀是全球化趨勢的時代，具前瞻性、極早布局全球、縱橫世界的企業有如決決大國，無疑成為引領世界經濟趨勢的主流，掌握主流、抓住趨勢是投資致勝的關鍵之一。明智的投資人宜放眼全球、瞄準主流，投資全球化布

局的企業。

其持股前十大企業包括德國的E. ON、西門子、拜爾，以及美國的**通用電器**（**GE，俗譯奇異**）、惠普、思科、**AT & T**等，多為世界知名、營運據點遍布全球的各產業領域中佼佼者；投資人可一手掌握全球主流企業，簡單投資全世界。

惠普全球化的成果豐碩，甚至引領業界。每一天，一張一張從全球各地的惠普印表機輸出的相片高達3.8億張。惠普服務據點超過170個國家，幾乎遍布全球各地，擁有15萬名以上員工，其影響力不僅如此，享有伺服器全球第一、磁碟和儲存系統領域全球第一、筆記型個人電腦全球第二、PDA全球第二等殊榮，更是電腦業界的翹楚。

據CNNMoney的資料統計，西門子名列《財星雜誌》五百大企業排名全球第28大，是全球數一數二的電機電子和自動化設備公司，從工業製造到日常生活所需，從工業、運輸、電子、通訊、醫療到能源，西門子製造的商品如吸塵器、燈泡照明到火車等等，都跟我們的生活息息相關，例如台灣70%主要半導體與面板公司自動化生產暨驅動系統是由西門子提供、台灣總發電量25%以上是使用西門子發電事業機組、是台灣大眾捷運車廂主力供貨公司。[②]

(二)連拿三年全球股票型基金績效冠軍談訣竅
——貝德鳴：選股不選市，可望再創佳績

2002～2004年連續三年拿下全球股票型基金績效冠軍的「天達環球策略價值基金」，三年平均報酬超過兩成，基金經理貝德鳴（Mark Breedon）表示，該基金「選股重於選市」的策略，仍可望創造相對較佳的報酬。

他採取四大動能技巧來進行尋寶，這四動能技巧就是按照公司營運策略、內在價值、獲利動力、技術分析等四項因素，來進行客觀的計量分析。以營運策略來說，包括下列四項指標。

　　·政策開放公營企業民營化；

　　·更換不適任經營者；

　　·降低交叉持股；

　　·引進新技術。

四大動能前二者屬於基本分析，可協助分辨出善於創造**股東價值**（註：一般指**盈餘**）但股價相對便宜的公司。而獲利動力及技術分析，則可避免對標的股票做出

② 《經濟日報》，2007年9月18日，C3版。

錯誤評估，並察覺市場對某些公司的失真判斷。[3]

三、「由下」投資方式的典型：價值型股票基金

購物時，要是挑物超所值的，可說「撿到便宜」；同樣的，在股票投資有些人不採做波段的「由上到下」投資策略，而是挑「價值高於股價」的股票，守株待兔的，讓時間證明自己慧眼獨具，這種投資方式稱為「價值投資」（value investment），採取這種投資策略的基金稱為**「價值型基金」**（**value fund**）。

本質上，在四小類股票基金中，價值型基金屬於收益型基金，這是因為「漲時重勢，跌時重質」，價值型股票本錢夠（主要是績優股），比成長股甚至積極成長股跌得少。

由表3-4可見，**價值投資策略的投資準則**可因二種方式來分類。

📖 表3-4　價值投資策略的投資準則

個股角度		總體角度
一、相對低估 1.投資大師	「三低」概念股 ・本益比（PER） ・股價淨值比（P/B） ・股價現金流量比（P/CF）	跨國比價 例如歐洲本益比常比美股本益比低6～10%，一旦差距太大，歐股便顯得便宜、低估（undervalue）了
2.基金	施羅德歐元增值基金	同左
二、絕對低估	$\text{Tobin's Q} = \dfrac{\text{股價}}{\text{重置成本下每股淨值}} < 1$ $= \dfrac{P}{RC}$	定存概念股 $\dfrac{D}{P} < R$ 股利殖利率　利率 D（divident）：現金股利 P（stock price）：股價 R（interest rate）：定存利率
1.投資大師	RC (replacement cost per share) 美國股神華倫・巴菲特	
2.基金	美國的神盾基金 美國米勒操盤的價值信託基金	

1.　相對vs.絕對價值低估

絕對低估（**absolute undervalue**）是「絕對」的，自己的價值低於股價，巴菲特對就是服膺**托賓Q**（**Tobin's Q**）投資準則的人，因此成全球第一富有的人，而有股神之稱。

---

③　《工商時報》，2005年1月16日，10版，林明正。

相對低估（**relative undervalue**）是常見的比價倫理，即「水漲船高」的道理，水漲而船沒升高，那船位就相形顯得低了。

2. 個股vs.總體角度

站在總體角度也可看出價值低估，以絕對低估來說，安定概念股（3年平均殖利率是定存利率的二倍以上）就是當股東比存款還賺更多的安穩投資。

以相對低估來說，跨國本益比的**比價倫理**就是一個例子，當美國英特爾（INTEL）本益比20倍，那麼同為半導體製造業、全球晶圓代工龍頭的台積電（2317）本益比14倍，豈不冤枉了台積電的股價！

㈠撿便宜穩穩賺

從1992年起，學術研究便陸續地發現只要持續地堅守買低本益比、低股價淨值比、低股價現金流量比的「**三低股**」，長期表現優於追逐高成長的熱門股表現，這原則迄今都經得起考驗。

一般稱「三低股」為**價值股**，相對於「三高股」為成長股。實證發現，長期持有價值型股票，報酬遠優於大盤與成長股（每年報酬率高4到10個百分點）。如果一年一年看，有七成價值型股票報酬率優於成長型股票報酬率。這現象不僅存在美國，其他國際市場也有相同現象。

價值股通常也是冷門股，沒有幾個人有耐心地執行逢低買進買冷門股策略，價值投資需要有等待的耐心，大多數人卻想快速致富。短線追逐熱門股沒有錯，投資人犯的最大錯誤是：一旦買貴了被套住了，才想長期持有，耐心用錯類股，當然賺不到錢。同樣地，很多投資人買了價值型股票，發現一陣子股價不漲反跌，落後大盤，大多數人會熬不下去，轉向追逐熱門股。

㈡絕對低估的價值型基金——以米勒的價值信託基金為例

 ## 米勒（Bill Miller）小檔案

美盛（Legg Masson）基金公司成立於1899年，一路來合併許多資產公司，2005年底吃下花旗資產管理部門，管理總資產規模超過9,450億美元，是全球第五大資產管理公司。

整整15年（1992～2007年），價值信託基金（Value Trust Fund）基金每年績效都擊敗標準普爾500種指數，基金規模約92億美元。

似無任何基金經理有過如此優異的紀錄，基金經理米勒（Bill Miller）的致勝策略就是：趁價格下跌時獲利。米勒成功是因為，在別人對泰科（Tyco）和廢棄物管理公司（Waste Management）等股票棄之如燙手山芋之際，米勒願意一路逢低承接。

米勒說，美盛價值基金的操作手法，可歸納為「最低平均成本勝出」這一句話。股價挫跌時承接，以提升來日的報酬率。例如如果某公司基本價值40美元，但股價僅20美元，則投資報酬率為100%。

他說：「股價跌得越低，未來獲利率就越高，你就該投入更多資金。」[4]

(三)總體面相對低估的價值型基金——以施羅德歐元增值基金為例

施羅德歐元增值基金經理歐安卓（Adriaan de Mol van Otterloo）認為「價值投資」（value investment）指的是純粹以股價的合理性為出發點，景氣循環反而是次要考量。只要股價低於分析師估計的合理價值，該股就成為投資標的。

在有些評價方式中，甚至會分析市場的併購交易，來尋找可能的套利機會，這也是特殊情況基金（詳見第9章第2節）常採取的投資策略之一。

施羅德投顧總經理巫慧燕表示，價值投資選股策略也常選擇具備持高股利股票作為投資標的。有些在歐洲掛牌的菸草公司股利殖利率甚至超出10%，從價值投資角度來看，就是良好的價值投資標的。更深入的價值選股策略有時也會介入可能重整成功的公司，例如，美國零售業史上最大併購案的凱瑪（Kmart）公司執行長藍伯特（Edward S. Lampert）即是箇中好手。

歐安卓說，就區域來說，歐洲是相當適合價值投資的區域，最主要原因是歐洲公司不像美國企業常被券商徹底研究，因此股價反而常被低估。再加上歐洲發生併購的案件及金額都很多，整體平均現金股利也高，因此就價值投資策略來說，在歐股中可以找到許多很好的標的，正可以成功印證價值投資的過人之處。[5]

---

[4]　《經濟日報》，2003年9月5日，14版，郭瑋瑋。
[5]　《經濟日報》，2004年12月28日，15版，張瀞文。

3-3 多元基金經理的操盤方式──以美國羅素集團旗下基金爲例

單一基金經理是指一位基金經理像藍波一樣,跑東跑西、飛天下海。多元基金經理也是只有一位基金經理,只是比較像排長,指定有專長的士兵當狙擊手、機槍手、拿火焰槍,甚至操作火箭筒。多元基金經理並不會出現「令出多門」、「多頭馬車」的情況,只是透過擅用專家,以收「術業有專攻」之效,因此基金經理不僅要懂策略(即資產配置),更要有識人之明,至於戰術(選行業)、戰技(選股票),即委由下面的代操人員負責。

一、三個臭皮匠勝過一個諸葛亮

為什麼多元經理基金(**multi-manager funds**或**managers of managers**,或多重經理基金)受到投資人歡迎?匯豐投資管理集團全球投資長Joanna Munro解釋,主要是因為「投資人需要的是投資組合裡各領域的專家,而多元經理機制正可以滿足投資人這樣的需求」。[6]

「基金經理就像運動選手,」保誠質量精選組合基金經理林如惠以運動選手為例指出,比較十項全能選手跟單項運動冠軍成績可發現,就算是最優秀的十項全能選手,成績也無法超越單項運動比賽的冠軍。[7]

羅素投資集團(Russell Investment Group)亞洲區總裁Bruce Pflaum表示,多元經理基金就是把市場上最頂尖的經理,以及各類資產集中在一支基金中,藉以降低單一經理的風險。多元經理就是依照資產類別,例如美國股票、新興市場股票、全球債券等,分別委託該領域最頂尖的人操作,透過全球資產配置方式,達到分散風險效果。羅素集團的核心優勢在於提供各類財富管理系統方案,尤其在退休和長期儲蓄方面,而「如何選出最優秀的經理」一直是集團的重要任務,也是跟其他資產管理公司最大差異之處。[8]

基金的基金經理可直接管理旗下所投資的子基金的基金經理(底下稱為代操人員),也因此基金經理不僅要深入研究各代操人員特質,更必須獨具慧眼挑選出具

---

[6] 《經濟日報》,2007年1月31日,B4版,賴育漣。
[7] 《經濟日報》,2007年1月17日,B5版,黃正凱。
[8] 《工商時報》,2006年11月23日,B5版,陳欣文。

潛力的代操人員,並定期逐一檢視基金所投資的各項標的以及各代操人員績效表現,以適時調整投資組合。

以寶來代理的美國羅素投資集團的四支基金為例,每支基金會根據美國、歐洲和新興市場股票和固定收益證券等,延攬約25位各類別資產最擅長的代操人員來投資。

二、市場有多大

研究機構Cerulli Associates統計,2005年全球多元經理基金規模達1.3兆美元,且在2010年前,將以每年16%的速度增加。許多銀行(例如新加坡發展銀行、法國興業銀行、東京三菱銀行、瑞士信貸、瑞士銀行)的私人銀行業務採用多元經理方式。

三、台灣代理的此類基金

2006年11月寶來證券引進四支羅素多元經理基金,12月弘利投顧引進六支SIS都柏林精選系列基金華頓投信代理的「環球沛智基金Ⅰ」也是採取此一方案;台灣的投信所發行的基金中,匯豐中華投信、元大投信也把多元經理機制運用在組合基金。

四、美國羅素集團簡介

羅素集團成立於1936年,創辦人就是羅素(George F. Russell, Jr.),1969年轉型為全球最大也是一家專門提供退休規劃的資產管理公司,二大主要業務如下。

1. 多元經理基金

所研發的多元經理基金規模達1,950億美元(2006年年底),是多元經理基金的領導品牌,市占率25.6%,為全球第一。

2. 全權委託(即代操)

全球有超過2.4兆美元的資產由羅素集團進行資產配置規劃及監督。

五、赫赫有名的顧客群

羅素集團法人顧客約1,600戶,包括了全球首富比爾‧蓋茲所主導的全美最大慈善基金會——比爾與米蘭達慈善基金會(Bill and Melinda Gates Foundation,《經濟日報》譯為梅林達)、美國AT&T、歐洲萊雅集團、日本豐田汽車等,以及韓國政府退休金。

六、羅素的基金如何運作

羅素集團多元經理基金強調的就是多元資產、多元風格與多元經理，目的就是層層為風險把關，降低單一資產、單一地區、單一經理操作風險，解決短期忽高忽低報酬，獲致長期穩健報酬。羅素集團比較像個人電腦的品牌公司（例如戴爾、宏碁），自己沒有工廠，全部外包生產。不過，研發、行銷是品牌公司的強項。

同樣的，多元經理基金可說有一位基金經理，他去找美國股票、債券各二位代操人員，碰到歐洲、日本等地也如法炮製。這樣講最容易懂，因此一支基金旗下可能有25位代操人員，但是基金經理只有一人！

至於**怎麼挑代操人員**，由**圖3-2**可見其流程。

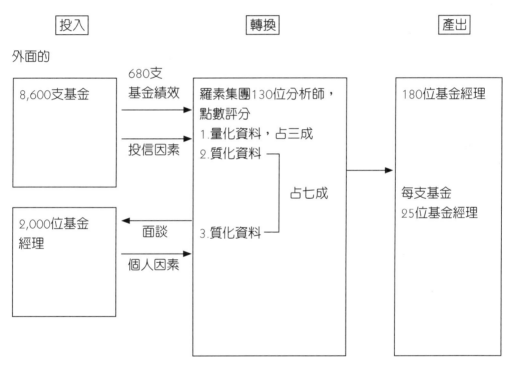

圖3-2　羅素集團嚴選基金經理的方式

(一)評審

至於羅素如何篩選代操人員？全球有130位以上分析師，都在研究這些代操人員，以及如何把這些代操人員組合在一起，許多資深分析師以前都是基金經理。每年研究經費高達3,500萬美元。

㈡評分比重

1. 基金績效占30%

基金績效、績效評比是量化指標的一部分。

2. 資產管理公司的投資過程占35%

「為什麼代操人員非得乖乖配合羅素集團？」如果代操人員候選人不肯確實告知投資組合，他所管理的基金根本不會進入羅素參考名單，失去被推薦的機會，等於失去不少潛在顧客。羅素集團本身不買賣股票，因此許多資產管理公司歡迎羅素集團去研究他們的投資方案，也因此可以更客觀來分析經理和投資策略的正確性。

羅素挑選資產管理公司會評估哪些地方？主要有下列四大方向。

(1) 看研究部和投資部，這是最重要的因素。

(2) 投資流程：這是決定基金表現的最重要因素，因為這可以超越基金經理的更迭，甚至市場變化的機制，符合邏輯且能適應市場變化的投資流程，才能持盈保泰。

(3) 投資組合特性：就好像要分析一家公司的資產負債表，從投資組合中可看出基金經理投資特性，且每一季拿到所有的投資部位，因此可以檢視代操人員投資的過程和特性是否與其策略相符。

(4) 績效：羅素集團看的是未來的績效，而且去瞭解什麼導致績效結果，這比較重要。

3. 代操人員占35%

羅素集團通常會透過以下方式來篩選代操人員，包括(1)當面會談；(2)透過代操人員小動作、請心理醫生等來評鑑經理誠實與否，還是只是為了賺錢？

羅素集團對代操人員的關切重點有三。

(1) 代操人員必須有前瞻化的思想。

(2) 不能把雞蛋都放在同一籃子，最好的代操人員不見得都同時表現最好，同一市場下需把兩個不同代操人員組合在一起。

(3) 觀察代操人員如何成為管理者。

4. 定期檢討

羅素集團會定期（可以細到每週）跟代操人員聯繫，瞭解他們對市場後市的看法。隨時監督各代操人員的績效是否符合預期，一旦無法達到預期報酬，

羅素集團就直接更換代操人員，以維持顧客的資產配置在預期績效之上。在更換頻率上約每年六分之一。

(三)基金管理

羅素集團有人士深入研究各資本市場的狀況，例如香港、日本等市場差異化大。羅素就有20多位博士級的研究員來分析各市場的狀況。羅素集團有所有代操人員的投資部位，這部分組合基金就無法做到，就是因為有分離帳戶，透過電腦系統去看到代操人員買賣的情況。

由於瞭解這些代操人員的過去，因此羅素的決定相當明快，對於投資部位有完全透明化的掌握。羅素集團還會透過模擬情境的方式來評估基金績效表現會不會好，透過代操人員不斷的有效組合在一起，才可以達成創造穩健報酬的結果。

羅素集團有日本的六位頂尖代操人員，只有三位在日本，另外三位在巴黎、舊金山等地，遠在巴黎的代操人員怎可以幫羅素操作日本部位呢？因為巴黎資產管理公司雖小，但是這位女性投資長有投資日本25年經驗且只接受機構法人的顧客。這就是羅素集團為何僱用她的原因。

(四)跟組合基金不同

或許以為多元經理基金跟組合基金差不多？其實不然！組合基金購買的是其他基金的單位數，羅素集團則是透過分離帳戶來管理，可以客製化，此外也有定型化的基金，讓小額投資人也可以享有大型法人的優質財富管理服務。

3-4 電腦管理的基金導論

人工智慧的發展越來越熟練，飛機有自動駕駛，只剩降落需要手控：1990年代，IBM的超級電腦深藍下西洋棋，已可以打敗棋王。同樣的道理，透過計量經濟研究總體經濟跟金融市場的關係，作為資產配置的依據；經由財務工程把投資組合保險等觀念落實，去控制投資組合的風險。

在進入深入說明之前，先提綱挈領的說明任何「計量選股」、「模組型基金」等的基本精神，才不會因木失林。

一、「嘿，電腦撿唉」

以電腦取代人腦，尤其在企業界，主要是1990年代稱為決策支援系統

（decision supporting system, DSS），21世紀初，即商業智慧（business intelligence, BI）。這種人工智慧（AI）的運用，更早運用在有利可圖的投資，一如吳念真的一個電視廣告，他送花生牛奶禮盒給一位老媽媽，她直誇好吃，他說：「嘿（指花生），電腦撿唉」，她驚嘆道：「電腦呀唉撿土豆（即花生）喔？」由表3-5可見，隨著財務工程、電腦計算功能的演進，電腦管理的投資方式至少可分為三階段發展，由表3-5第1欄可見，從1980年代的低階能力，到1990年代的中階管理，到21世紀的高階功能。

二、指數型基金的運用

指數型基金就跟1997年英國推出的「桃莉（複製）羊」一樣，它是一種觀念，所以還具有下列二個用途。

1. 指數可以有很多標竿

縱使在台灣，交易所的大盤指數便有含金融股、不含金融股，此外《工商時報》、《經濟日報》也都有編製集中市場指數，所以縱使是指數型基金，標竿也有差異。不過，還是以含金融股大盤指數最通用。

2. 指數型基金不限於股票型基金

像在全球、美國，債券、商品皆有指數編製，因此便有某某指型債券基金、商品基金。

·指數連結基金

搭著商品投資來的，便是以商品指數連結來計算報酬率的商品基金。不過，我們想借用這觀念來說明一些類似的基金。我們先來看一個最簡單的例子，由下列公式可以看出這支**「股價指數連動債券」**的潛在報酬率。

以台股指數連動債券基金為例：

$$R = 1\% + \frac{X - 10,000}{10,000}$$

當X = 11,000點時

$$R = 1\% + \frac{11,000 - 10,000}{10,000}$$

$$= 11\%$$

但有下方風險保障，一旦X < 10,000點

$$R = 1\%$$

表3-5　電腦管理的投資方式

能力水準	投資功能	說明	基金
一、高階：2000年代 右項各項投資功能，各以一組電腦程式（即模組）來處理，此類稱為計量選股基金、模組型基金	(一)獲利 1.策略層級：資產配置（portfolio return） 2.戰術層級：選股（selection return） 3.戰技層級：各股進出時機（timing return） (二)風險管理 1.市場中立策略 2.投資組合保險（portfolio insurance） 3.維持波動率於一定水準	追求絕對報酬（absolute return）	德盛安聯投信的多元計量平衡型基金 §3.4匯豐三高平衡基金 德盛安聯投信的全球計量模組基金
二、中階：1990年代	套利（arbitrage）	1.同一股票（例如台積電）國內、國外（例如美國存託憑證）間價差 2.同一公司，同一股市，不同證券，例如股票、轉換公司債間的價差 3.某一指數跟其成分股股價間差價	§9.2特殊情況基金中的套利基金
三、低階：1980年代	指數複製（indexing） 程式交易（program trading）	以30支股票複製某一種指數，其誤差稱為循跡誤差 符合某一條件，電腦自動下單	chap.8交易所指數型基金（ETF）就是典型 1987年10月黑色星期五股災的起因

三、高階電腦管理的投資方式──模組型基金

　　縱使在工廠的生產線上，人的優點在於創意，因此針對故障排除很有用；機器的優點在於穩定性高，因此在大量生產時，品質很穩定。

　　這是就近取譬，如果把基金這個投資組合，當成一部車，那麼由機器手臂擔綱的自動生產，所生產的汽車至少品質很一致。然而，義大利的驕傲──法拉利跑

車，則強調純手工，而且可以量身定做（例如車身顏色固定12色以外），每輛車都是工藝產品。

把電腦用於取代人腦，用於管理基金，一方面可以節省成本（研究員、基金經理甚至交易員），一方面可以維持一定品質（報酬率、波動性）。

㈠計量、模組是什麼？

名詞是由單字、簡單名詞所組合成的，一如水是H（二個氫）、O（氧）所合成一樣，只要知道其化學成分，就可以瞭解其特性。

同樣的，在經濟、企管領域也是如此，「計量模組型基金」是由幾個名詞所堆砌出來的，可以分解開來，以便瞭解其性質。

1.　計量、財務工程

「計量」指的是計量經濟學的運用，利用電腦中的計量經濟軟體對財經數列，用總體經濟、基本面分析、技術面分析的數據，透過電腦的運算處理，歸納出一些邏輯，作為可供投資的參考依據。至於財務工程部分主要運用於各資產報酬率、風險、相關係數的計算，甚至計算出效率前緣上的資產，進而建構最佳資產組合。

2.　模組

「模組」（module）來自電腦系統，例如一個網路搜尋引擎，有很多不同功能的模組，包括「我最喜歡的連結網站」等。在個人電腦，模組代表自成一個功能的零組件的組合，例如散熱模組是由電風扇等組成，電池模組是由電池等相關組件組成。

3.　計量模組基金

模組型基金藉由計量經濟、財務工程，篩選出超越指標、大盤的強勢股，同時具有指數低度相關、低波動度，不畏股市大跌等優勢，長期投資可讓絕對報酬效益充分顯現，是風險規避者最佳的理財法寶。

模組型基金是先設計出數學運算「計量模型系統」，篩選出對未來股價表現最具顯著影響性的因子，進而分析可投資標的的優先順序。其優點在於，可提供基金長期操作穩定的績效來源，排除人為干擾的缺點，且分析的深廣度較高。

模組型基金跟人操作的股票基金最大不同之處是，不需要隨時盯住盤勢換股操作。德盛安聯全球計量平衡基金經理焦威文表示，以全球股票基金為例，基金經理必須時時掌握任何可能影響到投資標的股價的訊息，包含隨時公布的

總經數據、公司財務體質、公司接單狀況、相對匯率強弱等，吸收之後再做出投資判斷。如果錯失任一重要數據，可能就會影響投資決策與績效。

以計量模組管理來說，不僅可同時處理數千項經濟財報數字，全面分析市場狀況及投資機會，且可排除人為操作風險，透過這樣嚴謹的模組操作呈現出來的績效穩定度通常也較高。最重要的是，一個嚴謹計量模組最終的投資目的，是希望達到實際投資成效的可重複性（repeatable process）與可預測性。由於計量模組型基金決策流程具一貫性，因此依歷史經驗推測的績效掌握度相對較高，特別適用於追求絕對報酬目標。[9]

計量模組管理早已是全球金融市場從事投資分析時的可靠幫手，例如美國聯邦準備理事會（Fed）的利率決策，就相當依賴計量模組，從大量資料中快速找出新趨勢，提高預測未來總體經濟轉折點的成功機率。這是2005年1月底上台的主席柏南克跟前任主席葛林斯班最大的不同，學者出身的柏南克很注重計量經濟分析的結果，葛林斯班比較注重經驗。

㈡起源

在**1982**年，數學教授詹姆斯·**西蒙斯**創立復興科技公司，管理全球最賺錢的衍生性金融商品基金。他的投資信念為運用計量方法結合**財務工程**，他建立各股報酬率、波動性數學預測模型以作為投資決策依據，創下驚人的報酬。績效比同期標準普爾500種指數高3.84個百分點，就連**衍生性金融商基金之父索羅斯**（**George Soros**）量子基金，也難以望其項背。

㈢優點

大多數時候，有些基金經理選對股票不過是運氣較好；唯有利用科學化方法，運用模組才能有效降低人為判斷的疏失。

由於電腦選股模式，根據的整體基本面，看的是長期的趨勢，因此比較適合中長期的投資。國泰投信總經理張錫認為，「電腦選股的確可以消除人為因素（例如恐懼）等的變異，但由於它也失去了人為操作的靈活度，因此，也會失去短期波動帶來的獲利機會。」

遊行、示威等政治不安，或是傳染病蔓延的隱憂，影響投資人的情緒，會有一小段的股市波動，但電腦選股就不能快速的跟著市場腳步。就中長期來說，電腦選

9　《經濟日報》，2007年4月25日，B5版，賴育漣。

股的基金可以有穩定報酬,但不能太期待能帶來很高的報酬率。「也因此,它較不適合如新興市場。」張錫補充。[⑩]

1. 策略層級的運用,資產配置

由表3-5可見,電腦管理對基金最大的影響在於資產配置,以全球為投資對象(即**資產配置型基金**),甚至小到跨資產(股票三成、債券七成)的平衡型基金,都會常碰到**資產配置**(**最簡單講法:決定持股比率**)決策。

至於單一中類資產基金,例如黃金基金、股票基金,投資及範圍已經被限定了,只能在其中挑菁取華,也就是選股與股票組合。

2. 戰術層級的運用:選股

模組在選股方面的運用,以計量選股基金為例,景順美國藍籌指標增值基金經理Jeremy Lefkowitz表示,計量選股基金把每一個基本面及行為財務的投資觀念具體量化,以建構投資組合,他所管理基金即採用景順集團1987年發展出的選股模組,透過四項對股價表現具顯著影響的基本因素概念,分別為盈餘動力、相對價值、價格趨勢和經營階層行動力,預測540多家公司的報酬率。[⑪]

3. 模組在風險管理的運用

模組在風險管理的運用,首先是計算出最大風險在哪,日後回復狀況如何,需要多久時間等。投資人應儘量釐清風險發生的機率,並瞭解在何種盤勢、條件下,最容易有風險產生,如此也不至於跟期待有很大落差。

2008年9月,台股受全球金融海嘯波及,下挫1326點,創下八年單月最大跌點,184支股票基金平均下跌15%,績效排名第一的復華全方位基金(−5.28%)、新光多重計量基金(−5.36%)都是計量模組的操盤方式。

4. 用歷史資料來驗證模組的有效:模組回測

所有計量模型的前提是「部分歷史會重演」,因此回溯過去指數表現,對驗測指數未來可能走勢,有重大意義。好的**模組回測**品質,應具備幾項特點,包括回測時間較長,至少歷經一次多空循環,及測試條件應跟實際操作相當等。例如,德盛安聯全球計量處強調,其操作機制是回測過去24年來盤勢表現,期間涵蓋2001年911單一重大事件,全球股市大跌之際,旗下模組基金卻仍相對獲得支撐。

[⑩] 《商業周刊》,2006年8月21日,第59頁。
[⑪] 《工商時報》,2006年10月2日,C2版,蔣國屏。

另外，有些回測條件是以投入百分之百的資金為主，但實際操作上，基金公司都有最高投入門檻設定，導致結果不如回測漂亮。這些因素，都對模組適用性有一定影響。

5. **模組設計仍須人為調整**

德盛安聯全球計量平衡基金經理焦威文表示，沒有一套模組能永遠靈光；每套模組不見得都可適用在不同時機、不同市場。一旦環境改變，基金經理仍需機動調整模組參數，這成了優勝劣敗的關鍵。例如過去經驗，股、債具負相關特性，但2006年，兩者卻呈現正相關走勢，基金經理必須適時判斷市場變化，才能把計量模型效應發揮最大。

6. **人為干涉，斧鑿斑斑**

不過，不少模組型基金的人為干預的情況太嚴重，等於回到人管的基金，以人為主的操作型態，模組意義失真，無法達到最佳效果。在此之下，投資人想選到一支對的模組基金，成了高難度挑戰。建議投資人要檢視各支模組基金績效，看有無達到成立之初所設定的效果。或從過去走勢判斷，要是波動過大、跟大盤走勢亦步亦趨，顯示人為干預強烈，模組設計形同虛設，將無法達成預期投資目標。[12]

㈣目標

前人輝煌的成就，推動模組型基金如雨後春筍般冒出。2005年以來，不少基金公司試圖滿足投資人需求：「想追求正報酬，又不想承擔太多風險」；或「當大盤下跌時，基金表現一定要優於大盤，且持續正報酬。」利用過去歷史資料回測，基金公司可創造一套符合目標報酬的模組，大幅推出模組操作的平衡型基金（詳見第12章第2、3節）。

四、以匯豐三高平衡基金為例

2005年3月，匯豐中華投信推出的三高平衡基金，我們有比較多資料可以詳細分析，因此以此為例，來說明電腦管理基金如何運作。由表3-6，「三高」共包括選股時有二高、風險管理時有一高，只是套用股票投資的「三高」、「三低」概念股的觀念，來給基金命名罷了。

---

⑫ 《今周刊》，2006年10月16日，第147～148頁。

▶表3-6　模組基金的功能解說

投資管理 投信基金	匯豐 三高平衡投資
一、目標	絕對報酬
二、投資方式	
(一)資產配置	用匯豐投信自行研發的先進資產配置模型（AAA model），利用基本面與技術面所組成的模組，來作為判斷資產配置的比重。
(二)風格投資（style investment）：選股	「高」效率風格投資偏重下列二種「高」價值股票 1.「高」股利殖利率（high cash dividend yield） 2.「高」權益報酬率（high ROE）（或低本益比）
(三)投資組合建構，或投資組合最適化	使用巴洛（Barra）公司的AEGIS系統風險管理模型，利用其多空因子模型做投資組合，使投資組合在貼近效率前緣前提下，能有效彰顯投資風格。原則上，核心組合（占資產八成）置於高股息、高價值風格，衛星組合（占資產二成）視市場狀況機動調整，藉此建構風險跟報酬最適化的投資組合。
(四)風險管理：「高」防禦多空策略	多空策略在股市多頭時降低持股，搭配TIPP型投資組合保險（詳見表12-5）與指數期貨，在股價下跌時更有保障；空頭時反提高持股，但同步在期貨市場完全避險，對沖後相當於零持股。 降低市場風險，以降低基金波動程度，追求長期而穩定的絕對投資報酬率。

資料來源：匯豐部分來自《經濟日報》，2005年3月20日，B3版

整理自吳美燕，「林經堯：風格投資，三層機制策略採盤」，《經濟日報》，2005年3月22日，B5版

(一)目標

　　匯豐三高平衡基金經理林經堯表示，本基金基本精神是以追求絕對報酬為目標；但是絕對報酬並不是保證獲利，而是「追求」比存款利率還高的正報酬。雖然股市上漲時可能不會比相對報酬型的基金表現得好，但股市下跌時也不必擔心會跟股價指數一樣下跌，長期波動幅度甚低，十分適合希望資產長期穩定增值又不樂見績效波動過於劇烈的保守型投資人。[13]

---

[13]　《經濟日報》，2005年3月20日，B3版。

（二）投資方式

投資方式至少用到三個模組。

1. **資產配置**

詳見表中說明。

2. **風格投資**

股票基金的分類大都以行業比重為分類標準，依電子類股占五成以上的，便屬於積極成長股票基金。然而，本基金是依股性（績優vs.績差）來篩選股票。只是特意套上英文用詞**「風格投資」**（**style investment**）罷了！

(1) 風格投資vs.類股

以往如果我們認為，股市看多，買電子股就對了。但事實證明，買電子股不見得就會勝出，可能要買高配息股才能獲利，而每種類股都有高配息股，這不是按照產業別就可以分類的。

傳統類股投資也是一種風格投資，因為景氣循環確實會影響某些類股股價。不過，運用傳統類股投資方式選擇投資組合，往往不夠精確；甚至會出現基金經理明明看多，卻選了一籃子的防禦型股票的荒謬現象。

用產業分類股，就好像用血型區分人，只用血型分析個性，往往過於籠統，但利用人格特質來描述，就能更精準地指出一個人的個性，甚至能預測他在不同情境下的行為模式。以台灣的證券公司、投信來看，九成還是用產業區分研究員，類股研究仍是主流，不過以後將會是雙軌並行，產業研究加上風格因子分析，才能建置最有效率的投資組合。

每支股票都有它的**「股格」**（風格中的「格」），股格分類包括配息多寡、股本大小等指標，不同的市場，需要不同的投資風格。計量選股中的風格投資運用大量電腦運算資料，分析影響個股股價的因子，再根據對未來總體經濟的預估，加重適合的風格因子，以獲取最佳報酬。假設今年股市看多，基金經理就該加重不配息股的投資組合，這就是一種風格投資。

匯豐中華投信的安富基金基金經理林東明以「風格投資」方法，2004年績效達8.65%，居平衡型基金第三；可見「風格投資」是「大大唉，好用」。

(2) 兩高選股

匯豐三高平衡基金運用計量選股模型，先去蕪存菁，選出股本大於30億元、股利殖利率和權益報酬率高於市場平均等具高投資價值特質的個股，剔除信譽不佳以及股價低於票面的個股，這些就成為可投資的股票群（stock pool）。

3. 建構投資組合

　　匯豐三高平衡基金採**摩根士丹利國際資產公司**（**MSCI，摩根士丹利**）旗下巴洛公司的風險管理模型，羅森堡博士曾擔任加州大學柏克萊分校計量經濟學教授，成立「羅森堡研究中心」所設計的電腦選股系統，進行資產調整與管理風險。1975年研究出**巴洛**（**Barra**）系統後，在全球前100大資產管理公司中，有九成以上採用，大量用來做風險管理以及檢視基金經理的績效。

　　但安盛羅森堡基金卻不只用此來做風險管理，連選擇投資標的都是交給電腦處理。「這樣反而可以避免人為因素的影響。」以安盛羅森堡基金為例，這系列的基金並沒有設任何一位基金經理，人為錯誤永遠不會發生。因為該基金是電腦在研究19,000家公司，1,000多種財務比率數字，經由交叉分析後，所提供的數據資料。

　　「沒有一位基金經理可以完全瞭解全球19,000家上市公司，找出可以投資的標的，但是透過電腦系統就可以辦到。」羅森堡研究中心的市場評估模式、基金投資模式，不僅可以依據全球的市場趨勢做投資建議，在細部資料上，更可比一般基金經理全面，「假設，看好貨運業，電腦搜尋的不會只是一般的貨運公司，他會更進一步找出在全球19,000家公司裡，所有貨運業相關公司，再從中找到合適的投資標的。」如此，就不會遺漏任何一個可以投資的公司。

4. 回測

　　同時結合高股息（high cash dividend yield）與高股東權益報酬率（high ROE）等二大基本面因子，長期下來，不論多空環境，都能提供一個長期穩定的報酬。

　　以台股過去十年（1995～2004年）的歷史基本資料與成交資料為基礎，針對多項基本面因子進行測試，測試結果詳見表3-7。

(1) 空頭時
2000年時，大盤跌48%，2002年也下跌18.5%，風格投資具有很高的抗跌能力，報酬率分別為4.04、6.93%。

(2) 長期打敗指數
6年平均報酬率來看，風格投資4.79%，小贏指數的3.1%。

(3) 波動性低
由最後一列可看出，風格投資的波動率只有大盤的十分之一。[14]

---

[14] 《經濟日報》，2005年3月20日，B3版。

▌表3-7　**絕對報酬型平衡基金歷史回測報酬率**

回測期間	台灣加權股價指數（%）	運用風格投資的絕對報酬平衡型基金報酬率（%）
1998.12.31～1999.12.31	29.22	5.74
1999.12.31～2000.12.31	－48.00	4.04
2000.12.31～2001.12.31	21.27	5.54
2001.12.31～2002.12.31	－18.49	6.93
2002.12.31～2003.12.31	30.63	3.59
2003.12.31～2004.12.31	6.96	2.30
年化報酬率		
1998.12.31～2004.12.31	3.10	4.79
年化波動率		
1998.12.31～2004.12.31	27.68	2.86

資料來源：巴洛（Barra）系統；資料整理：匯豐投信

註：歷史回測期間與樣本：自1998年12月31日至2004年12月31日止當年度上市櫃股票

(三)風險管理之投資組合保險

　　本基金另稱「高」防禦多空策略，以進行風險控制，採取下列二種避險措施。

1.　**TIPP型的投資組合保險**

　　當市場遇到不同情況時，電腦就會告知進出場訊息，以利判斷。

2.　**市場中立策略**

　　在空頭市場時，投資組合保險處於被動且缺乏操作彈性的缺點。因此，許多市場專家開始利用「指數期貨」空頭避險的特性，在空頭市場中進行「市場中立」的避險策略，也就是賣出跟基金股票部位同等市值的台股指數期貨。

　　大盤指數跌得越多，台股期貨放空的部位同樣也會獲利越多，利用這部分因放空所產生的報酬跟基金股票部位下跌的損失相抵。如果基金投資組合部位下跌的幅度比大盤少，基金還可以因此賺取跟大盤跌幅之間的差異報酬，匯豐三高平衡基金更具操作彈性。[15]

---

[15]　《經濟日報》，2005年3月20日，B3版。

3-5 電腦管理的基金的目標——一定賺的「絕對報酬」型基金

當全班都不及格，後段班的第一名也許還不到資優班最後一名的分數打對折；那麼後段班的第一名可能連第八志願學校都進不去，而資優班的吊車尾卻能進第一志願學校。

同樣道理，2000年全球股災以來，基金投資人也很難倖免於難，跟股票投資人大賠相比，五十步也不能笑百步。基金規模大失血，害得基金公司不得不推出可能不賠的基金，稱為**絕對報酬型基金**（**absolute return fund**），基本上是運用財務工程，所以要用到電腦去協助。

至於此時，基金公司沒有大力推動保本基金（詳見第12章第1節）的原因是，此基金最低投資門檻常為3萬美元（100萬元），曲高和寡，不是人人買得起的。

一、「相對報酬」與「絕對報酬」

這屬於基金的特殊名詞，跟一般常見的（表2-17中的）相對、絕對報酬率不同，所以本處特別打上引號。

1. 相對報酬

$$R_i - R_b > 0 \qquad\qquad\qquad \langle 3\text{-}1 \rangle$$

b：代表標竿、參考指標（benchmark，一般指加權指數）

2. 絕對報酬

$$R_i > 0 \qquad\qquad\qquad\qquad \langle 3\text{-}2 \rangle$$

二、相對報酬有時沒道理

股票基金的操作是以擊敗大盤或指數標竿（benchmark）為目標，因此其所追

求的是相對於大盤表現的「**相對報酬**」（relative return）。

·「少輸就是贏」不算英雄好漢

2002年的基金績效可用烏鴉鴉來形容，大盤跌43.9%，150支股票基金，第一名是建弘中小型基金（基金經理羅小蘭），虧損15.8%。只能以「少輸（比大盤跌得少）就是贏」來自我安慰。基金跌幅比大盤少，所以符合「打敗指數」的定義；但對投資人有什麼意義？投資人希望藉由基金經理專業管理來幫投資人趨吉避凶，但結果竟然是「基金不抗跌」。

三、絕對報酬

科技股自2000年前泡沫化以來，投資人對於跟股市關係密切的基金商品大失所望，加上利率又逐年走低，無論是積極或保守的投資策略，皆很難讓資產出現增值的機會。在此前提之下，「絕對報酬概念」基金遂成為挽回投資人信心的主要選擇。

絕對報酬的概念來自衍生性金融商品的操作策略，運用財務工程（例如市場中立策略）與電腦運算能力，結合計量模組與衍生性金融商品特性，無視參考指標漲跌，不論市場多空、景氣循環，都以追求絕對報酬為目標，擺脫「相對報酬」型基金多頭跟漲、空頭力求少輸為贏的宿命。

絕對報酬有很多**定義**，底下一一說明。

(一)至少不賠

「絕對報酬」拆開來「絕對」有**絕對值的意義**，對投資人來說，不管股市多空，總希望基金不賠。

匯豐中華投信總經理陳如中說得好，投資人最重視的，並不是什麼打敗指數、波動率高低、夏普比率等艱深難懂的指標，而是自己的投資能不能賺錢。[16]

不過，投信不見得打包票說「絕對報酬」型基金就不會賠，跟投資人認知有差，難免會引起糾紛。

(二)第二低標準的絕對報酬：打敗定存利率

台壽保龍騰優勢基金經理葉泰宏表示，「絕對報酬」的概念是指每年提供超越

---

⑯ 《經濟日報》，2005年5月6日，B2版。

某特定指標（例如1年期定存利率）的報酬率，並以追求資產長期穩健增值為最終目標。雖然具有絕對報酬概念的金融商品並不保證獲利或不保證保本，但是透過適當的避險交易策略來進行資產管理，確實有可能為投資人創造出中長期相對穩健的絕對報酬。[17]

市場中立策略是指透過台股指數期貨或其他衍生性金融商品的避險部位，為投資組合中所持有的股票部位作適當下檔保護，可降低投資組合受到大盤波動的影響，進而使得整體投資組合獲得長期穩健的絕對報酬。

·牛皮不是吹的？

根據專門研究基金理財的普羅財經統計，2003～2005年核准的基金，平衡型有40支，多數標榜績效可遠優於定存利率，但是2004年7月迄2005年6月這一整年的績效，有22支績效低於一年期定存利率（1.79%），甚至有10支基金一年來績效為負值，令投資人蒙受不小虧損，而全部平衡型基金的一年來投資報酬率也低於定存利率。[18]

(三)自定及格標準

日盛投信日本策略基金經理許玉蕙指出，「絕對」是指基金操作沒有指標指數可供比較，模組型基金追求的是一個絕對目標，並不是相對報酬。利用程式交易可達到的目標報酬，也有機率問題，訴求每年提供10～12%的報酬率，代表落在這區間的可能性最高。而投信為了讓投資人容易掌握基金特性，打出「絕對報酬」10～12%，確實容易讓投資人混淆，以為這類基金能夠保證報酬率。「絕對」概念並不保證賺錢，負報酬的機率或許較低，但仍有發生的可能，投資人在接觸模組型基金時，須理解清楚。

另外，投信號稱目標報酬率12%，但投資人往往收到8%報酬率就不能接受，認為被騙。事實上，模組達陣的是一個區間，而不是一個點。換句話說，能達到8～12%的操作，已算是成功的模組交易。有些模組型基金無法達到目標報酬率，例如像群益安家基金當初歷史資料模擬，年報酬率在4.5%左右，但2006年以來表現成績並不理想，自然頗受投資人抱怨。[19]

---

[17]　《經濟日報》，2005年5月9日，B5版。
[18]　《工商時報》，2005年7月10日，2版，張家豪、陳國瑋。
[19]　《今周刊》，2006年10月16日，第147頁。

㈣基金警語？

　　日盛投信策略投資部主管許倍禎認為，由於不少投資人誤以為追求「絕對報酬」的模組型基金，就是穩賺不賠的商品，因此當短期績效出現下跌或年度績效不彰時，就會產生嚴重認知落差，認為該基金言過其實。投資人在選擇模組型基金時先要瞭解該產品的特色，需留意的要項包括，基金最大風險的成因、淨值下跌後的回復能力、報酬極端狀況、回測時間、哪些盤勢最適合操作，及其追求的期望目標報酬等條件。[20]

---

[20]　《工商時報》，2006年10月30日，C3版。

第 **4** 章 固定收益證券基金

最好的方法是買低成本的指數基金，並且長期有規律地購買……如果你長期買，雖然無法買在低點，但也不會買在高點。

——華倫·巴菲特

股神，2008年全球第二富翁

《經濟日報》，2007年5月9日，B5版

（註：有關巴菲特的書很多，底下二本提供你參考：

1.瓦漢·詹吉江，《巴菲特也會犯的錯》，大塊文化，2008年9月。

2.倫迪·卡普契，《來參加巴菲特股東會》，遠流出版，2008年9月。

單兵訓練？

本章是本書開始說明各種基金的一章，一開始，我們便希望在大三的投資學基礎上來討論，也就是不要去介紹債券的分類、性質。但是這可能性不高，因為有些理專仍希望複習債券。

本章的架構是由淺入深，第2、3節先介紹台灣、海外的固定收益證券基金。第4～7節，介紹美國的各種債券基金，第8節介紹新興市場債券基金。

固定收益證券基金雖然報酬率低，但是比較穩定，不容易大賠，一向是公司閒置資金、退休基金最青睞的基金，因此金額很大。在台灣，固定收益基金對股票基金的比重為五比一。由此可見固定收益基金的重要性。

以麵食為主食的北方人，大陸的北方人吃饅頭、包子、饃饃、水餃，美國人吃麵包，同樣的小麥產地，卻有不同的烹調方式。同樣的，光一個固定收益基金就有許多花樣，這是本章為什麼有點厚的原因。

4-1 固定收益證券基金快易通

固定收益證券基金（**fixed income securities fund**）是以固定收益證券為投資對象，這是最文縐縐的說法，有些系有開固定收益證券投資（或債券投資組合管理）的課，**固定收益證券通俗的說便是票券、債券**；轉換公司債比較像股票。**簡單的說，債券基金主要是賺利息錢**，適合退休人士與公司閒置資金短期去處。不過，有些債券基金有10～20%的報酬率，有些人把它當股票基金來買。

本節先拉個遠鏡，先說明放諸四海皆準的固定證券基金的相關性質。

一、怪怪的，就搞懂它！

一開始，先討論名稱，美國人稱refrigerator，台灣叫冰箱，大陸稱雪櫃。報紙上常有各異實同的狀況，常令很多人不知所云，**我治學的信條是「怪怪的，就搞懂它」**，然後**「回復基本」**（**return to basic**），**如此才能執簡御繁。**

• 必也正名乎！──固定收益證券基金vs.債券基金

「冬至吃湯圓」，以前，只曉得北方人叫「湯圓」，南方人稱為「元宵」，2007年12月，才知道典故，1915年，袁世凱稱帝，有些心虛，擔心元宵節時民眾吃元宵，就把「袁」（世凱）「消」滅了。他的官員就要求民眾把元宵改稱湯圓，南

方不歸他管,所以名稱照舊。

2004年7月,台灣的金管會認為在2004年7月地雷債風暴後,投資人可能負面來看債券基金,索性把它改名為固定收益證券基金,分類名稱搞得好長。但是債券名稱早已定了,改名得花不少錢,於是就出現官方用詞跟民間用詞不同情況。

二、投資屬性

在第2章曾介紹任何資產的二大投資屬性:報酬率、虧損率。

從本章起,我們貫徹「不知道怎麼賺的,你就不知道怎麼賠的」的觀念。因此,由各種基金的歷史報酬率來「看圖說話」,這誰都會,但是**為什麼有債券基金報酬率會高達20%**,比很多股票基金還好賺,那有誰還會買股票基金?想想這簡單的道理!

由表4-1可見,債券(或絕大部分資產)的報酬率有三個來源,這可依海內、海外再予以細分。

1. 海內基金

海內基金只有殖利率、資本利得二項報酬。

2. 海外基金

任何海外(或外幣計價)基金的報酬率多增加匯兌利得(或損失)一項,詳見表中第4欄。

▌表4-1　債券的報酬率來源

報酬率來源 情況	殖利率	資本利得	匯兌利得 (僅限外幣計價債券)
一、適用情況	即到期報酬率,簡稱殖利率	降息時,債券價格上漲,稱為債市多頭,投資人賺到債券資本利得;反之,則為資本損失。	債券計價幣別升值,投資人賺到匯兌;反之,則為匯兌損失。
二、代表例子			
1.台灣	以貨幣市場基金為例,殖利率約2.2%		
2.美國	以10年期政府國庫券為基準,約3.7%		
3.(1)新興亞洲 　(2)紐澳	銀行澳幣一年期定存利率5.9%		

三、賺利息

固定收益證券顧名思義便是有「穩」定的收益，這主要來自殖利率（即到期報酬率），而主要影響因素是公司的倒閉風險。

㈠債券的票面利率

債券利率高低主要依發行公司「倒閉機率的高低」而定（稱為信用風險或違約風險），由圖4-1可看出，由低往高依序為中央政府（公債）、地方政府（以建設公債為主）、銀行、公司；中央政府不會倒，所以信用風險幾乎為零；地方政府（例如美國加州橘郡）的公債極少數情況下也會變成芭樂票。當然，倒閉機率最高的則為公司，所以投資人總希望有比前三者更高的報酬率才願意投資於公司債。

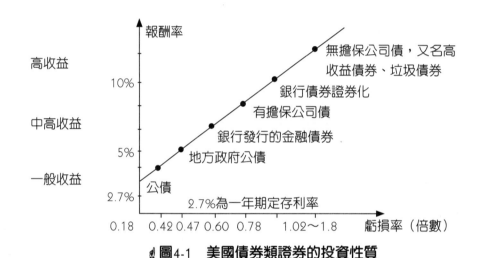

📖圖4-1　美國債券類證券的投資性質

資料來源：本圖上之數字是來自表2-2固定收益證券第3、4欄，虧損率的倍數是以台灣一年期定存利率為基準。

㈡信評與違約率

全球三家信用評等公司把債券的違約率（或倒帳機率）用美國學生的考試評分方式，分為二級。

1. 投資級

大部分公司債都有抵押品做擔保，**倒帳風險（1%以內）**低，以美國二家國際債券信用評等公司標準普爾和穆迪的評等標準來說，列為**投資級（BB級以上）**的債券。此外還有一種以房屋貸款證券化的基金，稱為「**資產抵押擔保債券**」基金（**asset-back obligation fund**）。

2. 投機級

債信評等B級以下公司債稱為投機級（或非投資級），違約率2%起跳。

(三)固定收益證券基金

由表4-2可見，依票券、債券的信用等級，可以把固定收益證券基金予以分類。

▌表4-2　票券、債券分類與固定收益證券基金

證券種類＼預期報酬率（E(R)）	票券（bill）	債券（bond） 投資級（investment grade）：BB級以上	投機級（under-investment grade）：B級以下
固定收益證券基金中債券組合存續期間	↑1年以內	例如3～6年的中期債券為主	例如7年以上的長期債券為主 高收益債券基金（high-yield bond fund）：以轉換公司債（CB）、投機級（B級以下）的債券為投資對象
10%			
3%		·房貸抵押基金* ·政府公債基金*（T-bond fund） ·台灣，稱為固定收益證券基金（fixed income securities fund） ·海外，稱為債券基金（bond fund）	
1.5%	貨幣市場基金（money market fund）：債券一成以內，貨幣市場工具九成以上		

*表示台灣沒有此種本土基金

(四)橫跨二種以上超級資產的收益基金

把固定收益的概念推到極限，便是綜合資產的收益基金（例如台灣工銀投信的全球多元策略入息平衡基金），股票、債券、房地產基金均有機會配息，但過度集中單一資產本身即容易受到股價、利率與房地產景氣影響導致淨值波動劇烈，詳見表4-3。

4

固定收益證券基金

表4-3　三種固定收益來源的資產的指數績效

年	摩根士丹利亞太股票		NAREIT亞洲房地產指數		花旗全球債券指數	
	配息率	總報酬	配息率	總報酬	配息率	總報酬
1998	2.70	-7.00	3.7	-3.18	3.70	15.30
1999	2.00	46.60	3.92	32.16	4.50	-4.30
2000	2.40	-31.40	3.07	1.15	4.00	1.60
2001	2.80	-4.60	2.33	-17.22	3.50	-1.00
2002	3.10	-7.80	3.44	-7.15	2.60	19.50
2003	4.50	44.20	6.36	44.83	2.80	14.90
2004	3.10	18.50	4.61	36.85	2.70	10.30
2005	3.20	17.10	4.73	23.37	2.90	-6.90
2006	2.50	28.90	4.34	36.49	3.40	6.10
平均	2.92	11.61	4.06	16.37	3.34	6.17

資料來源：彭博資訊／NAREIT

　　買東買西不如一次購足！在這種概念下，於是產生第一支把股票股息、債券利息、房屋租金收益一網打盡的全球多元資產平衡基金：台灣工銀全球多元策略入息平衡基金，在不同環境下適時調整各類配息資產的配置比例，可兼具配息與淨值穩定，即把「完全收益策略」的彈性資產配置運用在這支基金上。這支基金屬於平衡型基金，是因為同時有股票、債券緣故，只是股票偏重績優股（大部分是高股息股票，詳見第7章第2節）。

四、賺債券資本利得

　　利率跌，債券價格漲，這是持有債券所賺的價差（或稱資本利得）。但是得在利率有大變動時才有「橫財」可賺，由圖4-2可見，這是2007年底，美國彭博社對數家銀行做利率預測後，所做的圖，讓你大抵可看出各國升息、降息的相對位置。

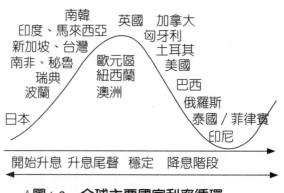

圖4-2　全球主要國家利率循環

資料來源：彭博資訊，2007.12

五、賺匯兌利得

2007年，全球債券基金中（台幣計價）報酬率超過12%的，全都是以歐元計價，歐元兌美元升值幅度12%、台幣升值3%，匯兌利得9%。

同樣受惠於貨幣大升的日圓債券基金，績效可達5%以上。其中10年期政府國庫券殖利率1.575%，才占報酬率的三成而已！

1. 升值趨勢

至於人民幣、台幣、星幣、印尼幣、日圓等亞洲貨幣將明顯升值。其中，泰銖是先行指標，值得觀察。

2. 貶值趨勢

2008年10月，美國聯準會為了力抗全球金融海嘯，採取低利率貨幣政策，來刺激景氣，2009年美元可能走貶。

六、固定收益證券基金的相關性質

固定收益證券基金至少有四個相關的性質，一次在此說清楚。

㈠配息vs.不配息

債券基金投資人大都是退休基金，所以有每月、每季的固定收入很重要，高股息股票基金也一樣，依是否配息可分為二種：(1)不配息：海外債券基金中不配息的會在基金名稱後面加「A」；(2)配息：海外債券基金中配息的會在基金名稱後面加B，或者不加。

1. 高配息可能配到你的錢

如果在資本利得上表現平平，卻強調高配息，投資人配到的可能只是自己的錢罷了。投資人在選擇高收益債券基金，要看配息與淨值才是總報酬率，如果總報酬不理想，卻空有高配息為號召，很容易「賺了股息卻賠了價差」。

2. 投資型、複利型的債券基金

有些債券基金很體貼，可選擇在一段期間內（主要是你退休前）把配息轉入本金，以賺取複利成長。在一段期間後，領取現金配息來支應你的生活費用。投資人有每月現金配息與轉入再投資兩種選擇，固定配息的好處有替代銀行定存的效果。

㈡免稅

債券基金報酬率不高，因此所得是否必須繳稅就變得格外重要，依台灣、美國

來分別介紹。

1. 台灣

　　固定收益證券基金的報酬不是通通免稅的，如同表4-4的規定，為了替投資人節稅起見，幾乎所有固定收益證券基金採取不配息政策，收益完全反映在淨值上，因而視為資本利得，且證券交易所得並不課稅，因此沒有稅賦上的負擔。所以對於公司投資人來說，其利息所得無須負擔25%的營利事業所得稅；而高所得的個人（例如利息收入超過27萬元以上的免稅額）也無須併入綜合所得稅中課稅。

2. 美國

　　公債基金、地方政府公債基金，這二類對投資人常給予免稅優惠，又稱為「**免稅基金**」（**tax-exempt income fund**）。

㈢依贖回限制區分

　　固定收益證券基金有70支以上，依有沒有買回期限制可分為二中類，其中以「無買回期限限制」的為最多；「有買回期限限制」較少。

1. 有買回限制（即有凍結期、閉鎖期）

　　有買回期限制的固定收益證券基金，可投資在期限較長、且利息收益佳的資產，一般來說報酬率相對會較好。有買回期限的基金規定投資人僅能於特定日期買入或贖回基金，加上基金具有閉鎖期，即投資人須持有基金滿一定期間後，才能買賣進出，比較適合有長期投資需求的大額投資人。

2. 沒有買回限制

　　沒有買回期限型的固定收益證券基金，強調投資人可隨時進出、買賣，且持有固定收益證券基金時間也不受任何限制，很受短期投資人歡迎。

㈣投信買回

　　依投信是否可以主動向投資人買回基金，又可分為下列二種情況。

1. 定期買回

　　在2003年時，景順投信全球收益型債券基金和怡富組合式基金（安家理財基金），就推出「定期買回」機制，讓投資人可以享有「一鳥在手勝過九鳥在林」的快感。

表4-4　金融商品課稅規定

	金融商品	利息所得	資本利得	交易稅
衍生性商品	認購權證			賣方課證交稅0.1%
	股價類期貨			買賣雙方按契約總值課期交稅0.01%
	利率類期貨	不適用	免期所稅	買賣雙方按契約總值課： (1)130天期商業本票利率期貨：百萬分之0.125課徵 (2)10年期政府債券期貨：百萬分之1.25課徵
	選擇權及期貨選擇權			買賣雙方按契約總值課期交稅0.1%
權益型	股票	股利併入綜合所得稅，兩稅合一	免證所稅	賣方課證交稅0.3%
結構性商品	海外機構發行連動式債券	海外所得，免稅	海外所得免稅	不適用
	結構式商品	利息所得併入綜所稅，適用27萬元免稅額	財產交易所得併入綜所稅	
	保本型基金	(1)境內基金配息，納入綜合所得稅課徵 (2)海外基金所得，免稅	免證所稅	賣方課證交稅0.1%
	投資型保單	保險給付，免納所得稅	不適用	不適用
固定型收益	存款	(1)利息併入綜合所得稅，享有27萬元特別扣除額： (2)郵局活儲100萬元以內，利息免稅	不適用	不適用
	票券	分離課稅20%		
	債券	(1)個人於兌領利息時，併入其當期綜合所得稅課徵 (2)法人按債券持有期間，認列利息收入，分離課稅10%		免證交稅
	分割債券	個人及法人皆按債券持有期間，認列利息收入	免證所稅	
	資產證券化	分離課稅6%		
	共同基金	(1)境內基金配息，納入綜合所得稅課徵 (2)海外基金所得，免稅		賣方課證交稅0.1%

稅法對利息所得要課稅，資本利得卻不用課稅，投信發行台幣計價的基金，要讓投資人達到節稅最大效應，最忌諱的就是做成「配息」形式，唯一選擇就是轉換為「資本利得」。定期買回就符合免稅條件。

2. 沒有定期買回

4-2 台灣的固定收益證券基金

台灣的固定收益證券基金受限於債券市場工具很有限，因此投信變不出什麼花樣，只有一分為二的貨幣市場基金和固定收益證券基金兩種，廣度跟外國一樣，但卻沒有深度。

一、貨幣市場基金

台幣的**貨幣市場基金**（**money market fund**）只有二支：元大銀、台新銀貨幣市場基金，跟固定收益證券基金相比，優點是「不賠」，缺點則是「薄利」，貨幣市場工具利率約2.8%，分離課稅稅率20%，稅後報酬率只有1.8%。

此基金本來就不是投資主流，只是過渡性（資金暫泊），跟活存、活儲的性質類似；只是有分離課稅的優點，所以較適合進行票券附買回交易的富人。因此，市場有限，也只有二支，而且是由銀行來發行，因為銀行手上一堆票券。

・保本的原因

貨幣市場基金「保本」的原因有二。

1. 以票券為主

交易型商業本票（CP_1）有雙重保障，其他至少有一層保證（銀行承兌匯票為銀行承兌），跳票風險較低，債券比率在一成以內，碰到地雷債時，不會大賠。由表4-5可見，還必須達到**投資級**（在台灣為**BBB級**以上）。

2. 以附買回為主

票券買斷交易，容易夜長夢多；反之，票券附買回情況下，就比較不擔心。

☝表4-5 貨幣市場基金投資標的信評標準

投資標的	信評標準
銀行存款	金融機構的信用評等須相當於中華信評短期評等達twA2級以上
短期票券	發行公司、保證人、承兌人或標的物的信用評等，須相當於中華信評短期評等達twA2級以上，但國庫券不在此限
有價證券	發行公司、保證人或標的物的信用評等，須相當於中華信評長期評等達twBBB級以上，但政府債券不在此限
附買回交易	交易對手的信用評等，須相當於中華信評長期評等達twBBB級以上或短期評等達twA2級以上

二、改變一切的錯

投信在債券基金方面競爭激烈，於是有些基金加碼買進轉換公司債，把自己塑造成高收益債券基金的形象，不出事則好，一旦遇到發行公司財務危機，可能會虧損三四成。

1. 地雷債風暴

2004年5月債券基金一路衝上2.4兆元，7月爆發聯合投信遇到地雷債和結構債，讓債券基金「舊疾」一一浮上檯面，當月債券基金失血1,389億元，6月底再流失2,038億元，單月規模縮減10%。

2. 金管會介入

7月，金管會成立，立即介入處理債券基金問題，要求投信業者必須於2006年底前出清旗下的**結構債（包括轉換公司債、附認股權證公司債）**，此舉造成投信業者總體損失七八十億元。其次，金管會要求2006年底前類貨幣型基金持債比必須降到三成以下，這也造成不少業者直接「跳樓」出售持債，損失慘重。

接著，金管會把債券基金一分為二，依照秦朝李冰鑿都江堰把岷江分流的用詞，稱為債券**基金分流**，分成二個水流。**類貨幣市場基金**（**quasi money market fund**或**quasi-monetary market fund**）、固定收益基金，詳細規定請見表4-6。

不過，這二流的規模不成比率，債券基金99%分成類貨幣市場基金，只有1%改成固定收益證券基金（即昔日的「高收益」債券基金）。

表4-6　台灣的債券基金的產品深度

2008年的標準

	類貨幣市場基金 （quasi money market fund）	固定收益證券基金 （real bond fund）
債券比重：買斷債券占基金淨	30⁻%	50⁺%
資產比重 存續期間（duration） 1.全部基金 2.債券部分	 180⁻天 3⁻年	
E(R)	2～2.6%	2.8～3%
交割日	T+1	T+2
基金支數（2008年8月）	70支，約0.9兆元	6支，約107億元

三、過渡性產品：類貨幣市場基金

　　債券基金在紛紛改制為**類貨幣市場基金**之後，報酬率大都已不如定存來得誘人了！因此定存族還是多數把錢放在銀行。債券基金轉型以來，規模從鼎盛時期的2.4兆元降為2008年0.8兆元，縮水一半以上。

　　金管會要求類貨幣市場基金不得買賣債券，只能持有至到期，因此此類基金只靠配息支撐收益率（2～2.5%）。類貨幣市場基金只是過渡型商品，2010年，要進一步轉型為貨幣市場基金。

四、特殊類型債券基金

　　2007年1月2日，金管會宣布，債券基金未來不得再購買結構債券，如果要投資，必須另外成立「特殊類型債券基金」。

　　金管會對固定收益證券基金管理方向包括三評：**信評、評鑑、評價**。

1. 信用評等

　　「信用風險」分析主要是分析基金的債券投資組合的信用品質，其次是流動性、投資組合分散性及該基金所屬投信的管理階層評估，以反映受評基金的投資組合，對信用違約損失所提供的保障程度。

　　由表4-7可見，信用風險評等的機構和符號的意義。

◈表4-7　債券基金的信用評等

信評公司	中華信評 （標準普爾公司在台子公司）	穆迪（Moody's）
一、信用風險評等	稱為固定收益證券基金信用品質評等 信用風險評等最佳為twAAAf，最差為twCCCf，共七等級。 tw　　oo　　　f 　↑　　　↑　　　↑ 台灣　信評　債券基金	信用風險最佳為A$_{aa}$‧tw，最差為B‧tw，共六個等級。
二、利率風險評等	由低到高6級，S1～S6	市場風險（market risk） 穆迪市場風險評等最高為MR1‧tw（風險最低），最低為MR5‧tw，共五等級。

2. 固定收益證券基金利率評等

　　2003年6月底，中華信用評等公司推出債券基金的利率風險評等服務，詳見表4-7中第三列。投信公會組成債券評價委員會提出評價模式，報到證期局。

　　類貨幣市場基金投資工具多集中在銀行存款等固定收益工具，淨值隨市場利率波動的幅度較小，投資人不必負擔市場利率上揚產生的價格風險，性質比較類似貨幣市場基金。

3. 評價

　　在評鑑部分，以台灣大學教授李賢源、李存修、邱顯比的計畫書，規劃基金評鑑制度。

4-3 海外債券基金導論

　　海外債券基金種類很多，在本節中，先拉個遠景，以投資區域（全球—洲—區域—國家四層級）為分類標準，第4～8節，再以債券種類來詳細分析。

一、海外債券基金

　　台灣的固定收益證券基金報酬率低，因此一票資金外移、逐利而行。由表4-8可見，海外債券基金的分類，全球債券基金占六成，新興市場、亞洲、美國債券市

場占四成，但少以單一國家（美國除外）為投資地區。

表4-8　全球與區域債券基金

洲國	年報酬率	推薦基金
一、新興市場 （約12支）		荷銀全球新興市場債券基金A歐元、富蘭克林坦伯頓新興國家固定收益基金A美元、景順新興市場債券基金A美元
二、亞洲 　1.原裝，約5支 　2.台裝		荷銀亞洲債券基金A美元、百利達亞洲債券基金機構C、貝萊德亞洲老虎債券基金A美元
三、歐洲		
四、美洲 美國 　1.一般債券基金 　2.美元貨幣市場 　　基金	3～4.5%	聯博美國收益基金、富蘭克林坦伯頓美國政府基金 (1)海外：景順美元儲備基金C、天達美元貨幣基金A、摩根富林明美元 (2)台裝：永豐
全球 (一)高收益債券基金 　1.原裝，7支 　2.台裝	6～21%	ING(L)Renta環球高收益基金、環球沛智全球高收益歐元債券AE、聯博全球高收益債券基金A股
(二)一般債券基金 　1.原裝（基金公司 　　發行，約20支） 　2.台裝（台灣的投 　　信發行），台幣 　　計價約10支，幾 　　乎全為組合基金	5.5～11%	富蘭克林坦伯頓全球債券基金A美元收入、邁倫全球債券基金A美元、首域全球債券基金 元大、保誠、金復華

㈠全球債券基金

　　債券波動雖比股市小，但仍有波動風險，在股災時也有下跌的可能。因此，如果是想單筆進場債市，最好以「全球債券基金」布局，就不用擔心看錯地點。

㈡債券組合基金

　　全球債券組合基金約21支，2007年平均報酬率2.7%，績效烏鴉鴉。第一名的國泰全球保守組合基金6.5%，基金組合中，海外債券基金占66%、貨幣市場基金占31%、現金占3%。從投資區域來看，主要以全球債券基金、歐債、亞洲和新興市

場債券基金為主軸。

　　基金經理許文廣指出，基金投資持續以短天期標的為主，二年以下的投資標的加上現金占42%，未來有很大的迴旋空間，可預見的未來將會漸進增加歐美以外的比重。

　　雖然短期內市場對次級房貸的隱憂仍在，對追求安全性資產的需求仍將支撐公債市場的表現，由於債券殖利率水準已大致反映完聯準會降息的利多，未來呈現區間盤整的機會較大，使債市所提供的投資價值較為有限。[①]

二、海外債券基金，規避匯兌風險就沒賺頭

　　海外基金規避匯兌風險主要方式是換匯交易，但換算避險成本一年也要3%。如此一來，為賺取外國利率比台灣高的**利差交易**（**carry trade**），就被換匯交易所吃掉了利差。

・利差交易示例（以2008年10月為例）

$$
\begin{array}{lll}
 & R_澳 & 5.9\%（台灣銀行澳幣一年期定存利率） \\
- & R_{tw} & 2.7\%（台灣銀行一年期定存利率） \\
\hline
澳台利差 = & 3.2\% &
\end{array}
$$

4-4 美國債券基金導論

　　2008年，美台利差反轉，呈負0.2個百分點（2.5%-2.7% = -0.2%），再加上台幣匯率呈升值趨勢，匯兌損失再加上利差，可說雪上加霜。此時，買美國債券基金的台灣投資人大抵以二種人為主。

・有美元外匯部位的公司，放在美元債券基金多少比存美元定存多賺**2個「百分點」**（我不喜歡「趴」這個字，例如二趴）。
・資金外逃的富人，主要是為了規避台灣的綜所稅等稅賦。

① 《工商時報》，2007年12月7日，C3版，魏喬怡。

一、美元貨幣市場基金

有15支原裝、1支台裝美元貨幣市場基金（即永豐美元貨幣）。

二、公債基金

公債基金（**T-Bond Fund**）投資對象為各國財政部所發行的公債（美國稱為國庫券）。在財管、投資學教科書中，**美國十年期國庫券殖利率被視為美國的無風險利率指標**，可見國庫券的違約率等於零。

美國債市的走勢是聯準會貨幣政策的最佳風向球，美國公債殖利率自2007年6月中旬開始下跌，聯準會則於9月中旬降息2碼（1碼是0.25個百分點），開啟貨幣政策的寬鬆週期；公債市場比利率政策提前走了三個月。

三、免稅債券基金

有些債券是免稅的，甚至外國投資人也不用繳**利息扣繳稅**（**withholding tax**），這些債券主要以市政債券為主，以此類債券為投資對象的債券基金稱為**免稅債券基金**（**tax-exempt income fund**）。美國坦伯頓全球旗下的免稅美國公司債、免稅月息國際債券基金便是其中的例子。免稅債券基金標榜的是比其他債券基金稅後報酬率還要高，所以得核算一下囉。

㈠地方政府公債

由州、市等地方政府發行的債券稱為**地方政府公債**（**municipal fund**），有少數基金以**薄荷債券**（**Municipal Index Note Transaction, MINT**）為主要投資對象，所以又稱為市政債券基金。此外，不少市政債券還有一些優點，也就是對該州的州民免稅。

㈡地方政府公債指數

薄荷債券瞄準美國地方政府債券指數（municipal index），五年期市政債券殖利率約3.6%。

小額（25萬美元以下）投資人，買市政債券基金可能比直接買市政公債划算，因為基金可兼顧分散投資和爭取較好的價格；基金管理費0.65%。投資級市政債券違約率不到1%，比美國公債略高。

四、抗物價指數債券指數基金

2007年全球的物價上漲，嚇壞很多人。因此，如何防止錢變薄了變成當務之急，既要保本，又要賺得比物價上漲率高，其中解答之一便是抗物價債券指數型基金。

(一)抗物價債券歷史延革

抗物價上漲債券（**Treasury Inflation-Protected Securities, TIPS**，甚至簡稱 **I-Bond**）由美國財政部首次於1997年1月底標售此種國庫券，總發行金額70億美元，殖利率為3.45%。同時期美國十年期國庫券的殖利率為6.63%，但認購金額竟然超出300億美元，顯示發行者可以用較低利率發行指數連動債券，且不減其吸引力，主因在於在物價上漲疑慮發生時，物價上漲了，民眾購買力相對下降，而此種債券的報酬率是隨著物價指數加碼的，會出現比一般公債更好的報酬率。

(二)如何抗物價上漲？

$R = \overline{R} + \dot{P}$

$\overline{R}$：2%，固定利率的部分

$\dot{P}$：美國消費者物價指數

例如2008年9月時

$5.7\% = 2\% + 3.7\%$

由於是每半年付息一次，所以每半年計息一下。

依每年5月和11月的消費者物價指數為準。

(三)抗物價上漲債券指數型基金

有些基金公司推出由多種抗物價債券所組成的**抗物價上漲債券指數型基金**（**TIPS ETF**），詳見表4-9，復華投信的全球債券基金有25%比率放在歐美抗物價上漲，只能說是抗物價上漲成分基金。

表4-9　TIPS及TIPS指數型基金比較

	抗物價上漲國庫券（TIPS）	抗物價上漲債券指數基金（TIPS ETF）
發行者	美國政府	資產管理公司（例如巴克萊、MFS全盛等）
付息方式	每半年付息	每月配息
報酬計算	本金隨消費者物價指數變動率調整	債券收益＋隨物價指數變動率調整
發行時間及期限	1997年首次發行，債券期限有5、10、20、30年	2000年掛牌，投資標的為一籃子抗物價上漲債券，沒有具體到期日
稅負	到期利息計入所得稅中課稅	資本利得免稅，配息部分為股利收入
投資成本	手續費	操作費用遠低於一般債券基金
投資風險	風險集中於單一債券	一籃子抗物價上漲債券分散風險
投資特性	跟股債等各類市場連動性低	
投資優勢	物價向上則報酬率走揚，免除物價上漲侵蝕本金的危險	
投資缺點	物價向下或走勢不明但利率攀升，或物價下跌時，報酬率相對低	

4-5 美國資產證券化債券基金

2000年以來，資產證券化蔚為潮流，一些債券基金想多賺一些，爭相買入。結果「偷雞不著蝕把米」，**2007年6月**，美國次級房貸風暴爆發，坑殺一缸子相關債券、房地產基金。

一、資產證券化

㈠資產證券化的涵義

一般人一聽到「ABS」就會想到汽車煞車防鎖死裝置，然而投資學中的「ABS」是指金融資產證券化的商品。簡單的說：投資房地產基金就是辦公大樓的老闆，投資房地產貸款債權債券（MBS）就是房屋貸款的債權人；買資產證券化就是車貸、信貸的債權人。

㈡資產證券化商品

由**圖4-3**可見，金融資產證券化（例如債券資產證券化、貸款債權證券化等）是指金融機構或一般企業透過特殊目的機構（SPV）的創設，並運用其隔離風險的功能，從持有的各式資產（例如住宅貸款、信用卡應收帳款）中，篩選出未來能產

生現金流量或信用品質容易預測的資產，作為基礎或擔保。並透過信用增強與信用評等機制的搭配，把該資產重新群組包裝成單位化、小額化的證券型式。由於本質上是債券，因此本書直接以「債券」取代（受益）憑證或「資產證券化」等名詞。

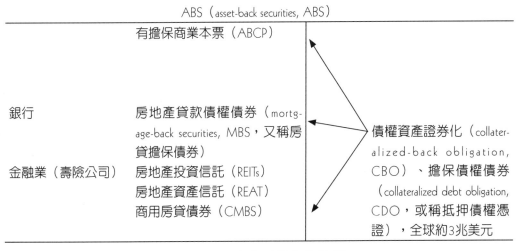

ABS（asset-back securities, ABS）

	有擔保商業本票（ABCP）	
銀行	房地產貸款債權債券（mortgage-back securities, MBS，又稱房貸擔保債券）	債權資產證券化（collateralized-back obligation, CBO）、擔保債權債券（collateralized debt obligation, CDO，或稱抵押債權憑證），全球約3兆美元
金融業（壽險公司）	房地產投資信託（REITs） 房地產資產信託（REAT） 商用房貸債券（CMBS）	

圖4-3　資產證券化的範圍

㈢實務人士主要這樣分

資產證券化商品可分為「金融資產證券化」與「房地產證券化」兩類。

元大全球滿意入息基金經理蔡淑慧指出，該基金將以7：3比例配置金融資產證券化與房地產基金的比重。投資人可依個人需求選擇配息型或不配息型參與投資，其中配息型基金除每季分配利息收入一次外，每年尚可分配資本收益。[2]

㈣本土的資產證券化基金

本土的資產證券化基金很少（詳見表4-10），至少有3支，規模187億元。而且受美國次級房貸風暴波及，大都傷痕累累。

二、擔保債權債券

擔保債權債券（collateralized debt obligation, CDOs），或稱抵押債權憑證的群組資產多為公司的信用債權，其中群組資產組成如果以債券為主，則稱為**債券資產證券化（CBO）**；要是組成大部分為銀行貸款，則稱**貸款債權證券化（CLO）**。

---

② 《經濟日報》，2007年1月18日，B5版。

表4-10　　**資產證券化基金**

基金	成立時間	投資標的	基金費率	債券組合存續期間
盛華101全球抵押貸款債權證券化	2006年5月29日	1.以投資台灣及美洲、歐洲、亞洲、大洋洲等全球各區域為主。 2.投資標的為金融資產證券化商品，其中60%主要投資於ABS及MBS。	管理費率1.4%、保管費率0.12%	1～5年
寶來全球金融資產證券化A	2005年12月7日	1.主要投資標的為ABS、MBS。 2.投資於美洲、歐洲、亞洲、大洋洲等全球各區域為主。 3.分配息及不配息二種。	管理費率1.4%、保管費率0.19%	1～7年
華頓美國浮動利率金融資產證券化基金	約2006年11月	1.投資標的以MBS及ABS為主 2.目標報酬將追求三個月美元倫敦市場美元拆款市場利率（Libor）浮動利率加1～1.5%（實際獲利要扣除避險成本）。	管理費率1.2%、保管費率0.14%	2年以下

資料來源：FUND DJ

　　台灣首宗金融資產證券化商品於2003年上市，其後陸續發行的金融證券化商品，標的資產多半為銀行信用卡帳款、不良帳款和企業貸款等。

　　外幣**資產池**的分散度、產業分散性與整個投資組合標的數目多寡都必須特別留意，標的越多、相關性越低，則單一公司發生違約時對整個投資組合的影響度就越小。其次要留意的是**券次**（**tranche**），資產證券化管理者將其債券投資組合的信用風險加以重新包裝，並依投資等級分成不同的券次，分別出售給不同信用風險偏好的投資人。券次投資等級的**高低**（**seniority**）決定投資人所面臨投資風險，等級越高投資人面對的風險越低。

　　擔保債權債券是由具備不同的風險及報酬率「債券組合而成」，參考的債權群組以「公司債」為主，包含貸款、債券等，同時讓信評等級較高的債券享有優先本息償還權，其次才是評等次之的中級債券、最後才是次順位的股票。

㈠擔保債權債券的本質

擔保債權債券是許多低流動性投資工具之一，**資產池**的內容包羅萬象，除了房貸債權外，還有商業貸款、信用卡應收帳款，在國外投資銀行業者發行的擔保債權債券中，有時也會見到貸款債權證券化包在裡面，是私募股權基金重要的融資管道，詳見圖4-4。

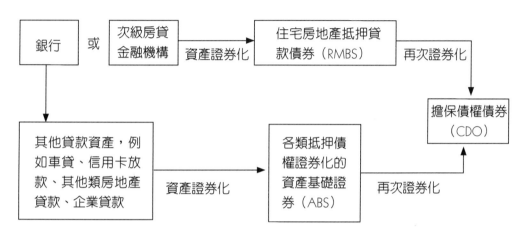

圖4-4　擔保債權債券（CDO）跟次級房貸關係概況

註：各類抵押債權證券化，例如企業貸款證券化（CLO）、商用房地產貸款證券化（CMBS）等，都是屬於ABS的一種。

銀行或放款機構房屋貸款債權出售給投資銀行業者後，就可以拿回原本的部位繼續進行授信業務，投資銀行業者則是把這些債權集中起來進行設計包裝，再賣給投資人。

「基本上，就是把所有的肉絞一絞，加點調味料後，灌成香腸再賣出去。」《Finance Asia》雜誌引述一位不願具名的投資銀行業高層的話說。既然是香腸，誰看得懂裡面到底有什麼？有的香腸裡都是房貸相關的債券，有優級有次級，有的可能更複雜，所以需要信評機構的協助。基本上，評等越好的擔保債權債券因為違約機率低，價格當然就越貴；評等次佳或是不到投資等級的擔保債權債券，一方面提供較高的收益率，如果之後評等提高，投資人還會有資本利得，對於衍生性商品基金經理來說，真是不可多得的商品。在美國，擔保債權債券的槓桿倍數可達十倍，台灣大約普遍在四到六倍之間。

追逐這些商品者，可不只衍生性商品基金經理，還包括滿手錢的共同基金、亞洲的銀行、中東的油元，在市場風險胃納程度持續上升的過程中，對這類商品的需求可說是有增無減，根據《Inside Mortgage Finance》雜誌的統計，2000年以來，

華爾街已推出高達1.8兆美元次級房貸證券。

開發工銀投信總經理曹為實指出，擔保債權債券因為包裝了各種不同抵押債權來源的證券化商品，所以可以分散風險且提高報酬率。但是擔保債權債券本身其實流動性並不佳，沒有市場交易價格供參，只有在有新的交易出來，或是遭到信評機構調升或降低評等時，才會產生交易價格。[3]

㈡2009年展望

2007年11月5日，參加路透社金融高峰會的專家（例如葛洛斯和索羅斯），全都看衰美國經濟。

債券天王（**Bond King**）、太平洋投資管理公司共同投資長葛洛斯（**Bill Gross**）估計，次級房貸、另類資產和基本上等於垃圾的貸款有1兆美元；以企業貸款和抵押貸款債券等資產包裝而成的擔保債權債券是信用崩潰的「下一步」。他預測抵押貸款問題與違約會延續到2009年，次級房貸戶無力還款會繼續拖累銀行，銀行會持續出現虧損，聯準會會被迫把利率至少降到3.5%。

跟索羅斯共創著名衍生性商品基金量子基金的羅傑斯指出，美國信用市場出現歷來最可怕的泡沫，可能要2011、2012年才能恢復正常。[4]

 太平洋資產管理公司小檔案

太平洋資產管理公司（The Pacific Investment Management Company, PIMCO）管理資產規模超過6,000億美元，以債券操作著稱，旗下擁有素有「債券天王」之稱的葛洛斯（Bill Gross），負責管理全球規模最大的債券基金，即太平洋投資總報酬率基金（Pimco Total Return）資產規模1,330億美元。

1944年次的葛洛斯以預測固定收益證券市場精準聞名，他的談話和操作備受大家注目，長期擊敗債券基準指數雷曼兄弟公司整體債券指數，1997～2006年十年間的年度投資績效5.9%仍然高居第一。（詳見《商業周刊》，1069期，2008年10月；1087期，2008年9月，第118～122頁；《工商時報》，2008年10月3日，D1版。）

2007年5月，該公司還聘請美國聯準會前主席葛林斯班擔任顧問，華爾街視為好比天神的結盟。

---

③ 《經濟日報》，2007年8月27日，A4版，許維真、夏淑賢。
④ 《經濟日報》，2007年11月7日，A8版，劉道捷。

太平洋資產管理公司每年都會舉辦為期三天的長期投資論壇（Secular Forum），會中並邀請產、官、學界投資權威，如過去曾邀請聯準會主席柏南克、摩根士丹利經濟分析處處長羅奇（Stephen Roche）等知名人士，為未來三到五年的全球經濟、政治、人文和社會等結構性趨勢做出定調。

㈢資產擔保債券

在美國此種債券的市場占有率比美國聯邦政府的公債還大。這種債券說穿了就是銀行以其房地產放款為抵押品，所發行的金融債券，為了避免投資人擔心其房貸戶倒帳而連累到抵押品的價值，所以這類債券有美國官方成立的信用保證機構（有點像台灣的信用保證基金）做擔保，所以是屬於投資級的債券。

這類基金的收入跟銀行房地產放款利率差不多，每年都有8～12%的報酬率，可說是比美國公債基金報酬率還高的基金。此種債券主要以美國富蘭克林公司的房地產抵押權債券基金為代表。

三、房地產貸款債權債券

1970年代，美國辦理房地產放款的金融機構，首度以放款債權作為擔保，推出房地產貸款債權債券，最大優點便是協助金融機構籌措資金，且可分散借款人提前償還的風險（再投資風險），進而降低貸款的成本。

房地產貸款債權債券（**mortgage-back securities, MBS**，又稱房貸擔保債券）發起者與**轉手證券**一樣，以房地產抵押債權作為擔保群組發行證券，也就是把許多具有相似貸款年限、合約利率之個別房貸包裝（packing）成房地產抵押貸款族群，並經由相關信用增強的程序，發行成證券後，分售給有興趣的投資人。

房貸擔保債券是美國政府機構如吉利美（**Ginnie Mae**）**與房地美**（**Freddie Mac**），或其他大型金融機構所篩選出的銀行優質房貸，透過保險機構保證和信用機構信評後，把房貸轉化為債券型態，出售給投資人。一般來說，房貸擔保債券具有優質房貸、保證支付、信用加強等優點。

房地產貸款債權債券大都是信用評等在AA以上的債券，把一票此類債券進而編成指數。2007～2009年美國房價直落，次級房貸貸款人周轉失靈，使得次級房貸業者財務吃緊，金融市場面臨連鎖效應考驗，繼日圓套利交易後，次級房貸危機引爆全球金融市場的蝴蝶效應，不少台灣投資人憂心金融資產證券化受到衝擊。但以往不被注意的違約率，如今將成為投資決策關鍵，對信評較高的房地產貸款債權債

券、政府公債將是利多一樁。

1. 違約風險與債信等級

美國房貸擔保債券三大發行機構為吉利美（Ginnie Mae，美國政府國家房地產抵押協會）、房利美（Fannie Mae）與房地美（Freddie Mac），具備一定等級以上信評，違約風險極低，並未包含次級房貸債權證券化產品，且近幾年平均的票息收益超過美國十年期公債，利差約1個百分點。

2. 違約風險

跟其他債券最大差異在提前清償風險（prepayment risk），雖然歷史經驗顯示，30年的房貸可能在第12年左右便清償完畢，但一旦民眾繳不出大房貸款而改換小屋，或聯準會降息而找到更低融資管道，或因繳不出房貸的非志願性提前清償等，都是後續影響房地產貸款債權債券的風險。

㈠商用房地產債權債券（CMBS）

商用房地產債權債券（commercial mortgage backed security, CMBS）為投資銀行業者把個別的同類型商用房地產的貸款債權，彙總成為一個債權組合，並透過內部與外部信用增強機制，把此債權組合設計成金融商品，並透過資本市場出售給投資人。

簡單的說，本債券即是以商用房地產的未來現金流入量及其物權為擔保品所發行的債券。投資銀行業者可在發行本債券時，依其風險高低，而劃分為不同券次，每個券次可以賦予不同信用評等，銷售予不同屬性的投資人。

本債券是以商用房地產的貸款而發行的債券，商業房地產支付貸款本息的能力，便成為判斷風險的重要指標。其中最常參考的兩個指標即為貸款成數（loan-to-value，簡稱為LTV）與貸款應支付本息保障率（debt service coverage ratio，簡稱為DSCR）。其參考值會隨商用房地產的種類、所在位置、所處景氣循環好壞等因素，而有不同參考的對應值。一般來說，投資人可以貸款成數是否高於0.7、本息保障率是否低於1.25作為評估本債券風險的指標。

貸款成數用以衡量當商用房地產價值下跌，債權人就資產逕行處分時，可獲得保障（cushion）的程度。貸款成數值越高，代表債權人的保障越低，其債權越易受房地產景氣因素的影響。

本息保障率的主要意義則在於評估商用房地產支付貸款本息的能力，進而評估此一貸款發生違約（default）之風險。本息保障率值越高，代表此商用房地產支付本金及利息的能力越強，貸款發生違約的機會也就相對較低。同樣的，當本息保障

率值走低時，代表此商業房地產支付本金及利息的能力亦相對走弱，發生違約的機會也就相對較大。

㈡住宅房地產抵押貸款債券（RMBS）

住宅房地產抵押貸款債券（**RMBS**）資產池內容包括一般房貸和次級房貸，資產池平均信用評等分數滿分為810分，如果都是次級房貸，分數可能只有620至630分。

金管會開放保險業可以投資此類商品，但考量次級房貸的違約風險，金管會要求住宅房地產抵押貸款債券資產池平均信用評等分數必須達680分以上。也就是說，保險業不能投資次級房貸證券化商品。

四、吉利美債券（GNMA）與基金

政府國家抵押協會擔保的抵押貸款證券（**GNMA，簡稱吉利美債券**）是受政府信用擔保的美國政府債GNMA，不僅本金與債息皆可按時攤還，還擁有較同天期公債高出約0.5至1個百分點的票面收益；債信良好，有「**類公債**」之稱，美國富蘭克林坦伯頓美國政府基金號稱在台銷售唯一的100%吉利美債券基金。

五、以友邦投信的雙核心收益證券基金為例

美國公債與吉利美債券幾乎沒有信用風險，因此把80%以上的資金分別**投資於兩者**，詳見表4-11，並適時調整兩者的配置，將能有效兼顧風險與報酬；**雙核心資產配置**長期下來幾乎均能長期維持穩定正報酬。

表4-11　雙核心操作策略

	升息循環	降息循環
市場狀況	債券價格受到壓抑，報酬來源以利息收入為主	債券價格上漲空間大，報酬來源以資本利得為主
投資策略	增加吉利美債券相對投資比重	增加公債相對投資比重
策略目的	增加投資收益	賺取資本取得
整體效益	掌握獲利契機並維持穩定收益	

資料來源：友邦投信整理，《經濟日報》，2007.3.18，B4版

友邦投信表示，雙核心操作模式投資效益將具有三大特色。第一個特色就是可享利息與潛在資本利得。第二個特色就是，美國公債與吉利美債券幾乎沒有信用風險，因為兩者均由美國政府100%直接擔保，具高債信品質保證。第三個特色就是在長期平均可望維持穩定正報酬的情況下，將可累積出的複利效果。

雙核心投資的複利效果有多好？以雙核心的操作概念下，做基金績效的**倒流測試**，友邦投信以1999年1月至2006年2月投資美國**那斯達克（Nasdaq）**和雙核心資產（其中美國公債是以Citigroup Treasury Index為代表，吉利美債券則是以Citigroup Mortgage GNMA Index為代表所模擬配置）為例，投資股市和債市各100萬元，七年下來，投資美股票累積的總報酬為63.21%，投資雙核心資產所累積的總報酬為46.35%。

友邦投信指出，乍看之下，投資美股的報酬率似乎高於雙核心，但股市有漲有跌，無法長期穩定維持正報酬，以至於複利效果不明顯，所以七年下來投資那斯達克只賺10萬元。相較之下，雙核心資產因波動度低，且長期幾乎能維持穩定正報酬，加上複利效果的威力，七年下來，反而賺了56萬元。

1. 升息循環時

由於吉利美債券不但是唯一由美國政府保證的房屋抵押證券，利息收益通常高出美國公債1%，且波動風險低於美國公債，因此在雙核心的操作下，整個報酬要比單純投資十年期公債來得好。

2. 降息循環時

根據理柏資訊（**Lipper**）基金研究公司的統計，從1987年1月至2006年12月過去20年中，任何一個月的月底投資美國公債達18個月，以**美商雷曼兄弟證券（Lehman Brothers** US Government Index為代表）指標來看，99%以上機率可獲得正報酬。友邦投信進一步指出，即使是聯準會升息結束後的美國公債表現，從歷史經驗可發現升息停止之後的一年內，公債的表現均相當優異。以美林美國公債指數的表現來看，美國公債指數在停止升息後的3個月、6個月與一年平均表現分別有4.5%、8.2%以及10.78%的水準，顯示停止升息後，美國公債可望展開多頭行情。

4-6 海外結構化債券基金——兼論轉換債模組基金

有些債券基金比較重口味（俗稱「重鹹」），覺得債券基金報酬率不夠看，但是又不願扛股票基金的高風險，因此在白跟黑之間，取點**灰色地帶**。

不過，**結構化債券一碰到股市空頭則虧損**，過去幾年，銀行推了幾次相關產品，不少投資人受傷累累，聞聲色變。相關基金中以衍生性商品基金（詳見第13

章）中的轉換債模組基金比較有賺頭。

一、結構化債券

結構化債券（**structure bond**）可以拆開來看。

· 結構

「結構」（structure）這個字代表組成比重，例如台灣人口的性別結構為男女51：49。

· 結構化債券

結構化債券一定是以債券為基礎，再與連接到其他資產，來計算報酬率，因此又稱**連動式債券**（**linkage bond**）。最典型的結構化債券是**轉換公司債**（**CB**），詳見〈4-1〉式。

> 轉換公司債=純粹公司債+換股權證　　　　　　　　　　　　　　　　〈4-1〉
>
> 附認購權證公司債=純粹公司債與認購權證

二、結構化債券相關觀念

結構化債券是財務工程最簡單的運用，比較像木瓜牛奶果汁，是二合一的。因此，各類金融公司普遍去混搭，詳見表4-12。

▌表4-12　結構化債券

	發行公司	銀行	證券公司	投信	壽險公司
商品名稱		投資型定存	股價指數連動公司債（index-linked bond）	轉換債模組基金（CB module fund）	投資型保單
商品組合原理					
1.保本部分		定存	債券	債券	保險（主要是意外險）
2.追求高報酬部分		外匯選擇權，主要是歐元、日圓	股價指數	認股權證	股票基金
舉例			$= 1\% + \dfrac{X - 7,000}{7,000}$		

㈠越南股價指數連動債

2007年1月各家外商銀行私人銀行部推出越南股價指數連動債,有的設計是2年期,有的是10年期,最低門檻5萬美元。很多大戶砸100～200萬美元搶著買,很多人還分配不到,但從4月越南股市下跌後,有些投資人受到驚嚇,忍不住,只好折價10%,甚至30%賣出,年底時反而很多配額卻沒人要買。

㈡油價連動債

商品指數連動債中較常見的是油價(指數)連動價,依保本程度分為二種。

1. 百分之百保本的連動債

無條件、屆期百分之百保本的連動債本質上便是保本基金。

2. 條件式保本的連動債

條件式保本連動債,連結的股票、商品價格波動超出一定範圍,就無法百分之百保本。

有一支連結油價的連動債,條件上設定,連動債到期時,如果油價沒有跌破47美元、也沒有漲破85美元,投資人就可以獲得8～10%的報酬率出場;反之,有可能就虧損。

三、轉換債模組基金

1. 原理

轉換債(一般書稱為可轉換公司債,簡稱可轉債)套利策略投資原理是藉由買進轉換債,並且放空一定比率標的現股的操作方式,來規避股價的漲跌,降低市場震盪衝擊。因為具備這種市場中立特性,轉換債套利策略無論在市場多、空或盤整時期,皆有機會從中獲取套利,相當受到投資人的歡迎。

2. 績效

2006年全球衍生性商品基金績效整體平均報酬率達11.6%,以全球轉換債套利策略為主要投資策略的基金平均報酬率14%,比平均數高。

2000～2007年,比較全球HEDG轉換債套利指數和摩根士丹利世界指數的績效,前者9.49%,遠超過後者僅1.90%的低水準表現。新光投信策略投資部協理賴冠吉預測,全球轉換債模組基金將會成為對抗股市震盪的殺手級投資商品。⑤

---

⑤ 《經濟日報》,2007年4月9日,B4版,曹佳琪。

4-7 高收益債券基金Part I：全球與美國

高收益債券基金比較像成長、積極成長股票基金，本章分二節來說明。

‧全球、美國高收益債券基金比較像成長型股票基金。

‧新興市場高收益債券基金比較像積極成長型股票基金。

一、高收益債券基金──俗稱垃圾債券基金

高收益債券基金（**high yield bond fund**）以高收益債券為投資對象，因此需要先從投資對象談起。

1. 高收益債券

債信等級B級以下的公司債，倒帳風險高，所以也提供較高的報酬率，來補償投資人額外承擔的風險，美其名為**高收益債券**（**high-yield bond**）。然而一旦公司還不起債，這種債券可能變成不值錢的垃圾，所以又稱為「**垃圾債券**」（**junk bond**）。台灣財務人員也把這名字搬來用，戲稱那些無擔保公司債為垃圾債券。

2. 本質跟股票比較像

債信評級越低的債券，較易跟股票走勢呈現正相關，詳見圖4-5。

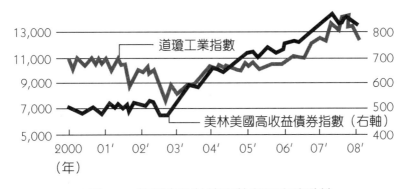

‧圖4-5 美國高收益債走勢與股市連動性

資料來源：彭博資訊，統計至2008.2.29

3. 高收益債券基金

高收益債券基金看名字就知道，基金名稱上冠有「高收益債券」的，例如

霸菱的高收益債券基金、宏利的亞洲高收益基金和安泰的環球高收益債券基金，其他還有以新興國家債券為投資對象的，留待第8節再來說明。

二、全球高收益債券基金

全球高收益債券基金以歐美日等工業國的高收益債券為投資對象。

1. 違約率

2007年9月，穆迪債信評等報告顯示，處於歷史低水位的全球高收益債券違約率，2007年逐步攀升，到10月達2.5%；美國高收益債券違約率也將小幅上升，2008年時高達4.7%。

2. 台裝的全球高收益債券基金

2007年6月20日公告，金管會開放投信募集「高收益」債券基金。

高收益債券基金的投資標的必須是信用評等公司B級以下的債券，或未經信評公司評等的債券，單一國家不得占三成以上。

三、美國高收益債券基金

美國高收益債券基金的殖利率約7%，相關細節如下。

1. 利差約2.25～3.25個百分點

跟十年期國庫券殖利率相似，高收益債券利差約2.25～3.25個百分點。在產業方面，以博奕及醫療產業較有成長潛力。

2. 季節性

據美林證券統計，從1988年以來，高收益公司債市12月至隔年5月的績效，平均為6月至11月績效的兩倍。

4-8 高收益債券基金Part Ⅱ：新興市場

以新興市場國家和公司發行的新興市場債券為投資對象的債券基金，統稱為「**新興市場債券基金**」（**emerging market bond fund**），在一般新興市場債券基金中，巴西及俄羅斯的比重高達四成。為了免除投資人擔心買了這類會貶值的（稱為弱勢貨幣）高利率債券，賺了利差而賠了匯差，以致得不償失，因此這類海外債券常以下列二種強勢貨幣（有升值趨勢的）發行、計價。

1. 以美元計價的布萊迪債券。
2. 以歐元計價的歐元債券。

一、賺利息

新興市場經濟成長率高，賺錢機會多，因此利率也較高；再加上2002年以來，外債比重降低，國家的金融風暴（1994年拉美，1997年亞洲、2007年美國次級房貸，2008年9月15日美國金融風暴）機率降低。

1. 信評大幅提高

至於新興市場的公司靠出口賺錢，財務體質改善，債信評等持續獲得調升，其中又以新興歐洲的調升幅度為全球之最，詳見表4-13第2列。

2. 違約率大幅降低

新興市場債券的違約率僅有0.1%，遠低於美國高收益債券的1.8%，而且具備相同信評的公司債，所提供的報酬率也比美國高收益債券高約1.25個百分點。

二、賺匯兌利得

瑞銀環球資產管理執行董事席樂恩（Uwe Schillhorn）表示，新興市場國家貨幣升值的題材，也為新興市場債券提供了相當程度的報酬。

1. 強勢貨幣

土耳其里拉、阿根廷披索與馬來西亞幣，在2007年都有相當旺盛的升值題材，因此在投資組合中特別加碼當地貨幣計價的債券。

2. 弱勢貨幣

拉美的巴西與墨西哥卻成為減碼的對象，對此席樂恩補充，美元走弱雖有利於新興市場國家的貨幣升值，但對跟美國經濟連動性較高的個別國家而言，卻未必是好事。[6]

三、新興市場債券基金

新興市場債券基金可以依區域大小再細分，參考指數詳見表4-13，底下詳細說明三個區域的基金。

1. 全球新興市場債券基金

2007年，新興市場債基金中，富蘭克林新興國家固定收益基金8.42%的表

---

6 《工商時報》，2007年3月20日，C4版，林志昊。

現最優，其次是瑞銀新興市場債券基金的**6.45%**；至於其他的新興市場債基金，年報酬率都在**4～5%**，表現跟美國政府公債基金差不多。

表4-13　新興市場債券指數

	指數	基金（舉例）
一、全球	JP Morgan全球市場債指數（EMBI），有44%屬於投資級，而最差的CCC級債券只占2%	富蘭克林坦伯頓新興國家固定收益基金A美元收入
二、區域	香港匯豐銀行（HSBC）的新興債市指數	富蘭克林坦伯頓歐洲高收益基金A歐元年配息
三、國家 美國	摩根大通高收益公司債指數 美林高收益公司債指數	聯博美國收益基金AT股

富蘭克林新興市場固定收益基金報酬率高的原因，在於抓對利率與匯率的趨勢，因此，打敗參考指數，詳見表4-14。

表4-14　富蘭克林新興市場債券基金的配置

2007.12

	拉美	新興亞洲	新興歐洲
花旗新興市場債券指數	50%	12%	－
富蘭克林坦伯頓新興國家固定收益基金	40%	24%	－

2. 中歐債券基金

中歐債券基金中績效最高者為比利時聯合資產管理公司的中歐債券基金，2007年年報酬率**10.3%**。績效較佳是因為中歐國家（新興歐洲國家例如波蘭、捷克、匈牙利、斯洛伐克和土耳其等）過去幾年均處於經濟成長快速、政府財政狀況持續改善、惡性物價上漲受到控制，而且預期中歐地區的經濟良性循環仍會持續下去，特別是土耳其、斯洛伐克和匈牙利。

3. 亞洲債券基金

2007年，亞洲債券基金績效第一的是富蘭克林坦伯頓亞洲債券基金，報酬率約**7.3%**，該基金特色是全部持有當地貨幣（馬來西亞幣、印尼盾、韓元及日圓）計價的政府公債，只有少部分（不到一成）的評等A級公司債，如此可以使績效穩健，享受亞幣升值的好處又可以避免淨值的波動。

因為亞洲物價上漲力道較高，有些國家央行可能會採取升息政策來壓抑物價，為了避免利率上揚使債券價格下修的風險，該基金對有升息壓力的國家（例如南韓、馬來西亞等）都是買原幣計價短天期（兩年內到期）債券。

第 5 章 商品基金Part I：導論與農產品、能源、礦業基金

1999年時，正確預測出商品會有一波大多頭行情。2005年時預測，由於大宗商品20年來一直乏人問津，接下來可望一路漲到2022年，油價則可能升抵一桶150美元。

——吉姆‧羅傑斯（Jim Rogers）

商品投資大師

《經濟日報》，2007年9月26日，A5版

錢變薄了，抗物價上漲投資大全集

2007年下半年至2008年，台灣的順口溜是「什麼都在漲，只有薪水不漲」；大一經濟學中的生活痛苦指數變成全民普通常識。

民生物價飆漲，2009年將還是漲不停，尤其2007年12月24日高盛證券預測，2008年農產品漲幅大，民眾生活支出節節攀升將不可避免。民眾看著電視報紙討論各種原物料上漲，雞蛋、玉米、小麥、黃豆等，都還要漲，尤其是聽到黃豆可能要漲六成，一想到以後買豆漿、豆腐，一切跟黃豆有關的食物，都要比現在花多上至少幾成的價格，心中開始盤算如何開源節流。民以食為天，基本吃的食物很難去省錢，最好的方法就是開源賺錢，既然無法避免大宗物資價格飆漲，那麼投資專家就建議，不妨投資這些大宗物資商品從中獲利。

「與其埋怨黑暗，不如點亮一根火柴」，同樣的，做個理財專員（簡稱理專），透過你專業的建議，約可以引導200位投資人透過抗物價上漲的基金，讓變厚了的投資去彌補變薄了的薪水。用這角度來看，**理專的社會貢獻在於點亮蠟燭，甚至火把，使許多人的人生「由黑白變成彩色」的。**

而大學中，教導「基金投資」相關課程的教授貢獻更大了，等於是把學校當理專訓練中心，教育出一批批的理專去造福社會。底下先示範一下，讓你看得出基金抗物價上漲的妙用，接著本章與6章再詳細說明。

・透過賺錢來貼補家用

在油價、農產品導致物價居高不下的情況中，投資人現階段更應藉由原物料的上揚，投資農產品基金賺取利潤，以彌補物價上漲造成的損失，甚至轉守為攻，大賺商品行情。像2007年海外基金績效第十名的美林世界礦業基金報酬率55%。

・買能源基金來對抗油價上漲

受到國際油價飆漲，全台加油站逢週二也出現加油潮。隨著油價每週漲一次、開車族也就每週痛一次！不過，與其每週二排隊加油只為了省一點錢，還不如掌握天然資源的投資機會，大賺能源財。

2007年，海外基金績效前十名中，有2支是能源基金：第十名德盛安聯全球綠能趨勢基金（63%）、比利時聯合資產公司生態基金系列之一的全球替代性能源基金（57%）。

5-1 商品基金

商品基金（commodity fund）主要是以產銷商品的公司股票為投資對象的基金，在供給有限、需求快速成長情況下，商品價格從2003年起大漲，可能會一路響叮噹下去。

一、商品的種類

商品的種類隨著名稱的不同，有多種分類，我也曾劃過三個表，不過，回復基本來說，商品可分為三大類，這是基本資產，其他分類只不過是排列組合罷了。

影響商品價格的因素可分為二股力量。

1. 基本面

   這包括影響產地價格的**供需**、**運費**（主要受油價影響）、**匯率**（美元貶值，則商品報價上揚）。

2. 金融面

   這又可分為**避險**（**美元貶值，則商品價格走高**）與**投機**二方面。

表5-1有二大重點，這個鳥瞰圖可以讓你抓住各種商品基金的投資屬性。

1. 投資屬性

   在第1欄中，已依報酬率，把商品基金區分為收益、成長、積極成長三型。

2. 推薦基金

   依表5-2中各商品基金的持股比重最大的產業，把十餘支原物料、天然資源等名稱基金，予以分門別類的分類。

二、商品在投資組合中的重要性

任何資產在投資組合中的重要性都是由投資屬性來切入，這包括報酬率和風險分散。

(一)報酬率

「想多賺一些」的動機刺激人們挖空心思去追求，衡量各商品基金報酬率的方式有下列二種。

表5-1　商品基金的分類

大分類 中分類	農產品	能源	金屬
投資屬性　E(R) 　　　　　RR	RR3	RR4～5	RR4～5

	農產品	能源	金屬
100%			1.貴金屬 　黃金、白金、 　銀、鉑金 　・黃金基金：貝萊 　　德、天達、環 　　球、友邦
80% 積極成長型		1.綠色能源 (1)替代能源 　例如太陽能、生質油、 　風力 ⇒德盛安聯全球綠能、比 　利時聯合資產的全球替 　代能源 (2)能源效率化 　例如LED	2.卑金屬 (1)輕金屬 　鋁、鎂 (2)重金屬 　銅鐵鉛鋅鎳
60%		2.化石能源 　・石油 　・煤	⇒貝萊德世界礦業 ⇒國家基金：澳洲
40% 成長型	1.畜產品	⇒12支基金,景順能源、 　德盛德利全球資源產 　業、霸菱全球資源、遠 　東大聯全球原物料能 　源、荷銀能源基金。	
20% 收益型	2.農產品 ⇒華南永昌全球 　神農水資源、 　德盛安聯農金		

1. **指數報酬率**

　　　商品綜合指數（**CRB**）是最普遍用於衡量**商品價格**漲跌的**指數**，由1956年起編製，涵蓋19支主要商品期貨價格，其餘6種詳見**表5-2**。

2. **所有基金平均報酬率**

　　　指數的對象比較明顯，但是投資人買的是基金，所以更關心第一名基金、全部基金的平均報酬率。

表5-2　常見的商品指數

編製單位 （比重）	商品指數代碼 （commodity index， 彭博代碼）	成立 時間	追蹤種類	基金 （以美國ETF為例）
一　路透傑佛瑞（Reutes Jeffries）	CRB （CRYTR）	1957	19	
二　羅傑斯國際				
1.第一版 　　能源44％、金屬21％、農產品35％	RICI （RICIGLTR）	1998	35	
2.第二版		2008	37，分成4個以上產業	
三　S&P高盛	SPCI （SPGCCITR）	1991	24	
1.高盛 　　能源74％、金屬12％、農產品14％	GSCI			GSG，又稱iShare GSCI商品指數基金
四　道瓊AIG 　　能源33％、金屬26％、農產品41％	DJAIG （DJAIGTR）	1998	19	DLP，又稱iPath道瓊AIG商品指數基金
五　雷曼兄弟 　　能源53％、金屬27％、農產品20％	LBCI （LBCITR）	2006.7	20，分成4個產業、期貨價	
六　美林 　　能源60％、金屬17％、農產品23％	（MLCXTR）	2006	18	
七　德意志 　　能源55％、金屬23％、農產品22％	DBLCI （DBLCIX）	2003	6	BDC

(二)風險分散

晨星分析師莫里森（Curt Morrison）表示，1959～2004年，原物料期貨指數（不加權）的報酬率跟標準普爾500種股價指數差不多，但波動性卻較低。原物料期貨與股票、債券的相關性為負值，也就是說，跟股票、債券走勢相反。因此，如果在投資組合中納入原物料類股，可以降低波動性。[1]

---

[1]　《經濟日報》，2005年3月2日，B5版，張瀞文。

三、需求

能吃能用的商品主要是以實體（即該商品本身）為主，其次是金融需求。

㈠實體需求

1. 金磚四國「超級循環」

新興國家興起創造的龐大需求，讓原物料景氣循環更久，形成更強、更久的「**超級循環**」（**super cycle**）。來自新興市場的需要，主要仍由金磚四國創造，大陸龐大的需求，對於原物料價格來說，是利多，然而，大陸的情況卻跟其他國家不同。大陸蘊藏礦產，但是受限於開採技術大幅落後，境內礦產開採程度較少。

巴西、俄羅斯本身就是原物料、能源輸出國家，創造需求的同時，也受惠於這段行情；但因國家富起來，也衍生的帶動對商品的需求。至於基礎建設需求同樣暢旺的印度，由於本身並無自然資源，在基礎建設的強大拉力下，未來進口原物料幅度並不會有太大改變。

2. 需求左右原物料後市

大陸經濟欣欣向榮，對商品的胃口從2002年來每年都帶動商品價格走高。大陸的成長階段類似1900年代初期的美國（工業成長期），只是規模更大。在宏觀調控下，大陸2007年下半年對基本金屬採購量較少，2008年上半年可望加碼，以補足庫存。彭博資訊調查11位分析師預估2008年銅價平均值為每噸6,960美元，巴克萊資產公司商品研究部門主管諾瑞許表示，銅價會上漲6.5%，每公噸均價7,800美元，並且可能突破2006年所創下8,800美元的最高紀錄。

3. 第二波

東協、東歐、拉美、非洲（**The Next Billion**）等，多數靠蘊藏的鐵礦砂、銅、鎳、錫、鉛等天然資源所累積的財富，再投入基礎建設發展，推升全球原物料消費需求，「金磚四國」加上「The Next Billion」（人口10億），合計占全球原物料消耗比重將由2002年的40%，大幅提高至2022年的70%。

㈡金融需求

傳統認為，商品有實用性，所以有保值功能，當碰到高物價上漲時，也就是適合投資商品基金的時候。**美元貶值時，黃金成為避風港。**

四、供給

由於**商品本身並沒有孳息能力，商品帶來獲利完全來自價格上漲**，而罷工（含商品輸出港碼頭工人）是造成商品價格短期飆漲的原因。至於供給面長期負面因素有：可耕地減少（針對農產品）、礦藏逐漸耗竭（指能源、金屬）和氣候，底下先說明氣候的不利影響。

2005年美國熱門電影「明天過後」所描述的溫室效應嚴重惡化，全球氣候引發連鎖效應，包括冰雹重襲東京、空前颱風襲捲夏威夷、洛杉磯颳起史無前例的龍捲風等氣候變異現象，正逐步反映在真實世界中，也讓全球商品供應拉起警鈴。

英國政府的「經濟服務科」主管及「氣候變化和經濟開發」顧問Nicholas Stern指出，氣候變遷主要是全球暖化現象，要是不採取行動，氣候變化的代價和風險，相當於每年全球國內生產毛額的5%。另一方面，據估計，氣溫上升3或4度，將有數百萬人的房屋被淹，到了這個世紀中期，2億人可能因為水平線上升，更大洪水和旱情而被迫永久離開家園；氣溫上升4度，可能嚴重影響全球食物產出；氣溫上升2度，物種有15～40%會面臨滅絕。

著有《**非理性榮景**》的耶魯大學教授**席勒**（**Robert Shiller**）也表示，商品市場就像1990年代的科技股泡沫。[2]

五、商品基金

商品基金的範圍很廣，基金公司常依商品特性去組合，因此創造出許多綜合商品基金。這些分類方式至少有下列四種。

(一)實體vs.金融資產

在超級資產分類中，商品資產有實際形體，所以又稱為**實體資產**（**real asset**），是硬繃繃存在的資產（**hard asset**）；包括**商品**（**commodity**）和房地產（**real estate**）。

由表5-3可見，**商品基金投資的標的**有二種。

1. 股票投資最多

跟股票基金一樣，這類基金主要投資於生產商品上中下游公司股票，或由這些股票所組成的指數（即商品指數型基金，合稱**產業型商品基金**）。

---

② 《經濟日報》，2006年5月17日，A5版。

2.　商品投資為輔

少數情況下，商品基金以商品（尤其是商品期貨）為投資對象，稱為**商品型商品基金**。

㈡天然vs.人為

依商品的來源，又可分為二群；不包括能源時的商品又稱為**原物料**（**raw materials**）。

1.　天然資源

能源、金屬是大自然中早就有的，所以合稱**天然資源**，甚至簡稱**資源**，天然資源股票基金與一些名字中有「商品」或「實質資產」等字眼的基金迥然不同，因為這些商品基金不買公司股票。反而他們買的是被稱為「衍生性商品」和涵蓋面廣的商品指數走勢相似的複雜金融工具。例如，太平洋投資管理基金企圖追蹤道瓊／AIG商品總收益指數的表現，該指數由包括石油、黃金以及一些像是黃豆及活牛等較傳統的19種商品所組成。

2.　其他

農產品是人開山闢土、撒種灌溉才有收成的。

㈢依軟硬程度

還可依商品的軟硬程度分成下列二類。

1.　軟性商品

軟原物料主要包括農作物、穀物、木材、肥料、牲畜等。

在期貨市場中**軟性商品期貨**（**soft commodity**），廣義的包括小麥、玉米、黃豆、咖啡、可可、棉花和糖等項目。因用途和產品特性的不同，因此軟性商品指的是咖啡、可可、糖和棉花（即天然纖維）四種。

2.　硬原物料

金屬、能源屬於「硬」原物料。

㈣受氣候影響

許多商品的生產都是「看天吃飯」，因著氣候因素把商品分成二類。

1.　氣候相關商品

跟氣候相關（climate change）的商品又可分為二類。

(1) 受災股

投資人在選股時，宜避開原物料上漲的受害股，就以航空業為例，當原油價格飆升的時候，航空燃油的成本也跟著水漲船高，如果上升的成本無法順利轉嫁出去，勢必影響到航空公司的獲利，因此，原油一漲，航空股股價通常是以下跌反應。

(2) 受益股

直接受益於氣候的類股包括礦業、能源和農產品相關等類股。

2. 氣候無關商品

金屬來自礦坑，比較不受氣候影響。

(五)投資方式：依槓桿程度分類

由表5-3可見，在美、英，由於有商品期貨存在，所以有機會站在賣方，即做空；以及有機會繳保證金進行以小博大的期貨交易，這就是**槓桿型指數型基金**（**leverage ETF**），常見的是**兩倍作多**（**ultra long**）、**兩倍作空**（**ultra short**）；至於一倍、二倍主要是控制槓桿（以小博大）的程度，以進行風險管理。

(六)從單一到分散

原物料基金範圍很廣，而且投資產業比較分散（詳見表5-3），比較難從這指標去判斷誰比較厲害。

・霸菱全球資源基金

2007年11月初，霸菱資產管理公司指出，由於2007年7月起美股、歐股受到次級房貸影響及財報不佳等利空衝擊，因此預料未來多為權值股的大型能源類股，將易受到美、歐股震盪而有賣壓，現階段宜避開。霸菱全球資源基金投資重點已從能源股轉向金屬等礦業類股，基本金屬加上貴金屬就占了近45%，能源類股占43.4%且前十大類股已不再看到國際級的能源一貫公司。

▌表5-3　美國、臺灣四類商品基金的仔細分析

	農糧基金	礦產基金	能源基金	黃金基金
一、美國ETF	美國ETF大都在美國證券所（AMEX）交易，打*者為在紐約證交所（NYSE）交易，基金代碼3個英文字，英國為4個英文字母。			
(一)槓桿型				
1.兩倍作多	ＤＢＡ：追蹤Power-Shares四項（玉米、小麥、黃豆、糖）農產品期貨價格指數	UYM：道瓊基本金屬指數	UGA (1)產業型 DIG：道瓊油氣指數	
2.兩倍作空	AGA：德銀農產品指數 DEE：德銀商品指數	·產業型 SMN：道瓊基本金屬產業指數	(1)產業型 DUG：道瓊石油產業 (2)商品型 DTO、USO：西德州原油價格	DZZ　黃金指數 SRS：道瓊房地產指數 SKF：道瓊美國指數金融類股
(二)一般型				
1.產業	MOO（Market Vectors Agriculture）：追蹤DAX全球農業企業指數	ＸＭＥ：道富SPDR金屬和採礦指數	OIH（美林原油服務）：美國證交所20大石油服務公司 PXJ：石油服務指數（DWO）	street TRACKS Gold Shares iShares Comex Gold Trust GDX: Market Vectors Gold Mines
2.商品		KOL：煤 Market Vectors Coal：煤 SLX：VANECK 鋼鐵	DBO：德銀石油指數 FCG：ISE天然氣指數 OIL：S&P原油指數 PKN：全球核能指數 TAN：全球太陽能指數 UNG：美國天然氣 XLE：油氣開採公司 XOP：道富SPDR油氣指數	GLD（*）：道富黃金指數 SLV：iShares白銀指數

二、在臺銷售

(一)海外基金	DWS環球神農基金 施羅德農業基金 百達基金（盧森堡）—美元計價 百達基金（盧森堡）—歐元計價 KBC全球水資源基金	貝萊德世界礦業A2（美元）	施羅德環球能源基金A（累積） 霸菱全球資源基金（美元） 景順能源基金A 德盛德利全球資源產業基金A（歐元） 環球沛智全球能源股票基金AU 天達環球能源基金A收益 瑞士信貸全球資源基金B 貝萊德世界能源A2（美元） 法興全球能源股票基金AC 荷銀能源基金A（歐元） KBC全球替代性能源基金 摩根富林明環球天然資源基金A（歐元）	新加坡大華黃金及綜合基金 貝萊德世界黃金基金 友邦黃金基金 天達環球黃金基金 法興金礦股票基金
(二)臺裝	華南永昌 神農水資源 德盛安聯全球農金趨勢基金		德盛安聯全球綠能趨勢基金 匯豐全球關鍵資源基金 華頓全球黑鑽油源 日盛全球抗暖化基金	

5-2 農產品基金

2007年，農產品價格上漲；造成升斗小民生活中不可承受的重，連大學生都體會自助餐越來越貴。許多投資人打算乘機賺「**農金**」，才發現這方面基金「只有小貓二三隻」，2008年以後，才會有雨後春筍的現象；例如德盛安聯農金基金等。由

表5-4可見農產品的分類與預測價格走勢。

表5-4　農產品的分類

農產品	主要產國	需求用途	價格走勢
一、硬性			
肉	美、澳		
小麥			2007、2008年 需求：6.14億噸 供給：6.07億噸
大豆		‧動物飼料（養豬）	
玉米	美	1.動物飼料（養豬） 2.乙醇	
二、軟性			
棉花	美、巴基斯坦、埃及	‧紡織	
咖啡	巴西	2006年1.19億袋 2007年1.2億袋	每年漲價
砂糖	美、古巴	1.食用 2.乙醇	

一、需求

　　新興國家（主要是大陸，其次是印度）脫離貧困的人口越來越多，許多精緻加工食品、精緻甜品、甚至蛋白質高的肉類都成為當地居民新的飲食選項。

　　全球人口不斷增長，受中印等發展中國家影響，這股趨勢將持續，世界糧食每年將面對近8,000萬新增人口壓力，糧食因而有供給吃緊現象。聯合國估計，2030年農產品需求將比2007年需求多六成。

二、供給

　　截至2008年8月底，預計全球小麥庫存量仍達16%，高於警戒線的10%，處於安全範圍。至於玉米的差異不大，主因巴西、阿根廷等國供給量處於近年來高檔，截至2008年3月，供給安全無虞；黃豆供應都會非常吃緊。

　　影響全球穀物價格的供給面因素有下列三項，在此之前，先看一下表5-5，以瞭解誰是農產品主要出口國。

表5-5　全球主要農產品出口國家

	小麥	玉米	大豆	糖
美國	31%	62%	43%	—
加拿大	15%	—	3%	—
澳洲	14%	—	—	9%
歐盟	10%	1%	—	15%
巴西	—	7%	39%	35%
俄羅斯	3%	—	—	—
大陸	2%	10%	—	—
印度	5%	—	—	—
阿根廷	7%	13%	—	—
泰國	—	1%	—	6%
南非	—	1%	—	—
其他	13%	5%	6%	35%

資料來源：美國農業部，2006年出口資料

註：「—」為該國該項商品貿易重要性較低

1. **耕地減少**

隨著新興市場國家工業化腳步的加快，農田轉成工業區，農地逐漸縮小。根據聯合國的統計，2005年全球人均耕地面積0.8公頃，比40年前大幅減少34%，預估2050年只剩0.6公頃，在人多地少的情況下，農產品價格自然有上漲壓力。為了追求更高的農產品產量，農夫只好在栽種過程中大量使用肥料，此舉也連帶造成肥料行情急速攀升，全球最有名的公司是孟山都、台股則是台肥。

2. **氣候異常：水災、旱災**

地球氣候暖化造成的氣候變化事件，包括大雨、暴風雨、乾旱，像澳洲，已連續五年受旱災之苦，小麥產量不斷銳減，2007年，三度下修小麥產量預測。氣候上升也將造成土地嚴重沙漠化，根據大陸國土資源調查，1997～2006年間，已經損失800萬公頃可耕地，其中八成是因為嚴重沙漠化。

氣象預測業者Meteorlogix說，溫暖乾燥的天氣可能傷害全球第四大小麥出口國阿根廷的產量，使全球存量降低。美國政府也說，全球小麥存量到2008年5月31日前會減少11%，降至1.1億噸。

芝加哥期貨交易所（**CBOT**）小麥3月期貨，2007年12月14日一度漲至每英斗9.81美元的空前新高，並以9.79美元收盤。

3. 油價上漲

　　再加上船運費用越來越高，大宗物資的採購成本一直高居不下。

三、一語道破農產品價格走勢

1. 都是生質柴油惹的禍

　　由表5-6可見，2005年起油價上漲，美國政府訂定生質柴油政策，到2008年，生質能源等用途占穀物（主要是玉米）消耗量18～25%，玉米**價格漲**，美**國15%小麥耕地轉種玉米**，連帶造成小麥減產，小麥價格也狂飆。以致穀物價格起漲，再加上人為炒作終於形成泡沫，**於2008年3月破裂**，詳見表**5-7**。

表5-6　近年全球穀物使用量

	使用量（億噸）			成長率（%）
	2006年	2007年	2008年	2008年
食用	9.94	10.07	10.02	0
飼料用	7.41	7.57	7.60	0
生質能源等用途	3.29	3.64	3.94	8.2

資料來源：經建會

表5-7　國際穀物價格年增率

單位：%

	2004	2005	2006	2007	2008.5
玉米	-16.7	5.4	80.6	16.9	53.6
黃豆	-30.5	9.9	13.6	75.3	69.2
小麥	-18.3	10.1	47.8	76.6	47.4

資料來源：行政院主計處

2. 解鈴還需繫鈴人

　　因此，**農產品價格上漲不來自人口成長**（其中大陸購買力增加，**餵飽13億個肚子的說法被誇大**），**而來自生質柴油**。隨著各國（美國約占八成）禁止、限制穀物供做生質柴油。穀物價格在2009年起，會逐漸回到2006年水準。

　　少了生質能源題材，投機客也少了一個炒作的藉口，炒作空間變小，恐不會有過去的噴出行情，未來只得穩穩賺。

3. 2009年供給面因素占上風

　　2008年6月上中旬，美國水患，造成玉米期貨價連飆8天。由於氣候良好，美國農業部預估2008年，玉米產量會增加10%，預估2009年穀物價格逐漸回到2005年起漲點水準。

農產品投資小常識

1. 氣候

氣候影響農產品生產，對供需影響最大，氣候好，農作物豐收，價格就會下跌。注意3、4、5月是播種期，5月是播種末期，到了7、8、9月是生產期，9月就開始收成，9、10月是收成期，在7、8、9月生產期過程中，氣候影響最大，市場就會對氣候和產量做出預測，這三個月份行情也會較淡。

2. 匯率

穀物價格大致跟美元走勢成反向，跟黃金與石油一樣，美元強，穀物價格就下滑，主因是穀物生產國均以美元報價，美元升值，穀物價格會呈現下跌。

3. 美國每月農作物生產報告與每週進出口報告

從全球農產品產銷預估報告（WASDE）可看出未來供需情況，來決定價格；進出口報告則顯示農產品申報進出口檢驗數量，這兩個數據是投資人關注農產品供需情況不可忽略的報告。

四、商品大師吉姆・羅傑斯

農產品著名的基金經理如鳳毛麟爪，知名度最高的是有商品大師之稱的吉姆・羅傑斯（**Jim Rogers**），他屬於大砲型人物。（想了解他可參考《商業周刊》，1077期，2008年7月，第120～132頁。）

吉姆・羅傑斯（Jim Rogers）小檔案

- 出生：1943年
- 經歷：在1970年代是索羅斯的投資夥伴，與其共同創立量子基金。
- 預測績效：他在1999年準確預測2005年這波商品大多頭行情，2003年，預測原油將漲至每桶100美元，當時才45美元。
- 羅傑斯國際商品指數：1998年起編製，涵蓋35種商品，包括能源、貴金屬、穀物、肉類等。
- 現職：Beeland Interests董事長
- 著作：《一個資本家的冒險》（*Adventure Capitalist*）、《熱門商品》（*Hot Commodities*）、《投資大師羅傑斯給寶貝女兒的12封信》（遠流出版，2008年7月）

1. **2003年9月，主張商品比股票好**

   2003年9月3日，羅傑斯建議投資人別再眷戀股市，不妨把眼光放到商品市場，因為國際商品開始出現供不應求的跡象，加上庫存又持續去化，顯示大多頭行情正在啟動。根據羅傑斯推出的商品指數，1998年8月1日以來，該指數漲幅高達一倍。

   羅傑斯說，如果他看得沒錯（即商品市場報酬率優於股市的話），天然資源蘊藏豐富的經濟體無疑是最佳投資標的，除了加拿大、澳洲、大陸，中南美洲的玻利維亞、秘魯、巴西與智利，也都值得留意。任何人都可以投資商品，很多投資人因為不瞭解其特性而吃了悶虧，其實商品買賣跟股票一樣，例如你要買10萬美元的國際商業機器公司（IBM）股票，就得拿出10萬美元，到了商品市場，你只是把IBM換成黃豆罷了。

   羅傑斯曾兩度環遊世界，尋找投資標的，第一回他把重點擺在波札那，並獲得驚人的利潤，第二回他看好加拿大、澳洲與大陸。[3]

   羅傑斯於2006年再度來台時曾經表示，商品原物料市場還有十年行情，且價格將持續創新高。商品多頭市場短則15年，最長23年，平均18年，因此，這一波商品多頭行情預估可以持續到2014年。2007年7月2日，他重申上述主張，農產品是投資大勢所在，他並且奉勸投資人，農產品的投資比重甚至應該超過股票與債券。

2. **2003年**

   2003年時，羅傑斯預測上述商品多頭行情會延續12年，到2014年，因為在這段期間將缺少其他具吸引力的投資工具。

3. **2007年9月，農產品紅到2022年**

   2007年9月25日，他在新加坡接受訪問指出，重申2005年的預測，此期間油價可能升至每桶150美元。

4. **2007年10月**

   2007年9月，羅傑斯接受《財訊月刊》記者專訪時表示：「現在是買進玉米、棉花和咖啡等農產商品的最佳時機。」

羅傑斯看好農產品的主要原因，必須回歸到價格上漲的基本面，就是供需失衡的問題。亞洲有30億人，隨著新興國家的人民富有起來，對於糧食的需求有增無減，縱使美國次級房貸風暴也不會影響到新興市場對商品的需求。工業化和都市化

---

[3] 《經濟日報》，2007年9月5日，14版，郭瑋瑋。

的進程造成耕地減少，天氣丕變也影響農業收成，在供給趕不上需求的情況下，農產品還有至少15年的多頭行情。

除了價格創下歷史新高的小麥外，羅傑斯形容，大部分農產品如玉米、棉花和咖啡、糖等，價格仍然「非常便宜」。羅傑斯說，2007年美國農民種植的玉米，創下二次大戰以來最高紀錄，造成玉米價格跌幅較劇，不過，玉米可以用來製造生質燃料乙醇，未來需求持續增長，後市看好。2005～2007年，棉花漲幅最小，未來補漲可期。蔗糖價格2006年重挫三成，蔗糖是全球用來製造乙醇的主要原料，跟創新高價的石油相比，價位下挫的蔗糖具有替代能源的成本優勢，因此上漲空間很大。

五、指數與資訊

各類農產品價格漲跌互見，想關心全球走勢，至少可參考下列三個指數與資訊。

1. **高盛農產品指數**（Agricultural Prices-Goldman Sachs Commodity Index）

    2007年底，約在320點。

2. **德意志銀行DAX全球農業綜合指數**

    這主要是農產公司股票所編製的，2007年上漲七成，遠高於摩根士丹利全球股票指數的15.72%。

3. **資訊**

    對於海外投資農產品，民眾資訊較難取得，建議民眾可上**美國農業部網站**提供的**每月農產品供需報表**，就能掌握市場上最新農產品供需脈動的情況，作為買賣進出的數據參考。

    比較好的進場時機，先看每年第一季，通常農作物播種期是在3至5月，觀察屆時的播種情況。

六、基金

直接投資農產品的基金在台灣少見，原因之一是全球股市中「農金概念股」有限，因為農產品公司很少大到股票上市，但是肥料公司（像台灣肥料公司）、農業生技股逐漸發酵。

1. **大宗商品指數型基金**

    台灣沒有跟農產有關的指數型基金，所以要投資，必須**透過複委託的方式，或是開設海外帳戶直接購買**。美國、香港和新加坡皆有，**詳見表5-8**。其追蹤的指數非常多，包含小麥、玉米、咖啡、糖等等，所追蹤的指數也是期貨報價。

表5-8　美港星農產品指數型基金

證交所	股票代碼	名稱	成立日期	追蹤指數	基金公司
美國交易所（AMEX）	DBA	PowerShares DB Agriculture Fund	2007.1.1	Deutsche Bank Liquid Commodity Index-Optimum Yield Agriculture Excess Return Index 玉米、黃豆、糖、小麥	DB Commodity Service
同上	DBC	PowerShares DB Commodity	2006.2.3	鋁、熱燃油、玉米、小麥、黃金、原油	同上
紐約交易所	JJA	iPath DowJones-AIG Agriculture Total Return Sub-index ETN	2007.10.1	iPath DowJones-AIG Agriculture Total Return Sub-index，主要是大豆、玉米、小麥、棉花、咖啡、糖	巴克萊（Barclays Global Fund Advisors）
同上	JJG	iPath DowJones-AIG Grains Total Return Sub-index ETN	2007.10.1	iPath DowJones-AIG Grains Total Return Sub-index，主要是大豆、玉米和小麥	同上
美國交易所	PBJ	PowerShares Dynamic Food & Beverage Portfolio	2005.6.27	孟山都、喜互惠、麥當勞、百勝餐飲、克羅格、通用磨坊、家樂氏、泰森食品、Sysco、Corn Products International	
香港	2809	Lyxor Commodity CRB	2007.4.26	追蹤CRB指數，包含鋁、可可、咖啡、銅、玉米、棉花、輕原油、黃金、熱燃油、天然氣、橙汁、銀、大豆、糖、小麥、牛肉、瘦豬肉	
新加坡	CRB	Lyxor Commodity CRB	2007.1.18	同上	

2.　**華南永昌神農水資源基金**

在投資市場中，諸如小麥、玉米、大豆等農產品，儘管價格漲幅明顯，但除了期貨外，並沒有相關的有價證券可供投資。

所以農產品相關的基金能投資的就不是農產品本身，而是在上游端生產種

子、肥料、甚至是農業機具的企業；或是在中、下游端從事食品加工、飲料、畜牧、包裝、儲存或配送的公司。表面上來看，在整個產業鏈裡，能投資的標的相當多；但實際上華南永昌神農水資源基金經理余睿明表示，以整個農產品的產業鏈來看，全球共有將近800多支股票，但真正具有投資價值的，還是在上游的幾家企業；不過即使如此，依然可找到200多支股票，所以以全球股票基金50～70支股票數量來看，投資標的有限的問題並不如想像中嚴重。基於流通性問題，該基金還是偏好挑選規模在2.5億美元以上的公司。

5-3 能源基金

能源基金（**energy fund**）可說是商品基金中最紅的，主要是因為能源中的石油、煤屬於耗源性資源，越用越少，隨著耗竭時刻來臨，價格越漲越高。

2008年，原油價格下跌約一成，9月下旬，油價曾達103美元。能源基金還值得投資嘛？請看本節分析。

一、能源基金的範圍

2006～2008年，最紅的商品基金就屬**能源**基金，然而隨著綠色能源的興起，能源基金會因投資對象的不同，因此報酬率也會不同；詳見**表5-9**。

狹義的能源基金是石油基金（**oil and gas fund**），主要投資在石油及天然氣公司，從能源的探勘、開採、提煉到輸送、銷售、服務、設備等。這些公司，依生產鏈可分為四段：**探勘**（能源服務與設備公司、礦井服務的包商）、**挖油**（即石油探勘生產公司）、**煉油**、**賣油**。當油價下跌時，以探勘為主的公司比較不受影響；反之，當油價上漲時，挖油、煉油公司賺較多。

二、需求

由表5-10可見，大的來說，**原油需求成長率1.8%**，大於供給成長率1%，再加上供需本就處於刀尖上的均衡，一旦有了風吹（季節因素中的颱風）草動（波動因素中的地緣政治），**再加上投機客煽風點火，油價很容易超漲**。但雲淡風輕後，又容易暴跌。因此，油價，除了具備濃厚的趨勢性（即長期看漲），也頗具季節性、波動性，更增加能源基金操作的難度。

表5-9　能源的分類

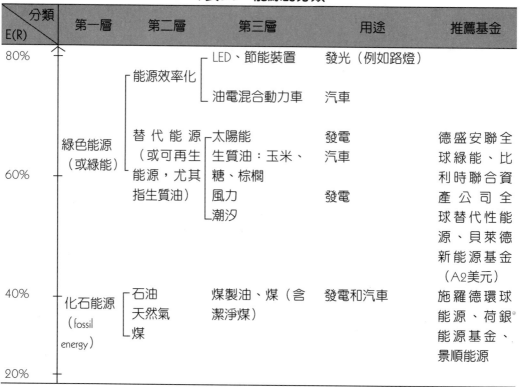

分類 E(R)	第一層	第二層	第三層	用途	推薦基金
80%		能源效率化	LED、節能裝置	發光（例如路燈）	
			油電混合動力車	汽車	
60%	綠色能源 （或綠能）	替代能源 （或可再生 能源，尤其 指生質油）	太陽能 生質油：玉米、 糖、棕櫚 風力 潮汐	發電 汽車 發電	德盛安聯全 球綠能、比 利時聯合資 產公司全 球替代性能 源、貝萊德 新能源基金 （A2美元）
40%	化石能源 （fossil energy）	石油 天然氣 煤	煤製油、煤（含 潔淨煤）	發電和汽車	施羅德環球 能源、荷銀 能源基金、 景順能源
20%					

1.　石油的不可取代性

對於石化燃料產生更多碳排放量的科學性警告也益趨嚴厲，而世人對於替代性、永續的能源資源的興趣是空前的強烈，但是，這些能源形式的產能並未因投資增長而脫離萌芽期。

總部位在巴黎的工業國家能源觀察機構**國際能源組織（IEA**，不宜譯為國際能源署）認為，全世界的初級能源約四成來自石油、二成來自天然氣，其餘主要部分來自煤，少部分來自核能、生質能、水力及其他替代能源。

根據石油輸出國組織的估算，在2030年前，石油占使用能源的比例幾乎沒有變動，為36.5%，美國政府的預估結果也類似。煤炭的比重將從2007年的25%上升到28%，在碳排放增加量中所占比重達到57%。全球的再生能源在全部能源中所占比例仍將保持在2007年的10%左右。

經濟合作暨發展組織（OECD）和非OECD國家原油需求最大差異在於用途，非OECD國家工業和電力能源生產，依舊仰賴原油，OECD國家經濟結構轉向服務業，電力生產多靠天然氣，石油需求最大宗是交通運輸燃料，約占原油消耗的60%。

表5-10　原油供需時間特性分析

供需	說明
一、供給	（可參考《今周刊》，2008年7月7日，第80～88頁。）
(一)趨勢	2007～2012年，年成長率1%，2015年供給將追不上需求。
	1.占全球產量四成左右的OPEC雖仍有剩餘產能，但因海灣國家積極建設，使得國內需求快速增長而降低中東原油對全球的供應量，跟2000年相比，中東國家的原油日產量增加200萬桶，但原油出口量低於當時的水準。
	2.非OPEC產油國家因技術、設備瓶頸等因素而使得原油產量提升空間有限。
(二)波動	石油消費國認為OPEC是導致油價飆漲的罪魁禍首，OPEC卻認為地緣政治緊張和市場投機才是推升油價頻創新高的關鍵。
二、需求	
(一)趨勢	油價大幅上揚主要是由需求帶動，國際能源組織預估，2007年全球原油需求量成長1.7%，2008年2.4%。**美國能源資訊局（EIA）**估計，2005～2030年年成長率1.8%，2007年日需求量8,500桶，預估2030年1.16億桶，成長率分析如下。
	1.已開發國家0.8%。
	2.新興市場2.6%，其中**大陸2007年占全球使用量9%**（760萬桶），2002年才占6.4%，2030年，中印石油進口量將超過美日。2015年，中東每日需求量790萬桶。
(二)循環	3～5年的經濟循環為主，其次是石油業的景氣循環。
(三)季節性	油價每年4月到低點，12月到高點。
(四)波動	奈及利亞叛軍三不五時攻擊油管，伊朗造成地區軍事緊張

　　全世界對於石油的需求，並不僅止於燃料、用電，更包括石油提煉出來的塑膠、人造纖維布料等塑化產品，這些跟民生息息相關的必需品，預料都將使得石油具有某些無可取代的特性。也因此，儘管替代能源公司快速擴產，2004年以來也沒有重大國際戰爭，油價卻持續居高不下。

石油輸出國組織（OPEC）小檔案

- 是產油國所組成的卡特爾組織，2007年12月5日，厄瓜多加入，共有13國，日產2,880萬桶，其中有10國產量為配額限制。
- 其中最大產油國為沙烏地阿位伯。
- 這些國家的石油部長1～2個月集會一次，以討論產量。

2. 需求成長率來自中印

　　2007年7月，國際能源組織公布的「中期石油市場報告」中表示，以全球每年經濟成長率4.5%的情勢估算，全球原油產能需求預估2007～2012年的年成長率是2.2%，2008年每天需要原油8,680萬桶，2012年時每天需求量9,580萬桶。

三、供給

　　石油的供給只能用「坐吃山空」來形容，油田越挖越深，英國北海油田即將耗竭。再加上**石油輸出國家組織**限制產量以控制油價於一桶85美元，因此從供給面來說，看不到油價走低的好消息，詳見圖5-1。

㈠2050年，石油才會耗竭

　　倫敦的國際能源研究中心總監卓拉斯表示，石油作為全世界最重要的能源資源將持續一段時間，有太多次我們聽聞石油終將枯竭，造成世界末日，但從未成真。

　　根據《石油與天然氣期刊》，全球原油蘊藏量在1954年底為1,570億桶，到2007年1月成了1.317兆桶。依現在的產量，這些蘊藏量能撐個42年。蘊藏量有56%在中東。蘊藏量淨成長的幅度最大者是加拿大，該國蘊藏量因油砂而多了1,740億桶（等於多了一個沙烏地阿拉伯），伊朗和哈薩克也已上修蘊藏量。

　　根據英國石油公司統計，全球石油蘊藏量剩40～50年，天然氣剩60～70年，鈾剩50年。需求成長幅度小（每年約2%），油價沒理由狂飆。

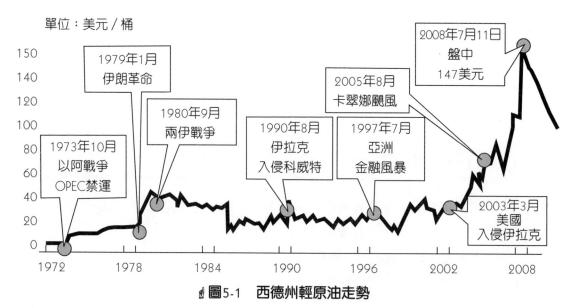

▪圖5-1　西德州輕原油走勢

資料來源：外電

(二)新油井有限

　　原油及天然氣礦區快速枯竭，尋找新油源的成本越來越高，難度也越來越大，但僅發現少數大型新礦區，能源產業需要進一步增加相關設備的投資來改善現有油田開採和運輸效能。國際能源組織預估，從2003到2030年，原油產量將從每日7,700萬桶提高到1.21億桶，原油仍處產業循環中的成長階段，需持續投入大量投資以擴充產能。估計在2030年前，能源產業還需要投資6兆美元，才能趕上市場需求。

1. 石油輸出國組織（OPEC）

　　石油輸出國組織在增加新產能問題上採取了比較保守的做法，僅投資1,000億美元用於新項目建設，但為了防止需求下降進而打擊油價，它並不想大規模提高產能。

　　非洲產油國的情形也不樂觀。奈及利亞因為動亂，產油設備屢遭破壞，連該組織定的生產配額都達不到。安哥拉雖在深海油田開採方面頗有進展，安哥拉日產190萬桶，安哥拉、厄瓜多2008年加入該組織，必須遵守該組織的生產規定，2008年9月該組織日產量目標2,880萬桶。

　　拉丁美洲最大產油國墨西哥面臨技術不足的困難，最大油田Cantarell經過100年開採後，易於開採的蘊藏幾已開採殆盡。國營的墨西哥石油公司，探測井最深只能到3,000呎的海底，遠低於美國同業的1萬呎；如果不能改進技術，墨西哥很快會面臨財政問題。

2. 非OPEC國

　　石油輸出國組織以外的產油國也因設備老舊、成本暴增與缺乏技術人才，很難提振產量。連美國也提高外海油田的開採權利金。

　　國際能源組織下修非OPEC產油國2007年的產量至每日5,017萬桶，比1月的預估減少4.1%。美國《石油與天然氣雜誌》（*The Oil & Gas Journal*）總編輯堤皮說：「非OPEC產油國每年產量都低於預期。」據美國能源部統計，從2004年（日產4,150萬桶）以來非OPEC產油國的產量幾乎沒有成長，2007年為4,190萬桶。

(三)季節因素：氣候

　　一年有二個氣候因素會影響原油的供需。

1. 夏天，颶風打擊供給

　　每年6至11月為大西洋颶風（即颱風）季節，全球主要的石油出產地

區——墨西哥灣，每年的颶風，都為當地的石油生產帶來較大的影響與破壞，同時連帶危及沿岸的各個煉油設施，導至產油、煉油的中斷，驅動油價上漲。2008年9月，美國德州的全部石油公司，因颶風來襲全部停產，油價上漲4美元。

2. 冬天：需求

北半球步入冬季，而冬季為傳統用油旺季。

㈣波動因素

蘇格蘭的鄧迪（Dundee）大學的教授史蒂芬茲（Paul Stevens）表示，問題不在有沒有原油，而在能不能夠投資開採原油，而此一議題牽涉到地域政治和經濟。這些因素的加總，造成全球對原油供應的焦慮感，進而帶動油價上揚。

地緣政治風險方面，中東地區頻頻發生恐怖襲擊，阿拉伯國家跟以色列間的衝突不斷擴大，中東的地緣政治風險加大，對全球經濟帶來不利的後果。其中，最明顯的表現就是國際油價居高不下。由於伊朗是石油輸出國家組織第二大會員國，美國指控伊朗資助恐怖主義並將實施新的經濟制裁，使供給面的不確定性大為增加。

㈤投資客炒作

2007年11月21日，國際油價創下99.29美元新高紀錄。不過分析師質疑石油輸出國組織即使增產，對抑制油價的幫助也有限。聯士聯合銀行投資研究公司經濟分析師史都華指出，「**油市基本面沒有太多改變……近來行情走勢顯然是由投機客所主使。這也突顯OPEC是否增產，並不是推升油價逼近100美元大關的最大主因。**」[④]

初級原料近年來不論漲跌，都被炒作者賦予一些似是而非的理由，鎳、鋅、銅、鉛大漲據說是跟大陸的崛起有關。原油飆漲的理由更是光怪陸離無奇不有，非僅俄羅斯總統普亭震怒、北韓試射飛彈、委內瑞拉罷工、阿拉斯加油管破裂可以讓行情走高，就連2007年10月底一個墨西哥灣的熱帶低壓（還未形成颶風），也足以讓油價挺升99美元的新高水準，持平而論，**油價漲到今天這個價位，可以說是毫無道理可言。**

2008年9月10日，美國參眾兩院議員引用一篇由衍生性商品基金馬斯特資金管理公司（Masters Capital）所做的報告，指出**機構投資人炒作才是上半年油價暴漲暴跌主因**。1到7月間，機構投資人共注資600億美元到原油期貨市場，但7月後撤走

[④] 《工商時報》，2007年12月6日，A8版，蕭麗君。

390億美元。基金經理馬斯特說，「有明顯證據顯示，資金流入推升價格，資金流出使油價下跌」，上半年流入原油期貨市場的資金量「高得驚人」。[5]

四、一語道破原油價格走勢

每天看著報刊上有關油價的報導，令人眼花撩亂，但這些大都是瞎子摸象，下列二個數字、二位人物的說法大抵能抓住油價走勢。

1. 上限120美元

油價在2008年7月11日曾飆到147美元，之後便泡沫破裂，重挫至90美元。炒作的理由主要是大陸需油孔急，但是以2008年全球日需求量8,680萬桶來說，大陸占9.17%而且年成長率才5.3%；2009年，全球年需求成長率才2%。但是許多石油公司大舉擴產，從供需面很難相信油價會漲到120美元以上！

2. 下限60美元

原油的開採成本30美元，到終端消費者使用，約在50美元，因此油價的下限大約在60美元，沙烏地阿拉伯的底價守在80美元。[6]

3. 最準的指標人物

2008年4月，當油價漲至120美元時，**金融巨鱷索羅斯**（**George Soros**）就指出英美景氣衰退時，就是油價泡沫之日。月底，能源市場通訊刊物《修爾克報告》（*Schork Report*）的發行人修爾克說，美元疲軟使得油價被人為因素炒高。股神巴菲特2003年買、2007年7～9月賣大陸中石油股票而大賺，也是神準指標。

4. 最不準預測者

講別人是「反向指標」似乎不太公平，但是下列幾個人大抵是：有「德州油王」（the oil man）之稱的皮肯斯（Boone Pickens）[7]、美國聯邦準備理事會前任主席葛林斯班與美國**高盛證券**（尤其是其分析師**墨提**〔Arjum Murti〕），後者在2008年5月初，預測油價在2010年時達150～200美元。[8]

五、指數與基金

能源基金相關的指數和基金在台比較少見。

1. 摩根士丹利能源指數

摩根士丹利資產國際能源股指數最大成分股是艾克森美孚石油（可說是美

⑤ 《經濟日報》，2008年9月12日，A8版，季晶晶。
⑥ 《工商時報》，2008年9月14日，A1版，蕭美惠。
⑦ 《今周刊》，2008年7月7日，第112～114頁。
⑧ 《今周刊》，〈油價漲勢的邪惡第五波來臨？〉，2008年6月2日，第48～50頁。

國的「中油」），占指數的比重約15%。

2. 指數型基金

能源指數型基金以在美國掛牌的較多，詳見表5-3上半部，美股成交量較大，比較沒有流動性問題。探勘類、連結大型能源或與油價指數連動的基金，例如XLE、USO等，和替代能源基金，例如PBW、GEX，可注意核能基金NLR。

倫敦交易所也有六支能源相關的基金，其中OILB、OILW市值比較大、周轉率都較高。

3. 石油期貨指數型基金

全球第一支以原油期貨為投資標的的美國石油基金（United States Oil Fund，縮寫為USO），它是採取期貨基金架構，由Victoria Bay Asset Management LLC管理，表彰的是輸送至俄克拉荷馬州Cushing的西德州中等（WTI）輕質低硫原油的現貨價格減去費用後的價格，其收費標準是10億美元資產規模內收取0.5%的管理費，當資產規模大於10億美元，則僅收取0.2%。

4. 推薦基金

以油氣等為投資對象的能源基金約10支，其中施羅德環球、天達環球、法興全球「能源基金」值得注意。以2008年9月為例，天達環球能源基金經理麥萊斯（Mark Lacy）持股數30～40，整合能源公司（例如英國石油）占50.8%，探勘和開採占22.8%，上游的設備服務類占20.8%，煉油占1.6%，其他占4%。

5. 操作的季節性

石油基金因季節性強，很適合季節性操作，即春季（4月）逢低買進，12月逢高賣出。

5-4 綠能基金──兼論社會責任、氣候（抗暖化）與水基金

因為能源價格居高不下，原先成本高昂、缺乏效率的「非主流能源」便有了生存空間，包括太陽能、風力發電與生質能源等剎那間都成了當紅炸子雞，尤其提煉乙醇的主要材料玉米更成了搶手貨，甚至排擠到原本的食用市場。

替代能源跟傳統能源高度相關、休戚與共，因為唯有石油價格持續高漲，**替代能源（renewable energy）**才有開發的價值，而且替代能源前景無限，甚至有較高的本益比（即**本夢比**），因此替代能源比化石能源更有賺頭。

一、需求

全球暖化問題益發嚴重，使得相關議題連帶引起全球人類的關注，尤其受惠於從事再生能源、水資源、節能、環境污染控制及其他抗暖化之新興產業。在已開發及新興市場各國的政策帶動下，再生能源等相關產業利多，已經發酵。

以電力需求為例，國際能源組織估計：1990～2003年，年成長率3%，2003～2030年，年成長率4%。以中印為例，大陸2002～2006年用電量平均每年成長率15%，67%的省面臨缺電危機，嚴重影響經濟發展。印度電力設備老化，傳輸過程電力損失過大，造成長期缺電，平均電力缺口為8%，最高達13%以上。

在工業國家方面，美國北美供電保證委員會估計2007～2015年美國對電力的需求將成長19%。

二、供給

各國政府對替代能源的補助效應已經擴散，乾淨能源產業受到國家與新興市場的雙重加持；乾淨能源產業指的就是以太陽能、風力及生質能為代表的替代能源產業。

替代能源投資設廠投資總金額快速成長，已由2004年的300億美元（2005年產值691億美元）成長至2006年630億美元，預估到2010年達6,250億美金，呈現近20倍的成長。其中太陽能的產值更將大幅成長近十倍，至900億美元。根據國際能源組織統計，2004年全球**替代能源**（新電力）比重僅占2.1%，在政府補貼下，至2015年比重將達4.5%左右，到了2030年達9.5%，替代能源投資成長率將從2007年的18%，在2030年提升為30%。

在**新效能**部分，比較不會排放二氧化碳的核能具低成本、供電穩定充裕的優勢，近幾年又再度重獲世界各國的重視，瑞士信貸銀行預估2030年全球使用核能發電量將增加2.5倍，占全球發電總量的20%。

瑞銀社會責任投資研究部主管伍寶格（Laura Wuertenberger）指出，投資替代能源及水資源最大的風險之一在於各國的政策，有法令的獎勵、推動，才能加速產業的變化，投資吸引力才會增加。因此瑞銀的特點在於有獨立的外部專家委員會，專門提供各國替代能源政策的研究，協助篩選標的。[9]

三、能源基金的衍生

能源是大勢所趨，所以跟能源有關的基金源源不絕的推出。這些基金大抵採

---

⑨　《工商時報》，2007年10月30日，C2版，魏喬怡。

取修辭策略以塑造差異化，由表5-11來鳥瞰，大抵跨商品四大類中農糧、能源二大類，再往細的來看，還包括一些中類。

18支基金打著能源、資源的旗號，名稱從「能源」、「資源」、「天然資源」、「礦業」都有，在理柏基金資料庫中，都歸為**自然資源類基金**。但是，各支基金布局的產業各異，有的著重農產品、石油產業，有的重押礦產業，整體績效來說，全數落後石油漲幅。

表5-11　綠色概念基金的範圍

大分類 中分類	農糧	能源
說明	(一)有機飲食 　　例如有機食品超市Whole 　　Foods Market (二)水 　　・淨水處理	(一)替代（或再生、綠色）能源 　　・太陽能 　　・風力 　　・潮汐、水力發電 　　・生質能源 (二)潔淨能源 　　・能源效率化 　　（例節能科技） 　　・綠色交通 　　（環保汽車） (三)石化* 　　天然氣 　　油 　　煤 (四)環保 　　彭博全球環境控制指數 　1.環保設備（例如廢棄物處理、環境污染 　　控制） 　2.諮詢服務 　　甚至有環保概念的工程顧問公司，像全 　　球第五大的英國最大工程顧問公司阿特 　　金斯（Atkins） 　3.廢棄物管理

*表示不含此項

㈠綠色基金、環保基金

　　像綠色基金（**green fund**）就是個極廣泛的概念，可說涵蓋表5-11中的6中類；例如保誠全球綠色金脈基金投資對象涵蓋表中6個行業。

㈡替代能源基金

　　1.指數：新能源指數（NEX）

　　2.相關基金如下。

(1)台灣銷售
- 德盛安聯全球綠能趨勢證券投資信託基金
- 保誠全球綠色金脈基金
- KBC生態基金—全球替代性能源基金
- 貝萊德新能源基金　美元
- 荷銀公用事業基金　歐元
- 木星生態基金
- 富蘭克林公用事業基金
- 匯豐全球關鍵資源基金
- 保德信全球資源基金
- 元大全球公用能源效率證券投資信託基金

(2)美國的指數型基金
- 再生能源：PBW、GEX
- 太陽能：KWT、TAN
- 風力：FAN

㈢氣候變遷基金

　　因應氣候變遷，抗暖化、減碳、替代能源、提升農產品生產等新興產業的出現，不僅引領出新一波產業革命及商機，也帶動抗暖化、替代能源相關主題基金興起，境內外已有近30支相關新基金成立，成為基金商品中的新興族群。

1.　指數
　　富通編製的全球氣候變遷指數和WilderHill全球新能源創新指數。

2.　安泰ING全球氣候變遷基金
　　鎖定四大投資主軸——節能科技、乾淨能源、低碳能源、水資源暨環境污染控制。

㈣抗暖化基金

　　抗暖化＝減碳

　　以日盛全球抗暖化基金為例，投資對象包括有機飲食以外的5個行業，範

圍還真廣呢！

(五)環保趨勢基金

國泰環保趨勢基金投資對象為潔淨能源、水資源、廢棄物管理。

四、社會責任基金

社會責任投資（**Socially Responsible Investment, SRI**）類型基金是指一種兼具投資與行善等雙重目的的基金，最基本的是做好環保，也就是不要污染環境，進而延伸至愛護地球，最直接的便是投資於綠能、水務。

社會責任投資的規模逐漸擴大，是受下列幾項關鍵因素影響。

1. 相關法規越來越多。
2. 各國退休金基金的規範，包括英、義、奧、德、比利時等國家投資準則的聲明。
3. 全球的共識與聯合國環境規劃署「金融業永續發展計畫」的刺激。

以環境保護來說，注重社會責任的投資人會關注企業活動對下述環境問題的影響：全球氣候變化、水資源、水污染、空氣（包括噪音）、土壤污染、有毒廢料、生物多樣性、資源破壞（例如熱帶雨林或原生林被砍伐）及生態的過度損耗等。

社會責任投資同時結合了社會、道德、行政與環保的標準，以人本為出發點，該類基金不投資危害人體健康的菸酒公司、非法童工、軍火、賭博、色情或是破壞自然環境生態的公司，以重視人權以及減少耗損地球資源等的「**綠色企業**」作為主要的投資標的。

由於地球**溫室效應**（**Green House Effect**）對地球氣候改變的負面影響逐漸為全球社會所重視，社會責任投資未來能投資的領域並不僅僅停留在水資源及替代能源，舉凡所有環境生態等議題，具潛力的投資範圍可說越來越寬廣，也越來越有吸引力。

以社會責任為名的基金，例如荷銀社會及環保貢獻基金，年報酬率約5%，不過，這支基金2001年成立時，剛好碰到股市空頭，統計至2007年，淨值還呈現負報酬。

(一)KLD社會責任指數

美國波士頓市專攻社會責任的研究機構KLD於2004年5月底推出精選社會責任指數（Select Social Index），這項指數涵蓋十大產業，包括金融、能源、公共建設、醫療、電信等，各個產業當中的公司，再依照社會和環境績效進行評分。評分

高的公司，占指數權重較高，指數權重前十大公司包括嬌生、美國運通、富國銀行、微軟、百事可樂、IBM、英特爾、通用汽車、3M。這項指數的組成不含菸草產業；長期績效超越標準普爾500種指數。

巴克萊有發行一支基金追蹤這項指數，名稱就是社會責任基金。

2008年，一些投顧公司紛紛引進此類基金，例如下列二者。

· 台證投顧代理的木星資產管理公司（Jupiter Asset Management）的木星生態基金。
· 一銀投顧代理的英國英傑華基金投資公司（Aviva Fund Services）的英傑華社會責任基金。

㈡ISE邪惡指數

ISE邪惡指數（SINdex）編製機構是International Securities Exchange，這家公司專門編製各式金融市場指數，在紐約交易所有掛牌交易。

邪惡指數由菸草、香菸、釀酒、賣酒、博弈休閒公司的股價組合計算，其中包括有英美菸草公司、WYNN Resorts休閒度假中心、德國一家世界規模的啤酒公司，以及一些博弈事業、生產賭博機具（像台灣的伍豐）的公司。

由圖5-2可見，檢視這兩項指數績效，邪惡指數漲幅明顯突出。2005～2007年三年邪惡指數上漲超過60%，KLD社會責任指數三年來漲幅只有20%。如果期間拉回2000年的3月，邪惡指數的低點在22.37點，算到2007年12月4日，指數是129.28點，七年多更累計480%的漲幅。

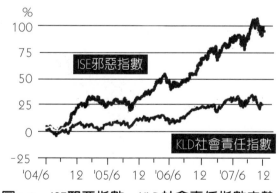

圖5-2　ISE邪惡指數、KLD社會責任指數走勢

國際間有一家資產管理公司發行一支基金追蹤邪惡指數，而且，投資範圍更廣，國防軍火工業、太空發展企業都包含在內，名稱就叫做**邪惡基金**（**Vice**

Fund），績效不錯，但是台灣的投顧公司沒賣。

2008年2月22日，美國第一支全球博奕指數型基金BJK.US在美國證交所上市，追蹤S-Network Global Gaming Index，2006年漲20%、2007年只漲4%。

㈢綠能基金

綠能基金（**green energy fund**）比較像高科技的電子股，在台灣像太陽能的茂迪、益通，甚至昱晶，屬於光電產業；所以本身跟著油價起伏，只是幅度更大。

1. ET50環境科技指數

以代表綠能產業的指標**Impax 50**為例，指數自1994年底成立以來，已成為綠能產業基金所追蹤的ET50環境科技指數，主要投資替代能源、水資源及環境污染控制三大產業。

2. 德盛安聯全球綠能基金

德盛安聯全球綠能趨勢基金是台灣第一支綠能基金，2006年10月中旬成立後，基金規模快速增長，於2007年1月17日申請追加額度，基金募集上限由原先120億元增加至300億元，成為投信發行的全球股票基金中規模上限最大基金。基金經理陳嘉平指出，綠能產業處發展初期，未來潛力十分可觀。[10]

3. 貝萊德新能源基金

貝萊德新能源基金偏重替代能源發電，主要投資六大新能源主題，包括再生能源、替代能源、能源儲存、輔助能源科技、原物料科技和替代燃料。

㈣氣候基金

抗暖化產業是2005年京都議定書生效後的新興產業趨勢，在全球暖化引發氣候極端變化危機下，各國政府不但帶頭制訂相關鼓勵措施，國際重量級投資家及企業也爭相嗅到此商機，產業前景無虞，投資趨勢一定大好。

美國前副總統高爾，2006年拍攝「不願面對的真相」（**An Inconvenient Truth**），積極把環保議題提升為全球必須面對的政治問題，因而獲得2007年諾貝爾和平獎，而這個必須面對的真相，也讓對抗暖化議題成為全球最受關注的話題。

前世界銀行經濟研究處處長史坦2006年指出，全球溫度上升攝氏2度，將使全球生產毛額損失0.5～1個百分點，至2020年，將減少13.8%，因此氣候變遷的相關商機應運而生。當抗暖化成為一種共識與流行後，將產生本世紀最重要的投資趨勢

---

⑩ 《經濟日報》，2007年1月29日，B4版，賴育漣。

之一：「抗暖化商機」！

著眼於全球暖化、氣候變遷下的商機，瑞銀投信搶發第一支抓「氣候財」的瑞銀全球創新趨勢基金，後續還有包括安泰ING全球氣候變遷、華頓全球溫室效應、日盛全球抗暖化基金等三支基金，海外基金跟著進來；這種概念稱為**氣候基金**（**climate fund**）。相關觀念還有「環境及生態」（environmental/ecological）。

(五)水基金

推出**水務基金**（簡稱**水基金**），名為「KBC生態基金——全球水力能源基金」，投資對象有下列三個。

1. 水務公司

2. 淨水

    詳見第7章第3節水基金。

3. 環境污染控制

    環境污染控制產業受惠於全球性的京都議定書、歐盟的RoHS危害性物質限制指令及WEEE廢電子電機回收指令，像美國醫療廢物管理服務公司STERICYCLE INC就是其中典型。

5-5 礦業基金——兼論貝萊德世礦基金、澳洲基金

礦業基金（mine fund或metals fund）主要指金屬基金中的卑金屬（金銀銅鐵錫鎳中的銅鐵錫鎳），所以可以直稱為**卑金屬**基金。由表5-12可見，卑金屬主要用於基礎建設（像電力、通訊電纜，六成是銅）與電子產品，所以又稱**基本金屬**。**先瞭解其用途，才比較容易抓得住其供需。**

在第一段中，先抓遠鏡頭看卑金屬供需全景，接著，再抓近鏡頭，詳細看八個卑金屬的供需，最後再介紹基金。

一、遠鏡頭看全景

金磚四國的經濟崛起，尤其是大陸工業化、都市化，占全球基礎金屬的需求量大增，比重由1993年的7～10%，成長到至2006年的25～30%。在2010年30%，再來將由印度接手。

表5-12　卑金屬用途與出口國、價格

金屬＼行業	電子	通訊	汽車	營建（含基本設施：港口、機場）	出口國	價格（$／噸） 2001	2007
鐵	√		√	√	巴西、澳		
鎳		√		√	印度、馬達加斯加	4,300	5.9 51,800 11月 25,100
鋁		√（手機、鎂鋁合金）		√	墨西哥、哥倫比亞、阿根廷等		
鉛	√		√（電池）				3,500
鋅			√	√（鍍鋅鋼板）	同上	753	4,580
錫							17,050
銅	電線	通訊電纜		電力電纜	智利	1,338.5	2006.9 8,800 7,550

由表5-13可見，幾種基本金屬大都從2002年起漲。

表5-13　2001～2008年基本金屬年底價格

單位：美元／噸

	2001	2002	2003	2004	2005	2006	2007	2008(F)*
鎳	5,858	7,100	16,650	15,205	13,380	34,025	5,000	19,380
銅	1,460	1,536	2,321	3,279	4,584	6,308	8,000	7,400
鋅								1,750
鋁								2,630
鉛		450					4,000	1,900

*預測數字來自2008.9.4倫敦金屬交易所3個月期貨價

1. 供給增加

　　金屬價格飆升促使業者增加採礦與擴充產能的投資，2007年供應短缺的鋅、鉛、銅，2008年將出現生產過剩，鋁也將有類似情形。分析師咸認，鎳不會回到2007年的天價水準，主因是大陸大量生產低等級的鎳。

2. 需求略減

　　2008年多數基本金屬出現生產過剩的另一原因，是已開發國家的工業產值展望不佳。摩根士丹利證券駐倫敦分析師柏格塞爾說：「我們正處在五年景氣

循環，現在開始看到大量投產，但美國、歐洲和日本經濟似乎會走弱，2008年基本金屬將會生產過剩。」[⑪]

3. 一加一減，價格略降

花旗集團駐雪梨分析師希普說：「無論美國經濟情勢為何，在理性範圍內，這場超級景氣循環都不會偏離軌道。」

由於供給面持續增強，多數基本金屬價格的上漲力道將會減弱。

2008年9月時，在**倫敦金屬交易所**（**LME**）掛牌交易（詳見《工商時報》A7版、《經濟日報》C3版）的六種基本金屬中，從10月9日美國股市自高點領跌到12月10日為止，只有錫、鋁仍維持上漲趨勢，其餘基本金屬的回檔幅度都超過14%。鎳和鋅從5月高點下滑幅度超過40%，跌幅最重。

除了景氣走疲可能影響基本金屬需求以外，近年來採礦公司大力投資設備，擴增產能，也使基本金屬原本供需緊俏的狀況變得緩和。

二、鋼

鋼主要用途是營建（H型鋼、鋼筋，包括用於基礎建設），少數是用於汽車。不銹鋼主要是鐵加鎳所煉成，要是鍍鋅則稱為鍍鋅鋼板，常用於戶外做屋頂、側牆。

㈠鋼材需求

鋼材的需求可說是基本金屬之母，因為不銹鋼主要是鐵礦石加上鎳，進而鍍鋁，由表5-14可見這幾年需求。

表5-14　鋼鐵的需求量

需求＼年	2005	2006	2007	2008(F)	2009(F)
需求量（億噸）	10.36	11.24	12*	12.8	13.568
成長率（%）		8.5%	6.8%	6.7%	6%

資料來源：環球透視（Global Insight），2007.12

*鋼鐵／粗鋼比約92.3%，即2007年粗鋼產量13億噸

1. 1974〜2001年0.5%

1970年代初期至2001年，全球鋼鐵需求幾乎停滯，年均成長率0.5%。

---

⑪　《經濟日報》，2007年12月20日，A8版，林聰毅。

2. 2002～2006年7.9%

2002～2006年全球經濟顯著成長，年平均經濟成長率達4.5%，為1970年初以來最快速的擴張期。

各國積極發展經濟，尤其開發中國家基礎建設需求強勁，全球鋼鐵業受惠於此波由開發中國家所帶動的原物料景氣，全球鋼材消費年增率達7.9%。

㈡供給

由表5-15可見鋼、銅的供需時間特性分析。

▌表5-15　鋼材商品供需時間特性分析

供需	說明
一、供給	
(一)趨勢	根據經濟合作暨發展組織鋼鐵委員會的統計，2006年全球粗鋼產能合計14.35億噸，預估2009年將成長到15.43億噸，三年間增加1.08億噸。
(二)循環	因地球暖化問題導致排放二氧化碳的大戶鋼鐵業新增產能的難度越來越高、該委員會持續協助鋼鐵業導正產業秩序、大陸制定其鋼鐵業發展政策並進行淘汰落後產能和限制新設鋼廠，全球鋼鐵業重蹈1990年代產能過剩覆轍的機會已經越來越低。 新建一座大型高爐平均約需耗時三年以上，因此2010年前，鋼胚行情應是易漲難跌。
二、需求	
(一)趨勢 鐵	2008～2010年，新興市場（八成指中印）內需上漲，使政府積極投入公共建設，投入金額高達1,250億美元（大陸占400億美元、俄羅斯冬季奧運195億美元），2008年鐵礦砂漲價30%。
銅	大陸有50%的銅需求是用於電力電纜，而銅消費占全球約28%，預期在基礎建設趨勢下，銅礦等金屬需求基本面可望獲得支撐。
(二)循環 銅	美國對銅的使用量占全球約5%，比重很低，其中約一半用於營建，2007～2009年，美國房屋市場走軟，對全球銅需求影響非常有限。

2007年，北美因住宅需求衰退及存貨減少導致鋼鐵需求衰退近5%，金磚四國約消費全球四成的鋼鐵，2007年需求量成長12.8%，因而鋼鐵成長率小幅下滑至6.8%。

2008年，預期北美整體市場需求將有不錯的表現，成長率可達4%；2008～2009年，歐盟鋼鐵需求成長率下滑，金磚四國需求成長率11.1%。

㈢供不應求

2006年粗鋼多餘產能跌破2億噸，2009年只剩1億噸，難怪鋼價會一路響叮噹！

三、鐵礦石

鐵礦石是生產鋼鐵的原料，大陸對鋼鐵的巨大需求，讓鋼鐵和礦石成為全球市場上當紅的搶手貨，價格年上漲率約40%，2008年至少漲3%。

㈠需求面分析

印度和越南未來的煤鐵原料需求量相當於一個至兩個「大陸」，2010年以後，印度將由鐵礦砂出口國轉為進口國。越南原本就沒有煤鐵原料，但經濟成長快速，加上印度、南韓到越南投資鋼鐵廠，後續的煤鐵原料需求量也很可觀。

澳洲將無法供應所需，南美洲西岸和非洲會是新供應地。

· **運費比貨物貴**

根據經濟合作暨發展組織2007年7月公布的調查統計，2007年全球的鐵礦石需求約7.62億噸，跟供給相當，但礦石供應集中在澳洲、巴西的三大公司，買家卻分布在全球，成為推升航運價格的主要動力；而**波羅的海散裝型指數**（**BDI**）正足以代表此榮枯。

雖然數量補足卻出現航距的問題，出口地離亞洲地區更遠，亞洲各國所需的煤鐵原料必須從非洲和南美進口，航程拉長後，散裝船運的全年運貨趟數將明顯下降，2009年散裝船運力可能仍不足。用來載運礦物的散裝貨輪嚴重短缺，再加上油價居高不下，海運費用因此節節上升。

2007年從巴西到大陸的原物料海運費，幾乎是2006年的三倍，甚至運費比貨物本身還貴。一噸鐵礦石的價格60美元，每噸運費卻要價88美元。[12]

㈡供給面分析

1990年代，全球金屬價格陷入低迷，當時所有的礦業公司，紛紛停止探勘、減少投資、裁員，以降低成本。

2002年起，金屬需求開始攀升，各大礦業公司才又恢復投資。不過，受到1990年代開發停頓的影響，大部分公司都缺人、缺設備。而且，一個新礦從開發到投產，有時需要十年，根本趕不上暴增的需求，使得大型、高品質的礦藏越來越稀

---

[12] 《工商時報》，2007年10月23日，A8版，劉聖芬。

有。礦業公司才想透過公司併購（光2007年上半年，礦業公司已有820次併購活動），快速地獲得別人的礦源，以免錯失賺錢的大好機會。

·賣方寡占，買方也逐漸團結力量大

　　由表5-16可見，三國鐵礦石全球市占率高達七成，而且這三國都由二三家大礦業公司把持礦源，礦石供應方的寡頭壟斷格局，使供應量也被控制，具有較高議價能力。另一方面，大陸鋼鐵公司十餘家，也於2008年9月團結起來，抵制巴西淡水河谷公司的片面漲價。[13]

表5-16　全球五大鐵礦石公司

排名	市占率	國家	公司
1	36%	巴西	淡水河谷（Companhia Vale do Rio Doce, CVRD）
2	18%	英國	英美資源（Anglo American） 力拓（Rio Tinto） 力拓鐵礦石儲量30億噸，年產2億噸，2007年夏天，以380億美元收購加拿大鋁業集團，成為全球鋁礦第一大
3	16%	澳洲	必和必拓（BHP Billiton） 2007年11月，必和必拓提議以1,530億美元收購力拓，11月9日，力拓本益比12倍，市值1,517億美元，力拓拒絕此合併要約。
4	7%	印度	阿塞羅—米塔爾（Arcelor-Mital） 2006年，米塔爾收購歐洲最大鋼鐵公司阿塞羅
5	6%	印度	

四、金屬基金

1. 美國掛牌的金屬類指數型基金

　　在美國掛牌的金屬類指數型基金，透過券商複委託可買的有7支，詳見表5-17。以其中一支舉例說明，GDX是股票基金投資全球從事貴金屬採礦業的公司股票，包含加拿大、美國、南非、秘魯和英國等，指數成員涵蓋37支股票，大中小型公司兼備，以分散風險的方式追蹤相關企業的表現。

2. 貝萊德世界礦業基金

　　貝萊德世界礦業基金是全球規模最大的基本金屬基金，主要的投資區域集中在巴西、英國和澳洲。前十大持股中，巴西的淡水河谷公司外，投資的多是

---

[13]《經濟日報》，2008年9月28日，A7版，林庭瑤。

位於英國（至少占13%）的多元化金屬公司（約占44%）、白金和鋁。這支基金因報酬率穩定成長，也是標準普爾唯一評為投資等級AAA的礦業類基金。

除了貝萊德世礦基金外，可透過券商複委託去美國下單買金屬類指數型基金，詳見表5-17。

表5-17　金屬類指數型基金

金屬種類	證交所	股票名稱	投資
一、貴金屬	美國交易所	DBP	連動黃金及白銀期貨價格，反應貴金屬價格
	紐約交易所	GLD	連動黃金現貨價格
	美國交易所	IAU	連動黃金期貨價格
	美國交易所	SLV	連動白銀現貨價格
二、卑金屬	美國交易所	DBB	連動鋁、鋅、銅期貨價格，反應基本金屬價格
	美國交易所	GDX	投資全球採礦公司
	美國交易所	XME	100%投資美國市場的採礦及能源、鋼鐵集團

五、澳洲基金：鐵礦石基金

全球最典型的礦產國家便是澳洲，股市最大產業是金融業（約46%），但表現平平，反倒是占24%的礦業影響最大。

1. 礦業占國內生產毛額9%

依據已發現鐵礦礦場的蘊藏量，估計可續開採70年；澳洲是全球第三大鎳礦生產國、銅礦第三大蘊藏國暨第四大生產國、全球第一大鋁礬土的蘊藏與出口國及第五大鋁出口國，在新興市場基礎建設與都市化的需求下，礦產價格將備受支撐。

澳洲為全球最大鐵礦生產國及第一大出口國，在國內生產毛額中，礦業與相關製品產值約占9%，對於澳洲經濟發展具有舉足輕重的地位。

2. 占出口76%

以2007會計年度（2007.7～2008.6）為例，澳洲農業暨資源經濟局（ABARE）預估礦產和煤出口值占出口值78%，金額1,100億澳幣，成長率1.8%。澳洲主要礦業公司的顧客多來自於新興市場，並不全然選擇美元作為主要的交易貨幣，況且礦藏有限，仍以賣方市場為主，需求彈性低，因此礦業公司的毛益率並不會因為澳幣勁升受到太大的拖累。

澳洲股市另一項鮮為人知的題材，就是軟性商品；澳洲是全球最大肉類與

羊毛出口國、第二大棉花與小麥生產國、第三大乳製品出口國。除了拉丁美洲之外，澳洲是另一個可以跟軟性商品搭上線的投資區域。

3. 加權指數

從標準普爾／澳洲200指數來看，金融指數類股比重占44.5%，原物料指數類股比重僅占20.4%，但是金融股成長空間少，原物料股成長空間大，成為推動澳股上漲的主要動力。

相較於同樣位於亞洲（除日本外）的股市，其相對本益比卻仍處折價狀態，多頭續航力的表現值得期待，2007年全球市值成長前十名的股市，澳洲是唯一揚眉吐氣的工業國。

4. 指標股：必和必拓

必和必拓（BHP Billiton）是全球最大礦產公司，是澳洲最大權值股，占大盤比重8.9%。必和必拓的礦產分散於煤、鋁、鐵砂、黃金、鑽石等，可抵消單一產品價格下滑的衝擊。2007年，盈餘成長率41.6%，因此本益比由2006年15.3倍降至10.8倍，十年平均本益比為14.5倍。

5. 澳洲基金

霸菱澳洲基金主要投資在金融股和原物料產業上，兩者的比重就占了該基金資產規模的73.6%。摩根富林明澳洲基金在兩者的比重卻只有47.8%，霸菱澳洲基金之所以險勝摩根富林明澳洲基金，是因布局較多的原物料類股所致。

6. 匯兌利得

澳幣利率已創下1996年以來的新高，澳洲的兩年期公債殖利率比美債高3個百分點，這提供澳幣匯率更強大的支撐力道。

第 6 章

商品基金Part II：
黃金、房地產基金

　　原物料大漲多年，2007年銅、鋅、鎳、鋁、鉛等都出現大幅回檔走勢。再看全球股市也是奔馳多年，像俄羅斯、埃及、烏克蘭等國股市幾乎都出現了20倍的大漲幅，產油國的股市也有10倍速的大漲行情，這些漲幅很大的市場，進入2008年也有一定的回檔壓力。

　　2007年8月起，在美國次級房貸災情不斷擴大的情況下，2008年是變數特多的一年，恐怕是難度超高的一年。

――謝金河
財信傳媒董事長
《今周刊》，2007年12月10日，第132頁

鐵達尼號沈船原因解密

2007年12月19日10點,國家地理頻道播出鐵達尼號1912年4月15日沈沒原因分析,時隔近百年,真相才大白。不是桅桿瞭望員因雙筒望遠鏡被鎖在櫃中而看不到冰山,而是接合船體鋼板的鉚釘,有些為了配合人工安裝,因此採取較脆弱的礦碴混合生鐵而鑄造,無法支撐每平方英吋1.4萬磅的撞擊力,以致鋼板裂開、船艙進水而沈沒。

本章第2~4節專門探討房地產基金,在2007年7月,美國次級房貸風暴(**sub-prime mortgage storm**)之前,房地產基金被形容成基金中的不沈鐵達尼號,而後者卻在首航的第四天就「出師未捷船先沈」。房地產基金火紅了4年,卻在次貸風暴中重創,本章是在這之後寫完,因此,本書對房地產基金的說明跟之前的書刊大異其趣。

愛因斯坦的四個觀念

上述這二個情況,使我想起20世紀的相對論發明人**愛因斯坦的四個觀念**。

1. **對權威的愚忠是真理最大的敵人**

    權威包括公司董事長以及顧客、專家,不要盲目相信,才能做出精準的判斷。在第2節第1段中,一開始我們便直接指出基金公司對房地產基金的宣傳「報喜不報憂」,這很容易讓人失去對基金公司的信賴。

2. **尋找相關性**

    既然房地產基金不像債券基金,我進而把它類比為收益型股票基金。

3. **尋找單純**

    本書不介紹**房地產基金**的信託種類、過程,這屬於信託事業管理課程,本書聚焦於全球、區域、各國房地產基金的分析,在第3節第1段中,我找到全球第二大商用房地產顧問公司英國仲量聯行作為指引前景的明燈。

4. **所有難題下隱藏機會**

    在表6-13中,舉例說明房地產值得投資的亞洲各國。

6-1 黃金基金 ///////

黃金基金(**gold fund**)跟能源基金一樣,投資對象很多樣化,甚至可說是能源基金的雙胞胎。2005年,友邦黃金基金報酬率98%,羨煞許多投資人。2008年3

月11日，金價創下每英兩1011美元的新高，超越1980年850美元歷史高價。展望未來，黃金基金還值得投資嗎？

在台灣，黃金基金只有5支（7支中有2支只是美元、歐元計價），比許多國家基金的基金數還少，原因在於黃金價格不易預測。黃金有商品、金融投資二大功能，而原油以商品需求為主，原油價格較容易預測；因此，黃金投資難度很高。

一、黃金在投資組合中的重要性

在說明所有資產在投資組合的貢獻時，都可以把投資學中的分析方法再說一遍：報酬率、風險分散，這種千篇一律的做法，有些老調重彈。然而，在商品中，黃金兼具商品之實用與傳統投資工具雙重角色，所以炒點冷飯似乎有必要。

1. 有人說，黃金比股票賺得多

比較兩種資產的報酬率要很小心，因為取樣期間影響很大。由表6-1可見，台灣銷售5支黃金基金平均報酬率，皆大於摩根士丹利資產世界股票指數，不管是一年期或任何期間。

表6-1　2003.11～2007.10黃金基金報酬率

單位：%

時間	台灣5支黃金基金平均		摩根士丹利資產世界股票指數	
	單筆	定期定額	單筆	定期定額
一年	50.26	28.36	20.97	7.97
兩年	123.80	43.13	47.48	19.07
三年	136.88	79.89	67.86	31.00
五年	302.49	120.51	137.41	53.90
五年年化標準差	29.33		9.39	

資料來源：理柏資訊
*定期定額報酬是以每月最後一個淨值計算日為扣款日

2. 黃金投資有助於分散風險

金價於股市波動期間亮麗表現，有助於吸引避險資金湧入黃金市場，並激勵金礦類股同步走高。由表6-2可見，金價跟全球主要股市走勢的關聯性不高，金礦類股跟新興國家市場相關係數雖較高，但也都不到0.45，黃金是分散股票投資風險的工具之一。

表6-2　2002.12～2007.11全球市場跟金價、金礦業指數相關係數

其他市場 指數	跟金價 相關係數	跟匯豐環球金礦業 指數相關係數
匯豐環球金礦業指數	0.766	1
美國	0.043	0.217
歐洲	-0.075	0.118
日本	0.120	0.294
香港	0.172	0.264
印度	0.207	0.343
俄羅斯	0.290	0.390
巴西	0.314	0.433
澳洲	0.254	0.407

資料來源：彭博資訊，統計頻率以週為基準

二、黃金：供不應求

　　任何價格皆受供需法則影響，只是黃金供需很複雜，而且金融面需求比較沒個準，底下先說明1980～2008年的金價走勢，詳見圖6-1。

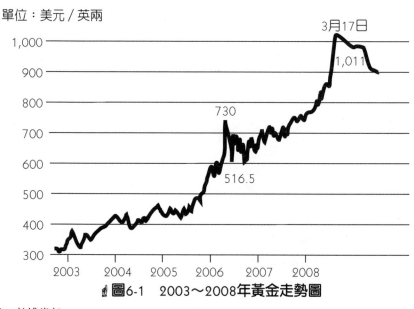

單位：美元／英兩

圖6-1　2003～2008年黃金走勢圖

資料來源：彭博資訊

1.   歷史高點

　　1980年1月金價創造每**英兩**[①]（**俗稱盎斯**）850美元的歷史紀錄，12月，白銀也創紀錄，之後20年間，金價因金本位制度廢除影響而沈寂。

2.   2000～2007年一路狂飆

　　自2000年底起，金價由272.25美元起漲，邁向連八年收紅之路。2007年的全球黃金需求成長率8.3%、3,403噸，產量預計下跌1.7%、3,505噸。在供給略大於需求的情況下，11月初，金價曾創下845.40美元的28年高點。

三、需求

　　黃金需求分為實體、金融需求二部分，跟一般商品期貨不同，實體需求不見得是主導力量，金融需求力量也很大，主因全球有非常久的歷史採取**金本位制度**，人們習慣採取黃金作為貨幣或貨幣發行準備，詳見表6-3。

表6-3　影響黃金供需的因素

供應	說明	2007年	2008年
一、供給			
(一)新礦			
(二)舊礦			
(三)避險部位			↓
二、需求			
(一)金融需求	美元指數跟黃金現貨價格負相關		
1.中央銀行外匯存底（尤其是中俄）	跟歐元相關係數0.98	1歐元：1.4$	1歐元：1.45$
2.避險貨幣	戰爭疑慮升高時，需求大增		
(二)實體需求			
1.工業用：占三成			
2.消費用（飾金為主）：占七成　中、印（10～12月）、中東		↑	

[①]   底下不再多寫「每英兩」三個字。

(一)實體需求中的消費需求

新興市場崛起，民眾越來越富有，購買力的提升大大增加飾金的需求，尤其自古即對黃金存有偏好的中印已成為飾金的重要需求市場。

印度3到4月結婚旺季及大陸農曆新年的飾金需求帶動下，冬末春初黃金類股的平均報酬率約22.6%，大幅超越同期間黃金現貨價的6.6%。大陸的強勁內需帶動金價高漲，2005年大陸的黃金消費量超過300噸，2006年350噸，占全球總消費量10.3%。

(二)金融需求

黃金的金融需求有四個來源。

1. **外匯存底**

   美元跌跌不休，加上許多央行分散外匯存底貨幣的消息，導致歐元即將取代美元成為主要準備貨幣的說法甚囂塵上。

   根據國際貨幣基金的統計，全球外匯存底總額已經從2002年第二季的2兆美元，飛躍升到2008年8月的7.7兆美元。世界外匯存底中的三分之二，掌握在大陸、日本、台灣、南韓、俄羅斯和新加坡六國手中。

   2002年歐元占外匯存底比率為19.7%，2006年，歐元比率為25.2%，美元則為65.7%，五年間歐元增加了5.5個百分點；美元則減少約5個百分點。中俄黃金占外匯存底比重都仍在3%以下，當大陸國務院決定將逐漸提高黃金準備至5%，俄羅斯也開始陸續增加黃金準備比重，市場對黃金的需求也將進一步提升。

2. **美元貶值的保值商品**

   由於黃金向來被認為具有規避物價上漲避風險的功能，美元走弱使持有歐元等其他貨幣的投資人能以較低成本買進黃金，金價節節高升。**金價走勢通常跟美元匯價相反**，因為黃金可以用來避開匯率波動的風險。

   1970年代發生的停滯性物價上漲，代表保值的黃金及代表經濟實力的石油，成為資金追逐標的，並創下後來20年難以超越的高峰，顯示黃金在高度物價上漲環境下，可提供有效的資產保值功能。

   2007年，能源基金平均績效達31%，黃金及貴金屬股票基金平均也有28%，都確實達到抗物價上漲的效果。

3. **股市的避風港**

   2007年8～10月，美股帶動全球股市重挫，迫使投資人拋售黃金以補繳保

證金，金價有下跌壓力。**黃金**的現貨價格跟股票指數呈現負相關，因此向來被視為是**股市投資人資金的避風港之一（另一是債券市場）**。

2007年7月起，全球股市投資氣氛由積極轉趨保守時，資金也會因應情勢轉變而投向具保值特性的資產，貴金屬成為極佳的避險選擇；尤其是具有**類貨幣**特質的黃金，更深得投資人青睞。

4. 避難貨幣

黃金的稀有性及高被接受度讓**黃金具有準貨幣特性**及財富儲存的功能，而不只是單純商品，因此金價波動不僅反映黃金供需狀況，更經常反映國際局勢的變動。例如在1970到1980年代陸續爆發中東戰爭、蘇聯入侵阿富汗以及兩伊戰爭等國際地緣政治事件，帶動金價於1980年初創下870美元的歷史高點。2006～2007年金價的利多，包括伊朗核危機加深**地緣政治風險**，因而推升油價、黃金上漲。

四、供給

由於近年來並沒有發現大型金礦，過去幾年的黃金開採數量持平，即黃金新供給有限。而且來自存量的供給（主要是俄羅斯等國央行賣黃金去換外匯）也後繼乏力。因此黃金新供給成長率約只有1.5%。

1. 產量變化牽動價格

全球各區黃金產量的變化對全球金價是長線變因，大陸（11.3%）、南非（11.1%）、美國（10.4%）、澳洲（10.3%）為全球前四大產金國。雖然南非產金量仍居世界第一，但從1980年以來，產量呈現穩定減少趨勢，到了1990年代，減少趨勢有加快情形。同為產金大國的美國，產量也日漸減少。反之，拉丁美洲的秘魯、阿根廷以及東南亞（全球最大金礦在印尼的格拉斯堡〔Grassberg〕銅金礦山）的產量顯著增加，其中拉丁美洲產量已占全球14%。

2. 金礦公司的避險交易

過去積極拋售黃金避險的金礦公司，也對金價後市轉趨樂觀。黃金礦業服務公司統計，2007年11月，金礦公司的整體黃金避險部位創下1992年以來最低紀錄，未來金礦股跟金價的關係將更加緊密。

五、一語道破黃金價格走勢

你我都很難即時掌握黃金產業分析師的分析報告，但是下列二**個數字大抵能抓住金價走勢**。

1. 上限1,000美元

　　2008年8月，有此一說：「**油價是金價的十分之一**」，倒著說，金價是油價乘上10。那麼如果油價100美元（一桶），金價上限大概就是1,000美元囉。

2. 下限750美元

　　「賠本的生意沒人做」，以全球最大黃金公司加拿大的巴里克黃金公司（Barrich Gold Co.）2007年為例，其產金成本全球最低，但2007年時也來到335～350美元。從供需角度來看，供略大於求，金價狂飆，大抵來自避險、炒作等金融需求。[2]

六、黃金基金

　　黃金基金不能望文生義，詳細分析還真不容易，試著從投資對象、黃金概念比重二個角度來分析。

㈠投資對象

　　雖然都分在黃金基金，但是投資對象分布在資產中的二大超級資產項下，再予以細分至中類甚至小類，詳見表6-4。

表6-4　黃金基金的投資標的

超級分類	金融資產			商品	價值儲存
大類	衍生性	合成資產	基本資產	金屬	
中類	期貨	股票	債券	貴金屬	
小類				黃金	
基金案例	衍生性商品基金	·友邦黃金基金，以加拿大的金礦公司為主		1.黃金指數（即指數型基金）Street Track基金 2.黃金天達環球黃金基金	

1. 以金礦股為投資對象

　　黃金基金投資於南非、美國、澳洲、加拿大等之產金國家的金礦公司股票，金價上漲對公司盈餘有倍數影響，因為開採成本是固定的（例如一英兩黃金330美元），只要金價有漲，對金礦公司來說都是多賺的。

　　例如友邦黃金基金主要投資於全球從事開採、冶煉以及銷售黃金等企業，

---

[2] 工商時報，2008年1月17日，A6版，蕭美惠。

所發行的股票、轉換公司債或附選擇權債券。除了黃金，友邦黃金基金有高達四分之一比重可以投資其他貴金屬、寶石相關企業股票。

2. 以黃金等貴金屬為投資對象

天達資產管理的母公司天達集團是南非第一大銀行集團，透過當地研究人員的地利之便，讓天達投顧引進的「天達環球黃金基金」表現不俗。本基金可以投資其他貴金屬（即白金、銀和鑽石）、寶石的比重為三分之一。

㈡基金績效分析

黃金基金績效排名變動很大，而且無法由黃金所占比重此單一因素來分析，詳見表6-5。

🦉表6-5　黃金基金績效

基金名稱	黃金比重（%）
新加坡大華黃金及綜合基金	67.1
貝萊德世界黃金基金　美元	84.1
天達環球黃金基金　收益	73
友邦黃金基金	100
法興金礦股票基金	82.5

資料來源：理柏資訊，統計時間迄至2007.12.10

6-2 房地產基金Part Ⅰ：導論

房地產基金（或房地產證券化基金，**real estate investment trust, REITs**）是以房地產為投資對象的基金，**房地產是種可遮風擋雨的商品**，所以我把房地產基金放在商品基金中。

在美國次級房貸風暴爆發之前，分析房地產基金幾乎是千篇一律。任何教科書都是照本宣科的先介紹房地產信託的方式、種類，很輕易**把場面搞冷了**。任何基金都是「信託」，基金公司只是資產管理者，投資人是資產所有人。因此，**房地產基金並沒有任何不同**，至於「**房地產資產信託**」（**real estate asset trust, REAT**）則不屬於本書範圍。此外，這些信託方式已在大三信託事業等相關課程中討論，本書比較偏重投資面，而不是基金公司的商品設計。當然，也就不用花篇幅去討論房地產基金對房地產所有人的意義（主要是活用資產）。

　　房地產基金是2007～2009年最帶衰的資產，主因是2007年美國**房地產泡沫**（**housing bubble**）破裂，引發**全球「房災」**，以致房地產基金表現很差。2007年海外基金賠最凶的十支中，有八支是日本基金，剩下二支由房地產基金包辦（亨德森遠見泛歐地產股票基金跌三成、寶來全球房地產證券化證券投資信託基金跌近二成）。

Real Estate	通稱：不動產，相對於股票、汽車等動產
real：房地產的	行話：物業
estate：地產、房地產	本書：房地產
real estate property　房地產	香港：地產
property reality　房地產	新加坡：置地

一、房地產基金的投資屬性

　　「**一分風險，三分報酬**」（即賠率三比一）這是**股票的基本投資屬性**，任何資產不管其名稱為何，只要表現出這樣的投資屬性，就有**股票性質**（**stock-like**）。

　　說明房地產基金性質之前，必須複習第2章的資產屬性，有了這個基本常識，便不會出現表6-8中的情況，即2000～2006年連續7年，美國房地產指數每年報酬率皆優於股票指數的道理，而且2006年甚至高達34%；要是「只有好處，沒有（賠錢的）壞處」，那麼資金逐漸的會往房地產（含基金）傾斜，美股會嚴重失血，但事實並不是如此。

(一)報酬率

　　房地產基金標榜以賺房租為主，房租報酬率合理約為6%，即投資房地產16年還本。但是如果房地產指數（假設房地產基金報酬率大於房地產指數）年漲幅動輒20%、30%，那比股票還更像股票。**此時，你就該問這報酬率怎麼來的**，而不是一窩蜂的去買，「**如果你不知道錢是怎麼賺的，那你就不知道錢如何虧的**」。

　　2000～2005年，美國的低利率再加上股市不振，造就房市泡沫，2005年2月，美國聯準會主席柏南克上任，又昧於時勢，以致房市泡沫拖到2006年才停止再擴大，2007年2月，房地產指數達高點，整個房市泡沫6月才算破滅。

　　在美國房市泡沫期間，基於「**紐約能，為什麼倫敦不能**」的比價心理，全球掀起房地產投資熱潮，最世俗的現象便是豪宅風，倫敦豪宅動輒30億元，搞得台灣的豪宅（單價80萬元、百坪以上的才算）真是「小巫見大巫」，但至少也搭上全球潮流。

在這個全球房市泡沫期間，所得到房地產基金報酬率就不具代表性，底下以具體數字讓你看當時有多瘋狂，鑑往知來，才能避免人云亦云、重蹈覆轍。

由圖6-2可見，2000～2006年全球房地產基金指數平均年報酬率高達24.4%，超越全球股價指數及全球債券指數平均報酬率21.5%及18.7%。

1. 2000～2006年的全球

如果股票上漲五波——**2000～2002年是初升段**，2003～2005年是主升段、2006年是末升段，以多頭五波走勢來看，表6-6中有詳細標示。

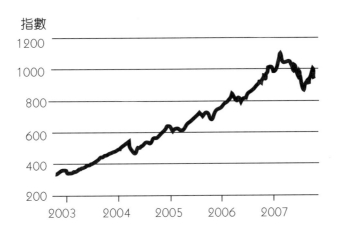

📖圖6-2　道瓊2003～2007年房地產基金指數

📖表6-6　2000～2006年美國三大資產報酬率

單位：%

資產	指數	2000	2001	2002	2003	2004	2005	2006
房地產	富時房地產指數（FTSE NAREIT Equity）*	16.51 初升段 1	5.85	-3.12 2	28.48 主升段 3	24.35	6.67 4	34.34 末升段 5
股票	標準普爾500種指數	-10.14	-13.04	-23.37	26.38	8.99	3	15.6
債券	美林美國政府公債指數	13.33	6.78	11.57	2.26	3.5	2.8	4.3

資料來源：彭博資訊，美元計價

*NAREIT：是指美國全國房地產投資信託協會

2003～2006年主升、末升段，房地產基金指數漲幅依序如下：歐洲156.27%、亞洲109.85%、全球106.21%、美國103.34%。

由圖6-2可見，道瓊房地產基金指數從2003年380點漲到2007年1050點，四年漲176%，平均年成長率44%。

2. 只看2006年這末升段

2006年，**瑞士聯合銀行全球房地產證券指數**（2008年1月21日到達谷底2700點）全年報酬率更達到42.7%，四大房地產基金國家漲幅依序如下：歐洲46.5%、北美35.7%、澳洲32.6%、亞洲28.4%。

美國房地產基金中的Cohen & Steers International Realty基金更以高達41%的報酬率在該類基金中稱霸。

3. 老王賣瓜，自賣自誇

(1) 1975～2005年的美國

美國國家房地產投資信託基金協會（Nation Association of Real Estate Investment Trusts，簡稱**NAREIT**）統計，全美1975年至2005年長達30年期間，房地產指數年平均報酬率達13.8%，比道瓊指數8.8%、那斯達克指數的10.9%及標準普爾500種指數的12.7%高。

(2) 2000～2006年美國房市泡沫

由表6-6可見，把時間拉到房市泡沫這七年，那麼房地產基金指數表現遠優於股價、債券指數。

4. 不要相信「老王賣瓜，自賣自誇」

在**2007年7月**，美國次級房貸風暴爆發以前，「所有」基金公司都把房地產基金形容成一種債券基金，每年有**4～10%**的報酬率，過去7年中任何一年都沒虧損，可說是退休基金最適配的投資對象。可是，次貸風暴後，房價開始顯著下滑，**8～12月，美歐等國房地產基金重跌三成。要不是有此經驗，恐怕連我都向基金公司學舌。**這可說令人對基金公司的「報喜不報憂」的立場不敢恭維。

台灣10支房地產基金也無法置身事外，有1支還在**淨值**（**10元**）之上，有9支跌破10元，也就是風暴前買的，都賠了。

5. **房地產基金本質應該是收益型股票基金**

當房地產基金跌破淨值時，令人恍然大悟，原來**房地產基金的本質是收益型股票基金，而不是債券基金。**由**表6-7**可見，**房地產基金有二大報酬率來源。**

表6-7　房地產基金跟股票投資屬性的相似處

報酬率來源　　　　　資產	股利殖利率	+	資本利得報酬率
一、股票			
1.公式	$\dfrac{D}{P_0}$	+	$\dfrac{P_1 - P_0}{P_0}$
2.舉例	$\dfrac{5\,元}{200\,元}$	+	$\dfrac{240\,元 - 200\,元}{200\,元}$
二、房地產	租金報酬率		
1.公式	$\dfrac{(年)\,房租}{P}$	+	$\dfrac{E(P_1) - P_0}{P_0}$
2.舉例	$\dfrac{6\,億元}{100\,億元}$	+	$\dfrac{120\,億元 - 100\,億元}{100\,億元}$
			E(P)的涵義 1.管經公司每3個月估價一次 2.投資人（尤其是投信等法人）認定的價值

(1)　底線報酬率

以資產總值100億元的房地產基金來說，每年房租收入約6億元，這已扣除維修、大樓管理費甚至建築經理公司管理費，因此房租報酬率約6%。

縱使倫敦、東京這些高房租的都市，因房價高，所以房租報酬率不會比台北高出幾個百分點。

(2)　資本利得報酬率

一旦房地產基金年報酬率超過10%，超額部分一定是來自資本利得報酬率。那你可能會問：「房地產基金旗下有三棟房子，又沒賣，怎麼會有資本利得？」

即時房價有下列二個來源。

① 依規定

在台灣，**房地產基金的受託機構（主要是土地銀行）**每季會聘請房地產鑑價公司，組成鑑價小組，定期鑑價的作用在於評價房地產資產價值，並不包括該建物的租金在內，而且鑑價的結果不論是比掛牌時下跌或上漲，都是屬於未實現跌價或漲價，因此是反映在房地產基金的每單位淨值。

② 投資人的情緒

投資人對房地產價格自有定見，以美國經驗來看，房市多頭時，房地產基金的股價淨值比1.33倍；空頭時，股價淨值比0.8倍；長期平均值1.069倍。

㈡風險

不為了賺錢，至少基於投資風險管理角度，去分析房地產指數跟股票、債券指數的相關係數，看似有必要，房地產被視為在資產配置時，股票、債券與現金以外的第四類必備資產。

不過，跟前述報酬率的分析一樣，2007年7月～2008年6月，房市跟股市可說「難兄難弟」。因此，許多分析說1997～2006年，標準普爾花旗全球房地產指數跟羅素2000指數的相關係數為0.6，跟摩根士丹利世界指數以及標準普爾指數的相關係數，分別是0.59與0.52；跟摩根大通全球公債指數的相關係數只有0.23。

然而，2007年2月全球股災開始，房市跟股市已成同命鴛鴦。

二、房地產基金的昨天、今天

房地產基金從1965年出道，時間不長，沒有戲劇化過程。

1. 歷史延革

房地產基金起源於19世紀中葉於美國波士頓所設立的商業信託——Massachusetts Trust，1920年時，美國法律規定，營建公司開發房地產後只許出租，不得出售，房地產業者無以為繼。後來學者發展出一種以營建公司擁有的租金收取作為對價，用以匯聚公眾投資，並跟投資人約定贖回期限，返還本金。其後艾森豪總統於1960年時簽署房地產投資信託基金條款，免除過去為人詬病的重複課稅積弊，房地產基金具備法源基礎，全美、全球第一支於1965年在紐約證券交易所掛牌交易。美國約有190多支房地產基金，總資產4,390億美元。

房地產基金這種基金，美國獨自推了30年，之後澳洲才加入，日本、歐、亞大都是2000年以後才加入，因此全球中各國所占比重，根據英國金融機構**AME Capital**統計，2006年底全球房地產基金市值排名，以美國占比重54.48%最高，其次是澳洲、英國（占8.97%）、法國、日本（占5.17%）等，詳見表6-8。

2. 市場潛力

由表6-8可見，二種常用來衡量房地產基金市場潛力的指標。有些人，拿來做跨國推論，不過這有其限制，以台灣來說，八成商用辦公大廈掌握在國泰人壽等壽險公司手上，這些公司不缺錢，反而因台股不好賺，「沒魚蝦抹好」，至少房租報酬率總是大於銀行定存利率。

表6-8　房地產證券化程度

房地產基金 洲、國家	房地產基金／房地產 或房地產證券化比重	房地產基金／股票市值
美國	10% 190支基金，金額4,400億美元	2.5%
澳洲	70支基金，金額600億美元	10.35%
日本	70支基金，金額200億美元	0.82%
歐洲	3% 187支基金	
亞洲	9% 百支基金	

3. 最簡單的說法：共同持分

　　2004年，周星馳自導自演的電影「功夫」，打紅了「包租公」、「包租婆」這二個名詞。鑑於根深柢固的「有本斯有財」的心理，既然買不起一層辦公室或一棟辦公大廈，那就買點房地產基金，跟其他4萬人一起「共同持分」擁有房地產，享受當包租公、包租婆的好處。這是書刊最喜歡用的房地產基金宣傳詞：「大家來當房地產小亨」，其實本質上是小器財神。

三、美國房地產基金的種類

　　教科書最喜歡寫「種類」，從幾個角度來分，**但是基於「80：20原則」，重要的多談，不重要的給比較少篇幅**，由表6-9來說，在美國，93%房地產基金是買房地產，再出租出去收房租或賺房屋差價，只有7%屬於買**房貸抵押證券（mortgage-back securities, MBS）**。

　　本書「一以貫之」，第1欄作為隱含Y軸，即報酬率，房貸抵押債券型房地產基金本質上是債券基金，實在算不上是房地產基金。因此本書所談的房地產基金是指權益型房地產基金。

(一)房貸擔保債券型房地產基金

　　房貸擔保債券型房地產基金（mortgage REITs）本質上是債券基金，買的是次級房貸公司所發行的以次級房貸等為抵押品的債券。因此次級房貸危機直接衝擊次級房貸業者，房貸擔保債券型房地產基金是最大間接受害者。

▌表6-9　房地產基金的種類與投資屬性

投資對象 報酬率	房貸抵押債券型 （mortgage REITs） 房貸抵押證券 （MBS）	權益型房地產基金 （equity REITs） 1.營建公司股票（含 　特別股） 2.房地產	美國房地產公司舉例， 以紐約證交所掛牌交易 的股票代號
		一、開發商 　　即台灣的營建股	
20%			
		二、以買入房地產且 　　持續經營為主	
積極 成長型　15%		(一)商用房地產基金 　・旅館	
		・購物中心	KIM
		・辦公大廈	BXP，高級房地產開發
成長型　10%		(二)商用以外	商，專營波士頓、華盛
		・公寓型（例如	頓特區、曼哈頓、舊金
		AIV、EQR）	山、普林斯頓地區級辦
收益型　5%		・健康護理型（養	公大樓與旅館
	・債權型態的房地 　產公司債	老院、醫療機 　　構）	AIV、EQR，其中EQR 是全美最大房地產信託
	・商用房地產抵押 　債（CMBS）		公司，專營家庭式公寓 住宅，為標準普爾指數
	・商用房貸抵押債 　券（CRE CDO）		成分股，AIV也是成分 股。

(二)權益型房地產基金

權益型房地產基金（equity REITs）是以房地產的股票（例如台北101大樓公司）或房地產為投資對象，因此「權益」這個字指的是表彰公司業主權益的股票、特別股，或表彰房地產產權的權益。底下分類說明。

1.　買入營建股的房地產基金

以商用房地產的營建公司（國外俗稱開發商）股票為投資對象，例如日本三菱地所、新加坡嘉德置地、香港長江實業和美國的Kimco地產公司（詳見表6-9第4欄）。

ING房地產基金

> ING歐洲房地產基金是以歐洲房地產基金及房地產股票為投資標的，而且以台幣計價的投信海外基金。投資策略上，以選股為例，採由下而上的選股，選擇具備創新能力、營運模式聚焦的房地產公司，集中火力在20～40支股票。

2. 買入房地產的房地產基金

　　權益型房地產基金（**equity REITs**）是指直接持有房地產權益，其主要收益來源為房租收入或處分房地產的資本利得。

　　商用房地產一般指的是辦公大樓、購物中心、工業廠辦或商務出租住宅等收益型房地產（income-producing property）。由於擁有穩定的租金收入，可依此估算未來的現金流量。

㈢平衡型房地產基金

　　混合型房地產基金（**hybrid REITs**）則是兼有權益型和房貸擔保債券型的特色，比較像平衡型基金，因此我們意譯為**平衡型房地產基金**。

四、需求

　　房地產基金主要投資對象是「商用」房地產，商用的另一邊便是自用，汽車、房地產皆有這樣的二分法。商用房地產的重點在於收房租，其次是增值，而新興市場經濟成長速度快，對商用房地產的需求遠大於工業國家。跟住宅有自用、投資二種需求一樣，對於商用房地產的需求有商業、投資二種需求，說明於下。

㈠商業需求

　　辦公大樓隨著經濟成長需求大幅上揚，2005～2007年全球商用地產租金不斷上漲，以亞洲地區成長性最大。

㈡投資需求

　　根據仲聯量行「全球房地產資產報告」，2006年全球投入商用房地動產金額達6,820億美元，成長率38%，比2003年增長近一倍。

1. 退休基金

　　2006年底，美國政府要求退休基金維持投資全球房地產8.4%以上，2007

年10%左右。除了美國之外，英國、德國、荷蘭等政府，也都要求退休基金要持有一定比重的房地產。

2. 私募基金

　　私募基金很早就注意到商用房地產的投資價值，持續買樓，加上併購價格通常有溢價，有助於拉抬大多數房地產基金價格。

五、影響房地產報酬的相關指標

　　房地產報酬有房租和房價增值二種，邏輯上是有因果關係的，租金上漲猛，房地產（含房地產公司）收購案才會多。表6-10中，只有一項需要特別說明，即房租的「投入」一欄，以失業率作為觀察指標，因為辦公大樓是以人為服務對象，以每位員工使用5坪來計算，便可算出大抵需要多少商用辦公大樓面積。表中有二個業界常用名詞：**住用率**（**occupancy rate**）和**租金上漲率**（**fund from operation, FFO**）。

§ 表6-10　影響房地產報酬的相關指標

報酬來源	投入	轉換	產出
房租	失業率（就業市場榮枯）→	住用率（occupancy rate）→ ⇔空置率	租金上漲率（fund from operation, FFO）
	利率 ─		
房價	房地產併購案 →	併購溢價 →	房地產價格上漲

⇔表示互斥

─代表負向影響

六、指數與基金

　　房地產基金可說是商品基金中最大的，因此相關指數和基金非常多。

(一)指數

　　房地產相關指數主要有二種：房地產基金指數、營建類股（或稱房地產）指數。此外，依區域、國別至少有六個指數編製機構，二種指數、六個機構，報刊常各說各話，令人目不暇給。為了「一次看最多」，只好做表整理，詳見表6-11。

表6-11　全球房地產指數

洲	國	摩根士丹利指數	瑞銀（UBS）指數	EPRA指數	AME指數	環球房地產250指數	其他
亞		√				√	彭博
	印度						
	大陸			房地產基金指數			
	新加坡	√	√	√		√	
	馬來西亞						房地產指數
	越南						房地產指數
	香港	√		√	√	√	房地產指數
	南韓						
	台灣					√	營建類股指數
	日本	√	√			√	JREITs指數
澳		√	√				LPTs指數 標準普爾房地產指數
歐		√	√	房地產指數		√	
	英	√	√	√			
	法比荷			√			
美		√				√	
全球		√					

資料來源：彭博資訊

註：√代表這些指數存在

(二)海外房地產基金

由表6-12可見，有14家台灣的投信發行海外房地產基金，跟債券基金比較像，可分為不配息（基金名稱後面加A）、配息（基金名稱加B）與二者皆有。

表6-12　境外房地產基金的種類

洲	配息性質	台灣投信發行的房地產基金
亞洲	1.配息、不配息二種	金鼎地產、保誠
	2.不配息（A）	瑞銀亞洲全方位
澳		沒有
歐		ING房地產基金
美		台灣工銀北美收益資產
全球	1.配息、不配息二種	寶來、元大、群益、建弘
	2.不配息（A）	富邦、ING

1. **不配息（A）**

　　不配息房地產基金只有11支，只占四成，可能是投資人比較喜歡配息，投信只好「投其所好」。

2. **不配息、配息皆有**

　　七成海外房地產基金不配息（基金名稱後加A或不）、配息（基金名稱後加B）皆有，一般來說，不配息的因含息值，因此基金淨值比配息基金略高0.2個百分點。

　　以投資國家來說，台灣的投信發行的海外房地產基金大都為區域、全球基金，以免被一國房市崩盤所拖累，投信喜歡稱此種為「多元配置房地產基金」。

6-3　房地產基金Part Ⅱ：海外

　　全球投資人心思大抵都一樣：趨吉避凶，而房地產基金投資也跟股市投資風潮走，2007年下半年以來的基調是「**減碼美國、日本勿入、加碼新興市場**」。

　　這樣「開門見山」的結論，可以執簡御繁。

一、全球──跟著老先覺走大抵不會有錯

　　分析全球商用房地產的前景是個很大課題，各方聲音很多，**最好有個一言九鼎的公司能為我們在黑暗中點亮一盞燈**。所幸仲量聯行便是，底下以其全球總裁柯林・戴爾（Colin Dyer）2008年底的分析為基礎，來看看他的眼界。

1. **預估2008年7月以後，商用房地產止跌**

　　次級房貸風暴減少了美國房地產的交易量，美國和歐洲商用房地產的買賣價格降低5～10%，次級房貸的影響會持續大約六個月，屆時商用房地產的融資和信用市場信心就會回復。這並不是說，六個月之後交易情況會回到之前的水準，而是當市場信心找到新的支撐點，就會趨於穩定。

仲量聯行（Jones Lang LaSalle）小檔案

- 成立時間：1783年
- 營收：2007年約24億美元、盈餘2億美元
- 市場地位：全球第二大商用房地產交易、顧問公司
- 全球總裁：戴爾（Colin Dyer）
- 旗下子公司之一：領盛投資管理公司（LaSalle Investment Management），是房地產的私募基金。

2. 看好四個國家

　　亞洲商用房地產吸引全球投資人的原因是成長性！舉例來說，對世界經濟成長率貢獻度，亞太地區占85%，歐洲只有2～3%，美洲占有3%。投資人通常會把錢放在持續成長的地方，因為當地租金和房地產的價格都會逐漸提高，而美國在房地產交易減緩，也是亞太地區得利的原因之一，成長最快的市場包括大陸、印度、越南和俄羅斯。[③]

二、美國

　　美國房地產基金到2010年沒有很大吸引力，原因跟1990年的日本房市泡沫破滅後衰退16年很像。

㈠2007～2010年房市泡沫破裂後療傷止痛期

　　美國房市泡沫破裂後療傷止痛期有多長？房地產投資人可說後知後覺，2005年7月，新屋銷售創歷史新高後走下坡，9月，成屋銷售創歷史新高後下滑。

1. 標準普爾／凱斯席勒房價指數

　　此指數於2006年12月達到高點，2007年1月開始下跌。此指數追蹤全美十大都會區的中古獨棟屋（台灣稱為透天厝）價格。

2. 彭博資訊的商用房地產指數

　　2007年2月8日，彭博資訊的商用房地產指數才達到歷史新高，9月，商用房地產價格下跌1.2%，宣告七年商辦多頭結束。美國房市泡沫的療傷止痛期會拖多久？住宅方面比較悲觀，約會耗掉三年，原因是多頭那七年，連中低收入戶都卯起來買了房子，連邊緣顧客都買了，剩下無殼蝸牛沒剩多少，即新購

---

③ 《商業周刊》，1046期，2007年12月，第64～68頁。

買力薄弱；餘屋消化至少得三年，餘屋去化慢，房價不大跌就托福了，更不要說上漲了！

㈡基金公司仍是「老王賣瓜」

2007年9～10月，許多海外房地產基金經理甚至投信以下列各種理由，主張美國房地產基金是逢低買進的好時機。

1. **「商辦是商辦，住宅是住宅」？**

   最常見的理由是想來個「完美切割」，主張房市泡沫的房市是住宅，跟商用辦公大樓無關。哪有這道理？有些專家宣稱2007年9月，商用房地產價格下跌1.2%，商用房地產泡沫逐漸破滅。

2. **至少公寓型、健康護理型抗跌**

   有些人主張（表6-9中）出租公寓、健康護理型房地產基金抗跌，但這些占比重不到一成，不具有中流砥柱效果。

㈢對美國房地產基金的影響

由於銀行和投資人迴避以次級房貸和商用房地產貸款擔保的債券，受到貸款成本上揚導致公司併購活動減速與房地產價值下滑的影響，美國房地產基金出現近十年來最大的跌幅。

三、亞洲

亞洲是房地產最看好的地方，中印等國處於大建設階段，經濟前景看好。典型的「地狹人稠」，再加上資金湧入（尤其是美國），乾柴碰上烈火，前景可期；其中尤以新加坡、馬來西亞最看好。至於日本，因少子化與人口老化，需求有限；香港房價飆過頭，連2007年12月港星關之琳都來台置產，她的理由只有一個：「台北市房價只有香港的二成」。底下詳細說明之前，請先看表6-13，先鳥瞰一下。

然而，2008年9月下旬，中國保險業巨頭中國人民人壽保險公司，旗下的中國人保資產管理公司發出警告，認為大陸的住宅房地產泡沫可能破滅，並將在10年內跌掉50%。[4]

---

[4] 《經濟日報》，2008年9月26日，A8版。

表6-13　亞洲房地產基金分析

表6-13　亞洲房地產基金分析

2007.12

亞洲	國家	說明
亞洲		房地產長期發展關鍵在於人口結構和經濟成長，2006年全球經濟焦點轉到亞洲，亞洲百萬人口等級的城市高達154座，是其他各洲的三倍。從總人口數來看，全球百萬級城市總人口數達7.84億人，亞洲就占有半數以上。
	新加坡	開放合法賭場設立的新加坡，除了賭場本身，預計賭場帶來的觀光人潮將刺激旅館需求，租金也將上揚。
	香港	根據香港大學房地產指數，香港房地產價格連續五年下跌後，香港房地產受惠於大陸的經濟成長所帶動，2003年中開始反彈，戴德梁行表示，香港辦公室租金2006年上漲28%，在亞洲最貴。2007年，住宅價格漲逾50%，因為公寓供不應求，且銀行之間大打房貸價格戰。香港證監會於2003年頒布《房地產投資信託基金守則》，首支房地產基金——領匯（the Link），超額認購達近130倍之多，截至2006年11月30日止共有5支房地產基金掛牌交易。
	馬來西亞	由於經濟尚處於多頭階段，住宅需求暢旺，房地產基金行情也有可期。馬來西亞政府發出豪語將跟新加坡成為東南亞房地產基金中心，由此可見當地政府勢必以行政手段，吸引外資進駐。
	日本	日本在經歷16年的空頭後，2005年地價終於轉為漲勢，其中以商用房地產租金上漲幅度最大。2008年因景氣衰退而房價重挫。

・跟著領頭羊走

　　EII國際房地產股票基金2006年報酬率60%，是報酬率最高的基金，二位基金經理之一的雷蘭德（James Rehlaender）2007年賣出歐洲房地產公司股票，買進更多亞洲房地產類股，以把握亞洲對辦公室及住宅的需求造成房價大漲的機會。

　　投資組合中，亞洲的比重升抵60%，高於2006年的45%，他買進的股票包括泰國最大購物中心營建公司Central Pattana，和新加坡第三大營建公司吉寶置地。他的基金在亞洲已經開始賺錢，日本最大的房東三菱地所2006年上漲26%，大陸海外發展有限公司股價上漲兩倍，新加坡的嘉德置地（CapitaLand）漲幅也近一倍。雷蘭德賣出的持股包括：Unibail Holding和英國房地產公司Great Portland Estates。

6-4 房地產基金Part Ⅲ：台灣

　　政府為積極提振經濟和活絡房地產市場，特訂定房地產證券化條例，並於2003年7月23日公布實施，台灣邁入房地產證券化發展的時代。

　　台灣的房地產基金有9支（詳見表6-14），跟封閉型股票一樣，在證交所交易。因為房地產價格變動幅度小，房地產基金本質上變成固定收益證券基金，可說是擺錯戰場的將軍，9支基金資產總值600億元（占房地產總值77兆元的萬分之8），日成交額0.1億元；年周轉率0.00016，成交額占股市成交額萬分之一。

　　台灣的房地產基金可說是股票的冷門股（因成交量少）、牛皮股（因股價不太動）、績差股（以每股盈餘1元以下來衡量），**集三病於一身。因此，前景有限。先有這個全面瞭解，也不必去一一仔細分析哪一支基金的房地產多偉大。**

　　本節的重點有二，一是以二支基金，來詳細說明辦公大廈與混搭商用房地產基金的內容；一是房地產管理公司的經營能力。

一、底線報酬率（房租）分析

　　商用房地產的房租報酬率約6%，比住宅的房租報酬率約高出二個百分點。

㈠需求：影響房租的策略因素

　　台北市的商辦並沒有顯著新增需求，原因如下。

1.　大趨勢：缺乏大利多

　　外商公司總部逐漸搬至大陸，又沒有大量新的外商來台，本國公司也沒有大舉招募人力的計畫，商辦市場欠缺租金大漲的動力。2006年商用房地產價格上漲約5～10%，租金漲幅卻只有2%，2007年不見起色。

2.　M型社會走向

　　地點及交通因素對於租金收益影響極大，A、C兩級商辦需求強，反而是卡在中間的B級辦公室空置率最高，大公司越來越重視門面，因此總部選擇在A級的商圈和辦公樓；因此，**A級指標區（信義計畫區和內湖）**，需求高於平均水準。C級商辦需求主要是公司為降低房租，把後勤單位移往市郊租金較便宜的區位，例如，銀行把客服部門遷往內湖科學園區。

表6-14　台灣房地產基金說明

單位：億元

名稱 股票 代號	富邦1號 1001T	國泰1號 1002T	新光1號 1003T	富邦2號 1004T	三鼎 1005T	基泰 1006T （上櫃）	國泰2號 1007T	駿馬 1008T
掛牌日	2005.3.10	10.3	12.26	2006.4.13	6.26	8.14	10.13	2007.4
股本	58.3	139.3	113	73.02	38.50	25.70	72	42.8
貸款	22.6							
房地產價值	80.9	139.30	110.54	73.02	38.01	25.45	72	
每股淨值	10.74	10.70	10.34	10.62	10.13	10.17	10.04	
股價*	10.38	9.86	9.05	9.46	6.59	6.66	9.42	8.35
空置率（%）	0	0.5	3.4	0	0	5	3.49	
股利殖利率	3.72	3.68	3.33	3.37	4.07	4.07	4.21	
房地產數（幢）	4	3	4	3	3	2	3	
房地產組合（租金貢獻比重）	辦公室65% 商場28% 商務住宅7%	辦公室13% 商場12% 旅館75%	辦公室20% 商場44% 商務住宅36%	辦公室100%	辦公室43% 商場40% 物流17%	辦公室52% 旅館48%	辦公室100%	
房地產名稱	1.富邦敦南大樓 2.富邦中山大樓全棟 3.天母富邦大樓全棟 4.潤泰中崙大樓商場樓層（37%）	1.喜來登飯店全棟 2.中華大樓全棟 3.西門大樓全棟	1.新光天母傑仕堡 2.新光國際商業大樓 3.台證金融大樓 4.台南新光三越百貨	1.潤泰中崙大樓辦公室樓層（63%） 2.富邦內湖資訊大樓全棟 3.富邦民生大樓全棟	1.大陸工程前瞻21世界辦公大樓 2.頂好香檳大樓B1、1樓及2樓黃金店面 3.誠品物流大樓1～6樓	1.大湖商旅大樓全棟 2.世紀羅浮大樓部分樓層		

*2008.10.3

　　台北辦公室租金在2000年曾達到高峰，但這幾年受到大陸經濟快速發展影響，每年來台設點的外商公司驟降，2001～2007年來辦公室租金漲幅不大，使香港、北京、上海等地的辦公室租金輕易就超越台灣。

(二)房地產組合

新光一號打破房地產基金投資標的侷限大台北的情況，並且橫跨商務出租住宅、百貨商場、辦公室，走向投資多元化、區域分散化，力求達到控制風險的目的，詳見表6-15。新光國際大樓與台證金融大樓都位於南京東路辦公商圈，交通便利、設備完善是一特色。

台北新光天母傑仕堡為高級優質的商務出租住宅，稀有性和不可替代性是一大特色，擁有「家的感覺、旅館的方便、飯店的管理」，吸引了許多跨國的高階主管青睞進駐，戶數共有95戶，因為沒有飯店淡旺季之分，不會有空房的問題。

台南市火車站附近的台南新光三越百貨，以新光三越的業績表現，以及百貨公司用租金包底抽成為主要的收租方式，業績越好、租金收入越高。

表6-15　新光一號的四大投資標的

	新光天母 傑仕堡	新光國際 大樓	台證金融 大樓	台南新光 三越百貨
位置	北市天母	北市南京東路	北市建國北路	台南市中山路
用途	商務住宅和 百貨商場	辦公室	辦公室	百貨商場
屋齡	10年	19年	9年	9年
租戶數	95	11	11	1
投資樓層	B3-26F	B3、B1、4F、 9F～14F	B4、1F～8F	B6～13F
六年平均 出租率	95%	96%	94%	100%
月租金	2,115萬元	約338萬元	532萬元	1,666萬元以上

資料來源：《今周刊》，2005.11.28

(三)承租人品質：影響房租的戰技因素

承租人（或稱承租戶、房客）付租能力直接影響房地產的收益，房客過於集中的租約可能在退租時產生較大衝擊。優質的承租人可以提高房地產的價值。例如一樓店面由銀行來承租，可以提升整棟大樓的租金水準。

2007年金管會修訂的審查規定，增列九項規定，強調房地產基金報酬穩定性；其中包括：最近三年的出租率應達85%以上、單一承租人的租金收入不得超過總租金四成、購買建物土地持分占該建物全部土地持分應達五成以上。業者如果沒達到這些標準，還是可以送件，只是審查期間會拉得比較長。

㈣建築經理公司＝股票基金的投信

就近取譬最容易懂，股票、債券基金由投信派基金經理操盤。同樣的，房地產基金則由建築經理公司擔任**安排機構（arranger）**，替幾萬名投資人把基金當成公司來經營。一如第四台的解盤頻道中解盤老師的名言「好老師帶你上天堂，壞老師帶你住套房」，同樣的，建經公司內部、外部能力的高低，也影響房地產基金的收益。至於建物本身每年的維修成本佔租金收入1～4%，已從租金收入中扣除，此費用率不高，本書不舉例說明。

二、橫財報酬率（房價漲價）分析

一般來說，都會區及交通便利區域的房地產較具抗跌性，還有也應多注意商業發展。

1. 北市公告現值

2007年12月14日，台北市政府宣布，台北市2008年度公告土地現值平均上漲6.69%，是近十年新高。邏輯上來說，2008年時此利多應該會反映在房地產基金的淨值上。

2. 資訊透明

房地產基金的投資資訊是完全公開透明的，有例行的信評公司評等、會計師查核及簽證，房地產估價師要每季再鑑價一次。房地產管理機構每月、每季、每半年及每年的房地產管理報告，都需要上網公告。

三、房地產基金投資建議

台灣房地產基金績效「比上不足」，如果硬要投資，下列幾個投資建議提供您參考。

1. 分離課稅稅率6%

政府為了鼓勵房地產證券化發展，**房地產基金利息所得採6%分離課稅**，可說是富人節稅用的投資工具。

2. 大者恆大

有集團支持的房地產基金猶如含著金湯匙的公子，包括富邦、國泰、新光集團所發行的基金，都是從集團持有的物業挑選出資產組合，再加上管理，租金有較強的調漲利基。較優的房地產基金，組合中各物業租約最好分配有短、中、長期，一來可應景氣變化，調整租金，還能分散風險，所屬物業的空置率也是值得注意的指標，因為空置率越高，將降低租金，大大影響基金表現。依

美國經驗，房地產基金有大者恆大的特性，資產大才能擴大規模、增購房地產，較有利於股價，規模在50億元以上較好。

3. 以小人之心度君子之腹？

投資時宜多去忖測賣方的心理，9支房地產基金所持有的商用房地產大都是前三大壽險公司（國泰、新光、富邦）賣出來的。他們又不缺錢，那麼**出售房地產的目的是否想逢高出脫**？如此一來，房地產基金投資人可能當了最後一隻老鼠？

4. 投資人的守護神：土地銀行

所有證券化商品全都採用**特殊目的信託（special purpose trust）**架構，按此架構，由受託機構發行房地產受益憑證給投資人；投資人要是有求償疑慮，可以找土地銀行信託部。

第 **7** 章

股票基金Part I：導論與收益型股票基金

　　有許多外國公司募集「社會責任基金」，專門投資願意承擔較多社會責任（例如環保或企業倫理）的企業。也有資產管理公司募集「環保基金」、「替代能源基金」、「關鍵資源基金」、「生技基金」，投資對象是環保產業、替代能源產業、關鍵資源及生技產業。這類基金的主要目標，當然還是掌握未來發展趨勢而「獲利」，但附帶的也有「行善」及促進資源更具遠見、更合理分配的目的。就此觀點，我們希望金融界多朝此方向思考，創造顧客及金融界「雙贏」局面。

——《工商時報》社論
「依人口變遷趨勢調整理財方向應有宏觀思考」
2007年9月16日，A2版

挑選對味的基金

　　「一樣米飼百種人」的時代早已過去，餐廳為了迎合不同顧客的口味，總會推出不同的菜，而這又得靠多位廚師才能變出花樣。同樣的，當你選定了投信後，還得在琳琅滿目的股票基金挑選符合你口味的基金。

　　桂格麥粉有五種口味，為什麼不只出一種口味？那當然是為了滿足不同的消費者的口味。基金也是如此，最常見的是投信提供四中類的股票基金，以滿足不同報酬率期望、風險容忍程度的投資人。除此之外，投信還有什麼方法可使呢？尤其是針對同一中分類（例如成長型）股票基金，還可依表7-2的分類更再細分。

7-1 股票基金的分類

　　股票基金的分類大抵依投資屬性可分為積極成長、成長、風險分散與收益型四小類，在本節一開始時，我們便開宗明義的定錨。至於其他分類方式，可說大同小異，唯有先站穩腳步，才不會隨波逐流。

一、基金風格向「錢」看

　　style這個字有幾種用法。

　　‧描寫個人的穿著時髦，例如型男。

　　‧領導型態，例如鴻海的郭台銘採取強勢領導，相對於自由民主式領導。

　　在基金中，style這個字至少有下列三個用法。

1. **風格投資**（**style investment**）：股票中有許多跨行業的概念股，例如抗暖化概念股、節能概念股，投資於這些概念股稱為風格投資，詳見第3章第4節。

2. **基金風格**（**fund style**）：是指基金的投資屬性，以美國股票及基金評鑑公司晨星公司把股票基金分成三類，詳見表7-1。晨星公司提醒投資人二點。

  (1) 言行不一：基金公開說明書宣稱本基金屬於收益型，可是基金經理卻把基金弄得像成長型基金；你可以用「掛羊頭賣狗肉」來形容。

  (2) 見利思遷：風險分散型、積極成長型基金被基金契約卡死，所以無法變更基金類型。但是收益型、成長型基金彼此間卻可以移轉，在多頭市場時，我們看到連標榜收益導向的基金也稍微敢冒險一些，而帶有成長型基金的味道。反之，在空頭市場時，**成長型基金經理**（**growth manager**）也以保本為先，其基金反倒顯露出「跌時重質，漲時看勢」的色彩。

也就是說，這二類基金並不是涇渭分明，反倒有明顯的「**基金風格移轉**」（**fund style shift**）現象。

3.　基金公司風格（group style）：基金公司風格比較偏重基金公司比較擅長哪一種投資方式（例如由上到下、由下）等。

㈠TV＝電視

英文中的TV就是台灣的電視，同樣的，美國人所稱的股票基金風格跟台灣所指的股票基金分類只是用詞不同罷了！

1.　晨星公司的基金風格＝台灣的股票基金分類

style譯成風格、型態也好，是美國人的用詞，在台灣則直接稱股票基金的分類。

2.　股票基金三種風格＝股票基金四種小分類

在表7-1中，有二種股票基金的定義，晨星公司的三小類用詞跟股票基金四小類差不多。

表7-1　基金風格分類

風格投資 屬性　　小分類	防禦性（defensive） 追求E(L)極小	中庸性（neutral） 兼顧E(L)、E(R)	攻擊性（aggressive） 追求E(R)極大
積極成長	↑		√ 1.公司獲利，占75% ・長期獲利成長，50% ・營業現金流量成長，12.5% ・盈餘，12.5% 2.公司營收成長，占25% ・淨值成長，12.5% ・營收成長，12.5%
成長型		√	
風險分散型		√	
收益型	√，占100% ・低本益比，5% ・低股價淨值比，12.5% ・低股價營收比，12.5% ・低股價現金流量比，12.5% ・高股息，12.5%		

・積極成長型＝晨星公司的成長型。

・成長型、風險分散型＝晨星公司的平衡型，這「平衡型」股票基金是「成長型」跟「價值型」間的平衡，可不是「股三債七」的平衡型基金。

・收益型基金＝晨星公司價值型股票基金。

少數情況下，**價值型基金**（**value fund**）包括收益型基金、成長收益型基金（即平衡型基金，詳見下一段）。

(二)平衡型基金另成一格

至於有些人把**平衡型基金**，或稱「**成長收益型基金**」（**growth and income fund**）也歸類為股票基金，那可是硬把騾歸為馬一樣，其實騾是由雌馬（股票基金，具成長性）和雄驢（固定收益基金，具收益性）混血而成，不是原生性的，是一種資產組合基金，詳見第12章第4、5節。當然，大的來說，馬、騾沒多大差別，皆可作為騎乘工具；那麼平衡型基金可說是合成的股票基金，而略近於收益型、成長型基金之間。

二、四類股票基金的投資屬性

如果你有煮過咖哩雞，你就會知道食材之一的咖哩塊，依辣的程度可分為「特辛（辣）」、「高辛」、「中辛」、「普通」四級，不同人可以選擇不同口味。同樣的，股票基金也可以分成這四類，由名稱大概可以看出這種基金「辣」（漲幅、跌幅，或是報酬率、虧損率）的程度，詳見表7-2。

(一)圖解

投資工具就跟物質可用化學特性來說明一樣，股票基金性質，從圖7-1上便可以依其報酬率、虧損率的高低，至少可分為四個小類。

(二)從報酬率角度來看

股票基金的分類主要是以報酬率來分類。

1. 比大盤跑得快

積極成長、成長型基金比較像兔子，追求極速。

2. 跟大盤打平

風險分散型基金跟指數表現相似，不爭先，但也恐後。

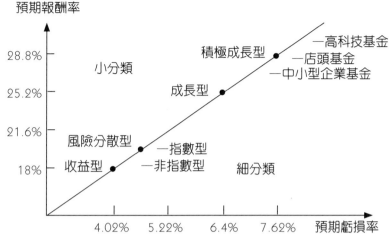

圖7-1　四小類股票型基金的投資屬性

說明：本圖上之數字係來自表2-2上股票類第3、4欄

3.　比大盤稍遜

收益型基金股價表現比較像烏龜，漲得雖然慢，但是比較不會出現兔子高速撞車情況。

(三)從虧損率角度來看──依耐跌程度來分類

有些投資人比較計較投資的「安全性」，所以特別關心股票基金中哪種「比較」（跟大盤比）抗跌，由表7-1可見，依照此標準可以分成三類。

不過，我們特別強調的，這只是「理論上」、「應然面」的陳述，大難來時，很少股票基金能逆勢表現。這不禁使我想起，對於不會開車的人，總認為汽車的耐撞力（就跟基金的抗跌能力）很高，但是1997年8月，英國前太子妃黛安娜在法國巴黎，搭乘賓士500（約800萬元）高速撞上地下道的水泥柱，照樣香消玉殞。

基金耐不耐跌，比較標竿是大盤，這跟物理學中以1立方公分的水作為1公克，作為比重的標準物一樣。

1.　攻擊型基金

追求比大盤更高報酬率與虧損率的則稱為積極投資方式、積極型基金。

2.　中性或中立

跟大盤一樣，便稱為「中性」，**市場中立策略**就是這麼來的。

3.　防禦型基金

基金跌得比大盤少，稱為消極投資方式、防禦型基金。不過，防禦型基金並沒有「金剛不壞之身」，一遇股市重挫，防禦型基金只是跌幅較少，頂多也

只是「五十步笑百步」，沒有多少可倚靠的，也就是它只是耐跌，但並不「抗跌」啊！

㈣看屬性，不看名稱

收益型基金的設計理念在於抗跌（也就是防禦性，跌得比大盤輕），在空頭市場時，由於「時機歹歹」，所以反倒是此類基金比較受青睞。

在海外基金中，下列二類基金也屬於此類基金。

1. 資源基金（resource fund）

這類基金主要投資於石油、天然氣、紙漿、貴重金屬等自然資源的上市公司，而這些資源價格深受國際行情影響。像中油民營化、台塑六輕、加油站（例如上櫃股中的全國加油）都是石油類股，而天然氣股如大台北瓦斯、欣欣天然氣、新海瓦斯等。

2. 公用事業基金（utilites fund）

主要是投資於石油、瓦斯、電力、電信、自來水等公用事業類股上，這些產業大都屬於特許營業的管制行業，因為有進入障礙，所以不致發生過度競爭，這些公司的營收、盈餘也比較穩定；詳見第4節。

㈤基金商品分析

台股180支股票基金中，積極成長型基金占股票基金比重50%，是投資人的最愛；其次是成長型基金占比重37%，二者合計占88%。可見投資人來吃麻辣火鍋，就是追求麻、辣的感覺；很少像收益型、風險分散型基金投資人只想嚐點麻辣的滋味而已。

㈥對單點投資的涵義

對採取單點投資（尤其是定時定額投資）的人來說，由表14-3第1列可看出，由右往左來搭配投資人的年齡，例如積極成長型適合35歲以下投資人，這些人年輕，有時間可以耗（當碰到套牢時）。相形之下，51～65歲的「銀髮族」不能經得起「大風大浪」，所以則適合買收益型股票基金。

三、投資對象、方式決定股票基金的屬性

基金的投資屬性是結「果」，有「因」必有果，那什麼原因造成股票基金分成表7-2中的四小類呢？主因有下列二點，主要是投資對象，其次是投資方式。

㈠投資對象：第2章第2節

「種瓜得瓜，種豆得豆」，「近朱者赤，近墨者黑」，這些俚語告訴我們，基金的投資屬性取決於其投資對象的性質，而至少有三種方式可以把投資對象分類。

不管依那種標準來分，基金必須名實相符，例如金融基金的投資對象「至少七成以上」必須為金融類股。

1. 依產業分

各類股票基金為什麼在投資屬性上各有不同面貌呢？由表7-1第1列持股性質可看出，主要關鍵在於持有科技股所占比重，就跟調雞尾酒一樣，酒才是主要決定因素（遺傳中的顯性因子），蘋果西打是次要因素（遺傳中的隱性因子）。由圖7-2可見台灣28類股約可分為三類，依占成交值比重分為電子占66%、金融24%、傳產占10%；一般只有一種主流即「**電子獨挑大樑**」，頂多只有「**電子、金融**」雙主流；傳產只有零星表現機會。

表7-2 股票型基金的分類

小分類 / 預期報酬率	收益型基金（income fund）	指數型基金（index fund）	成長型基金（growth fund）	積極成長型基金（aggressive growth fund）
其他英文	income-oriented fund		growth-oriented fund	
60%				1.中小型基金（small-median cap fund） 2.店頭基金（OTC fund） 3.科技基金（high tech fund） (1)新興科技：綠能、生技、網通等 (2)傳統科技
40%	中概型 一般型（大型股） 國建基金 金融基金 社會責任基金* 健康護理類*	指數追蹤股票基金 1.特殊指數型：指數例如下列 ・寶來50指數 ・富時100指數	1.邪惡基金*：賭場、菸、酒、國防 2.精品基金* 3.特殊情況基金（special situation fund） 台灣的 (1)特殊類 (2)價值型	
20%	基礎建設或公用類股基金*	2.加權指數型		

*代表台灣沒有此種國內基金

7

股票基金Part I：導論與收益型股票基金

211

　　由表7-3可見，從產品壽命週期來看，四小類股票基金中的三小類跟產品壽命週期的前三階段相對應，背後隱含著營收成長率，以導入期（例如2004～2007年的液晶電視）來說，營收成長率在100%以上，投資此行業的股票，此類基金就屬於積極成長型。所以真正重要的不在於投資於哪個產業，而是這些產業所處的產品壽命週期，因產品壽命週期意味著營收成長率和每股盈餘水準。

　　風險分散型可說是橫跨四個產品壽命週期，以大盤（加權指數）來說，龍蛇雜處。不要看輕處於產品壽命週期衰退期的行業，它有時會迴光返照，以股性來說，它是深宮怨婦股，多頭時漲少，而且大都是補漲。反之，股市空頭時，比較抗跌，反而適合擔任股票資金避風港。

表7-3　產品壽命週期跟股票基金的對照

產品壽命週期	導入	成長	成熟	衰退
股票基金的分類	積極成長	成長	收益	
營收成長率	100^+%	50%	10^-%	2^-%
每股盈餘水準	5元以上	2～5元	2元以下	1元以下

三級產業（服務業）	金融　零售　餐飲　飯店 1.金控 2.保險 3.銀行 4.證券	
二級產業（工業）	傳統產業 食：食品 衣：塑化、紡織 住：水泥、鋼鐵、營建 行：汽車、通訊 育：生技 樂：電影、線上遊戲	科技產業（又稱電子類股） (一)新興科技股 (二)傳統電子股 ・通訊服務 ・電子服務業 ・電子製造業
一級產業（農業）		

圖7-2　股市類股的分類

2.　依市值、股本來區分

　　單純依股票的市值（例如美國）或股本（例如台股）來區分股票性質是只見表面的，真正重要的是其背後的經營意義。

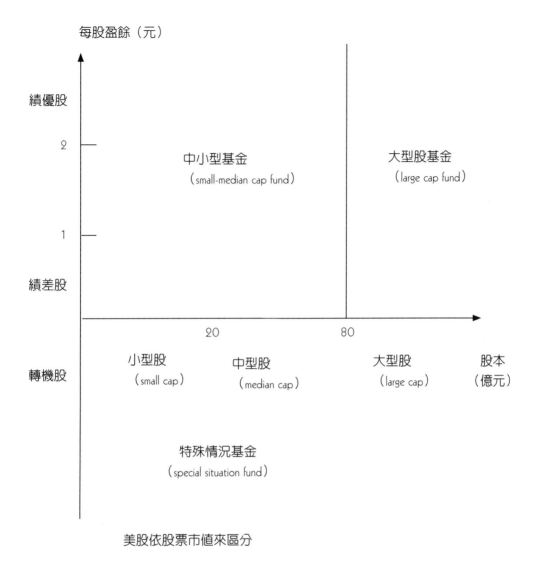

美股依股票市值來區分

圖7-3　股票（型）基金的分類

　　以台股來說，**股本**在80億元以上的大型股，都是金融股（至少銀行最低資本額
100億元、金控500億元）與資本密集的科技股（主要是兩兆雙星中的兩兆，即半導
體、面板）。股本大，一方面代表進入障礙高，對手較少；一方面代表「羅馬不是
一天造成的」，歷史悠久，就比較經營得穩。

由圖7-3可見，**大型股基金幾乎可以跟收益型基金劃上等號**。中小型股票營收、盈餘活蹦亂跳，股價也是如此，因此屬於成長、積極成長型基金。

3. 依概念股分

主題式基金（**theme fund**或**equities sector & theme**）主要是針對產業結構性或週期性的發展趨勢及成長動力，進行前瞻研究分析，把投資目標直接鎖定到具體的投資區域、行業或公司類別，以獲得長期穩定的投資效益。

簡單的說，主題基金不是以產業為投資比率的決策標準，而是以概念股，像2007年的WiMAX、Wii概念股，這些都只是電子業中的小行業，更大的像精品基金，橫跨食衣住行育樂等行業。判斷其投資屬性的方法還是「吾道一以貫之」，即以其產品壽命週期中的營收成長率、每股盈餘水準來看。

㈡投資方式：第3章第1節

在第3章第1節中，我們已說明投資方式對投資屬性的影響，此處再以股票基金為對象，讓你更可以明確抓得住其精義。這四種基金還可依其究竟採取積極型投資策略、消極型投資策略而分為二大類。

1. 採取積極型投資策略的「積極性基金」（active fund）

成長型、積極成長型股票基金經理也都絞盡腦汁，希望「打敗指數」（beat the market），即漲得比大盤多、跌時比大盤跌得少。

2. 採取消極型投資策略的「消極性基金」（passive fund）

至於風險分散型基金（尤其是其中的指數型基金）大都採取「**買入持有法**」，不自作聰明的進出（即追求擇時報酬，timing return），只求跟大盤同進退。

收益型基金則是採取「由下」的價值投資。

在大三的投資學中，把投資於股票、債券的**總報酬**（**total return**）或投資期間報酬（holding-period return）二分為配息報酬率與資本利得報酬率。根據統計發現，1987年來美國股市的總報酬中有近五成的比重來自於「股利」的貢獻，「股利成長」可說是相當重要的股價穩定因子。就投資組合的觀念來看，除了具有高成長型股票基金的布局外，投資人應適度納入股利穩定的價值型股票基金。

1. 積極成長、成長型基金刀尖上舔血

套用投資學上的用詞，積極投資策略主要是賺波段，其次是賺選股。賺波段就是順著大盤的起伏去賺差價（即資本利得，capital gains），以投資的三項報酬率來說，這主要是指**組合報酬**（**portfolio return**），其次是各股買低賣高

的**擇時報酬**（**timing return**），詳見表7-4。

2. 收益型基金賺得安穩

　　　　至於收益型基金則以高股息股票為主要投資對象，且長期持有，主要是想賺表7-4中的股利殖利率。以投資報酬率三項來源來說，主要是指**選股報酬**（**selection return**）。

📖表7-4　股票、股票型基金風格與報酬率來源

報酬率來源	美國的用詞： 股票風格（style）	股票基金分類
(1)資本利得	成長型	積極成長型基金
	平衡型	成長型基金
(2)股利殖利率	價值型	收益型基金
(3)＝(1)＋(2) 總報酬率（total return）或投 資期間報酬率（holding period return）		

7-2 收益型股票基金

　　　　收益型股票基金或**收益型基金**（**income fund**）顧名思義，跟固定收益證券基金（fix income securities fund）只有一字之隔，本質上是把股票基金中以投資於穩定股利殖利率（dividend yield）的歸為一類，稱為收益型基金。

　　　　至於加拿大的**收益型信託**，這種跟銀行中的信託集合帳戶有點像。

一、收益型基金說文解字

　　　　四細類的股票基金，我們以第一次出現的收益型基金為對象，詳細分析，其餘則同理可推，以節省篇幅。

㈠收益型股票

　　　　收益型股票是指長期（三年以上）每股盈餘2元以上的股票。

1. 績優股

　　　　獲利成長性高的企業通常都是產業龍頭或者是具有市場利基優勢，而當公

司又有穩定的股利政策時，更代表著企業「基業長青」的永續經營能力。這類兼具成長與收益的高股利股票，股價波動性更低，吸引國際法人、退休和壽險基金的青睞。

具備配發高股息能力的公司，一般來說可創造足夠營業現金流量，來支應高股息所需的大量現金支出，所以這類公司往往具有較高的流動比率與偏低的負債比率。除非整體景氣狀況大幅改變，否則這些公司始終都是穩健型投資人追逐的優先標的。因此，高股息公司不但成長穩定，抵禦景氣波動的能力也較佳。

2. 大型股

一般來說，大船比小船穩，在股市中，這樣的道理也大抵適用，績優股很多是大型股，所以歐美基金中有大型股基金，大抵就是收益型基金。

(1) 歐洲大型股基金

以大型股為主要投資對象的歐洲基金有下列4支。
· 摩根富林明歐洲動力巨型企業基金A歐元
· 施羅德環球基金系列－歐洲大型股基金A累積
· 安盛羅森堡泛歐大型企業Alpha基金B歐元
· 瑞士信貸歐洲藍籌股票基金B

(2) 美國大型價值基金

美國大型價值基金約10支，2007年平均虧損（美元計價）1.85%，其中摩根富林明美國價值基金是好樣的。

3. 定存概念股

2001年，台股重跌43%，投資人尋求跌時重質的避風港，定存概念股（過去三年平均股利殖利率大於一年期定存利率）暴紅。

以2008年來說，至少有100支上市股票符合這標準，也就是下一段談的高股息股。

4. 高股息股

高股息股票多屬於中度成長產業與大型類股，包括電信、公用事業、科技業、服務業（例如金融）等。由於它們受油價影響較低，股價表現也相對穩健；而且在股市表現不佳或震盪期間，高股利公司比較耐跌。

(二)收益型基金

收益型股票基金以投資收益型股票為主，實際運作時，以ING的高股息基金來

說，其投資準則很簡單。

　　・投資於股利率高於市場平均水準的股票
　　・以過去四年平均盈餘正成長、過去五年平均股息正成長。

㈢收益型基金的別名

收益型基金這個名字不常見，反而是**高股息基金**（**high dividend fund**）這個詞更常見。此外，它在不同地方還有一些別名。

1. 在美國

　　由於許多收益基金都採取「由下」投資方式之一的價值投資法，因此收益型基金又稱為價值型基金。

2. 在台灣

　　投信投顧公會把積極成長型基金還細分科技、中小、店頭基金，至於不屬於積極成長、指數型基金的，即成長型、收益型基金則合稱一**般股票基金**。至少有10支：匯豐台灣精典、富達台灣成長、匯豐成功基金等。

二、從投資方式來判斷

收益型基金比較偏向採取「由下」投資方式，慧眼識千里馬（價值低估股），有膽識採取「人棄我取」的逆向投資。

1. 深度價值投資

　　美國的互利系列集團（Mutual Series，富蘭克林公司旗下）專門尋找轉機題材標的作為基金投資目標，這樣的投資策略稱為投資於「價值型」股票，轉機股又是價值投資中的一種，因此，互利系列集團就稱之為「深度價值」的投資策略。「深度」代表的是折價程度很深，「用50至60美分的價格，去投資價值一美元的股票」是這個投資哲學的最大宗旨。因為以低價購進有潛力的投資標的，才能縮小股價下檔的空間，並期待更大回漲行情。

　　以如此理念來看互利集團旗下的基金，有投資在美國地區為主的「富蘭克林坦伯頓高價差基金」，以及投資在歐洲地區為主的「富蘭克林坦伯頓互利歐洲基金」。

2. 高價差基金：以富蘭克林坦伯頓高價差基金為例

　　偶爾你會看到有些基金的小名叫「**高價差基金**」（high spread fund），富蘭克林坦伯頓高價差基金是一支秉持深度價值投資策略的美國股票基金，精選出價格被嚴重低估的股票或具有併購題材者，提前卡位潛藏的上漲空間，在股

市面臨空頭之際,則納入體質良好但大幅折價的公司債。這些嚴選標的不僅能收穩健報酬之效,更重要的是報酬跟總體市場走勢連動性低,極具防禦效果。

該基金加碼的食品飲料、菸草、媒體與電信等產業,皆為景氣防禦性極高的價值標的。本基金榮獲晨星評選為2006年台灣最佳北美股票基金,顯示深度價值的投資理念,創造兼具報酬績效與風險管理的優異表現,深獲國際評等機構與投資人的肯定,讓投資人即使面臨市場震盪,也能安心分享美股穩步走堅的投資首選。

三、指數

1. 美國

・2006年,摩根士丹利高股息股票指數,共有全球、歐洲、太平洋五國與歐澳遠東等八種高股息指數。隨著中印等亞洲新興國家的興起,亞洲市場已成為全球投資人矚目的焦點,因此,摩根士丹利在2008年推出亞太地區高股息指數。

・晨星公司大型價值型指數。

・羅素1000價值型指數。

此外,美國標準普爾公司編製的八個類股指數也頗具高股息性質,依序為攝影印刷、房地產、菸草類。

2. 台灣

2007年1月15日,台灣證交所推出台灣高股息指數,顯見高股息投資已漸受市場重視。

四、適用時機

以績優股為主要投資對象的股票基金,因為公司營收、盈餘穩定,每年有一定豐厚的現金股利,有點像是「股市中的債券」,所以股價不會大起大落。這類股票以內需型產業為代表,像營建相關類股(水泥、磁磚、玻璃、鋼鐵、營建)、塑膠石化、食品、汽車、百貨、金融(銀行、票券、保險、證券、租賃)等。

「漲時重勢,跌時重質」這句話用在基金投資,便可解讀為:**多頭市場時投資積極成長、成長型基金**,這些基金攻擊性頗強;**空頭或盤整時,則投資以防禦為主的收益型基金**。

五、高股息基金

高股息基金至少有27支,詳見表7-5。

表7-5　高股息基金

投資區域	基金名稱	成立日期
台灣	安泰ING台灣高股息基金	2005.3.18
	國泰豐利平衡基金	
	建弘高股息平衡基金	2003.9.25
	台新高股息平衡基金	2005.6.10
亞太	JF亞太高息平衡基金	2005.5.23
	保誠亞太高股息基金	2006.4.10
	安泰ING亞太高股息基金	2006.5.9
歐洲	安泰ING歐洲高股息基金	2005.3.18
	ING(L)歐元高股息投資	
	基金P資本	
	百利達歐洲高股息基金C	
	百利達歐洲高股息基金L	
	道瓊歐洲指數	
全球	安泰ING全球高股息基金	2003.5.19
	ING(L)環球高股息投資	
	基金P資本	
	富蘭克林坦伯頓全球股	
	票收益基金　美元A股	

7-3 發「人口財」的基金導論——以德盛安聯的全球人口趨勢基金為例

　　初看到發人口財的基金可能會令台灣的讀者覺得突兀，一是台灣正面臨少子化，2018年以後，人口將負成長（即減少），小學都在減班、幼稚園一家一家關門，有什麼人口財可發？但是老年化社會至少有銀髮商機可言。

　　但是2007年65億人口卻是沒有煞車的火車，新興國家（其中八成是指金磚四國，尤其是中印的人口增加，可用「一暝大一寸」來形容。預計到2050年，全球人口達到92億人。縱使大家都體會到人口會膨脹，自然對任何商品的需求都會水漲船高，也就是什麼東西都可算是人口財。事實並不是如此，有些商品需求就比較會萎縮。

　　然而，我們會把「人口財」獨立為一節，主因在於提綱挈領的抓住基金投資的大趨勢。

一、抓住財富的脈動

回顧過去投資趨勢的形成，1991年網路萌芽創造「**網路財**」、2000年人類基因圖譜解碼帶動「**生技財**」、2002年京都議定書引發的「**氣候財**」，都是依循著相似軌跡。

管理學大師彼得・杜拉克他的《創新與創業精神》書中提到，人口特性的變化是企業創新與創新機會的來源之一，能夠掌握人口變遷特性、並針對人們需求提供服務的企業，將因擁有創新機會而崛起。

世界銀行「2007年全球經濟展望報告」指出，未來25年，人口趨勢將主宰全球發展，全球人口結構形成兩大趨勢，即新興市場人口快速增加與已開發國家邁入高齡化社會。伴隨而來的金色商機和銀色商機，已逐漸受到全球投資人關注，詳見表7-6。

▌表7-6　人口財的二大商機

機會	開發中國家	工業國家
商機	金色商機	銀（髮族）色商機
產業	基礎建設	生技醫療
	農業生技	美容抗老
	民生消費	休閒旅遊
	金融服務	財富管理

二、商機Part I：歐美日的銀色商機

在「銀色人口財」中主要挑選能夠從人口老化趨勢中獲利的公司。

這群有史以來最龐大的全球出生潮，從出生、就學到進入職場等不同人生階段，都為全球產業型態帶來新面貌。舉例來說，這些約在**1946至1964年出生的嬰兒潮（baby boomers）**誕生後，造成當時醫院設備、醫護人員不足和及嬰兒用品如尿布、玩具等大為暢銷；當他們進入青少年時期，因為牛仔褲成為自由反體制的象徵，也使得Levi's在1970年代成為全球最大服飾公司。之後進入職場，求職書籍與華爾街日報等銷售量創新高，房市與汽車銷售也呈現高速成長。而2006年，他們開始逐年退休了。歐、美、日三大嬰兒潮陸續退休，有錢有閒的2億人口，成為已開發國家最具勢力的消費族群，更掌握這些國家七成以上的財富。

根據2006年出版的《Age Power搶占2億人市場》一書顯示，美國嬰兒潮7,800萬人的消費支出預估為11兆美元，而日本嬰兒潮世代800萬名的消費支出則約為56

兆日圓。因此，說他們是有史以來最有錢有閒的消費世代，大概沒有人會否認。那麼這群熟齡世代想要什麼？會如何享受生活？又將帶動哪些產業商機？

德盛安聯投信預估，2025年全球高齡產業市場規模將成長三倍，高達37兆美元，包括醫療保健、抗老美容和退休財富管理等族群，將優先受惠。

三、商機Part II：金磚四國的金色商機

新興市場擁有53億人，預估到2030年的人均所得將增加2.5倍，中產階級人數也將成長三倍。隨新富階級快速崛起，舉凡食（農業生技）、衣（民生消費）、住（房地產開發）、行（交通運輸）等生活必需品數量乘以53億人的消費實力，誰都得正視。

2003年，美商**高盛證券**公司提出「**金磚四國關鍵報告**」，其後又有**新金磚11國**的說法，其重要觀點之一是，特別重視各國年輕人口比重及勞動供給對長期經濟發展的影響。

至於「金色人口財」，則是挑選能自開發中國家人口快速增加後，所衍生龐大食衣住行等需求中獲利的公司。

四、範圍

由表7-7可見，在第1列中，依基金投資對象範圍由大到小排列。

1. **最大的是人口趨勢基金**

    其投資對象包括基礎建設、民生消費（週期性vs.非週期性消費品）、金融服務和表中第2欄的四項。

2. **第二大的是基礎建設**

    其投資地區偏重新興國家，其投資對象也包括公用事業。

    如果硬要一刀兩斷的分，基礎建設比較偏重「BOT」這個字中的**建設**（**build**），而公用事業中的「用」比較偏重**營運**（**operation**）。以高速公路來說，興建是由交通部編預算去蓋；建好了，高工局（其中電子收費ETC委由遠通）負責收費，這時便成為公用事業；事業指的是「公司」。

3. **水（務）基金範圍最小**
4. **商品資產中的資源型基金不算**

    雖然資源型基金也隸屬人口財基金，不過，投信業者認為，這類型基金的投資標的多數以天然資源產業為主，投資報酬率高，但其股價波動性也不容小覷，在歷次股災期間，股價跌幅都相當可觀。

◤表7-7　發「人口財」的相關基金

投資主題 生活分類	人口趨勢	基礎建設 （infrastructure fund）	公用事業
食	(二)金色商機 農業生技	水力工程與治理	瓦斯（天然氣）
衣			
住	房地產、房地產 基金，另包括銀 髮商機中的退休 和養護中心	能源（石油、天然氣、煤 氣）基礎建設（例如油管 鋪設） 電廠、電力傳輸	
行		陸地運輸（公路設施） 港口，包括貯儲設備 機場	鐵路運輸
		電信公司（含網路系統）	電信公司
育	(一)銀髮商機 生技醫療 美容抗老		
樂	休閒旅遊		
二、特色			
三、投資地區			
1.工業國家	√，高齡化		
2.新興市場營收屬性	√，年輕新貴	√	
四、基金			
1.台灣	德盛安聯	國泰、華南、保誠、元大 統一經建	
2.海外			富達、富蘭克 林、荷銀

五、人口消費概念基金

　　以「人口財商機」為主的基金，這類概念的基金稱為**人口消費概念基金**，只要受惠於人口或消費力道增加下的產業，都是投資選項。參考表7-7，人口消費概念基金比人口趨勢基金範圍還廣，至少多一項：精品基金。

(一)發人口財的基金

　　在這波人口財趨勢下，最早推出基金的是2002年的景順全球康健基金，接著是同年ING投信發行全球品牌基金、2004年遠東大聯投信發行原物料能源基金、2005年寶來投信發行全球房地產證券化基金，以及2006年德盛安聯投信發行全球綠能趨

勢基金和國泰投信發行全球基礎建設基金。

在海外基金部分，最早則是由**英國保誠集團M＆G基金**公司於1973年成立全球民生基礎基金。

㈡德盛安聯投信的人口趨勢基金

投入「人口財」的新基金越來越多，如同於暢銷書《**地球是平的**》一書作者**佛里曼**（Thomas Friedmen）所提及印度，有不少晉升新富階級，而此新基金特性之一是同時鎖定兩大人口趨勢所受惠的企業，涵蓋產業較為多元，波動性自然會比單一產業基金來得低。

人口趨勢基金跟一般全球股票基金不同的是，一般全球股票基金通常以摩根士丹利世界指數為指標，因此在國家配置及產業配置上，會以該指數的配置為準來微調。但人口趨勢基金是以「人」的需求為出發點，從「53億新富族」或「2億有錢有閒銀髮族」關鍵需求中，發掘有潛力的投資標的，中長線表現機會可能更勝一般全球型基金。德盛安聯投信推出第一支「人口趨勢」基金，募集上限為100億元。自2007年9月13日起開始接受申購繳款，基金經理為海外投資首席傅子平。

如何去掌握這些「人口財」？舉例來說，該基金的研究人員已建立550支全球人口趨勢概念股的觀察名單，其中包括美國哈雷機車、巧連智母公司日本貝樂思、全球第二大烈酒公司法國保樂力加、印度銅／串金開採公司Vedanta資源、加拿大鈾礦商Cameco等，跟一般全球股票基金多以美國花旗、**通用電器**（**GM，俗譯奇異**）等大型股迴異。

由表7-8可見，**德盛安聯投信的「SCV」選股方式**，可說是不管大盤的「由下」投資方式，但是免不了還是先看產業趨勢、行業（即子產業）的議題性和各公司的投資價值。

◢ 表7-8　SCV的黃金三角選股方式

由上到下 投資方式	說明
一、S（structural trend）：結構趨勢	結構趨勢指的是能夠隨著人口趨勢結構改變而掌握商機的企業。反映在股價表現上，好比休閒度假村產業在高齡化人口日益增加之下，截至2007年7月底的資料顯示，摩根士丹利全球休閒度假村指數近五年的報酬為119.33%，表現就比摩根士丹利世界指數的111.04%要好。跟民生相關的零售銷售產業也因新興市場龐大的人口支撐，摩根士丹利新興市場零售消費指數近五年的表現為388.19%，也比摩根士丹利新興市場指數的318.41%來得佳。
二、C（catalyst）：議題	好比成立40餘年的日本企業貝樂思（Beness，巧連智的母公司），因精準掌握日本人口結構的改變，例如嬰兒潮、少子化以及銀髮商機而多角化經營，各項業務的獲利十分亮眼，2006年巧連智、老人照護業務以及語言學習業務獲利成長分別為940%、33%、84%。 因人口增加、耕地減少，糧食公司將是未來很重要的**議題**（catalyst），另外對生質能源的需求日益擴大。
三、V（valuation）：投資價值	全球第三大高經濟價值種子供貨公司Syngenta，可協助農作物更有生長效率的Syngenta在營收與獲利都深具爆發力，該公司預估農作物種子的毛益率可高達40～50%，十分具有投資價值。 其他包括積極在大陸、巴西等地建廠的美國可口可樂、全球抗老保養品領導品牌的法國萊雅集團，以及搶進新興市場的精品之王路易斯威登（LVMH），都是可留意的人口財概念股。

資料來源：整理自《經濟日報》，2007年9月4日，B2版

7-4 人口趨勢概念基金專論—— 基礎建設、公用事業、水基金

發人口財的細類基金至少有基礎建設、公用事業、水和精品基金，本節依序討論前三者。

一、基礎建設基金

基礎建設基金（infrastructure fund）是以國家的基礎設施的相關公司股票為投資對象的基金，基礎設施有一半是電力公司，其次是交通。

(一)商機

亞洲基礎建設火紅，主要是過去50年來亞洲總人口數增加近一倍，都市人口卻

擴增二倍，都市基礎建設所需的資金遠超過湧進亞洲的投資總額，在經濟全球化及都市國際化下更促使亞洲基礎建設快速蔓延。榮獲2005及2006年《法人投資》雜誌票選最佳分析師的德意志資產管理副總裁暨歐洲公用事業分析師Susana Penarrubia非常看好基礎建設的前景，詳見表7-9。

▌表7-9　經濟合作暨發展組織基礎建設的預估產值

範圍	投資對象	占全球每年GDP	迄2030年累積金額（兆美元）
1.狹義	水、電信、陸地運輸	2.5%	53
2.中間	電力傳輸、石油、天然氣、煤氣等能源	3.5%	71
3.廣義	港口、機場和貯儲設備		

資料來源：經濟合作暨發展組織

(二)投資地區

1. 歐美國家

從1970年以來，歐美政府為降低在基礎設施的財政負擔，使有限財政收入能投入更多的社會服務，歐美主要國家的公營基礎產業開始開放給民間企業投資，藉以加速基礎設施建設，並提高營運績效。

2. 開發中國家

新興亞洲國家人口成長迅速、都市化程度提高以及各國政府大力投入基礎建設等三項優勢，亞太地區是全球基礎建設產業推升的動力。

(三)基礎建設產業的優勢

因為基礎建設產業具有下列優點，所以是很有投資人緣的投資對象。

1. 跟景氣關聯性低

由於基礎建設所投資的資產類別跟民生需求息息相關，縱使面臨景氣衰退時期，也不易出現需求急速下降的窘境，跟其他資產類別及經濟循環存在低度相關性。

2. 獨占性／進入障礙高

由於基礎建設需要龐大的投資，進入市場的門檻較高，各國的相關企業多半為國營或公共事業，這樣的特性使得這些公司具有市場占有率與定價的優勢，高門檻的進入障礙也為基礎建設公司提供很好的屏障，有助支持基礎建設

產業的獲利穩定性。

3. **權益報酬率大於物價上漲率**

一些基礎建設資產具有對抗物價上漲的能力,例如:美國的收費公路一般都有費率計算公式(通常跟消費者物價指數掛鉤),可以根據物價上漲率調整定價,因此,在物價上漲的環境下,基礎建設資產可成為主要的受惠者。

4. **強勁且可預測的現金流量**

基礎建設多半屬於需要資金長期投入,因此屬於資產生命週期較長的投資,但也因此具有長期穩定且可預測的現金流量。

由於基礎建設事業向為獨占或寡占的產業,通常擁有定價能力,且相關設備完工後,所需的資本支出較低,因此,具有穩定的現金流入特性,根據瑞士聯合銀行估計,2000～2006年間,全球基礎建設事業每年股利殖利率幾乎都有3%以上,同期間全球股利殖利率僅1.5～2.5%,這種具高配息股特性的股票,在股市回檔時,往往也可以發揮其抗跌的穩健特性,成為投資人資金避險的標的。

5. **民營化趨勢**

為了提高效率,基礎建設產業正興起民營化風潮,對基金經理來說,民營化意味著可以投資的基礎建設股票變多了,基礎建設產業跟全球股票、債券以及能源產業的相關性都相當低,因此,投資組合加入基礎建設產業,不僅享有高配息投資概念,又可以達到分散風險的功能,是資產配置中不可或缺的穩健部位。

㈣**績效**

「牛皮不是吹的」,講了這麼久基礎建設相關產業的好處,那麼基礎建設基金表現如何呢?

1. **摩根士丹利指數**

摩根士丹利美國指數有10個產業分類指數,2005年公用事業指數漲幅25%,居第二,僅次於電信產業指數。

2. **理柏的分類**

在基金分類上並不易界定,在理柏環球分類中,大致可概分為「**公共事業**」(**utilities**)、「**基礎產業**」(**basic industry**)或其他類股票基金等三大類,有些基礎建設基金則隸屬於全球性、區域或單一國家股票型。

基礎建設產業指數

> 麥格里證券編製的麥格里全球基礎建設指數（MGII）與新興市場基建及發展指數（MEMIDI）、瑞士聯合銀行全球基礎建設與公共事業指數、摩根士丹利新興市場工業指數（含營建與基礎建設）

3. 基金

截至2007年5月底，全球有90支基礎建設基金，基金規模250億美元，其中又以投資於全球（近140億美元）及澳洲（近40億美元）等的基礎建設基金為大宗。而以原幣計價計算，全球基礎建設基金2007年以來到5月底止的平均績效達12.54%，近一年達38.03%，近三年則達96.04%。

亞洲基礎建設基金以澳洲發展較具規模，根據澳洲交易所（ASX）統計，截至2007年4月底，澳洲當地共有22支基礎建設基金，基金規模澳幣470億元以上，年複合成長率近35%。全球2007年以來至5月底止績效表現最搶眼的基礎建設基金為Spark基礎建設基金，報酬率63.18%，主要投資標的包括Powercor Australia、CitiPower和ETSA Utilities等三大電力公司。

4. 投資建議

選擇基礎建設基金時，最好挑選其投資標的具有穩定收益性，與該投資區域有具體國家基礎建設之施行。

二、公用事業基金（或道德基金）

公用事業基金（public utility fund）是以電力、天然氣等公用事業為投資對象的基金。

1. 商機

公用事業（**public utilities**）是指電力和天然氣的輸配公司、水資源產業等，政府允許這些寡占或獨占公司賺取合理公平的資本運用報酬率，並以此制定公用事業費率。至於在自由市場，會依供需狀況來決定電價，企業處在高度競爭環境，獲利也會有較大變化。

2. 投資對象——以電力公司為例

公用事業類股基金的主要投資標的在電力事業上，根據美國能源總署（BIA）預估，1992～2006年全球電力需求年成長率約3%，要是這樣的成長數字得以持續，到2030年時，全球電力的消耗量將會是2007年的二倍。

3. 績效

2000年以來，因政治或經濟事件所發生的股災中，摩根士丹利公用事業指數的表現比摩根士丹利世界指數抗跌。高股利與併購利多，一直是支撐公用事業類股股價的中流砥柱，預計這樣的趨勢將持續。

三、水力資產基金

2007年5月，大陸江蘇省無錫的太湖因暖化以致綠藻大量繁殖，污染水源。居民如蝗蟲般，一天內顧客買光商店內所有的包裝水，店家乘機調高售價，大賺一筆。由於地球暖化，越來越多國家（像澳洲）發生旱災。因此，水變成稀有商品，不再是廉價品。

㈠商機

在全球的水資源中，高達97.5%是屬於人類無法使用的海水與鹹水。剩下的2.5%淡水中，人類真正能用到的部分只占0.3%。水資源已是21世紀人類所面臨最重要的課題之一，根據聯合國發表的研究報告指出，全球十多億人無法取得安全的飲用水，而且每年平均有500萬人死於因飲水所引發的疾病，是因戰爭死傷人數的十倍。聯合國提出警告，如果人類仍然以今天的速度消耗水資源，到2025年時，水資源危機將蔓延到48個國家，至少有27億人將因嚴重缺乏淡水而面臨生存的威脅，同時住在難以取得淡水或無法應付淡水需求地區的人口將達50億人之多，占全世界人口數的三分之二。

新興國家的缺水危機，使得跟水資源相關的金融商品備受市場注意。商品大師吉姆‧羅傑斯也指出，水很有可能在2017年前，成為下一個「大宗商品」。有人甚至把水稱為「**藍色黃金**」（簡稱**藍金**）。美國智庫太平洋研究所估計，已開發國家大部分水資源基礎設施必須在20年內更換，排水系統升級的費用可能高達1兆美元。

㈡投資對象

水力能源基金投資對象涵蓋「跟水有關」（有稱為**水務處理**）的上市有價證券，國際知名水資源公司沃達（Veolia）估計每年全球水資源服務市場4,000億歐元、水資源處理設備1,000億歐元。

1. 基礎建設（水利工程）

主要是經濟部水利署的防洪、治水、南水北調（大陸），電力公司的蓄水庫、水壩，稱為水資源分配工程。大陸政府已於2006年通過開放外資投資大陸

股票，而香港股票錢江水利（600283.HK）公眾流通股的第一大股東，就是比爾‧蓋茲。

2. 公用事業

自來水公司負責供水、自來水管線更換。

3. 水利設備

甚至連生產淨水器的公司也屬於水資源行業，其他包括廢水處理公司（例如新加坡上市的凱發和金迪生物科技）、海水淡化公司。全球淨化用水市場規模高達3,650億美元，每年已開發和開發中國家並分別以4～5%以及10～15%速度成長。

㈢績效

美國彭博資訊於2003年8月12日，推出世界水指數，在2003年8月～2007年3月漲幅180%，不僅勝過當紅的新興市場指數（163%），即使是相關基金，報酬也多在206%以上，可見各國對水資源的需求與水力事業的建設，已成為推升水資源指數的一大力道。

㈣基金

水的有關基金不多，可分為直接相關和間接相關二種

1. 直接相關

直接的水基金不多，例如比利時聯合資產管理公司旗下的「全球水力能源基金」，投資標的包含美國和德國等已開發國家的水利相關產業，兼顧投資區域與產業風險。該公司的台灣基金總代理是康和證券投資顧問股份有限公司。水資源基金主要鎖定全球活躍於水資源產業的公司，包括公用事業、水處理公司、環境控制公司、工程顧問公司等。基金動能大都來自於高每股盈餘成長率（前五大持股的數字30%以上）的投資組合；基金中的新興市場股票及小型股表現相對突出。瑞士的皮克特資產管理公司（Pictec，全球十大私人銀行之一）旗下有2支水基金。

2. 間接相關

在投資標的中有包含水利事業等類股在內的基金，例如德盛安聯的綠能基金、美林的新能源基金、荷銀公用事業基金以及國泰投信的基礎建設基金等。

7-5 社會責任基金、道德基金、宗教基金

道德基金（**ethical funds**）的興起主要與宗教有關，全球首先提出道德原則投資的是美國貴格教會教徒，1785年時決定避開所有跟奴隸交易有關的公司，也拒絕投資「有罪的」活動，比如酒精、菸草跟賭博等相關產業。標榜「社會責任型投資」（**socially responsible investment**）或「永續投資」（**sustainable investment**）（相關指數例如道瓊永續性世界、歐洲指數等）。

社會責任基金（**social responsibility fund**）可分解為下列二個觀念。

1. 社會責任

　　企業的社會責任是指企業跟家庭、個人一樣，在社會中運作，所以必須善盡企業的社會公民義務。

2. 社會責任投資

　　企業進行的投資有考慮到環境保護、公益，那就叫**社會責任投資**（**social responsibilities investment, SRI**）。

一、社會責任基金

社會責任基金（**social responsibility fund**）是指以注重社會責任的公司為投資對象的基金，由表7-10可見，這類基金要不沾「酒色財氣」，至少要做到「諸惡不做」，甚至要「好事做盡」。簡單的說，許多國家（像美國、台灣）每年都會票選出最受尊崇的企業，盡社會責任環保與公益、員工福利，是五大評審項目中的三項。

1. 道德基金vs.邪惡基金

　　如果你覺得社會責任太抽象了，那至少，它指的是表7-10中不沾「酒色財氣」，即不賺「不義之財」，賺的是「良心錢」。

2. 宗教基金比較玄了！

　　各種宗教最基本的教義是「勸人為善」，此符合社會責任中的公益此一最高境界。宗教基金（**religion fund**）是指不投資違反投資宗教信仰或道德觀念的企業，宗教基金成長速度很快，據北美門諾派教會的共同基金分支機構MMA Praxis投資主管雷吉爾表示，通常跟有組織的教會有關，教友可依自己信仰和道德價值觀，選擇投資標的。

宗教基金大行其道的原因很多，新約信託公司（New Covenant Trust）投資長魯伊（George Rue）認為，或許最重要的原因是投資人尋求的不只是財務上的報酬。他說：「有些人可能會說這只是一時的流行，但我寧願相信很多人（尤其是年輕人）更關心這個世界，而不是一心只想著賺大錢。」[1]

▌表7-10　社會責任基金跟邪惡基金比較

範圍	基金與投資產業
一、諸惡不做，甚至好事做盡	社會責任基金
1.公益	
2.環保	・綠能：詳見§5.4
	・節能：例如LED相關產業
3.員工福利、工廠安全	・符合環保要求的：例如歐洲RoHS、IEEE
二、「酒色財氣」	邪惡基金（或不道德基金），詳見§9.3，投資於下列行業。
1.酒	・菸酒公司
2.色	・股票上市的妓院、色情書刊（例如花花公子）
3.財	・賭場（casino）
4.氣	・國防工業做出殺人武器

二、這種基金值得長抱

社會責任基金最受人質疑的，通常是報酬率不如其他主流基金。一些專家認為，因為社會責任基金不投資某些賺不義之財的公司，一年下來投資報酬率可能少一二個百分點，長期下來差距也就越拉越大。

1. 相關指數與績效

在美國，跟社會責任有關的主要指數至少有下列2支。
・道瓊社會責任指數（Dow Jones Sustainability World TR）
・英國富時全球永續指數（FTSE4 Good Global TR）

英國第三大基金公司木星資產管理公司很注重此項投資，甚至設立社會責任投資部，該公司認為，歐美市場2008年的波動度相當大，但在所有的類股中，跟社會責任投資有關的潔淨能源、水資源與大眾運輸等類股，表現都相對抗跌。

---

[1]　《經濟日報》，2007年5月1日，B4版，廖玉玲。

股票基金Part I：導論與收益型股票基金

2. 基金規模太有爭議了

　　社會責任基金並不像組合基金、中小型基金一樣可以望文生義，必須從其公開說明書（聽其言）、持股明細（觀其行）才能判斷。如此一來，主觀意識便很濃重，因此基金規模的統計數字高低差就很大，本書不予討論。

3. 基金績效

　　邏輯來說，社會責任基金投資於善盡企業的社會公民責任的公司，後者都是殷實的百年老店，備受尊崇，可說是大型績優股。因此**社會責任基金屬於收益型股票基金**。

　　巴克萊國際投資公司在2005年初創設全美第一支企業社會責任指數型基金「iShares KLD社會責任ETF」，迄2008年企業社會責任指數型基金已增加為6支，總規模535億元。

　　晨星資料庫並無此分類，因此據理柏資訊的分類，台灣共有5支道德基金，包括：荷銀社會及環保貢獻基金、木星生態基金、KBC二支生態基金、瑞銀全球創新趨勢股票基金。像英傑華歐洲社會責任股票基金雖然取名社會責任基金，卻未列在道德基金裡，主要是不符合理柏對道德基金的定義。

第 8 章

股票基金Part II：
指數型基金

外資持有上市股票，占上市台股總市值的30～35%，而外資持有店頭市場股票市值占總市值比重僅10%、11%，有很大的成長空間；加上外資交易比重才5%，低於集中市場約兩成多的外資交易比。因此櫃買中心推動公司治理指數與ETF，希望提高外資投資店頭市場股票的動能。

——吳裕群

櫃檯買賣中心總經理

《經濟日報》，2008年5月9日，C1版

本章專門討論股票基金四大類中的指數型基金，尤其是證交所指數型基金。

8-1 風險分散型股票基金

股票基金大部分採取精兵主義，即持股很少超過20支股票，基金經理常以「集中持股」、「重點攻擊」、「精選」（focus）等來形容此種選股策略，相對來說，要是沒矇對，那麼投資風險也比較高。相形之下，風險分散型基金可說偏重於基金第一大功能，即「風險分散」，而主要是透過產業、持股的分散來達到目的。

一、風險分散型基金的種類

這類基金以風險分散為目標，即使只投資單一股市，持股仍非常分散，這類基金在股票基金中屬於稀有動物，至少有下列二種類型，詳見圖8-1。

1. 其他風險分散型基金

    指數型基金（index fund）以外的風險分散型基金，要求的規格不像指數型基金，一定 要長得跟指數神似，只要像就好，這類基金光從名字就很容易看得出來，因為持有30支股票就夠分散了，所以基金名字中有「30」、「50」的大抵表示其持股數目。

2. 一般指數型基金

    在台灣，一般指數型基金已經絕跡，只剩下證交所指數型基金（exchange trade fund, ETF），為了節省篇幅起見，報刊索性把後者簡稱為指數型基金。

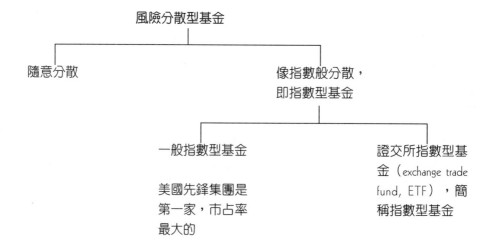

◢ 圖8-1　風險分散型基金的小分類

二、風險分散型基金的優點

指數型基金看似不用花腦袋，基金公司似乎沒有多大貢獻，但是卻能獲得許多投資人青睞，原因有二。

㈠消極投資避免弄巧成拙

馬基爾（Burton Malkiel）是消極投資理論普及化的先驅，他是普林斯頓大學經濟學教授，是柏格創辦的基金管理公司先鋒集團董事，先鋒集團是指數型基金市場領導者。馬基爾的《漫步華爾街》（*A Random Walk Down Wall Street*）一書，已賣出100萬冊以上。他主張，幾乎不可能持續打敗大盤，尤其積極投資，還須支付各項交易成本，更加困難。

既然採積極投資的基金的績效不持續，於是有些人認為只要順勢去做，美國股票指數長期約上漲8%，長期投資，積沙也可以成塔。指數型基金受退休基金、校產基金青睞之原因，主要是其績效表現貼近指數，具備績效容易掌握、持股透明度高、風險分散、成本低，以及交易所掛牌交易等優點。因此指數型基金成為退休金投資人資產配置的理想對象。

由表8-1可見，越來越多的退休基金（在台灣叫做勞退基金）以指數型基金為核心資產。

表8-1　指數型基金漸紅的原因

投資方式 持股性質	消極 （被動）	積極 （主動）
衛星（占資產比重30%）		√，投資於各股
核心（占資產比重70%），例如2007年，美國的退休基金約50%採取指數化管理	√，以指數型基金為主	

㈡指數型基金成本低廉

指數型基金的優勢來自於成本低，這又包括下列二點。

1.　基金管理成本低（反映在基金管理費）

指數型基金（**index fund**）採取消極投資方式之一的指數複製，採取現成軟體來挑選股票，以建立跟標竿指數95%（以上）像的投資組合，不需要養一批研究員去做基本分析、技術分析。甚至基金經理的重要性也很低，因為**基金**

幾乎可以說靠電腦全自動管理，投資人當然不需要擔心明星基金經理離職。

2. **基金股票交易成本很低（反映在淨值）**

　　指數型基金持股比率幾乎達百分之百，如此才可以跟指數同幅振動。除非選股變化、基金規模增減，否則基金不會進行股票交易。由於基金周轉率很低，可省下可觀的交易成本。

㈢適合投資情況

　　貝萊德集團台灣區主管張凌雲指出，在歐、美、日等成熟市場中，資訊傳遞快速，市場透明度高，布局指數型基金就可以掌握市場報酬。在效率較差的市場中，指數型基金就不見得是最佳選擇，主要是「權值因素」。舉例來說，俄羅斯尤克斯（YUKOS）石油公司占股市權重達四分之一，該公司股價從2003年的15.95美元，跌至2005年1月的0.5美元，主動式操作的基金可以把該檔股票剔除；但被動式管理的指數型基金，礙於權重因素，卻得持續持有。[1]

三、指數型基金的發明人：約翰‧柏格

　　1949年時，美國基金業還是微不足道的行業，約有100支基金，約20多家基金公司，大部分基金公司設在波士頓，管理的資產約20億美元，約占美國家庭儲蓄的1%。

　　世界上第一支指數型基金先鋒500指數型基金（Vanguard 500 Index Fund，一開始的名稱是First Index Investment Trust）是1976年柏格（John C. Bogle）創設的，指數型基金的投資觀念也是他念大學時想出來的。看看柏格寫學士論文的經過，可以看出他21歲時，就形成20世紀一些最重要的投資理念，下面是他對當時情況的自述。

　　「1949年12月一個晴朗的日子裡，我坐在普林斯頓大學汎世通圖書館，當時我大三，想決定大四學士論文的題目，身為經濟系學生，我希望寫一篇題目從來沒有人寫過的論文。

　　我打開一本《財星雜誌》，看到一篇探討基金業的文章，篇名叫做〈波士頓錢多多〉，當時我從來沒有聽過基金業。上面的文章指出，基金業很小，但爭議很多，我立刻知道我不想寫馬克斯、亞當‧史密斯或凱因斯，因為很多人寫過他們了。

---

① 《經濟日報》，2005年2月22日，B5版，俞蘋。

寫論文的過程中，我對基金業做了很多研究，採用基金紀錄中軼事性的證據。就我細心研究六支基金的投資績效後，得到的結論是『基金不能宣稱績效勝過大盤指數』。

論文針對基金提出很多處方，不但有將來創設指數型基金的概念，也有創設先鋒公司（Vanguard Group）的概念。（這名字來自英國納爾遜將軍的旗艦，在埃及打敗法國拿破崙的艦隊。）

我指出共同基金應該降低銷售費與管理費，應該注意主要功能——管理，不該注意所有周邊事務，基金應該以最有效率、最誠實、最經濟的方法管理。」

這篇論文共有123頁，篇名叫〈投資公司在經濟上的角色〉（The Economic Role of the Investment Company），認定當時還在嬰兒期的基金業一定會躍進，藉著促進經濟成長、促使散戶與法人分享成果果實。文中批評基金業的缺失，提出幾點至今仍然擲地有聲的重要觀念。包括以效率、誠實與坦白服務投資人，推動創新，開發新基金，開拓法人市場；節制過度宣傳；以及選擇投資時，把成本當成最重要的因素。

結果這篇論文深獲好評，得到A+的成績，讓柏格總成績提高，以優異的學業成績畢業，進而踏入這一行，成為業界領袖。[2]

 先鋒500指數型基金小檔案

從這創新中，還衍生出許多指數型基金，例如交易所股票基金，都可以說是柏格帶給世人的福澤。

柏格不只在股票基金上迭有創新，在債券投資與基金管理及其他方面，也有卓越貢獻，在債券基金被人視為瀕臨絕種生物、全美國只有十支債券基金時，居然成立新的債券基金，然後多所研發，推動債券基金投資革命，終於使債券基金成為投資主流之一。

他1975年創設的先鋒集團（Vanguard Group），經過30年的發展，變成世界最大的共同基金公司之一，管理的資產一度超過1兆美元，跟富達集團爭奪世界最大基金公司的榮銜，互有勝負。

先鋒500指數型基金跟著名的麥哲倫基金也激烈競爭世界最大基金榮銜，

---

② 摘修自《經濟日報》，2006年2月23日，B3版。

過去麥哲倫基金靠著彼得‧林區的號召，穩居世界最大基金寶座，但隨著投資人瞭解指數型基金的優點，先鋒500指數型基金聲勢日盛，麥哲倫基金卻苦於規模太大，操作不易，績效難以提升，終於被先鋒500指數型基金比下去。2000年11月時，規模1,000億美元，全球最大。

考慮富達集團早在1946年就創立，比先鋒早了29年之多，先鋒集團在這麼短的時間裡，有這麼大的發展與成就的確可以說是不同凡響。

柏格的貢獻和成就如此驚人，難怪《財星雜誌》1999年把他選為20世紀對投資業最有貢獻的四大巨人之一；美國固定收益分析師協會（Fixed Income Analysts Society）也在1999年，把他選入固定收益投資名人堂；2004年，《時代雜誌》把他列入世界上100位最有力量和影響力人物的名單。

8-2 證交所指數型基金導論

指數型基金在基金市場占率約一成，因此本書以一章篇幅來介紹。

一、拆解專有名詞──大易分解法的運用

‧證券交易所（stock exchange）

例如台灣證券交易所（Taiwan Stock Exchange, TSE）、紐約證券交易所（New York Stock Exchange, NYSE）。

‧交易（trade）

這個字不宜解釋為交易，因為只要是封閉型基金都是透過證交所買賣。指數型基金比較像廣播、電視、大哥大頻道，頻道是有限的，由國家通訊委員會（NCC）予以拍賣。同樣的，證交所編製某一種指數，再把它發行基金的權利拍賣，據以賺取權利金。

・共同基金（fund）

共同基金（mutual fund）往往只講其中一個關鍵字「基金」。

1. 中文譯詞：指數型股票基金

證交所把它翻譯為「指數股票式基金」，簡單地說，就是「以股票方式交易，獲取指數報酬的基金」。不過，在第三段時，會指出國外的指數型基金連接的指數有黃金、商品、債券等指數，因此在本書中我們把ETF翻譯為指數型基金，要是投資在股票，則稱為「股票」指數型基金，其餘同理可推。

2. 證交所指數型基金就是指數型基金之一

有一些人這樣說：「某某ETF績效永遠打敗指數」，好像想把該基金塑造成美國連續15年打敗大盤的米勒一樣。由圖8-2、表8-7可知**寶來卓越50是大型績優股指數**、富時100是中型績優股指數，就跟美國芝加哥公牛隊籃球隊12人中，從其中挑出一線五位球員，這些球員平均身高198公分，當然會比全球平均身高195公分高。

同樣的，大盤700支股票，就獲利來說，有績優、績中與績差，績差股票在多頭市場時甚至還跌跌不休；拖累了大盤。

卓越50指數由大型績優股組成，其中並沒有滷肉腳，如果有，就會被踢出，換一隻勇腳馬進入成分股。跌時重質，縱使碰到空頭市場，績優股本質較佳（主要指本益比或股價淨值比較低），跌幅較少。

3. 為什麼跟證交所扯上關係？

把指數轉換為指數型基金的發行過程中涉及許多法令規範，需要證交所出來打通關，因此就跟證交所扯上關係了。

二、從股票起頭的指數型基金

1. SPDY──標準普爾500種指數

指數型基金最早起源於1989年的加拿大多倫多證交所推出的TIPS，但沒有獲市場重視。真正把它發揚光大的始祖，則是1993年由道富環球投資顧問（State Street Global Advisors, SSgA）與美國證券交易所（AMEX）合作推出，以標準普爾500種指數為標的指數的SPDR（Standard & Poor's Depositary Receipts，代碼SPY）。其績效詳見表8-2。

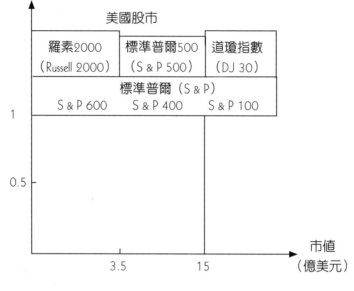

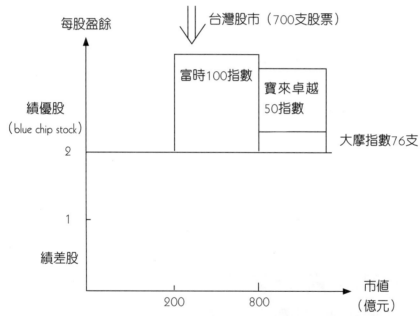

🖋圖8-2　指數種類與指數型基金

　　由於它的發音和「蜘蛛」（spider）一樣，因此市場就以「蜘蛛」來暱稱這支基金，其股價約僅為標準普爾500種指數的十分之一（即指數除以10），每單位價格約140美元。想參與指數表現的投資人，只要花上區區4,000多元，就可跨出投資全美前500大企業的第一步。

　　SPDR是全球市值規模最大的指數型基金，資產規模高達652億美元，且這隻大蜘蛛還衍生出許多小蜘蛛。後來又相繼推出中型股「蜘蛛」（Mid Cap

SPDR），和以基本工業、消費性產業、服務業、運輸業、能源、金融、工業、科技、公用事業等各種分類指數型基金。

▌表8-2　指數、一般與指數型基金績效

標的名稱	一年 （2006年）	三年 （2005～2006年）	五年 （2001～2006年）
標準普爾500種指數	15.79%	34.70%	35.03%
先鋒500種指數基金	15.64%	34.19%	34.26%
SPDR	15.20%	33.68%	34.38%

資料來源：雅虎金融與先鋒（Vanguard）網站，截至2006.12.31

 ETF之父摩斯小檔案

• Nathan Most

功績：在美國證交所（AMEX）總裁任內，花三年來發明指數型基金。

經歷：自美國證券交易所總經理退休後，出任巴克萊國際投資公司董事暨指數股票型基金iShare公司董事長。

得獎：2000年時《*Smart Money*》雜誌推選為全球前30位最具影響力的投資人物。

• SSgA

美國道富環球投資管理公司，是道富集團（SSgA）旗下子公司，全球最大的保管銀行。管理資產規模6兆美元

2.　QQQ那斯達克100指數基金

交易最熱絡的指數型基金是美國證交所跟那斯達克證交所於1999年合作發行的Nasdaq 100 Index Tracking Stock（代碼QQQ），持有QQQ的投資人，等於持有所有那斯達克100指數（NDX），詳見表8-3。

美國證交所跟道瓊公司合作，在1998年推出以極富指標意義的道瓊工業平均指數（Dow Jones Industrial Average，即道瓊指數）為標的的指數型基金──「鑽石」（Diamonds），跟SPDR、QQQ並列全球三大經典指數型基金。

表8-3　TTT & QQQ比較

項目	QQQ	TTT（寶來指數50基金）
最小交易單位	1股	1,000單位
交易幣別	美元	台幣
代碼	QQQ.US	0050（台灣卓越50）
成立日	1999.10.3	2003.6.30
管理費	0.2%	0.32%
追蹤標的指數	那斯達克 100 Index	台灣50指數
跟標的指數連動關係	1/40	1/100

3. 日本

日本於1995年推出第一支指數型基金，2007年約14支，基金規模330億美元以上，主要以連結日經225指數為主。

4. 香港盈富基金（TraHK）──香港恆生指數的指數型基金

香港證交所從1999年11月起推出指數型基金，有9支掛牌，主要連結標的指數為恆生指數、上海A股指數、恆生國企股（H股）指數，其中第一支也是最大的是香港盈富基金（TraHK）。

香港盈富基金是全球指數型基金中市值第八大的，源起是在1997年8月，香港金融市場受到投機性攻擊，嚴重影響市場穩定，港府為了反制索羅斯基金的賣空，動用了150億美元，買進了33支恆性指數成分股，雖然成功擊退投機客，但也換得滿手股票。港府為了減持大量官股，又要避免對次級市場產生過大的衝擊，於是透過發行盈富基金的方式出脫持股，把滿手官股在不影響股市的情況下回流市場。盈富基金在短短的時間內即創造出不錯的資產規模，除了港府還富於民的構想，在推行之初投入了極高的行銷費用外，港府以優惠的價格吸引投資人購買基金的意願，也是其成功的重要因素之一。

5. 跨國股票的指數型基金

2000年3月，美林證券推廣自行設計的包裹型指數型基金，其設計方式是組合市場中的熱門股票或跨國性的特定產業股票組合。

6. 槓桿型指數型基金

全世界第一支財務**槓桿型**指數基金「**Ultra ProShares**」出現於2006年6月，由美國資產管理公司ProShares推出。舉例來說，「ProShares Ultra Dow 30 ETF(DDM)」，提供投資人挑戰道瓊指數二倍報酬率的機會。當道瓊指數當日的升幅為1%，DDM當日漲幅可達2%；反之，道瓊30工業指數下跌1%，DDM跌幅便可能擴大至2%。

ProShares是採取不同的交易策略來達到財務槓桿倍數的效果，除其連結指數的成分股票外，財務槓桿型ETF也投資其他的衍生性金融商品，來達到其財務槓桿的效果，例如：選擇權、期貨等。

槓桿型指數基金商品的優點是提供投資人可以較簡單、較少的資金，達到財務槓桿的需求，而不需付出額外的融資成本，例如：保證金等，所以對勇於追求短線績效的投資人是一項非常好的投資工具。

缺點則是，槓桿型在長線上無法消除追蹤指標誤差的問題，再者，由於這項商品對於大多數的投資人仍屬陌生，目前交易量不大，有流動性的問題。槓桿型屬於高風險的投資商品，對於投資新手來說，算是難度較高的投資工具。

三、延伸到股票以外資產的指數型基金

只要有指數，就可推出相關的指數型基金，由於三個超級資產分類皆有相關指數，「萬事俱備只欠東風」，只要行情來了，就有基金公司會順勢推出相關指數型基金。本節依推出時間順序介紹屬於資產分類中分類層級的債券指數型基金與超級資產層級的商品指數型基金。

㈠債券指數型基金

2002年全球第一批固定收益證券指數型基金有下列幾支。

- ・iShare雷曼1～3年政府公債基金（SHY）
- ・iShare雷曼7～10年政府公債基金（IEF）
- ・iShare雷曼20年以上政府公債基金（TLT）
- ・iShare高盛投資級公司債基金（LQD）

㈡商品指數型基金

1. 黃金、白銀指數型基金

2004年11月，道富跟世界黃金協會（World Gold Council）推出全球第一支以黃金為投資標的的StreetTracks Gold Trust（GLD），發行價格為0.1英兩的金條，上市首週即吸引近14億美元資金。

2006年4月，全球第一支白銀指數型基金──iShares Silver Trust（SLV）問世。

2. 綜合性商品指數型基金

如2006年2月發行的「德銀商品指數基金」（DBC.US），追蹤指數主要

依據全球六種流動性佳的商品的衍生金融商品合約所編製，其中55%投資於低硫石油及取暖用油，22.5%投資於鋁與黃金，最後22.5%則投資於投資大師吉姆‧羅傑斯強力推薦的農產品——玉米以及小麥。

3. 石油指數型基金

石油指數型基金，例如下列。

(1) 美國證交所

OIH：Oil Service Holdrs

(2) 那斯達克股市

‧石油RRFE

‧石油天然氣PXJ

4. 水指數型基金

在美國掛牌的水資源指數型基金計有4支。

四、基金市場有多大？

指數型基金1993年上市，基金規模5億美元，2000年突破500億美元，2005年則達4,000億美元。截至2008年4月，全球已經有1,300支指數型基金發行，並於41個證交所掛牌上市，基金規模達到8,000億美金，成長速度相當驚人，詳見圖8-3。其中，美國基金規模為6,000億美元，主要投資人是**退休金（401K計畫）**，共發行了629支，市占率71%。而歐洲發行299支，總資產規模1,360億美元，市占率約16%，歐美市場就占了全球市場九成。

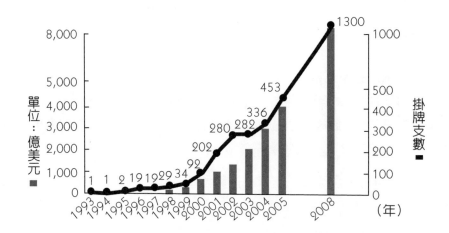

圖8-3　全球指數型基金成長規模

資料來源：摩根士丹利證券

1.　歐洲市場

　　1995年，歐洲跟進推出指數型基金，由巴黎、布魯塞爾、阿姆斯特丹三大證交所合併而成的Euronext，成立了專門買賣指數型基金的NextTrack，並賦與指數型基金一個新名稱——Tracker。

2.　二大資產管理公司

　　全球約有30家基金公司發行指數型基金，較大的有巴克萊投資管理公司和道富兩家資產管理公司，市占率分別約為24%與34%。

　　巴克萊投資管理公司為英國巴克萊集團旗下子公司，該公司由資產管理人的角色跨入本市場，管理的WEBS與iShares，多為「基金形式」，擁有較多的管理彈性。道富為美國道富集團旗下的子公司，由保管銀行起家，所管理的指數型基金則多屬「單位投資信託」（**unit investment trust**）。

表8-4　指數型基金發行人比較表

發行人	ETF	特色
巴克萊	iShares、WEBS……	管理支數最多，類別最齊全，由資產管理人的角色跨入指數型基金市場，管理的基金多屬「基金形式」
道富（SSgA）	SPOR、QQQ……	基金淨值市場占有率最大，由保管銀行起家，所管理的指數型基金多屬「單位投資信託」

8-3　指數型基金的發行與套利

　　指數型基金的發行很有特色，也是券商的一種投資方式，因此有必要在本書中討論。

一、投信發行指數型基金的申請

　　2007年7月26日，富邦投信向台灣證交所遞件申請「台灣摩根指數」、「台灣發達指數」及「台灣金融指數」等三支指數的授權，在年底推出母子基金。

㈠投信的能力

　　指數型基金的發行人（**sponsor**）為本國投信，發行人在首次發行時，需負責交易制度的建立，包括創造買回的程序、收費方式等，發行投信（簡稱投信）必須充分了解指數型基金運作機制，才能讓每個環節的參與者達到多贏的局面，進而促

進市場發展。

在發行後，投信需負起投資組合管理人的角色，決定管理能力優劣的關鍵就在於指數基金的管理能力，包括對應指數成分股有所變動時的調整、基金會計，以及配息作業等等。其中最困難的部分在於當出現股票除權、除息、員工分紅等公司活動，影響成分股權重時，基金的投資組合應如何對應調整、多久調整一次，才能在成本考量與追蹤誤差之間取得平衡，以確保基金的報酬不致偏離指數報酬。擔任發行投信的風險在於，當管理指數基金能力不足，導致追蹤誤差過大，或成本管理缺乏效率時，以致該基金不受投資人青睞，那麼基金規模逐漸縮小，以致投信虧損。

發行投信（sponsor）小檔案

資格	跟國外有經驗的資產管理公司合作的本國投信
功能	1.首次發行時交易制度之建立。 2.發行後擔任管理人角色如下。 　(1)成分股的適時調整以追蹤指數報酬 　(2)基金會計 　(3)配息作業
營收來源	基金管理費（management fee）
獲利大小決定因素	1.總發行量規模 2.成本管理
擔任發行人的優點	1.基金規模增加 2.可發展指數型組合基金
應具備的能力	1.新商品經營能力 2.管理指數型基金的經驗或能力

資料來源：BGI、復華投信提供

・循跡誤差要小

指數型基金表現並不會100%緊貼指數，「**追蹤誤差**」（**tracking error**，或**循跡誤差**）過大（超過1%），基金經理必須花成本（買A股、賣B股）去調整。

（二）投資顧問

投信必須聘請具有實際發行經驗、管理資產規模2,000億美元的海外資產管理公司擔任顧問，例如道富環球投資以及巴克萊投資管理公司。

二、發行方式（即初級市場）

指數型基金發行方式跟一般基金略有不同。

㈠一般基金的發行

一般基金發行時，先打廣告向不特定大眾募得資金後，把資金存放於保管銀行，同時發放受益憑證給投資人，接下來，由基金經理依公開說明書載明的基金投資特性，在股票市場買進股票，建構投資組合。

㈡指數型基金

由於指數型基金要追蹤指數表現，如果以一般基金的方式發行，將造成布局時期基金報酬跟指數報酬產生差異，因此並不適用。指數型基金則是以**種子資金**（**seed capital**）的方式為之。

以台灣50指數為例，基金初次發行時，參與券商需先自備種子資金，於股市中買進指數的成分股，把成分股交給發行投信，換得受益憑證，交易數量最少要有50萬單位，約1,700萬元，詳見圖8-4。掛牌之後，再透過交易市場售與投資人。為了避免發行之初，基金資產規模因贖回而縮水，通常發行投信跟參與券商會協議一段不得贖回的凍結期（例如6個月），以利於基金發行初期對投資人的教育以及市場的推展。

㈢參與券商

參與券商又稱為**指定券商**（**authorized participant**, AP；或 **participating dealer, PD**，簡稱券商），在基金初次發行時需提出種子資金，在市場上買進成分股，跟投信換受益憑證後賣給投資人；發行後擔任實物創造買回的中介者，並以套利活動消弭基金交易市場交易價格跟基金資產淨值（NAV）間的折溢價。

參與券商的風險在於，如果在發行初期，投資人興趣缺缺，交易市場流動性不佳，或成交價下跌，而券商跟投信約定的凍結期內（通常為6個月）又禁止買回，將導致券商的基金部位產生損失。解決的方法下列有三種。

1. 事先找到願承接的法人降低需持有的部位。
2. 利用期貨市場避險，當受益憑證的投資組合沒有指數期貨時參與券商只好利用台指期貨進行交叉避險，但是避險效果較差。要是有指數期貨，還要擔心期貨市場流動性是否夠高；凍結期的風險管理將是對券商通路能力與避險技巧的考驗。
3. 慎選發行時點，以募集基金的經驗來看，要是能在多頭時推出基金，比較容易

讓投資人接受。

仿照興櫃股票,在其交易構架中加入**造市者**(**market maker**)機制,以加強指數型基金流動性。

參與券商的好處有二。

1. 基金交易手續費與買賣**價差**(**trading spread**)等直接營收與套利(詳見表8-6)。

2. 最大的誘因在於未來相關商品的商機:在基金成功推行後,自營商可進一步發行基金認購權證。在**發行市場**只能透過券商買回,因此要是其他自營商也想發行基金認購權證,避險部位需在次級市場購得,或在交易市場透過券商以實物創造。直接在交易市場買進,由於金額過大,容易影響成交價,使整筆購入成本增加;要是透過參與券商以實物創造,則必須支付券商手續費,而券商可直接向投信進行買回,因此券商在認購權證避險部位建立的彈性與成本優勢,都會高過其他券商。

在金控體系下,如果旗下銀行發行以基金為標的的結構式債券(structured notes),或保險公司發行基金連動的投資型保單,金控旗下的券商又擔任參與券商時,就能把創造買回手續費成本內部化,同時推出商品的機動性也會高過其他對手,搶得市場先機。

參與券商(authoriged participant, AP)小檔案

資格	具自營商資格的券商
功 能	1.首次發行時提出種子資金 2.中介者角色:初級市場創造贖回 3.價格平衡活動:套利以消除淨值跟成交價之間的價差
獲利來源	1.初級市場實物創造贖回手續費 2.套利收入 3.如果擔任次級市場造市者,則可賺取買賣價差。
獲利大小決定因素	基金交易量
擔任參與券商的優點	1.提高經紀部門手續費收入 2.發展指數型基金相關商品上具有優勢
應具備能力	1.新商品操作能力 2.通路能力

資料來源:元大投信

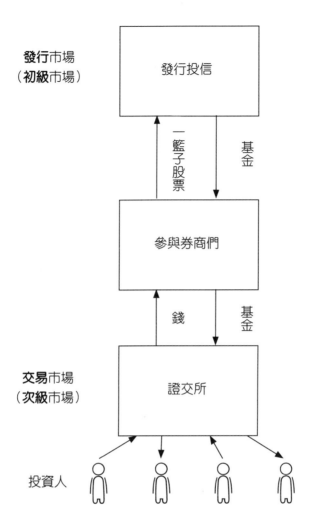

發行市場
（**初級**市場）

一籃子股票

基金

參與券商們

錢

基金

交易市場
（**次級**市場）

證交所

投資人

圖8-4　指數型基金的發行與交易市場

三、股市中小額交易

　　投資人只要在證券公司開立集保劃撥帳戶，就可像股票一樣下單交易指數型基金。證交稅只有股票的三分之一，券商手續費則跟股票相同，詳見表8-5。基金掛牌當天就立即能融資融券作信用交易，且盤中每15秒，證交所就會回報一次淨值，讓投資人可在交易時間內的任何時間點都能快速得知該淨值變化。

表8-5　指數型基金跟其他封閉型基金比較

基金 項目	指數型基金（ETF）	封閉型基金
一、券商手續費 　1.買進	跟股票相同（0.1425%）	同左
2.賣出	證交稅0.1%	
3.信用交易	可，平盤以下可融券	－
二、證交稅	0.1%	0.1%
三、基金費用 　1.管理費	0.2%	1.2%
2.銀行保管費	0.05%	0.15%
到期日	無	無，除非清算
基金規模	波動，可追加	固定
折價幅度	比較不會，因盤中隨時公布每股淨值	8～20%
零股交易	申報時間為交易日下午1：40～2：30，於下午2：30集合競價。申報價格及漲跌幅與當日普通交易相同。	
升降單位	50元以下為0.01元；50元以上為0.05元（即只有股票的10分之一）	
收益分配	自本基金成立日起，至收益評價日（每年10月31日）止，基金累計報酬率大於標的指數累計報酬率達1%以上，基金公司應對受益人為收益分配。	
有無憑證	無實體憑證，由集保登錄	

四、交易市場中的大額交易──基金跟現股間的套利交易

在發行、交易市場時，只要基金淨值跟一籃子（**即成分股**）股票股價有「**顯著差距**」（指扣除交易成本後還有利可圖），則大額投資人可透過券商進行套利交易，當然，券商也不會閒著，有利可圖時一定會爭先恐後賺投信的錢。

這個套利機會、交易策略很簡單，詳見表8-6，只是有一些專有名詞：創造機制、買回機制、一定數量、實物申購買回清單。

五、基金跟期貨間套利

富邦投信台灣科技指數型基金基金經理游景德指出，有些自營商、外資與大戶，觀察到指數型基金價格出現折價時，就會透過買基金、放空指數期貨，賺取價差，尤其，自營商因具備交易成本低的優勢，只要**折價空間在0.5%，透過程式交易立即鎖定價差套利**。這種套利現象，在卓越50（0050）、中型100（0051）和科

▌表8-6　指數型基金跟現股間的套利交易

套利機會狀況	參與券商的套利策略
基金　＞　一籃子股票 淨值　＜　價格 （NAV）	・券商買進一籃子股票（稱為**實物申購**）向投信換「一定數量」基金→創造「機制」（或程序） ・券商拿基金請投信買回（稱為**實物買回**），拿到股票後，賣掉股票→買回機制（或程序）
	證交所下午6：00公告前一營業日創造基數清單的股票組合與現金差額，供參與券商參考。 「一定數量」是進行申購買回程序的最小單位，稱為「實物申購／買回基數」。 投信訂定實物申購／買回基數，每日公布實物申購**買回清單**（portfolio composition file, PCF），申購、買回只能以此基數或其整數倍進行，並且只能以實物股票形式透過券商進行。

技（0052）都可以看到，觀察券商進出表，當市價跟淨值間折價一出現，券商的動作就相當積極，於是交易量就會放大。

　　想利用指數型基金進行套利，必須具備以下三項要件。

1.　市價跟淨值出現折價，折價幅度超過0.5%。

　　　　根據富邦投信追蹤台灣科技指數型基金跟電子期貨之間的走勢分析，兩者關聯係數高達98.6%，差距在0.1～0.2個百分點，詳見圖8-5。

2.　電子期貨必須出現正價差。

3.　最好透過程式交易運作，以免手腳不夠快。由於台股波動性大，基金折價幅度變動性不小，往往一二分鐘時間，折價幅度就不見了，所以投資人想要套利，必須眼明手快，最好尋求券商程式交易的協助，以竟其功。

　　想套利賺錢也需要有一筆大資金，利用富邦台灣科技指數型基金套利，至少需要2,000多萬元，獲利約10多萬元，獲利幅度僅0.5%。[3]

---

③　《工商時報》，2006年10月11日，C4版，蔣國屏。

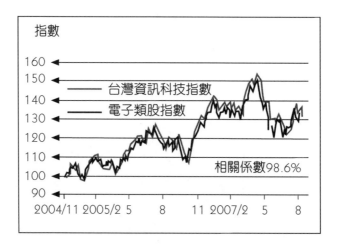

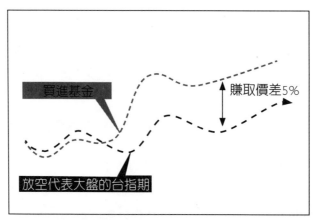

圖8-5 台灣資訊科技指數及電子類股指數走勢圖

8-4 台灣的指數型基金——兼論寶來卓越50指數型基金

台灣的指數型基金2003年年中才上路，以產品壽命週期來說，前二年是導入期，其正處於成長期。

一、證交所當莊家

誰都可以編股價指數，只是如果有公權力介入，那麼就如虎添翼，指數型基金這個字是指由證交所來編製指數型基金，至少是在證交所交易的封閉型基金。

1. 證交所把自己當成國家通訊傳播委員會

以證交所編製指數，讓投信們來投標，針對某種指數去開發指數型基金、

期貨、選擇權等。證交所把自己當成國家通訊傳播委員會（NCC），針對有限的波段資源，讓許多電視公司、廣播電台甚至電信公司來申請。

2. 一支基金對一種指數

為了避免僧多粥少的資金排擠效應，證交所參考國際慣例，每一種指數只委託一家投信發行一支基金。

2002年12月11日，跟寶來投信合作的道富環球投資管理公司亞洲區總裁杜漢文指出，一支指數只發行一支指數型基金，或許市場會有壟斷疑慮，但事實上，指數型基金屬於基金的一種，它本身必須跟其他基金競爭，因此沒有「獨大」問題。根據其他市場經驗，指數型基金收取的管理費率不能太高，否則無法吸引投資人青睞，規模無法擴大，要是授權二三家投信發行同一指數型基金，投信將因無法達到經濟規模，使得總費用率無法降低，形成一個惡性循環。

或許會有人質疑，同一支指數發行二支指數型基金，市場在互相競爭下，管理費率能降低，並可刺激市場成交量。每家投信在發行基金時，所投入的推廣、保管以及律師顧問等費用都有一定，根本降不下來，甚至為應付市場競爭，投信的宣傳成本還有墊高可能。從固定成本考量，應該是基金規模越大，投信才可把管理費率壓得越低。

以歐、美市場為例，美國只有像標準普爾500以及標準普爾400中型股這樣涵括龐大的指數，有超過一支的指數型基金與之連結，但是跟標準普爾500種指數連動的蜘蛛和埃雪二支指數型基金發行時間，相隔七年之久；而跟標準普爾400種指數連動的一支基金，前後發行時間也相隔五年。

在日本的發展雖然相當迅速，但市場有17支基金追蹤8種指數，結果支支基金規模都不大，費率無法有效降低，有些基金已出現流動性不足情況，市場在發展初期即受到不小傷害。由美、日經驗即可看出，推動初期，最好一個指數只授權一個發行投信。[④]

3. 越來越寬鬆

為了鼓勵台灣投信業者投入，證期局於2006年中放寬了指數型基金標的指數範圍限制，不限於台灣證交所編製的指數或跟國際知名指數編製公司合作編製的指數。2007年6月也發布了投信可以發行有外國股票成分股的指數型基金，且受益憑證不受漲跌幅度限制。例如證交所跟英國富時公司編製「台灣伊

④ 《工商時報》，2002年12月12日，第17版，康文柔。

斯蘭指數」。

二、指數編製

由**表8-7**可見，證券所對各種指數的編製，大抵採「夢幻組合」的觀念。

▍表8-7　台灣的指數型基金編製原理

母體（150支股票） 分類標準	一、市值型（market cap）	二、產業型（sector）	三、主題型（theme）
市值　第1大　台積電 　　　第2大　鴻海 　　　：　　宏達電 　　　　　　中華電 　　　　　　台塑 　　　第50大 　　　第51大 　　　第150大	1.大型股 　基金0050：寶 　來台灣卓越50 　（類似美國道 　瓊30工業指 　數） 2.中型股 　基金0051：寶 　中型100 　（類似美國標 　準普爾500種 　指數）	1.科技 　基金0052：FB科技 　基金0053：寶電子 2.綜合 　基金0057：FB台灣 　摩根 3.金融業 　基金0055：寶金融 　基金0059：FB金融 4.傳產 　基金0058：FB發達	1.價值投資 　基金0056： 　寶來高股息 2.綜合 　基金0054： 　寶台商50 　基金0060： 　新台灣

註：「寶」指寶來，「FB」指富邦

(一)為什麼另編指數呢？

「一樣米飼百樣人」的時代早已過去，米有長纖、高鈣、壽司、三好米等，適合不同人、同一人但不同飲食目的，因此你在量販店至少可以看到10餘種米、40幾種品牌。股票加權指數也是如此，基於下列三層次原因，會有各形各色指數。

1. 策略上考量

桂格燕麥片出了五種以上口味，有甜、有鹹、有高鈣等，以迎合不同年齡層、口味的人。同樣的，證交所陸續編製了八種指數、櫃買中心二種指數（公司治理、智慧資本），就是為了滿足各年齡層投資人的的投資需求。

2. 戰術上的考量

一個好的指數應該符合下列三要件：要能反映市場的主要波動情況、交易量要夠、具代表性。

3. 戰技上考量

加權指數包含所有上市公司，不僅股數過多，而且調整頻繁。依指數成分

股組成一個投資組合，只要有任何一家公司上市、下市、發行新股，投資組合就得跟著變動，加入新股票，或調整股票的權重，在賺取指數報酬上，投資人所需付出的調整成本太高，因此並不適合作為指數型基金的標的指數。

如果能有另一個指數，包含的公司家數較少，調整的頻率較低，但其報酬率又能貼近加權指數報酬率，那麼，只要能投資於這樣指數，既能讓投資人獲取幾乎同等於加權指數的報酬，又能節省交易成本，這是投資人的一大福音，表8-7的七種指數即是因應此一需求而編製的。台灣發達指數和台灣高股息指數都具有**代表性**、**接受度**及**可交易**等三種必備條件。

㈡母體

台股700支股票中，**類似「80：20原則」**，市值前20%的股票占市值的80%。700支乘上20%，約140支股票，那就取了整數算150支。縱使上市股數增加到800支，150支也差不多占二成。

㈢排列組合

由圖8-6可見，有四種指數可說是「大同小異」，只是從150支股票中，依下列分類方式從中抽樣，依指數編製原理，創造出新指數。

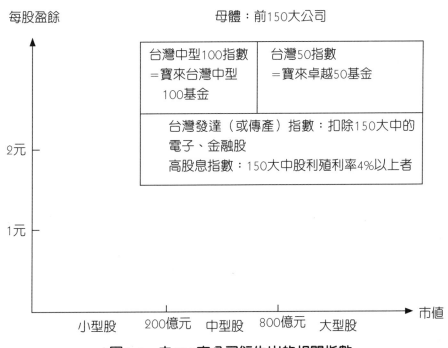

圖8-6　由150家公司衍生出的相關指數

1. 依市值大小來分

依市值大小由最大（台積電、鴻海）往下排到尾，取市值前50大的股票編成50指數，第51～150大的100支股票編成中型100指數。

2. 依產業來分

發達指數是把150支股票中的電子、金融股剔除，剩下八大產業、80支股票，所以本質上是傳統產業的指數。

3. 依主題來分

這150支股票中，挑選**收益型股票（俗稱定存概念股）**，主要是指過去三年股利殖利率在4%以上的。

㈣台灣50指數

2002年10月底，證交所推出台灣50指數，以此為例，來說明證交所各種指數編製方式，其餘就同理可推了。

1. 台灣50指數＝台灣版的道瓊指數

最具有代表美股的是道瓊指數，它是從工業中各行只抽龍頭，共30家，因此**道瓊工業30指數是大型績優股指數**。

台灣50指數的本質也是一樣，**是大型績優股指數**，美國找30支股票，我們發揮「101大樓」精神，就挑50支股票。

(1) 大型股

經過流動性檢驗及**公眾流通量（free float）**調整後，挑選出市值最大的50支股票作為指數成分股，市值合計約占股市市值60%以上，採樣成分股共涵蓋11個產業，包含27支電子股、10支金融股，詳見表8-8。由權數可知，電子股占六成，因此**台灣50指數可說是大型績優電子股指數**。

為了精確掌握市場脈動，這50支成分股並不是永久的，證交所每季都會依照計算標準來調整成分股，以貼近市場。

(2) 績效

2007年上半年，成分股平均每股盈餘2.75元，比2006年同期成長7.42%，平均每股淨值26.85元。投資人買台灣50指數股票基金，等於買了一支高獲利、高淨值的績優股。因此，指數採樣成分股不易頻繁變動。

類股	採樣支數	占台灣50指數比重（％）
電子	27	60.34
金融	10	21.47
塑膠	3	10.64
鋼鐵	1	2.30
汽車	2	1.41
其他	1	1.20
食品	1	0.75
紡織	1	0.70
航運	2	0.52
橡膠	1	0.37
百貨	1	0.29
合計	50	100.00

資料來源：證交所

(3) 流通股數

　　公眾流通量是把公司發行股數扣除一些董監事、大股東或政府的長期持股，主要是用以確保指數內的權重能夠確實反映市場上可投資的市值。例如某股的流通量係數是75%，表示在發行股數中，可能有部分因為交叉持股、家族長期股權控制、員工配股計畫或政府持股等因素而無法流通交易，所以實際計算**股票市值**=股票發行股數×75%×股價。

　　其權重調整採級距方式，只有當公眾流通量變動超過5%時才會變動，藉以減少調整頻率，降低調整成本。

(4) 指數化

　　「台灣50指數」的製作基期為2002年4月30月，**基期指數為5,000點**。

2. 合編單位：跟國際接軌

　　在2002年10月，證交所跟**英國富時公司**（**FTSE**）合作編製「台灣50指數」，富時公司所編製的指數成分股總市值涵蓋全球股市市值的98%。證交所跟國際知名的指數編製公司合作是證交所業務發展的重要一環，可以增進證交所服務品質，滿足市場需求外，也可以提高台灣在國際上能見度。

　　以台灣50指數來說，行業分類方法是採用英國富時公司**全球產業分類系統，有利於投資人進行全球產業比較，及全球產業資產配置策略**，公正客觀性較高。預料可獲得台灣投資人認同之外，對提升指數的國際知名度、吸引外國人投資台灣證券市場各類型產業，及指數成分股的上市公司也都有所助益。

㈤台灣中型100指數

在美國，標準普爾公司的標準普爾中型股指數（S&P 400）很具代表性，台股才700支股票，所以只挑100支，挑市值第51～150大的，組成台灣中型100指數。

㈥發達指數：傳產指數

2007年1月15日，證交所公布發達指數和高股息指數，皆以2006年7月31日為基期，基期指數5,000點。

發達指數就是傳統產業指數，因為原物料行情發燒，使2005年主要市場獲利最佳的傳產股，編製傳產指數成為全球趨勢。至於為何取名「發達」指數？證交所企劃部協理黃乃寬解釋，因為全球最新產業分類把所有公司區隔為十大行業，扣除其中的科技及金融業，剩下的八大產業都屬於傳統產業；惟怕國人聽到「八大行業」會有其他的聯想，所以用諧音「發達」來取代「八大」。巧合的是，扣除科技、金融股來計算成分股，也差不多有80餘支。

發達指數權重最大的前十支股票為南亞、台塑、中華電、中鋼、台化、統一、可成、遠紡、寶成等，所占權重2.14～8.37%。

㈦高股息指數

「**高股息**」指股利殖利率至少4%，過去配息相對穩定的個股。配息率要多少才算「高」？市場各有見解，但證交所跟英國富時指數公司考量，至少要吸引房地產證券化商品的投資人，且國際間高股息指數又稱「優先股」或「特別股」指數，所以股利殖利率至少要高於特別股，才定出此標準。

高股息指數權重最大的前十支股票為東鋼、豐興、裕民、東聯、宏碁、中鋼、台灣大、智原、燁輝、新興等，權重3.48～6.33%。

㈧全球半導體50指數型基金

2008年9月，台灣第一支跨國指數型基金問世，以全球前50大半導體公司編製成指數，是犇華投信跟美國標準普爾合作編製全球半導體50指數後，再發行對應的指數型基金，在櫃買中心掛牌。櫃買中心表示，編製全球半導體指數與發行相對應的指數型基金，對台灣資本市場與產業將是重要里程碑。台灣半導體業有九家公司市值排在全球前50大，比重高達17.05%，包括：台積電、聯電、聯發科、矽品、日月光、力晶、瑞昱、晶電與聯詠。這支基金第一階段先以台幣計價，第二階段以美元計價掛入國際板，資本市場國際化可望向前邁進一大步。

三、指數型股票基金

從指數編製出來，到指數型股票基金上市，大約9個月，由表8-9可見，台灣的11支指數型基金中的10支。

四、以寶來卓越50基金為例

寶來卓越50基金是台灣的第一支指數型基金，基金規模500億元，是其他指數型基金總和的數倍大，因此以此為代表來說明是饒有意義的。該基金追蹤台灣50指數績效表現，不僅可享受大型績優股穩健獲利，還有每年配息機制。

㈠寶來卓越50基金

台灣50指數以表彰台灣股市為主，運用其發行的寶來卓越50基金，等於把台灣50支大型績優股，透過指數型基金發行方式，推上國際金融舞台。對外資來說，過去多半以個別公司作為投資標的，將因而隨之調整。過去在外資進出個股名單，多半是國際間耳熟能詳企業，例如台積電、聯電等，外資操作台股個股範圍十分有限，但是本基金推出後，等於一次向外資法人推廣台灣50支權值股，相對延伸外資投資台股的廣度、多元性。

寶來投信跟花旗集團合作開發台灣參與憑證，把台灣卓越50基金設計成美式認購權證在盧森堡掛牌，是首支指數型股票基金衍生性金融商品於海外上市實例。

㈡配息

1. 收益評價日

該基金以每年9月30日為**收益評價日**，如果基金累計報酬率大於標的指數累計報酬率達1%以上，公司將分配收益給投資人。主要報酬分配來源包括三種：第一是指數成分股的現金股利，第二是借券的獲利，第三則是交易過程的買賣價差。

寶來卓越50基金到2007年8月底累計報酬率超越台灣50指數達6.4%，因此第三次配息。

■ 表8-9　台灣的指數型股票基金

年	2003	2006	2007							
上市時間	2003.6.30	8.31	9.12	7.16	7					
指數編製公司	英國富時指數公司（FTSE）與台灣證交所	同左	台灣證交所	台灣證交所	標準普爾		摩根士丹利資產國際	摩根士丹利資產國際	英國富時指數公司	台灣證交所
投信	寶來台灣卓越50基金（TTT）	寶來台灣中型100基金	富邦台灣科技ETF	寶來台灣電子科技	寶來台商收成基金	寶來台灣金融基金	富邦台灣中型100基金	富邦	富邦	富邦
股票代碼	0050	0051	0052	0053	0054	0055	0056	0057	0058	0059
目標指數	台灣50指數，以市值最大的50支股票，即大型股基金，占大盤約70%，2002年10月29日推出	台灣中型100指數，台灣中型以市值51~150名股票（統一-4.18%、大同2.51%、大立光2.34%），占大盤約18%	台灣資訊科技指數（半導體占44%、電子硬體製造子44%、光電12%，共49支股票）	電子類指數	台灣收成指數（Custom/Polaris China Play 50 Index）	台灣金融指數（Taiwan Financial Index）	高股息指數	台灣摩根指數，涵蓋市值150大公司，有大成，中小型股八大傳產行業		金融指數，發達指數：市值前150大公司，（扣除科技與金融業）
買賣資格	台灣50指數／100	標的指數／250	標的指數／200							
基金管理費	0.32%	0.4%	0.42%		100億元以下：0.4%；100~300億元：0.34%；300億元以上：0.3%					
基金規模（億元）	500	20	16							
投資屬性	六成像大型績優電子指數，屬於積極成長型基金	大型績優電子指數，屬於成長型基金	100%是電子指數，屬於積極成長型基金	股票基金中的積極的積極成長型基金	股票基金中的積極成長型基金，包括傳產、電子產業	股票基金中的收益型基金	股票基金中的收益型股票基金			
配息　1.配息標準	累積逾1%　9月30日	同左　10月底	4%　3月底	10月底	10月底	10月底	10月底			
2.收益評價日										

寶來投信　小檔案

　　以指數化資產管理專家自我定位的寶來投信，在2003年率先推出台灣第一支被動式商品「寶來台灣卓越50基金」（TTT），開創台灣指數化基金先河，2004年再推出台灣第一支大盤指數型基金——以台股大盤為追蹤標的「寶來台灣加權股價指數基金」，使得指數型基金在台灣蔚為投資風潮！

　　TTT發行成立以來廣受投資人青睞，資產規模快速成長至500億元，在全球300餘支指數型基金中排名第37。TTT並榮獲多項大獎：行政院金融改革小組資本市場小組—ETF特優評等；《Asia Asset Management》2003 Awards—Most Innovative Product等。

　　寶來投信曾獲亞洲《投資人雜誌》2003年最佳基金公司獎（Asian Investor Fund House of the Year）。

　　寶來台灣卓越50基金（Polaris Taiwan Top 50 Tracked Fund, TTT）定名為TTT，是希望藉由易於記憶、瞭解的英文簡稱踏出全球化第一步。[5]

2.配息日期

　　在收益評價日後45個營業日，就把收益分配給投資人。寶來卓越50基金在2005年（5月19日）、2006年（9月）分別配發1.85元（股息殖利率5%）與4元的現金股利。光是收益分配股利率就比定存高，還可以參與整體股市長期表現，是適合銀髮族的投資標的。現金股利並不是直接發放給投資人，而是直接再投資。

㈢產品家族品牌P-Shares

　　寶來投信把表8-9中的5支自家指數型基金視為一個產品族，稱為**P-Shares**，每個字母代表的意涵跟指數型基金六個投資策略息息相關。

　　P（popular）：操作市場主力行業；
　　S（strategic）：相對價值交易策略；
　　H（hold）：掌握指數波段報酬；
　　A（arbitrage）：發掘價差套利機會；
　　R（risk）：核心跟衛星資產配置，降低風險；
　　E（event）：代表重大事件投資。

---

[5]　《經濟日報》，2003年5月31日，第18版，詹偉姝。

善用此口訣且投資運用得宜,將可從指數型基金中大幅提升獲利機會。

㈣弄成母子基金

寶來投信推出指數型基金的母子基金,寶來傘包括台商、電子、金融等三支指數型基金。

2008年1月底,富邦投信的指數型基金母子基金下面也有三支子基金:摩根士丹利台灣加權指數、發達指數及金融指數等指數型基金,詳見圖2-4。

8-5 海外指數型基金的組合基金──以寶來全球指數型基金組合基金爲例

2005年起,投信也推出海外指數型基金組合基金,即採「一籃子指數型基金」方式,詳見表8-10。本節以寶來全球指數型基金(或穩健)組合基金為例,讓你可以舉一反三。

表8-10　海外指數型基金組合基金

上市時間	2005.3.8	2006.9.12	7.17
投信	寶來全球穩健組合基金	寶來全球成長組合基金	台新全球組合基金
投資顧問公司	貝萊德投資管理	貝萊德投資管理	德國裕寶聯合銀行
管理費	1%	1.2%	
基金規模(億元)	33		11

寶來全球指數型基金組合基金採用國際投資風潮中最流行的「**主動式管理+被動式工具**」所設計的共同基金,投資標的除股、債之外,涵蓋黃金、能源、金屬、原物料、貨幣、房地產等指數型基金,具備對指數型基金一次購足特性,且由貝萊德投資管理公司提供全方位資產配置服務。

在國際市場發展迅速的**強化型指數基金(Enhanced Index Fund)**,就是以指數投資為基本方針,再加入適度的積極管理,把「主動」與「被動」兩種投資方式結合在一起。尤其在市場前景不明之際,把指數型基金當作核心持股,彌補主動式管理部位不足,不僅可減輕基金經理選股壓力,有更多時間做更有效率資產管理。

▌表8-11　寶來全球指數型基金組合基金

基金類型	組合型基金
計價貨幣	台幣
募集額度	100億元
投資標的	最低六成投資全球指數型基金，其餘可投資共同基金
投資顧問	貝萊德集團
保管機構	彰化商業銀行
最低申購金額	單筆申購：10,000元 定時定額：每月最低扣款金額3,000元
保管費	0.14%
管理費	1%
手續費	1.5%
基金經理	康惠媛，投資研究處副總經理暨主管，歷任寶來證券研發部與自營部主管、寶來證券投資處營運
閉鎖期	45天
買回付款日	T＋8

資料來源：寶來投信

1. **被動式工具**

　　本基金本質是組合基金，以被動式投資工具為投資對象，主要是指數型基金。

2. **主動式管理**

　　由基金經理自行挑選指數型基金進行資本配置，把全球研究資源投資於總體經濟及區域發展，作為研判各種指數的走勢依據，再以相對應指數型基金作為主要布局元件，貫徹基金經理的資產配置策略。本基金資產配置比重，股票部位可彈性調整，最低一成至最高七成；債券部位最低是二成至最高八成，其他抗物價上漲及高配息資產部位則最高可以調整至六成，以股債平衡配置為主，適合風險承受度較低的投資人。

　　至於寶來全球指數型基金成長組合基金進一步提高「成長性資產」，包括股票、能源、原物料、黃金、金屬、房地產基金等配置比重，是以追求積極成長的超額報酬為目標，適合風險承受度較高的投資人。

3. **投資顧問貝萊德集團介紹**

　　貝萊德集團（**BlackRock Group**）於2006年9月合併美林集團旗下美林投資管理公司，秉承50年投資管理經驗，管理資產總值逾5,130億美元，自稱「美國最大上市資產管理公司」。替機構、基金、私人投資人提供多種創新投資選擇，包括積極和被動式管理基金、量化分析、衍生性金融商品基金及私募

基金等商品。其顧客包括全球22國中央銀行、日本50大企業中的25家、英國百大企業中的57家、英國富時指數五百大企業中的137家、摩根士丹利世界指數五百大企業中的139家等大型法人。

2004年在全球獲得60個獎項，光是亞洲區域即獲獎21項；其英國地區總部於2003年獲國際評級機構惠譽授與「AA+」評級，肯定其在管理資產管理活動所涉風險優越表現，獨領業界「持續優秀表現榮譽大獎」。

寶來全球指數型基金組合基金資產配置，採取貝萊德集團旗下投資策略小組（Strategic Investment Group）的「全球資產配置建議」，該小組成員包括證券分析師、經濟分析師、基金經理、計量模型專家、政策專家所組成的小組；分析全球經濟現況及趨勢，並於每月／季研擬出全球資產配置最佳建議。

第 9 章

股票基金Part III：成長與積極成長型基金

有些企業很賺錢，經營者看來平凡無奇，有些公司剛好相反，總經理能言善道，非常精明，不過公司狀況卻不怎麼樣。如果我有什麼疑問，我才不要透過華爾街分析師的二手資料，我寧可拿起電話直接去問該公司的相關部門。

——基金經理　羅德·李納費特

如同吃川菜一樣，你點「不那麼辣」，但菜出來還是很辣。簡單的說，買股票就不要怕賠，因此，成長與積極成長型基金是股票基金的主流。

9-1 成長型股票基金導論

成長型股票基金（**growth fund**）以中度盈餘成長的股票為投資對象的基金，在台灣，主要是處於成長末期（產業產值成長率10～20%）的3C產業。

1. 卡死在中間

成長型基金的角色比較尷尬，投資屬性介於積極成長型跟收益型之間，角色特性比較不明確，所以比較不容易獲得投資人青睞。成長型基金比較適合36～45歲的投資人，既不敢像年輕投資人那樣買積極成長型基金，怕大賠；又不甘願像46～55歲的壯年投資人買收益型基金時賺得少。

2. 穩健走長路

成長型基金不像積極成長型基金那樣表現出眾，拼的是「路遙知馬力」的穩健，績效在股票基金中的前20～40%，像美國美盛成長型信託基金就是典範。

9-2 特殊情況基金

特別情況基金（**special situation fund**，或equities speciality fund），主要投資於轉機、併購等特別情況，或資產價值低估的類股，一旦看對眼，股票投資有暴利；看走眼，則會偷雞不著蝕把米。

特殊情況基金至少有下列三種：新股基金、庫藏股基金和套利基金，簡單說明於下。

一、新股基金

上市新股在初次掛牌後三年內的股價表現會優於市場平均報酬，其原因在於初次掛牌上市的新股，因資訊不及已上市公司普遍，其掛牌價通常會打折扣。另外就是由於承銷商為確保承銷案順利成功，承銷價會訂低一些。

㈠比利時聯合資產管理公司

1999年起，比利時聯合資產管理公司的全球上市新股基金投資首次公開發行（IPO）股票，在全球型股票基金中表現出色。以谷歌為例，2004年8月在美國那斯達克股市上市，掛牌價為85美元；2008年8月市值已漲到1,420億美元，四年身價翻了逾10倍，顯示小型股股價上探空間極大。

這支基金主要投資在全球新上市且具備短中期加速成長的有潛力公司，採取掛牌三年內購買並持有的策略。為何設定為三年呢？依據研究，上市新股在初次掛牌後三年內，股價表現會優於市場的平均報酬。而且上市如果已滿三年，通常也很難被視為「新股」了。

全球上市新股基金經理皮爾斯（Jens Peers）強調，重點不在打敗別的法人取得認購新股的機會，而是在做好研究工作，也就是如何選出未來的贏家，避免上市後一蹶不振的輸家。

皮爾斯把新股分成三大類。

1. 成長型公司：這類公司正在高速成長階段，需要更多資金。
2. 經過私募基金改造整頓的公司：私募基金就可以藉機獲利出場。
3. 利用市場熱絡時乘機上市的公司：例如一些公用事業公司。

這三大類公司中，第一類是最好的投資標的，挑選第二類及第三類公司時要特別謹慎，才不會選錯。市場上這三類公司都有，比率仍然令人放心，也分散在各產業，不像2000年時那樣集中。不過，如果第三類公司占市場的比重達到或超過五成時，這時就要小心，因為這可能代表市場已經過熱了。大陸股票2006年新股熱潮狂吸全球資金，不論是在上海或香港，新股不但造成超額認購，上市後股價更是狂漲，金融股尤其明顯。不過，皮爾斯對大陸的金融股並不熱中，原因是他認為這些金融股不夠透明，而且投資人寧可用高價也要搶到這些個股，造成價格飛漲。俄羅斯也開始出現類似現象，這些都要小心因應。

縱使在1999年科技網路熱度正盛時，基金也不會大幅壓寶在科技類股，而是分散在許多產業上，因此才不會因為單一產業出問題，而導致獲利嚴重被侵蝕甚至虧損的風險。[1]

---

[1] 《今周刊》，2007年3月5日，第150～151頁。

㈡華頓全球新星股票基金

2007年9月，華頓投信推出全球新星股票基金。

1. **投資對象**

　　主要選擇近期全球公開募股和上市未滿一年的新股為主，當投資組合建構完成後，再有新股股票上市（櫃）時，將剔除投資組合中持股時間較長或股價反映已達目標價的個股，並把相關資金移轉買入新發行的個股，透過循環投資方式讓投資人不斷參與最新的上市新股表現。個股來源則擴及五大產業，分別包括金融資產管理、新興市場消費、醫療製造產業、中國收成概念與能源綠能。

2. **適合哪一類投資人**

　　所以就風險來看，該基金在波動度上，雖比單一產業型基金要低，但卻比一般股票基金要來得高；所以適合積極型的投資人。

　　華頓投信副董事長羅立群指出，該基金在新股標的篩選上，共有三大篩選層面把關。(1)世界各地的創投，會依據他們自己的判斷，挑選明星級的產業來投資；而在這些公司出爐之後；(2)承銷新股上市的投資銀行業者或承銷商，也會自動幫投資人在對的時間點，幫助公司股票上市；(3)當這些公司都上市之後，還要挑選大股東在六個月內才能出脫持股的企業，才能當作這支基金最終的標的。所以就風險層面來看，這些標的的挑選程序，反而是這支基金的三大利基。[2]

3. **投資顧問**

　　本基金由澳洲麥格里集團旗下的子公司——MQ專業投資管理有限公司（MQ Specialist Investment Management Limited）擔任投資顧問，華頓投信運用麥格里集團的全球資源與專業人員的顧問服務，幫投資人選取全球具投資價值的新股。

二、庫藏股基金

　　因股價中長期價值被低估時，公司會宣布買回自家股票，也就是實施庫藏股制度；「**庫藏股基金**」（**buy back fund**）投資對象便是投資鎖定在宣布要實施庫藏股的公司。

　　不過，公司宣示跟實際執行動作可能也會有落差。有些公司雖然宣布將買回庫

---

[2] 《工商時報》，2007年9月28日，C3版，林志昊。

藏股，但實際執行且買回註銷的數量並不大，也因此，追蹤企業執行庫藏股的情況和公司誠信，便相當重要。以庫藏股為主題的基金的數量並不多，康和投顧代理的比利時聯合資產管理公司旗下美國庫藏股基金，是少數以庫藏股為主題的基金，其投資標的鎖定在未來一到四年內，有計畫會買回庫藏股。

國內外學術界針對庫藏股所做的研究，顯示出庫藏股在宣告買回前的股價越低、股價淨值比率越低，或者是公司個別風險越低、甚至具有潛在被併購可能時，則宣告買回庫藏股時，累積異常報酬越大，以低股價淨值比率的股票來說，其股價表現明顯超越指數45%。

三、套利基金

如果你在毫無風險的情況下賺錢，這情況稱為「套利」（詳見表9-1），要記住套利的定義，因為許多人都誤用了。把資金運用於套利上，這種基金自然叫「**套利基金**」（**arbitrage fund**），這種基金應該看好才出手，所以理論上每筆投資都應賺錢，這種基金淨值不該下降，只能有增無減。實務上，由於金融市場一些小瑕疵，所以偶爾會有一二個月小幅虧損，不過那是特例。

套利基金的報酬率通常都在13%左右，風險又低，所以很適合保守型投資人，比如公司的退休金管理委員會或個人籌老本。

表9-1　以股票投資為例說明三種套利機會

套利機會	本尊	分身	美國AIG旗下套利基金
一、證券			
1.衍生證券	股票	轉換公司債	可轉換證券
2.金融創新	各股	投資組合	股市
二、時間	現貨市場	期貨市陽	（同上）
三、空間			商品
1.一國多個股市			國際利率貨幣套利（國人
2.跨國	台積電	台積電美國存託憑證	稱為套匯）
			國際相對價值

9-3 不道德基金

不道德基金（vice fund），有譯為**邪惡基金**，專門投資賭場、菸、酒、軍火等跟「傳統道德相違背」的產業基金。

一、商機

不道德基金就如同這個基金的命名一樣,其長線投資標的以跟社會道德背道而馳的行業,例如菸、酒、武器、賭博等的股票為主。他們的投資哲學是:儘管這些行業上不了正式檯面,但是所提供的商品或服務,卻是人們不管景氣、心情的變化如何都經常會去購買的;如果這些公司可以被有效地經營,其獲利將十分可觀,自然就可以細水長流地提高基金報酬;可說是典型抗衰退的類股。

二、不道德基金專論:博弈基金

亞洲賭業以澳門為龍頭,馬來西亞排名第二,新加坡也在2005年4月取消禁賭規定,泰國、日本、印度則緊跟在後。至於大陸也通過458號娛樂場所管理條例,鼓勵遊樂場朝大型化發展。

美林證券估計,亞洲賭場收入將從2006年134億美元增加到2015年448億美元,在2012年前,亞洲可能會出現50個新賭場,主要客源來自大陸。

連帶這些地區的經濟發展也值得關注,可作為區域型或單一國家基金的投資參考。以澳門政府首先立法允許賭博合法化為例,連年的發展讓澳門被冠上「東方蒙地卡羅」之稱,從國際商埠轉變成娛樂博弈城市。

澳門威尼斯人賭場酒店2007年9月開幕,再次掀起亞洲博弈商機話題,另一家美國賭場業者永利(Wynn Resorts Limited,跟金沙皆屬同一集團Las Vegas Sands)也規劃進軍澳門。新加坡兩個賭場,經新加坡大學模擬推算發現,賭場飯店的興建可望為新加坡經濟成長率貢獻近2個百分點,並間接創造2萬個就業機會。

還是有基金看準新興國家新富階級崛起所帶來的觀光消費商機,以及歐、美白領退休人口對休閒活動的需求,設計核心持股包括賭場、線上投注系統商和博彩機等標的的基金。博弈產業看好的是新興國家從貧窮到富有的人口趨勢題材,想靠這類型產業累積獲利,投資時間一定要拉長。

表9-2 博弈相關基金

基金名稱	投資標的
景順消閒基金	Harrahs Entertainment為全球最大賭場經營商
施羅德美國小型基金	Scientific Games Corp為全球第二大、市占率達14%的線上投注系統商
JF馬來西亞、瑞銀馬來西亞、德盛馬來西亞	雲頂集團(Genting Shd)為馬來西亞最大博弈集團
台灣國泰投信全球娛樂基金[3]	全球媒體、影視、觀光、遊戲與博奕

---

③ 《今周刊》,2008年7月14日,第142~143頁。

三、績效

不道德基金的平均報酬率都可以維持在16～17%，獲利能力確實在平均水準以上。

9-4 精品基金

精品基金的範圍不好界定，一般指的精品指的是奢侈品中的名牌。德意志資產管理公司副總裁博克奈（Stefan Bauknecht）認為，精品基金鎖定的其實是時尚生活（life style），它是中高資產階級生活的一部分。[4]

一、商機——M型社會趨勢下「富者更富」

根據貝恩公司（Bain & Company）和雷曼證券公司研究報告，全球精品業從1995年以來，除了在2003年受美伊戰爭、非典型肺炎（SARS）疫情影響全球景氣轉弱而呈現負成長外，其餘年度每年成長，2009年將有6～8%的年成長率。**女性及觀光客可算是精品產業的二大金主。**

根據美林證券跟Cap Gemini合作的研究報告指出，1997～2006年，全球財富總值已經上漲一倍，同時，全球**富人（資產100萬美元以上）**的財富將以7%的年增率成長，估計至2011年這些富人的財富總值將達51.6兆美元，精品產業長期動能不虞匱乏，相關基金成為當紅的理財商品。

1. 成長率6.3～9.2%

全球奢侈品行業在2005年營收約1,740億美元，美林證券預估，到2014年全球奢侈品市場的銷售金額將以6.3%的年複合成長率上揚。高盛證券認為2007～2011年複合成長率9.2%。[5]

2. 大陸、中東需求強勁

全球第四大的永安（Ernst & Young）會計師事務所的報告指出，2015年大陸將超越美國成為世界第二大精品消費國，屆時大陸精品年營收將超過115億美元，約占全球精品消費的29%，規模僅次於第一的日本。大陸精品消費者占人口13%，年齡集中在25～50歲的白領階級、企業老闆或仕紳名流。

---

[4] 《數位時代雙周刊》，2007年1月15日，第128頁。
[5] 《經濟日報》，2007年5月21日，B3版，白富美。

2006年出爐的全球財富報告顯示，新興市場國家富人人數增加快速，2004年，南韓、印度、俄羅斯分別成長21.3%、19.3%及17.4%，在富人增加、消費升級趨勢下，勢必帶動訴求個人精品市場的蓬勃發展。因為精品企業的定價能力強，可適時反應物價上漲與購買力，所以毛益率易維持不墜，加上新興市場富人的崛起，時尚精品業上市公司前景看好。

2007年8月，萬事達卡首次針對亞太區提出精品消費調查，亞太區每個市場對精品的需求幾乎呈現三位數（詳見表9-3）成長，估計在2016年前，亞太區花費在精品的金額將達到2,587億美元，而35歲以下的富人（收入為三分之一高者）和銀髮富裕族群將占總消費額的83%，成為兩大消費主力。

銀髮富裕族群的定義是指60歲以上、家庭淨資產總值為前三分之一高者；而精品消費包括個人名牌服飾、配件外，還包括精緻美食、私人醫療。

表9-3　亞太區銀髮富裕族對未來精品需求

單位：億美元

市場	2006年	2016年	成長率（%）
日本	270	678	151
大陸	86	180	109
南韓	34	94	176
澳洲	31	63	103
香港	17	38	121
台灣	15	37	147
新加坡	3	8	167

資料來源：萬事達卡，2007.9.6

3. 利空因素

精品類個股本來就容易受到景氣循環影響，舉凡禽流感、恐怖攻擊，或是美元對歐元、日圓對歐元貶值，消費者信心或總經數據向下修正都是投資風險；貧富差距過大也可能引發政治風險或加稅等政策。

2007年第一季因歐元急升，導致歐洲精品價格突然昂貴許多，再加上全球經濟有減緩趨勢，使得買氣出現下滑的情形，是投資上必須留意的風險。5月股災影響富人財富，威登、**柯奇（Coach，美國精品業的龍頭）**等股價同樣一落千丈。

二、投資對象

精品基金投資於消費的相關產業，屬於防禦性質的基金，適合於市場波動性較大時機，但是也適合定期定額，以小部分的資產配置來作為投資組合的抗跌資產。

㈠精品業的三大優勢

精品業具有下列三大競爭優勢。

1. 高進入障礙

建立單一全球知名品牌形象需要長期經營，通常少則數十年，多則百年，例如路威集團的品牌建立始於1850年，香奈兒（CHANEL）起於1900年，加以知名品牌集團化及巨額的品牌行銷費用，在在說明該產業進入障礙高，高毛益率的優勢與投資價值仍將持續下去。

2. 高定價能力

《富比士雜誌》把精品（例如遊艇、名表、香檳、設計師精品與SPA、度假費用等）經加權平均之後做成富比士全球奢侈品價格指數（CLEWI），跟美國核心物價指數與日本核心物價指數相比，1986～2006年，全球主要奢侈品每年複合成長率5.59%，反觀美國和日本核心物價指數年複合成長率分別只有2.97%和0.68%，顯示奢侈品價格只會越來越貴。

從精品價格和平價商品價格升降幅度來看，舉例來說，路威經典行李袋，2000年一只報價710美元，2006年漲到1060美元，六年漲了49.3%，可是比較美國勞工部統計的女性內衣、晚禮服、配件價格成長卻是背道而馳，跌了9.1%。

由圖9-1可見，摩根士丹利紡織、服裝與奢侈品指數2003至2006年以來，漲幅148.3%，遠比摩根士丹利全球股票指數漲幅91.38%，高出56%以上。為什麼奢華品價格只漲不跌？主要是因為市場需求量持續增加。

手工手表市場遠遠供不應求，只要這些手工表穩定增加供給，獲利就會大漲。勞力士、歐米茄與寶鉑表等高貴名表都是斯沃琪（Swatch）集團旗下的品牌，這些精品個股股價大漲一來是因為公司併購浪潮，另外，精品公司也紛紛轉赴大陸設廠投資，將使得成本大降，同時也得以更容易打進全球矚目的大陸內需市場。

3. 高毛益率

消費者願意付出高額溢價來取得精緻商品與服務，推升知名品牌毛益率動輒高達50～70%。柯奇毛益率78%、化妝品雅詩蘭黛（Estee Lauder）74%，都

比晶圓代工龍頭台積電毛益率（約46%）還要高。

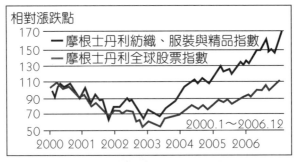

相對漲跌點

━ 摩根士丹利紡織、服裝與精品指數
━ 摩根士丹利全球股票指數

2000.1〜2006.12

圖9-1　精品價格20年來只升不跌

資料來源：彭博資訊

㈡投資對象

　　精品基金的投資對象不能望文生義，投資對象包括「精品」與「時尚」，詳見小辭典。由表9-4第1欄可見，精品與時尚涵蓋生活中的食衣住行育樂，在第2欄中，把精品基金常投資的上市公司做表整理，很多都是大家耳熟能詳的，可說是「從生活中找投資對象」的典型。

精品與時尚小辭典

　　什麼是精品與時尚（**luxury & life style**），法興資產管理（SGAM）公司是主流品牌產業投資的領導業者，該公司重新定義精品產業，不再只是字面精品（luxury），也包括時尚生活（life style），投資範疇也得以擴張。

　　luxury也可以翻譯為奢侈品，此字源於拉丁字luxus，原意是「超乎尋常的創造力」，這一概念最初用於描述生產成本或使用費用超出必要程度的商品，是一種可擁有、但不是必需品。延伸其涵義，是「創造愉悅和舒適的物品」和「價格不菲的昂貴物品」，卻能帶給購買者愉悅與滿足，這是個人認同高品質或優質性能的商品，消費者樂意付溢價去購買，是一種生活的追求與自我表徵，得以滿足個人心理或精神需求。

　　時尚生活產業涵蓋提供精品和時尚生活商品和服務的公司，這一類公司擁有相當品牌形象、知名度，其品質或服務具備高定價能力、高進入門檻。除了傳統精品的395支類股，還包含名牌房車、摩托車及遊艇，紅酒、香檳及烈酒的知名造酒公司，運動商品、居家飾品、精品旅館、郵輪等休閒旅遊服務，頂級生活及醫療器材，私人銀行業者及一些消費電子公司。

全球六成的精品業掌握在35家公司手中，其中規模最大的MHLV集團（Moet Hennessy Louis Vuitton），旗下擁有路易斯威登和Fendi、Berluti等品牌，該集團2006年營收214億美元。

表9-4　精品基金投資對象

生活消費	分類	上市公司
食	食	
	餐廳	Panera Bread、星巴克咖啡店
	酒精飲品	酩悅、軒尼斯—路易威登集團（MHLV）
衣	名牌時裝（含高級訂作服）	路易威登、愛馬仕（Hermes）、耐吉（Nike Inc.）、Puma、亞曼尼（Armani）
		A&F服飾品牌公司（Abercrombie Et Fitch Co-Cl A）、凡賽斯（Versace）、維多利亞的秘密（Victoria's Secret）
	名牌皮件	路易威登（LV）、古馳（Cucci）、普拉達（Prada）、柯奇（Coach）、Burberry PPR、寶格麗（Bulgari SPA）
	名錶	斯沃琪（Swatch）集團（全球最大）的錶：勞力士、歐米茄、寶鉑，浪琴、愛馬仕、康斯登、歷峰集團（Richemont，旗下有卡地亞）、天梭
	化妝品（含香水）	萊雅（L'Oreal）、資生堂、香奈兒、克莉絲汀迪奧（CD）、雅詩蘭黛（Estee Lauder）
	珠寶	蒂芬妮（Tiffany & Co.）
	百貨公司	法國春天百貨（PPR）
住	旅館酒店	洲際酒店集團、喜達屋國際飯店集團（Starward Hotels & Resorts，旗下包括威斯丁和喜來登）、希爾頓飯店集團
行	名牌房車	保時捷（Porsch）、寶馬（BMW）、哈雷·戴維森公司，甚至包括豐田、本田、日產
		郵輪、遊艇（例如法拉蒂遊艇，Ferretti Yachts）
育	媒體業	新聞媒體（New Corp）、Cable Vision Sys、時代華納、Omnicom傳播集團
樂	旅遊樂	
	賭場	博伊德博彩公司、威廉希爾博彩公司（William Hill Plc）、Harrah's娛樂
	樂園業	迪士尼集團（Walt Disney）
	消費電子	比較偏重時尚生活（life style）類有差異化的產品，夏普、松下電器

三、指數績效

由前述可見，精品產業年成長率中低（約9%），而且因為不是生活必需品，

因此所得彈性較高，一旦經濟衰退，肚子扁扁就無力及他。相關指數的走勢呈現此特色，由圖9-2可見，2000年全球股災、2003年3～4月美國打伊拉克、3～7月非典型肺炎，世界精品指數整個趴下去。

1. 相關指數

由表9-5可見精品相關指數。

表9-5 精品相關指數

地區範圍	指數
一、全球	1.摩根士丹利日常消費品指數（MSCI World Consumer Staple Index） 2.摩根士丹利非日常消費品指數（MSCI World Consumer Discretionary Index） 3.美林精品與時尚生活指數（ML Luxury and Lifestyle Index）（50支股票），2007年4月推出 4.德意志世界精品指數（Deutsche Boerse World Luxury Index）（20支股票），2007年2月推出 5.標準普爾精品指數 6.富比士全球精品價格指數（CLEWI） 7.摩根士丹利奢侈品指數
二、區域	1.彭博歐洲時尚指數（Bloomberg European Fashion Index）（14支股票） 2.摩根士丹利歐洲消費品指數（MSCI Europe Consumer Discretionary Index） 3.高盛歐洲精品指數
三、國家	瑞士交易所精品指數

2. 指數表現

歐洲第一大股票交易所德意志證交所2007年2月受法國巴黎銀行之託，推出世界精品指數（World Luxury Index），納入指數的成分股必須是精品業務占總營收五成以上的公司，主要成分股計有寶格麗、蘇富比與法國精品公司愛馬仕。德意志證交所宣稱，世界精品指數2001～2006年平均年漲14%。

2007年4月，美林證券推出時尚生活指數（ML LifeStyle Index），主要成分股包括：豪華汽車品牌寶馬與保時捷、威登、時尚品牌寶格麗、柯奇與Burberry、珠寶公司蒂芬妮（Tiffany）、拍賣營運公司蘇富比和私人銀行業者Julius Baer。此指數2005年上漲23%，2006年漲幅也有12.5%，均高於摩根士丹利世界非日常消費品指數14%與7%的同期表現，詳見圖9-2。

負責編製該指數的美林研究分析師柯拉娜表示：「被我們選進指數成分股的股票有一個共同特色，都是從享樂主義消費趨勢中受惠的公司。」[6]

---

[6] 《工商時報》，2007年4月21日，A6版，林國賓。

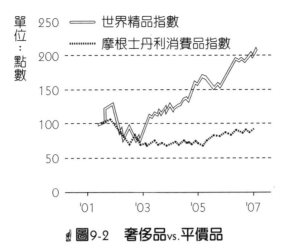

單位：點數

250 ── 世界精品指數
.... 摩根士丹利消費品指數

圖9-2　奢侈品vs.平價品

資料來源：《華爾街日報》

3.　一年投資時點

華南永昌全球精品基金經理余睿明表示，由於年底至年初通常為國際精品發表旺季，加上又適逢耶誕節至新年節慶的消費旺季，因此進場布局的勝算機率也較高。根據統計1996～2005年摩根士丹利非日常消費品指數，第四季起至隔年第一季止，進場布局享有正報酬的機率達80%。[7]

四、基金

精品基金的股票投資組合絕大部分比率布局在**食衣住行育樂**的**奢華消費**，另搭配各家投資特色，國家、產業研究的範圍越大，也較能找出績效相對較好的投資標的。例如華頓全球時尚精品基金有最流行的電子消費品、藝術投資拍賣公司；華南永昌的媒體、博奕產業、私人銀行業者；ING安泰的巴西免稅商店等。

精品類股票占總持股的比率也不相同，例如INC安泰全球品牌基金中，精品類股45%，華南永昌則會朝90%邁進、華頓投信80%。

許多投信公司有意無意誤**導投資人說**「M型社會下，精品業逆勢上漲」，產業會不敵景氣寒風，每股盈餘會下滑，本益比也會跟大盤往下修正。簡單的說，2001年精品基金全賠，不會獨導其身。

華頓投信基金經理何佩儒表示，觀察重點是季營收獲利及毛益、現金流量及負債比率，還有經營策略，例如產品品項、銷售通路。例如為了維持品牌形象，撤銷部分代理商、百貨公司專櫃，改為直營店，造成短期營收往下掉；同時推出比頂級品牌價格低的產品，以迎合平價奢華的趨勢，掌握精準的趨勢策略。

---

[7]　《經濟日報》，2006年11月7日，B5版，許維真。

ING安泰則著重大環境對獲利影響，基金經理劉益銘說，大環境會影響企業獲利成長的動能，也會影響對未來營運成長的預估。評估時，要依據未來營運成長的幅度，預估股價合理的上漲空間。而每天都要觀察每股的淨值變化，如果某支股漲幅大，可考慮獲利了結。[8]

9-5 積極成長型股票基金導論

積極成長型股票基金（**aggressive growth fund**）是指採取積極投資方式以投資於營收快速成長的股票基金，主要是賺資本利得，詳細說明於下。

一、投資對象

高科技、中小型股、店頭股票基金都是積極成長的股票基金，由於被投資公司的營業收入、盈餘快速成長，以致股價水漲船高，所以這類基金主要收入來自於股價上漲的資本利得，至於股票的配息就比較不重要。

㈠殊途同歸

由圖9-3可見，這三種股票基金看似不相關，但是背後的相似程度很高。

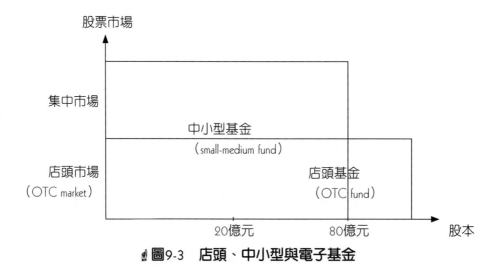

◢圖9-3 **店頭、中小型與電子基金**

1. **集中vs.店頭市場**

店頭市場的主力是電子類股，550支股票，約占八成，所以店頭基金本質

---

[8] 《管理雜誌》，2007年8月，第98頁。

上就是店頭市場的高科技基金。

2. 中小型基金

中小型基金以股本在80億元以下的股票為投資對象，由於擔心集中市場的範圍有限，因此基金也可以投資於上櫃股票，以至於中小型基金跟店頭基金長得很像。

(二)二種「同國的」基金

下列二種基金也是屬於積極成長型股票基金，原因說明如下。

1. 外銷基金

顧名思義，外銷基金主要投資於外銷導向的股票，鑑於電子產業早已是出口最大宗，而且電子類股出口比率高達九成，所以外銷基金跟電子基金可說沒多大差別。

2. 中概股基金、台商基金

有些基金另稱為「中概股基金」，主要投資於具有中國概念股性質的上市公司，詳見第11章第4節。

二、投資方式

積極成長型基金的周轉率往往比其他基金高，基金經理忙著「搶短」、換股操作，說明於下。

(一)投資組合績效

股市「多頭26個月，空頭13個股」，隨波逐流的順勢而為，便可以「賺到指數」。投資組合績效可說是三種投資報酬中占八成的因素。

(二)選股績效

採取積極投資方式中的「動能投資策略」（momentum strategy），這在投資學書中大都會介紹，因事關重要，謹簡單溫故知新。

1. 業績成長動能——以摩根富林明全球發現基金為例

業績動能主要在於「動者恆動」，一旦過去二季業績成長率超過二成，未來二季故事可能會重演。這種人逢喜事的股票，基金經理最喜歡，見獵心喜。

摩根富林明全球發現基金經理田克杰表示，「發現獲利潛力」與「發現股價落差」的選股方式，主要挖掘未來獲利成長超過25%、股價低估的企業

（運用股利折現模式篩選）。而「發現催化動能」與「發現引爆時點」則進一步篩選具備逆轉動能、且動能須在未來6～12個月爆發的個股，即「擇股更擇時」，詳見表9-6。

哪些股票是算「股價催化動能」階段？田克杰解釋，簡單地說，包括企業新產品推出、新市場開發、管理階層異動等，均是觸發股價上漲題材。[9]

選股卻重視個股題材。田克杰分析，比如公司更換執行長、公司併購、公司組織改造，或是像蘋果公司推出iPod、微軟推出Vista作業系統等創新產品等等題材，都可能是投資標的，且在轉機題材淡化或者股價已反映題材後即立刻出脫。正因為此種特殊的選股型態，所以基金通常不設指標指數。像日本菸草（Tabacco，擁有七星香菸等品牌）原是日本第一大香菸公司，但在2003年以前卻股價低迷，直到後來管理階層明顯改革，股價從2004～2006年足足漲了270%！這支股票因其具企業轉機題材，因此摩根富林明全球股票投資小組即於2004年開始建立投資部位，領先掌握漲升行情。

表9-6　摩根富林明全球發現基金投資程序

績效來源、投資程序	說明
一、組合	
二、選股：股價遭低估個股	篩選出未來獲利成長超過25%，但股價低估的公司
1.發現獲利潛力	預期獲利水準的成長幅度須達25%
2.發現股價落差	市場仍未發現潛力，股價明顯遭低估
三、選時：鎖定股價轉折時機	篩選具備逆轉動能、且動能須在未來6～12個月爆發的個股
3.發現催化動能	企業關鍵行動引爆獲利、股價大幅成長
4.發現引爆時點	預期催化動能在6～12個月內發酵

2. 股市攻擊量動能

跟過去3日均量比，今日成交量多出二成；可加人氣聚集，價先量行，投資人追高氣氛形成。

基金經理最喜歡搶進高投資報酬率的強勢股。2005年初至2007年8月底止，共有95支個股近三年報酬率達二倍以上，其中又以網通、IC設計、中概股居多。

---

[9]　《工商時報》，2007年7月7日，C3版，魏喬怡。

9-6 中小型基金

中小型基金（**small & median cap fund**）是以集中、店頭市場中的中小型股票為主要投資對象的基金。

一、中小型基金的定義

中小型股基金顧名思義，就是以股本少於80億元的上市公司為投資對象。其實，這包括二類股票：股本20億元以下的「小型股」、股本21～80億元的中型股。

㈠在小型股上多加一個「中」？

美國財務管理書中有「小型股效果」（small cap effect），衝著這個而發行小型股基金似為理所當然。歐美各國並沒有**中小型基金**這名詞，只有小型股基金；為什麼台灣多加一個「中」字，成為中小（企業）型基金」呢？原因至少有二。

1. **套用「中小企業」的用詞**

   中小企業是指資本額8,000萬元以下的公司，同樣的，套用此一名詞於上市、上櫃公司，凡是資本額低於50億元的乾脆稱為中小型（上市）公司。

2. **光挑小型上市公司可能很難下箸**

   台股上市公司有限，想專挑小型股（資本額20億元以下），而又值得投資的，可能只剩個位數，不好被迫把中型股（股本21～80億元）納入。

㈡小辣椒往往更辣

中小型因股本輕，營運爆發力強，股價容易脫穎而出，由表9-7可見中小型股票的優點。

二、績效：2007年

中小型基金支數（10支）占股票基金的11%，僅次於科技基金，因此可見其重要性，2007年平均報酬率11.02%，略優於大盤（8.5%）。永豐中小基金以33.37%的基金績效奪中小型基金之冠，其次依序為大華大華、ING台灣運籌基金和台灣工銀新台灣基金。

表9-7　中小型股票的優點

投資分析層面	說明
基本面	1. 經營靈活：因為董事會人數少（9人以下）、組織扁平，所以不會有大企業的「組織恐龍症」出現，在經營上有彈性，能快速因應環境變化。 2. 公司併購溢價：全球併購活動浪潮從歐、美啟動，一路蔓延至亞洲及新興市場，成為併購熱門標的的優質小型公司將因而受惠。 3. 潛力佳：自1998年以來，八成以上的全球大型公司都是由小型公司發展而成。
股市面	1. 籌碼面：中小型股股本較小，股價較容易拉抬，例如投信「包養」、主力介入。在股市的規模效應（size effect）中特指 **「小型股效應」**（small cap effect） 2. 股價低估：投資機構對中小型公司的研發比較少，因此常有遺珠之憾。

三、中型股票基金：全球

從1926到2004年，美國大型股平均年報酬率為9.6%，小型股11.8%，中型股11.4%。

巨型和大型股占摩根士丹利世界指數的九成，因而排擠掉市場上其他股票的投資資金。然而，就報酬率及風險來看，大型股風險低，但報酬率也低。例如**谷歌**（**Google**）在2004年8月掛牌，到2006年3月納入標準普爾500種股價指數，這期間股價共上漲281%，但是從納入指數成分股到2006年底，股價只漲18%。可見一支好股票納入大型股指數時，股價早已反應大半。

施羅德環球精選價值股票基金基金經理辛勒（Justin Simler）指出跟全球大型跟小型股相比，全球中型股的投資價值最高。但各個股市不能一概而論，例如英國中型股的投資價值就低於大型股。以該基金為例，巨型及大型股比重只有46%，遠低於摩根士丹利世界指數的92%。中型股占40%，遠高於指標指數的7.4%，小型股約11.6%，也高於指標指數的0.3%。[10]

四、中型股票基金：歐洲

歐洲的中型股票基金有三大：富達、瑞士銀行（盧森堡）、百利達，三年的平均報酬率約三成，算滿平穩的。中型股指數甚至漲超過大型股指數。

---

[10] 《經濟日報》，2007年1月18日，B4版，張瀞文。

五、小型股基金：美國

美國小型股是指**市值15億美元以下，占上市家數87%**，它們通常是處於專注發展核心能力、獲利成長潛力旺盛的時期，也因此許多法人有極大的意願把一定比例的資金投注在這「創業家的搖籃」，創造績效的成長性。如果基金經理能夠對中小型股深入研究，且能夠在企業草創初期投資，其投資報酬率不可小覷，而且中小型股投資題材豐富，跟大盤連動性低，更適合分散風險。

股神華倫・**巴菲特**的投資經典中，最有名也是小型股光榮戰役：巴菲特從1988年可口可樂還是中小型股本時就低價買進，迄今可口可樂市值已成長超過十倍，從不到100億美元的公司成長到1,000多億美元，更印證優質潛力小型股的投資效果。根據Ibbotson Associate統計，美股1926～2002年小型股年報酬率12.1%，比大型股的10.1%還好，顯示小型股的長期投資效率最高。

小型股素有景氣前哨之稱，根據奈德・戴維斯研究公司（Ned Davis Research）追蹤自1945年來的十次景氣循環，在經濟復甦一年內，小型股（羅素2000指數）平均年報酬率40%優於標準普爾500種指數平均漲幅約20%。而景氣復甦初期、利率處歷史低點，企業併購題材加溫下，提供小型股寬廣的舞台。

六、小型股基金：亞太

2007年9月7日，安盛羅森堡亞大（日本除外）小型企業Alpha基金（簡稱安盛羅森堡亞小基金）重新接受申購，於國泰世華銀行首度開賣。國泰投顧表示，安盛羅森堡系列基金一向以獨有的專家電腦選股模型著稱，不設基金經理。在量化分析全球1.9萬家上市公司、高達200餘種財務比率後，交叉分析選出價值被低估個股進行投資，並且有效管理投資風險。

安盛羅森堡亞小基金投資範圍包括澳洲、南韓、香港、新加坡、紐西蘭、大陸等股市當中的小型股，且以亞洲國家當中發展成熟度較高的澳洲、南韓、香港、新加坡為主，占比九成以上。根據國泰投顧統計，在同類型基金當中，安盛羅森堡亞小基金短中長期皆有優異表現，近三月、六月、一年、二年、三年報酬率超越亞太（日本除外）小型基金均值以及亞太（日本除外）大型基金均值。[11]

⑪ 《經濟日報》，2007年9月7日，B3版。

9-7 店頭基金

　　光看店頭基金（**OTC fund**）這幾個字就知道投資對象為上櫃股票，簡單的說，店頭基金的本質如下。

> 店頭基金＝中小型基金＋高科技基金
>
> 　　　　　（因為上櫃所　（因為店頭市
>
> 　　　　　需的資本額門　場有八成以上
>
> 　　　　　檻2億元，比　是電子股）
>
> 　　　　　上市低）

一、上市股是一軍，上櫃股是二軍

　　股票上櫃的條件本來就比股票上市寬鬆，可用職棒中的二軍來類比，連虧損公司照樣可以上櫃，上櫃的素質（公司體質）差異很懸殊，因此，店頭市場的投資風險有可能比集中市場大。

二、掛羊頭賣狗肉的基金

　　上櫃股票型基金中的「群益店頭市場基金」成立於1997年2月13日，主要投資預期高報酬、高風險的上櫃公司股票，創下投信業單一基金連續五年得到傑出基金金鑽獎紀錄，同時也是2003年再度獲得金鑽獎與標準普爾基金獎雙料肯定的基金王。但是以2003年3月10～14日的持股比重來看，上市股票占40.12%，而上櫃股票僅占37.78%，其中電子類股占27%。

　　由8支店頭基金的招牌基金來看，真令人覺得店頭基金跟中小型基金是同一回事。因此店頭基金從鼎盛時的1999年有14支，到2007年只剩8支，原因在於缺乏特色。

9-8 科技基金Part I：3C產業

高科技公司（在台灣主要指電子類股）營收、盈餘具高成長性，所以股價具有爆發力，就跟雲霄飛車般，難怪會成為不少「拼死吃河豚」投資人的最愛。台股從1995年起，唯一的主流股便是電子股，成交值常占總成交值的六成，可見「三千寵愛於一身」的程度。高科技產業最粗淺的劃分方式，可分為**舊高科技**（主要是3C產業），**新科技產業**，例如生物科技、太陽能、車用電子等。本節先說明個人電腦、通訊、消費電子的3C產業。

一、誰是高科技基金？

高科技基金為了方便投資人一眼就找得到，所以基金名稱中一定會加上「科技」或「電子」二個字，只有少數基金無法望文生義。在美國標準普爾指數中高科技產業還包括電信、製藥、醫療、電腦、媒體、軟體等。

二、長青樹型的科技基金

高科技基金如過江之鯽，無法一一介紹。以結果來論英雄的話，以過去三年報酬率排名前十名來說，累積報酬率138%以上，年平均報酬率46%，算是很棒的投資標的。

三、不要對全球基金期望太高

亨德森（Henerson）全球科技基金經理奧葛曼（Stuart O'Gorman）強調，不要以賭博的心態來投資。在低物價及低利率的時代，投資人對科技基金的報酬率不要有不合理期待，科技基金一年報酬率10%就已經不錯了，如果能達到15%，基金經理就算是優秀了。亨德森基金公司隸屬於澳洲AMP集團，成立於1998年3月。他鎖定50～100支股票，很注重企業的生命週期，把科技股分成六大週期：新興、當紅（例如部分網路股）、整合（例如思科）、主宰（例如微軟）、消費者滲透（例如亞洲企業）及商品化（例如動態隨機存取記憶體〔DRAM〕）。基金持股中以中間週期的企業占多數，也就是整合及主宰類股的股票。[12]

---

⑫ 《經濟日報》，2003年6月24日，第19版，張瀞文。

9-9 科技基金Part Ⅱ：新興科技產業

新興科技基金（emerging technology fund）是以處於產業導入成長階段的高科技公司為投資對象的基金，邏輯上來說，處於導入期的公司，往往有暴利可圖，然而如同**聯發科技董事長蔡明介**的「一代拳王理論」，擂台主寶座往往都坐不久，就跟獅群中的公獅一樣，約三年。

如此的特性，以致新興科技基金投資屬性更波動。

一、網通基金

跟網路股相關的海外基金約有20支，年平均報酬率約20%，比較像收益型基金。就全球網路類股來說，可以買得到的「純」網路基金並不多，以台幣計價的有摩根富林明全球通網基金，以外幣計價的則是瑞士信貸全球網路股票基金。

2007年6月19日，亨德森全球科技基金經理奧葛曼分析，2007年寬頻需求是很大的投資主題，因為這是很大的產品週期需求。網路廣告也有大商機，像谷歌、南韓最大入口網站NHN（Next Human Network）等。

新興市場需求也是重要投資主題，美國資訊科技業只有5%外包到亞洲，未來提高成為20～80%應該都不成問題，軟、硬體都會有，像**印度的資訊系統公司**（**Infosys**）和台灣的鴻海都會因此受惠。

2007年以來，隨著網路股併購案增多，網路股似乎又重新成為焦點。例如谷歌併購YouTube等，重量級的網路老大哥顯然積極尋找年經的網路後起之秀，也製造了新一批的網路新貴。網路股雖然無法立即成為投資主流，但至少已經出現投資價值。

二、醫療生技基金

醫療生技基金是以醫療保健與生物科技業為投資對象的基金，生技業分為四大產業（包括農業生技），但是光生技製藥業就占七成以上。

由表9-8可見，生技醫藥業至少可分為4個行業，第一列隱含著預期報酬率，例如生技製藥屬於產品壽命週期的導入期，傳統製藥業屬於成熟期，因此生技製藥業的預期報酬率高於傳統製藥業。

表9-8　生技醫療業的範圍

行業	醫療服務	傳統製藥	醫療設備	生技製藥
一、公司	醫院 檢驗所	藥品 藥物設備	人工髖關節	
二、代表性 　公司		美國默克（Merk KGaA）、輝瑞 （Pfizer）、瑞士羅氏（Roche）、 法國最大的塞諾菲－安萬特 （Sanofi-Aventis）前十大公司市占 率50%		1.應用分子基因 　公司（Amgen） 2.基因科技 　（Genentech） 3.Biogen Idec
相關指數				
1.全球		摩根士丹利醫療保健指數 摩根士丹利全球製藥類股指數		
2.美國		美國證交所製藥指數（DRG）， 只有15支成分股		美國那斯達 克生技指數 （NBI），美國 證交所生技指數 （BTK），只有 17支成分股

(一)醫療保健——屬於收益型基金

全球人口老化程度嚴重，全球醫療費用持續增加，光是藥品市場，每年就以5～7%的年成長率穩健成長，知名製藥公司經過近年的整併，獲利能力更是大幅攀升。

因此生技醫療基金最適合15年以上定期定額基金選擇的投資標的。

1.　正面因素

人口老化的趨勢不改，戰後嬰兒潮邁入退休高峰，刺激全球醫療保健支出大幅上揚，生技醫療類股產業整體盈餘可望跟著成長。在全球人口結構老化趨勢下，美國歷年來健康護理支出所占約國民生產毛額比率提高，成長速度超越整體經濟成長，產業趨勢頗為樂觀。

2008年美國經濟成長放緩，根據歷史經驗，景氣趨緩時，屬於防禦產業的醫療保健類股可望有所表現。德意志銀行預估，醫療保健類股2008年的每股盈餘成長率11.1%，美林證券預估，醫療保健設備與服務類股每股盈餘成長率10.8%，製藥生技類股12.9%。都高於標準普爾指數整體的9%。

2.　負面因素

在全球各國紛紛面臨藥品支出的龐大預算壓力的趨勢下，尤其在藥品支出

比例最高的美國，藥價的控制成為必然採取的政策。

2006年底，美國中期選舉結果民主黨獲勝，取得國會控制權，一般認為美國政府將積極推動藥價控制政策，對於製藥公司營運有負面影響。貝萊德投資管理公司分析，製藥類股表現不佳主要是受到2006年美國大型製藥公司許多暢銷專利權到期影響，盈餘幾乎零成長。這對大型製藥公司相當不利，反而對亞洲（主要是中印）等以學名藥為主的小型製藥公司有利，有弊也有利。德盛全球生技大壩基金經理傅子平認為，相關規定使生技專利藥跟學名藥的價差縮小，預期有助生技製藥公司未來的競爭優勢及營收。[13]

(二)生化科技基金——屬於成長型基金

雖然新藥上市有助於提振生技製藥公司股價，但新藥研發曠日費時，通過核可日期又無法準確預測，生物科技的研發很難立竿見影。生技基金屬性較偏高科技基金，波動風險高於醫藥及健康護理基金。雖然醫療生技股長多態勢明確，但是摩根富林明資產管理表示，由於生技及醫藥產業需投入大量研發經費與時間，股價表現因而溫吞，只有研發的產品取得專利並能夠商業化生產時，股價才會大漲，買賣時點不易掌握。

以往投資人在觀察醫療生技股，最期待的就是5月、6月間全球密集舉行的醫療生化會議。2007年6月下旬，腫瘤學會年會（Amercian Society of Clinical Oncology, ASCO）會議剛剛落幕，景順投信全球康健基金經理莊英山說，今年醫療生化會議並未對產業帶來太大利多。[14]

主要企業，如應用分子基因公司（Amgen）、基因科技公司（Genentech）等生技業龍頭，獲利仍佳。

---

[13] 《工商時報》，2007年7月3日，C3版，魏喬怡。
[14] 《經濟日報》，2007年6月28日，B5版，徐慧君

第10章

海外基金Part I：全球、區域基金

「地球是平的」是全球經濟發展最佳註腳。這波全球金磚風潮，不僅造就新興國家今非昔比的經濟實力，國家財庫充實了，人民富裕了，但最大受惠者，卻是來自歐、美、亞等大型國際企業！

——陳培文
第一富蘭克林新世界股票基金經理
《工商時報》，2008年3月21日，C3版

化繁為簡

2007年，海外基金餘額1.45兆元，絕大部分是股票基金，主因當然是「有利可圖」。針對境外股票基金，依地域大小，分成全球、區域和國家基金，前二者在本章說明，第11章再說明國家基金。

這二章初稿完成後，光一個第11章第6節的印度基金篇幅幾可占一章，而第11章有三章的份量，第10章也差不多。這二章可以出本「海外股票基金」的企管叢書，可說巨細靡遺，念完本書，大抵會被顧客視為印度基金達人等等。

在篇幅有限情況下，只好挑重點，而最能有系統呈現重點的，便是依理論作架構所做出的圖表。簡單的說，這二章是濃縮果汁，等到你要使用時，再把表中各項目的數字更新就可以了。因此，本書由一時的雜誌書寫法，變形為以「**教科書（有理論為架構）為主，理財叢書（有實務）為輔**」的雙棲書。

第二個貢獻是，為了節省各區域、國家基金的基金績效表，歐（表10-15）、亞（表10-18）、拉丁美洲（表10-20）各以一個表的最後1欄把其區內國家基金的過去一年（以2007年12月為準）的前三名基金依序排列，看起來有點報明牌的味道。**我寫書最大的指導原則就是「實用」，即能夠解決生活中問題。**

10-1 全球基金

顧名思義，全球基金（global fund）的投資地區是「四海為家」、「放眼天下」的，它的優點是投資風險最小，除非發生全球股災，否則投資地區的分散比在單一國家內資產分散，更能大幅降低投資風險。

一、投資屬性

全球範圍太廣了，令人不容易抓住重點；要是就近取譬，比較容易瞭解全球股票基金的本質是地區分散（「把雞蛋擺在全球許多籃子」）。

(一)就近取譬

義大利威尼斯是全球最有名的水上都市，一堆電影在此拍攝，泰國曼谷有東方威尼斯、瑞典斯德哥爾摩有北歐威尼斯之稱，縱使你沒去過，大抵可以聯想一下。

「就近取譬」讓人們可以舉一反三，同樣的，境外股票基金依涵蓋區域大小可分為全球、區域、國家，而這跟單一股市（例如台股）的大盤、類股、個股的投資

屬性超像的,詳見表10-1。

⟐表10-1　以投資區域來分類的海外基金和單一股市類比

類比 E(R)		國家數	跟單一股市(例如台股)類比
一、國家	(一)新興國家(emerging market)	80	電子類中的宏達電、益通、大立光、聯發科等「F4」概念股
	(二)新興工業國	亞洲四小龍與以色列	電子類中的宏碁、華碩、鴻海、廣達等電子十哥。
	(三)已開發國家,1997年,國際貨幣基金改稱為先進經濟體(advanced economics)	30,主要是經濟合作暨發展組織(OECD)國家	食品類中的統一、金融類中的國泰金控
二、區域	新興市場		高科技產業
	開發		傳產、金融
三、全球			大盤

（二）圖解

　　把表2-4改成以圖表示,更容易瞭解,詳見圖10-1。

（三）舉例說明

　　我們可以把投資地區當作海外基金的「姓」,擺在前面,把其投資資產擺在後面,當作「名字」,中間用逗點隔開,就跟美國人的名字一樣。接著我們隨便挑摩根富林明的二支股票基金來比,整理在表10-2上。

　　你可以看得出來,我們的做法如下。

1.　投資地區

　　　地區的不同會影響海外股票基金本質的倍數,以印度來說,風險是台灣的4倍;歐洲大陸(即不含英國的歐洲)已開發的區域,風險係數只有台灣的0.6倍。

2.　投資資產

　　　這是海外基金的本質,在此處,我們以台灣為標竿,也就是表2-2中的第3、4欄。

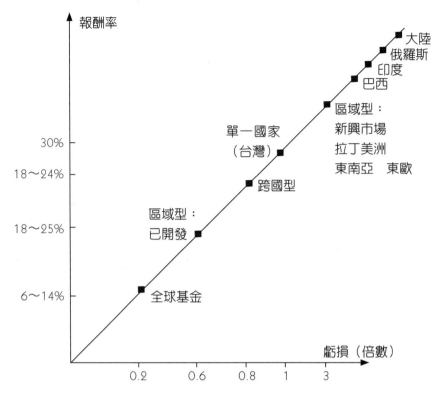

圖10-1　海外基金依投資地區分類──以台灣股市為標竿說明其性質

說明：本圖虧損率的倍數是以台灣股市為基準（設定為1=100%），詳見表2-4第3欄

3.　海外基金的本質

　　所以你只要知道表2-4台灣股票類資產的報酬率、虧損率，再乘上投資地區風險倍數，就可以計算出全球各地股票一類資產的報酬率和虧損率。由表10-2第4欄可看出，印度基金報酬率40%，虧損率12%；歐洲大陸基金則分別為6%、1.8%。

　　至於加上一些形容詞的基金只是討個吉利罷了，像豐盛、景順基金都有推出「老虎基金」、「小龍基金」。

表10-2　以台股為標竿運用表2-2、2-4來分析二支海外基金

	(1)地區	(2)資產	(3)=(1)×(2)海外基金
	表2-4	表2-2	
印度基金	4×		
・報酬率		10%	40%
・虧損率		3%	12%
歐洲大陸基金	0.6×		
・報酬率		10%	6%
・虧損率		3%	1.8%

大部分的基金都是股票基金，而債券、貨幣基金都會特別聲明，讓投資人一眼就可找到。而沒有標示投資對象的多為股票基金。

二、基本面

有經濟實力作靠山的股市才實在，不會變成股市泡沫。由國際貨幣基金、世界銀行所做的全球經濟預測，可看出2008年景氣會比2007年差一大截，股市成長空間就有限了。

㈠美國打噴嚏，全球都感冒

2008年9月1日，國際貨幣基金公布「**世界經濟展望**」報告中，**2007年全球經濟成長率5%**，但**2008年4.1%**、**2009年3.9%**，成為2002年以來最低水準；調降美國的成長率，2008、2009年為1.3%、0.8%，反映1991年來最嚴重的房價下跌以及信用危機的影響，2009年美國的成長率將是七年來最低水準，美國經濟比較可能的結果是長期的低水平成長。長期的信用緊縮將大幅衝擊經濟成長，尤其是經由美國和一些歐洲國家的房市效應。

㈡朽木難撐大局

有些投信想賣基金，所以會「大事化小」，但是終究會水落石出。

1. 妄自尊大的想法

2007年4月以前世人還普遍認為，縱使美國經濟下滑，歐洲和亞洲的經濟成長將足以支撐全球經濟免受美國的拖累。

2. 事實是1比9

2007年12月16日，摩根士丹利旗下亞洲公司董事長羅奇受訪時表示，美國經濟正邁向衰退，其他國家如果認為這不會衝擊到成長中的亞洲經濟體，就「大錯特錯」了！

甚至有人認為中印等快速發展的經濟體，可以完全填補美國經濟的衰退，他認為這個看法錯得離譜。因為美國消費規模是9.5兆美元，大陸為1兆美元，印度為0.65兆美元。但美國的消費力道只要衰退10%，中印兩國的消費力道卻要成長超過50%（2007年消費成長率約10%）才能彌補；這種事情根本不可能發生。[1]

---

[1] 《工商時報》，2007年12月17日，A2版，李鏗龍。

3. **歐洲會很慘**

　　但隨著大家對美國次級房貸風暴與信用緊縮的憂慮加深，以及因此而引發的市場動盪，到了2007年12月，越來越多人認為「覆巢之下無完卵」。國際貨幣基金經濟分析處處長約翰遜認為，歐洲面臨的下滑風險比許多人認為的都嚴重。而如果美國和歐洲經濟都放緩，國際貿易就會受到影響。全球經濟面臨著多種可能：20世紀末式的油價飛漲、21世紀式的全球性金融動盪，還有19世紀的全球貿易衰退。[2]

三、投資方式

　　在第3章中，我們談到投資方式會影響基金報酬率，投資方式有直接、間接二種，詳見表10-3。

表10-3　全球基金的投資方式

投資方式 說明	直接方式	間接投資
投資對象	各國股票	各個國家基金
投資方式	1.消極投資為主，即由下方式，主要是買入持有法 2.積極投資為主，即由上到下方式，採取動能投資法	1.積極投資方式，即由上到下方式 2.消極投資方式為輔，主要是指數複製
投資竅門	以全球各類股中的前二名為投資標的 ・手機：諾基亞、三星電子 ・個人電腦：惠普（HP）、戴爾 ・半導體：英特爾、台積電 ・醫藥：輝瑞、諾華 ・汽車：豐田、日產 ・銀行：花旗（Citi Group）、匯豐	依表10-5上的配置方式

四、由上到下的投資方式

　　由上到下的投資方式，又可分為間接、直接二種。

(一)間接投資：組合基金

　　間接投資方式指的就是組合基金，即全球基金把國家基金當成個股來買，這樣

---

[2]　《工商時報》，2007年12月10日，A8版，王曉伯。

做很有道理，因為全球少則4萬支股票，怎麼挑股票？那還不如套用英國科學家牛頓在1676年寫給朋友信中的名言：「如果說我看得比別人遠，那是因為我站在巨人的肩膀上」。

全球基金的基金經理是強龍，強龍也不壓地頭蛇，妥善運用各國在地人的智慧，只要買當地名列前茅的國家基金便可以了。

(二)最簡單做法：指數型基金

全球基金最簡單做法便是指數型基金，也就是依照摩根士丹利指數來配置區域、產業，跟著大盤走。其中摩根士丹利世界指數約1600點。

1. **摩根士丹利資產國際公司**

   摩根士丹利資產國際公司推出的一系列指數可說是全球最普遍風行的指數，很多海外基金都照表操課。一般來說，指數權重每半年調整一次，5月（指6～11月）、11月（12月迄5月）初各公布一次。

2. **以摩根士丹利遠東指數為例**

   摩根士丹利亞太區各類指數就像一個大池子（pool），把各地股市市值納入後以百分比化，就是各股市的權重，但中間有個關卡，就是各地股市市值被納入的「比例」有多少。

   簡單來講，台灣跟南韓股市市值相差不大，但南韓股市卻比台股在摩根士丹利各類指數享有較高的權重，原因就是2008年10月韓股晉級為富時指數中的先進工業國，不再打折，台灣仍屬於先進新興國家。

(三)抓指數來作買賣參考

全球股市的未來走勢，**可用MSCI世界指數來預測**，可以由本益比來看，係1345點時本益比14.1倍，是1995年來最低點。

以技術分析來看，空頭跌勢平均持續391天，以2007年10月下跌來說，會跌到2008年11月，以跌幅來說，平均跌了1%，以此來算，指數應跌至1160點，最悲觀的情況，跌幅50%，指數840點。

 ## MSCI世界指數小檔案

由摩根士丹利資本國際公司於1969年推出，涵蓋已開發國家23個股市、10個類股、1742家公司。

㈣最簡單的各國比重

摩根士丹利的各種指數經常調整（例如依據對外資開放程度予以調整），最原始的做法便是不調整，依該國最大股市（美國最大股市為紐約證交所，NYSE，由表10-4中可見市值19兆美元）市值占全球股市市值比，由表10-5中可見，全球市值63兆美元，美股占32.25%，

但美股恐有「過譽」（即文勝質則野）之嫌，由表10-5可見，因為美國經濟實力，美國國內生產毛額占全球生產毛額只有24%，簡單的說**市值GDP比**為**1.24倍**，而大陸才0.6625倍，表示大陸股市仍有長肉空間，或者美股仍有減重空間。

▌表10-4　主要國家股市比較

（單位：兆美元）

國家	股市市值	GDP	股市市值占GDP（%）
美國	19.03	13.60	143
日本	4.99	4.46	112
英國	4.14	2.36	176
法國	2.94	2.23	132
大陸	2.21	2.55	115
德國	2.18	2.90	75
加拿大	1.80	1.27	142
義大利	1.13	1.84	61

資料來源：綜合外電，2007.11.19

▌表10-5　全球基金的國家配置

單元：兆美元　　2008年底

國家	美	歐	日	大陸
(1)股市市值（2008.8.30，63兆美元）	20.32	12.71	5.32	3.34
(2)股市市值占全球市值比重	32.25%	20.17%	8.45%	5.3%
(3)GDP（2008年，52.5兆美元）	13.65	13.7	4.34	4.2
(4)占全球GDP比重	26%	26.09%	8.27%	8%
(5)=(2)/(4)	1.24×	0.773×	1.021×	0.757×

五、直接投資

由下投資方式，以**選股不選市的價值投資**為主。簡單的說，便是把全球當成一個大股市，只去看產業、個股；這跟一國之內的股票基金做法一樣，只是股票數變多了、變得更複雜（例如匯率、稅制）而已。

㈠先抓產業

套用IC設計等觀念，產業的配置也有「**公板**」（**即摩根士丹利產業指數**）與私板（以羅素集團為例）做法。

1. **摩根士丹利資產國際公司的做法**

　　1995年起，摩根士丹利公司製作摩根士丹利各類股指數，能源、原物料類股，自2001年起在全球各大股市中遙遙領先其他類股的趨勢，在全球資本市場的「吸金」力持續看好。

2. **以產業或概念為主的海外基金**

　　不過，在產業、趨勢輪動快速的時代下，許多全球股票基金改以「抓趨勢」為操盤策略。市面上有五支基金（詳見表10-6）是採這種方式操作。以2007年以來的績效來看，德盛安聯全球綠能趨勢基金抓得最對，報酬率達三成；保德信新興趨勢組合基金、保誠趨勢精選組合基金也都紛紛打敗大盤。

　　同樣是趨勢基金，各有巧妙不同；德盛安聯全球綠能趨勢基金抓替代能源興起的趨勢，匯豐全球趨勢組合基金抓三大巨型趨勢：大退休潮、窮國翻身、企業帝國成形；保德信新興趨勢組合基金掌握新興市場契機。保誠趨勢精選組合基金、聯博全球成長趨勢基金抓投資潛力大的地區，而不是權重大的地區。

表10-6　「抓趨勢」的全球基金

基金名稱	成立日期	基金規模（億元）*	8.23基金淨值	一個月	三個月	今年以來
匯豐全球趨勢組合	2007.4.10	137.86	10.17	-8.13	-2.40	
德盛安聯全球綠能趨勢	2006.10.11	335.66	14.49	-8.70	0.48	30.89
保德信新興趨勢組合	2006.10.11	33.43	12.14	-11.06	-1.54	13.25
保誠趨勢精選組合	2006.10.4	12.31	11.36	-7.34	-4.70	6.17
聯博全球成長趨勢　美元	1995.4.11	25.31	63.49	-7.27	-4.86	2.54
摩根士丹利全球股價指數				-6.22	-3.99	5.53

資料來源：理柏資訊，統計至2007.8.23，原幣計算

*規模算至2007.7.31

㈡再來挑股票

在產業內挑股票也有公板與私板做法。

1. **最簡單做法：挑全球各產業的龍頭**

　　挑股票最簡單的做法便是「西瓜偎大邊」，只挑產業的龍頭，像表10-3中

幾個重大產業中的雙雄。像表10-7則是最極端做法，專以全球市值前50大（此表是前10大）的股票為投資對象，隱含著指數基金或動能投資方式的做法。

表10-7　全球市值前10大企業

單位：億美元

名次	1997年		2000年		2007.10.16	
	名稱	市值	名稱	市值	名稱	市值
1	通用電器	1,981	通用電器	5,203	艾克森美孚石油	5,185
2	可口可樂	1,699	英特爾（Intel）	4,167	中國石油天然氣	4,336
3	荷蘭殼牌石油	1,690	思科（Cisco Systems）	3,950	通用電器	4,204
4	日本NTT（末合併）	1,516	微軟	3,228	中國移動通信	3,449
5	微軟	1,486	艾克森美孚石油	2,899	中國工商銀行	3,344
6	艾克森石油（末合併）	1,472	伏得風（Vodafone，英國最大通訊公司）	2,780	微軟	2,837
7	英特爾	1,241	沃爾瑪超市（Wal-mart）	2,567	荷蘭殼牌石油	2,688
8	豐田汽車	1,087	日本NTT Docomo	2,472	中國石化	2,658
9	美國默克藥廠（Merck）	1,085	諾基亞（Nokia）	2,422	AT&T	2,579
10	Philip Morris（美國最大菸草公司）	1,066	荷蘭殼牌石油	2,135	中國人壽	2,467

資料來源：2007年為彭博資訊，餘為美國《商業周刊》Global 1000排名

2.　想賺錢就不用怕麻煩

羅普萊斯全球股票基金（T. Rowe Price Global Stock）基金經理簡斯勒（Robert Gensler）把40%的工作時間花在奔波世界各地，他也善用羅普萊斯集團80位分析師和30位基金經理的構想。基金採用「隨處隨意操作」的方針，就是可能從揀便宜貨的價值投資方式，改成尋找快速成長股的方式，也可能從投資小型股變成大力投資大型股。

六、依註冊國家分為二類

就跟進口車可分為原裝、台裝的一樣，同樣是投資於海外的基金，依基金公司註冊國家的不同，可分為台灣的投信發行的海外投資基金和國外基金公司的境外（或海外）基金。

1.　台裝「海外基金」

39家投信發行120支投資於境外的股票基金，在國內信託基金淨值表中歸

類為「海外投資基金」，為了便於稱呼，我稱為「台裝」海外基金。跟原裝海外基金在交易方面的不同之處如下。

- ·最低申購金額：1萬元，而原裝海外基金最少3萬元。
- ·基金淨值計價幣別：以台幣為計價幣別，基金經理可針對台幣匯兌風險採取避險措施。原裝海外基金計價幣別大部分為美元，其次為被投資國貨幣（例如英國基金則為英鎊）。

2. 海外基金的註冊地

基金管理上，一般會根據業務或稅務等考量，然後在盧森堡、開曼群島、英國、美國等國家註冊，並遵循當地發行基金的法令規定，向當地主管機關申請發行以美元、歐元、英鎊、日圓等幣別計價的共同基金許可，然後向全球投資人發行募集資金。

3. 神奇吧！傑克

學英文，當然是向美國人學比較好；可是，在台灣，台裝海外基金績效比原裝海外基金（只有歐洲及新興市場類型基金小幅落後）高。日盛投信國際投資部副總經理許倍禎表示，國內投信發行的海外基金操作策略採「選股不選市」原則，著重類股及個股表現，不以指數為指標，採絕對報酬概念，所以績效往往超越指數許多。原裝海外基金的操作概念則以指數為指標，績效表現比較貼近指數，不易出現大幅超越指數的情形。[③]

七、海外複委託交易

要開立複委託帳戶要下列注意事項。

㈠開戶

1. 自然人（未成年人須監護人同意）、法人均可。
2. 需至銀行開立外幣交割帳戶和外幣自有帳戶。
3. 若不是美國公民，要簽立免稅申請文件，即可享有美股資本利得免稅。

㈡交易

1. 交易時間：每個市場不同，歐美股市冬令、夏令時間開收盤時間不同。
2. 不接受信用交易：下單前交割帳上需有足夠金額，不可融資融券與當沖。
3. 交易方式：電話下單、網路下單。

---

③ 《工商時報》，2007年9月7日，C3版，陳欣文。

4. 下單最低股數：各市場不同，基本上美股以「1股」為單位；香港以「手」為單位，每支股票之最低交易單位均不同。

5. 漲跌停限制：各市場不同，美股和港股均無限制。

6. 各國交易徵費均不同。

(三)交割

1. 交割幣別：依各市場之幣別不同，新加坡無論以美金或星幣計價，均採星幣交割；韓國市場為外匯管制國家，採美元交割。

2. 交割日：各市場之交割日不同，例如美國市場交割日T+3，賣出可於T+5於交割帳戶到款項。

3. 資金動用：交割帳戶上之金額，客戶不可直接動用，需經券商確認無交易須交割後，指示銀行轉帳，才會轉到客戶的自有帳戶。

客戶在銀行要有美元戶頭，每天都可以透過理專，委託銀行下單買賣，只要告訴銀行，要買賣多少單位數、買賣的標的，以及買賣的價格，銀行會先從客戶的美金戶頭，圈存一筆錢。

然後，再以銀行信託部的名義下單，投資人的對口單位是銀行，不必再跑到證券商的營業場所開戶，透過銀行下單就能買賣全球各地的指數基金。

至於每一次下單買賣的單位數，至少要100單位數，以部分ETF的價格而言，每一單位數如果是50美元，客戶每一次下單買進，至少要備齊5,000美元。

因為是限價交易，每一次下單，不一定會成交，如果沒有成交，客戶再看自己決定，是否重新設定價格、下單買賣。

費用部分，每一筆交易，銀行收取手續費3%，另外，每一年的信託管理費大約是0.3%。

10-2 資金流向──水能載舟，水能覆舟

資金動能是推動股價上漲的充分條件，尤其新興市場股市，外資扮演著「水可載舟，水可覆舟」的關鍵角色，因此，追蹤資金流向便很重要。

一、最常見的研究機構

全球較常見的資金流向的研究機構為美國麻州劍橋市的**新興組合基金研究**

二、拒絕再玩

每次看到投信分析國家基金，總會談到又有多少資金流入，然而本書不準備這麼「失之瑣碎」。原因如下。

1. 只知金額，不知比重

20億美元流入台股跟印尼股市，意義不同。台股日成交值1,000億元（約30億美元），20億美元頂多只能影響大盤二三天。但是對日成交值2億美元的印尼股市，20億美元可以把印尼股市炒翻天。所以，光知道資金流入多少金額到某國還是無法判斷是否有外資行情，需要更進一步的資料，即外資比重，像外資占台股32%，對台股的影響力大於管制外資的大陸股市。

2. 資訊慢半拍

幾家專門追蹤全球資金流向的研究公司已做到以週為單位，資訊時差二週，即本週便可瞭解二週前的資金動向，但是資訊的流動速度，卻是緩慢的，先傳到基金公司，基金公司累積一週，再把資訊整理、翻譯成基金報告，傳給代銷機構（主要是銀行總行）；總行再於週四透過電話會議等方式通告各分行理專。

一層一層的時差，投資人看到的資料往往是一個月前的舊聞；搞不好已事過境遷了。因此，基於「抓大放小」的原則，本節只說明全球資金的大趨勢。

10-3 區域基金——以新興市場為主

區域基金（area fund）是以某一洲的一個區域為投資範圍，大抵以地理範圍（例如歐洲的東歐、西歐、南歐、北歐）或人訂範圍（例如東協）為範圍。比較有名的還是美亞歐中各有一個新興市場：新興美洲（少用這名詞，直接稱**拉丁美洲**，**簡稱拉美**）、新興亞洲和**新興歐洲**（**主要指東歐**，有時加上中歐）。以新興市場國家的股票為投資對象的基金有個小名：新鑽動力基金。

一、區域基金的分類

我們可依下列三層來瞭解區域型基金，詳見表10-8。

表10-8　區域基金的分類

基金投資屬性　預期報酬率	RR4　收益型	RR4　成長型	RR5　積極成長型

新興市場

（emerging market）

以金磚四國為代表

BRICs

Brazil Russia India China

巴西→拉丁美洲基金
俄國→東歐基金
印度
大陸
　　→東南亞基金
　　→非洲

40%

四小龍（新加坡、香港、南韓、台灣）
中東產油國（尤其是沙烏地阿拉伯）

20%

美
日
歐洲
（不含東歐）

工業化程度　經濟開發程度	先進工業國（G8）已開發國家	新興工業國（NICs）	新興市場　開發中國家
平均每人國民所得（per capita GNP）	30,000$^+$美元	15,000～30,000美元	15,000$^-$美元

(一)第一層：粗分為歐美亞三大洲

　　全球基金公司的分類方式其實很簡單，就是把全球分為美洲、歐洲、亞洲（如果是亞太的話，那還包括澳洲、紐西蘭），非洲太落後了，以非洲為投資對象的基金可說是鳳毛鱗爪，所以不予以列入。

(二)第二層：再細分為已開發、新興市場

　　在各洲之內，國家貧富懸殊差距很大，因此又可分為二種中分類的區域基金。

1. 已開發地區

　　　例如歐洲中的北歐（瑞典、丹麥、挪威）、中歐（德國、瑞士）、南歐（如西葡）基金。

2. 新興市場

　　　新興市場（**Emerging Market**）一詞於1981年誕生，由當時的世界銀行一位員工范‧艾梅爾（Antoine W. van Agtmael）所提出。廣義來說，新興市場泛指一個國家以已開發經濟體為標竿，積極轉型與改善整體國家經濟，並已初步看見政治及經濟制度成長發展，但仍在調整及學習中的市場。

　　　依據世界銀行的定義，每人年國內生產毛額7,620美元以下的即屬於新興國家，新興國家主要集中於拉丁美洲、東歐、中東地區、非洲及亞洲太平洋地區。

(三)第三層：新興市場再細分

新興市場至少又可分為二層。

1. 金磚四國

　　　2003年10月1日，**美國高盛證券**提出的第99號全球經濟報告「**夢回金磚四海：通往2050年之路**」（Dreaming with BRICS: The Pathe to 2050），主張**金磚四國**2050年經濟實力可望超過已開發國家（主要指八大工業國，可說是八國聯軍的那八國，只是加拿大取代俄羅斯），詳見圖10-2。

　　　金磚四國因為人多兼具勞力密集產業出口與內需的雙重特色（詳見表10-9），內需強的原因是因為內需市場規模夠大，只要人均所得到**達500美元，便足以支持基本水準的內需（主要指電器），到1,000美元，房地產、汽車等耐久財需求也跟著來。**內需題材增溫，是新興市場最被期待的題材（稱為新興消費概念），經濟成長、薪資成長率到內需的零售銷售數字等三項重要數據表現強勁，可以看出新興市場內需題材將成為引領新興市場持續走多的重要關鍵。詳見表10-9。

　　　金磚四國興起，新興國家已形成「新巨型消費市場」，這群「新興」中產階級追求優質平價生活型態，新興市場多屬跳躍式消費、時尚消費，例如使用先進家電，跳過窗型冷氣或CRT電視，手機、家電換機率高，流行幾與全球同步，詳見圖10-2。相關基金有4支：德盛人口趨勢、匯豐全球新富基金、第一富蘭克林新世界基金、凱基亞洲四金磚基金等。

表10-9　金磚四國出口、內需經濟兼具

2007年

經濟狀況	巴西 （Brazil）	俄羅斯 （Russia）	印度 （India）	大陸 （China）
一、勞動力				
1.人口（億人）	1.88	1.43	11.29	13.2
2.人口平均年齡 　　（歲）	28.6	38.2	24.3	33.2
二、每人平均國民 　　所得（美元）	570	526	900	2,118
三、2015年消費力* 　　（億美元）	6,755	3,387	17,000	37,500 年收入1萬美元 家庭有1.5億戶

*資料來源：拓墣產業研究所，2007.10.25

力爭上游　新興市場國家產值2050年將超越今天的歐美日

國內生產毛額（單位：兆美元）

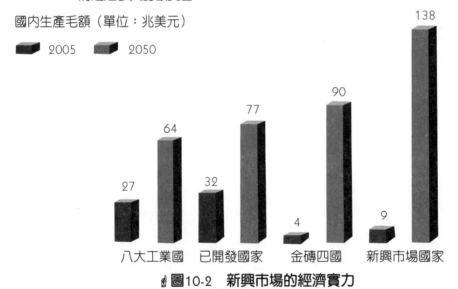

圖10-2　新興市場的經濟實力

2. 二線國家

　　由表10-10可見新興市場中的小國，不過，新興亞洲中的四小龍平均國民所得皆在17,000美元以上，額外又稱為**新興工業國**（**NICs**）。

　　此外，**2007年11月高盛證券**提出**金磚11國**（**N-11**），包括亞洲的南韓、越南、菲律賓、印尼、巴基斯坦、孟加拉、伊朗、土耳其，和非洲的埃及、奈及利亞，再加上拉丁美洲的墨西哥。二大特色，一是原油出口（伊朗、奈及利亞、墨西哥），其他大抵都是人工便宜的代工國。

表10-10　新興市場再細分

洲 / 經濟實力	拉丁美洲	新興歐洲	新興亞洲	
一、一線國家 金磚四國	巴西（Brazil）	俄羅斯（Russia）	印度（India）	大陸（China）1980～2006年
（一）出口創匯	2001～2007年 ·農產品 ·鐵礦	2001～2007年 ·石油、天然氣 ·其他礦產	—	靠廉價勞力成為世界工廠
（二）內需抬頭	2007年以來，利率、物價下跌，內需抬頭	2008年	一直以內需為主	2007年，內需抬頭，成為世界市場
二、二線國家	墨西哥 阿根廷 智利 等10國	東歐8國 許多基金範圍更廣，包括CEEMA，即中歐（波蘭、捷克、匈牙利）、東歐（包括波羅的海三小國）、中東與非洲	東協（10國）又稱東南亞 四小龍：星、港、韓、台 四小虎：泰、馬、印尼、菲律賓	
N-11國（或新金磚11國）	墨西哥	非洲的埃及、奈及利亞 中東的伊朗、土耳其	南韓 東協中的越南、菲、印尼 巴基斯坦、孟加拉	

二、一言以蔽之的分析區域基金

1. **區域型基金抓指標國家**

　　80：20原則大抵適用於區域型基金，**區域太大，令人不容易抓住其全貌，但是大抵是由一、二個國家所主導，抓住這國的發展，就八九不離十可抓住全貌了。**像拉美基金中巴西占**60%**、墨西哥占**26%**，東歐基金中俄羅斯占**60%**。

2. **國家基金抓指標股**

　　新興市場中的國家往往有一柱擎天的**指標股**，見微知著，就**比較容易收「一花開而知春」的效果。**

三、新興市場的基本分析

　　由於新興市場涵蓋100個開發中國家，基於「80：20」（抓大放小）原則，許多人乾脆以金磚四國來聚焦討論，然而，這四國也不能一概而論。

　　開發中國家經濟發展大抵是三階段：進口替代、出口導向到內需抬頭，其中只

有印度例外，天然資源不足、技術工人有限，缺乏出口導向的本錢，再加上有11億人，足以**支撐**「大陸型經濟」，即一開始便是內需導向國。

(一)出口導向：拉美、新興亞洲

把全球市場分為三大板塊。

拉美、新興亞洲（印度除外）可說都是靠美國人吃飯。

俄羅斯不靠美國人吃飯，但是**靠歐洲吃飯**。

新興市場間的貿易增加，出口越來越多元化，降低對美國的依賴，美國占出口市場比重從2000年高點的27%，大幅降到2007年的19%。新興市場跟美國脫鉤現象日益明顯，此一趨勢仍將持續。

1. 靠油田賺錢

金磚四國股市大抵跟著油價起伏，原因如下。

(1) 靠能源賺錢的蘇俄

俄羅斯出口有55%是靠石油、天然氣，是全球第二大石油出口國，可說是「歐洲的沙烏地阿拉伯」。

(2) 靠替代能源賺錢的巴西

巴西是全球乙醇出口量最大的國家，也是應用乙醇替代石油最成功的國家，乙醇汽油約占巴西全部能源消耗量的43%，占汽車燃料消耗量的50%以上。

(3) 大陸

大陸雖然是石油進口國，但是上海股市2007年10月最大權值股卻是煉油與賣油的中石油（占20%）。

1991年，全球市值最在20家能源企業，有55%企業為美國企業，45%來自歐洲，幾乎由歐美寡占。不過，時至2007年，全球市值最大的20家能源公司，已經有35%來自於金磚四國，超過美國的33%、歐洲的32%，成為掌握全球能源產業的新勢力。

2. 靠農產品、金屬賺錢的巴西

跟新興市場相關的三個指數，包括摩根士丹利金磚指數、新興市場指數及代表散裝航運的**波羅的海乾貨船（BDI）綜合指數**。

(1) 摩根士丹利金磚指數

以美元計價的摩根士丹利金磚指數最足以代表金磚四國股市的起伏。

(2) 摩根士丹利新興市場指數

(3)　波羅的海乾貨船綜合指數

波羅的海乾貨船綜合指數是散裝船航運運價指標，散裝船運以運輸鋼材、紙漿、**穀物（占10%）**、**煤（占26%）**、**礦砂（占26%）**、磷礦石、鋁礬土等民生物資及工業原料為主。因此，散裝航運業營運狀況跟全球經濟景氣榮枯、原物料行情高低息息相關。

2008年5月20日，波羅的海指數創下11793點的歷史新高，一年漲150%。不過，2008年10月跌到2900點附近；離2006年最低點2033點不遠了。

㈡內需

1.　消費

新興市場國家靠出口而發達經濟，進一步帶動國內需求，由表10-11可見，轉折點約在2004年，消費成長率5.8%，2005年突破6%，2007年更達10%以上。

表10-11　新興國家內需成長快速

時間 國家	消費年增率（％）							
	2001	2002	2003	2004	2005	2006	2007（E）	2008（E）
新興市場	3.1	3.7	4.1	5.8	6.3	6.7	6.2	6.0
大陸	6.2	6.2	6.5	7.2	8.5	8.7	8.6	9.0
印度	6.1	2.9	8.1	6.5	8.3	9.0	8.0	6.0
新興東歐中東非	1.5	5.1	5.5	7.2	6.8	7.5	6.7	6.6
拉丁美洲	0.9	-0.7	1.6	4.7	5.1	5.3	4.8	4.4
美國	2.5	2.7	2.9	3.9	3.5	3.2	2.7	2.5
已開發國家	2.2	2.0	2.1	2.9	2.5	2.4	2.1	2.1
全球	2.4	2.3	2.4	3.4	3.2	3.2	2.9	2.8

資料來源：匯豐銀行，2007.8

2.　政府支出

基礎建設是新興市場最吸引人的題材之一，由於大量的工業化及都市化，新興市場國家對基礎建設的需求有增無減，且此種建設具有長遠性及持續性，對經濟發展有相當正面的效果，詳見表10-12。

大陸十一五計畫五年投資6,000億美元以上、印度的新五年計畫投資規模4,000億美元以上，其他如南韓、馬來西亞、印尼與中東等地均持續有重大建設推動，都將創造十分龐大的投資商機。

表10-12　新興國家2007～2009年基礎建設支出金額

單位：億美元

國家及地區	投資主軸	金額
大陸	2008北京奧運、2010上海世博會、能源、運輸及環保項目	4,030
印度	第11個五年計畫、電力、道路及港口	1,170
俄羅斯	商品出口相關建設：輸油管線及港口	2,080
巴西	能源、發電及電力配送、電信及營建工程	1,000
海灣大國	電力、能源配送、運輸及房地產	2,300

資料來源：美林證券，截至2008.8.31

　　新興市場為追求經濟升級，2010年以前，新興市場國家將投入2,500億美元於基礎建設上，占全球基礎建設近七成，也由於新興市場國家的基礎建設邁入高峰期，相關產業可望走出長期多頭行情。

3.　大陸9%經濟成長率不成問題

　　自從1978年，鄧小平南巡中宣示改革開放，之後大陸大抵維持10%以上的經濟成長率。大陸國內生產毛額跟其他國家都不一樣，投資最大，占50%，消費只占40%，這投資包括「固定資本形成」與「政府支出」，而政府支出中很大比重是「世紀企圖：超速的建設」，2006年5月24日出版的《天下雜誌》稱為「**新建國運動**」。為了建設，大陸業已消耗全球三分之一的鋼鐵，四成的水泥，刺激全球能源價格大幅上漲。國家主席兼黨總書記胡錦濤為此還要馬不停蹄全球飛，掌握能源來源，簽下願意結盟的國際夥伴。

四、新興市場的金融面

　　在2000年以前，新興市場最令人擔心的是金融風暴，2000年以來，由於這些國家出超，還了大筆外債，甚至外匯存底還大增，因此像1994年拉丁美洲、1997年亞洲金融風暴的機率可說微乎其微。

(一)金融風暴可能不再來

　　新興市場最大的系統風險是金融風暴，主因來自外債過高，以致貨幣貶值。例如，1994年12月墨西哥披索貶值，導致新興市場股市重挫24%；1997年7月2日，泰國放手讓泰銖貶值，結果股市在六個月內重摔37%；1998年8月17日，俄羅斯爆發償債危險，新興市場股市又應聲狂跌。

　　士別三日，刮目相看，新興市場已脫胎換骨，靠出口創匯，還掉外債，還累積外匯存底，外債占國內生產毛額比重大都低於25%，落在安全水準。

(二)政治風險有一點

拉丁美洲各國越來越民主化，也就是不是由軍事強人執政，因此政局趨向穩定。

(三)匯豐中華投信的五力分析

2007年4月，匯豐中華投信開發出「新興市場五力分析」模型，詳見表10-13，三大市場有簡單的五角圖結果。

表10-13　匯豐中華投信的新興市場五力分析

項目*	衡量方式	評分：每1～20分	
一、實體面		股市	
(一)OECD領先指標	新興國家主要是出口到歐美國家，因此以OECD領先指標來作為新興市場國家出口的前景。	81～100	過熱：已到了峰頂，宜獲利了結
(二)盈餘動能	「企業獲利能力」是支撐股價重要因素之一，盈餘成長動能越強，則分數越高。	61～80	穩定
二、金融面			
(一)資金動能	「資金流向」是反應股市投資氣氛的重要依據，因此在探討市場投資熱度時，會從新興市場三大區域中的每月資金流向來判斷，資金持續流入且較上一期高，代表市場活絡，分數最高。	41～60	中立
(二)追價熱度：本益比	以二年期平均作為參考指標，本益比越高，代表市場熱度高，因此給予較高評分。	21～40	趨緩：下檔有限
(三)股價動能	利用月移動平均線及週K值進行分析，移動平均線向上且K值越小，則分數越高。	19～	悲觀：已到了谷底

資料來源：整理自《工商時報》，2007年4月4日，C3版，魏喬怡。

*這是本書的架構

五、新興市場基金

在第4～6節中，我們會針對三個新興市場的基金詳細分析，在此處，僅簡單介紹消極、積極投資方式的基金。以新興市場為名的基金至少有下列7支：群益新興金鑽、匯豐金磚動力、匯豐新鑽動力、德盛安聯全球新興市場、摩根富林明新興

35、寶來全球新興市場精選組合，與保德信新興趨勢組合基金。

㈠美國的新興市場指數型基金

在美國，有許多新興市場指數型基金，詳見表10-14，由第1欄可見，大抵依報酬率高低排列。

表10-14　美國掛牌新興市場指數型基金

說明 E（R）	代號	基金名稱	國家比重
一、新興亞洲	FXI	大陸指數基金	大陸71.25%、香港28.75%
	INP	iPath ETN MSCI印度基金	印度
		iShares遠東（不含日本）	
二、新興歐洲（歐非中東）	RSX	Market Vectors俄羅斯指數基金	俄60%
		iShares東歐	
	GUR	SPDR S&P新興歐洲指數基金	俄羅斯76%、波蘭17%，捷克7%
	GAF	SPDR S&P新興中東非洲指數基金	南非77%、埃及8%、摩洛哥7%、約旦4%、以色列2%（2007.3.19成立）
三、拉丁美洲	EZA	iShares南非指數基金	南非
		iShares拉丁美洲40指數	巴西60%、墨西哥25%
四、綜合	ADRE	BLDRS新興市場50 ADR指數基金	巴西32%、南韓11%、大陸11%、香港10%、墨西哥10%
	EEB	CLYMR／紐約銀行金磚四國指數基金（Claymore/BNY BRIC）	巴西48%、大陸22%、香港15%、印度10%
	EEM	iShares MSCI新興市場指數基金	
		先鋒新興市場指數基金	
	VWO		巴西14%、台灣13%、大陸12%、俄羅斯11%、南非8%

㈡積極投資的二家基金公司

在金磚四國表現名列前茅的基金裡，貝萊德與富蘭克林坦伯頓亮麗表現的背後的共同特色是具有強大的在地化研究小組。

10-4 歐非中東

　　繼金磚四國之後，下一個金磚會在哪裡？義大利最大金融集團旗下的歐義銳榮資產管理（Eurizon Capital）表示，歐非中東（新興歐洲、非洲、中東）基於擁有豐富能源和金屬蘊藏量、加上經濟成長，將是全球最具投資潛力的區域。簡單的說，全球前六大石油輸出國有五個在此區。

　　一開始，或許你會覺得奇怪，中東不是在亞洲嘛？為什麼放在「歐非中東」？而且非洲不是夠大，怎麼被併在歐洲一起推出基金？中東的地理位置在亞洲，但是靠近歐洲（尤其是東歐），非洲地廣，但是只有少數幾國的股市夠外資去投資。因此暫時跟歐洲綁在一起，等到有一天再單飛。

　　2007年10月，先鋒投顧代理義大利的歐義銳榮資產公司，推出五支海外基金，其中最具特色的是歐義銳榮聖保羅「歐非中東新勢力」基金。

 歐義銳榮資產（Eurizon Capital）小檔案

　　歐義銳榮是義大利最大銀行英泰莎聖保羅（Intesa Sanpaolo）集團旗下子公司，總公司設在義大利米蘭，截至2006年底，歐義銳榮有480名員工，以及135位投資專家和分析師，管理資產達1,320億歐元。

　　歐義銳榮的取名有很深涵義，代表Intesa Sanpaolo對這家子公司期許，Eurizon取自歐洲（European）加地平線（Horizon）這兩個字，開頭兩個字母Eu，古希臘文意義是良好、真正、健全，也可是歐盟（European Union）的縮寫，集團期望這Eurizon中文名字雖長達四個字，卻也將英文的含意，全數納入。

一、歐洲導論

　　歐洲可分為**已開發**（北、西、南歐，主要指歐盟區）、**新興市場**（中歐、東歐）二個世界；新興歐洲主要靠歐盟區過活。

(一)基本面──歐洲經濟引擎有減速之虞

　　歐洲經濟看不到多少好消息，但是金融面有支撐，美元長期走弱，歐元抬頭，

一些全球資金「西瓜偎大邊」，源源流入歐洲，再加上歐洲本益比偏低，公司併購熱絡，激發有些股價上漲，因此歐洲基金可視為收益型基金。

歐洲跟美國的貿易依存度已經下降；以2006年來說，歐洲對美國的出口僅占其總出口額的13%，顯見歐洲區域內的貿易以及新興市場的崛起，已經降低歐元升值對外銷類股的衝擊力道。受到油價不斷攀升和美國次級房貸危機導致美國經濟走緩，會在2008、2009兩年小幅削弱歐盟的經濟成長力量。

2007年11月9日，歐盟執委會在經濟預測報告中，對下列二個經濟區內的經濟成長率提出預測值，原因詳見表10-15。

◀ 表10-15　歐洲區域與國家基金分析

區域	經濟實力		指標		2009年股市實力		推薦基金
	人均所得	$\dot{y}$（2009）	產業	公司	本益比	EPS	
一、東歐（新興							百利達、
歐洲）15支		4.5%					法興、霸
俄羅斯**	526	7.3%	石化	OAO Lukoil	6.6	14.2	菱、荷銀
捷克		4.6%		俄羅斯天然氣			
波蘭		5.3%		公司（Gazprom）			
匈牙利		2.7%					
烏克蘭							
土耳其*		5.2%			7.7	19.5	
二、北歐							富達
瑞典		2.8%			12		
挪威		3.8%			12		
丹麥		1.5%					
三、南歐							富達
義大利**		0.5%			12.5		寶源
西班牙**		1.2%					
四、西歐							瑞士信貸
德**		1%					瑞士銀行
法**		1.4%			13.5		中歐
荷蘭		2.5%			10		
英**		1.7%			12.5		景順

$\dot{y}$：經濟成長率，人均所得（單位：美元），EPS（元）。

*資料來源：JP Morgan, 2008.7.31

**資料來源：國際貨幣基金「世界經濟展望」，2008.7.30

1. 歐盟區

2007年為2.9%，2008、2009年為2.4%。歐盟雖有27國，但基於「80：

20」原則，德法占四成，其中尤其是德國可說是指標。

2. 歐盟區內的歐元區

2007年為2.6%，2008年為1.7%，2009年1.2%。

 ## 歐盟vs.歐元區

- 歐盟：27個會員國，GDP約14兆美元，有些國家（英國、丹麥）沒有加入歐元區，人口5億人，人均國民所得2,216美元，服務業占71.6%
- 歐元區：約17國，GDP約11兆美元，消費占GDP六成以上。

㈡金融面

全球資金流向歐洲，主要是因為各國中央銀行把外匯存底的資產重新配置；另一方面，股票投資資金由美股往歐、亞股市移動。

1. 歐元幣值很高

從1999年歐元誕生後，美元占世界各國中央銀行外匯存底的比率，從1999年的87%，劇降到2007年第2季的64.7%，歐元所占的比率升高到25.2%。

2. 本益比低

再從評價觀點來看，歐盟區1997～2006年平均本益比21.3倍，以2007年12月5日來說，彭博歐洲500指數（類似的為道瓊歐盟600指數）的本益比僅13.2倍，道瓊歐盟50指數、道瓊歐洲50指數本益比皆在12.5倍左右，地區本益比甚至是美、歐、亞三大區塊當中最低者，可見投資價值已經浮現。

㈢歐股基金優等生

60支歐股基金中，績效前三名的報酬率30%以上，大幅超越市場平均22.86%，依序為元大泛歐成長基金、富達歐洲進取基金A股、美林歐洲增長型基金A2歐元。

二、東歐基金

東歐基金已經逐漸延伸出兩種不同的投資地區。

1. 以俄羅斯為主

一般東歐基金會把主要權重放在俄羅斯，是因為摩根士丹利新興歐洲指數有一半以上的權重是在俄羅斯。因此，如果基金經理要打敗大盤，在大盤比重先天的限制下，靠的就是靠選股能力。

14支東歐基金中，有11支投資俄羅斯比重超過五成，其中績效較佳的是摩根富林明、法興、霸菱。

2. 以中歐為主

如果看好的是歐洲，不如購買俄羅斯權重相對較低的基金，焦點放在波蘭、捷克和匈牙利三國，這類基金以瑞士銀行（盧森堡）中歐基金領銜，其次是百利達歐盟匯聚基金。

三、非洲──值得關注的新新興市場

非洲國家也受益於石油、礦產出口，財政狀況大為改善。在大陸、印度等新興經濟體之外，非洲成為最新的新興市場。1997年以來，非洲由黑暗大陸蛻變成新興市場──「黑鑽」的美譽，背後重要的基石，就是擁有豐富的天然礦產資源。

1. 自然資源豐富

以原油出口量來說，非洲占約全世界的19%，是僅次於中東的產油大國。由於非洲開採成本低廉，配合地理位置運輸方便，同時兼備優良的石油品質；拜國際原油價格高檔所賜，讓非洲賺進豐厚的收入。

全世界貴金屬的產量，非洲也是名列前茅，黃金、白金分別占30%及80%，鑽石則涵蓋全球60%的供應源。不只如此，非洲更擁有鋁土、鉻、銅、錳、鈾、鋰、鈦等多樣性礦產。龐大的珍貴資源，帶來無限的商機，原本十分貧瘠的黑暗大陸，透露出閃耀的曙光。

2. 經濟成長率6%

非洲的投資經商環境已大幅改善，根據2007年世界銀行評比，全球投資經商環境改善的前10名中，非洲國家就占3名。

2007年非洲經濟成長率6.5%，2008年6.4%、2009年6.4%，平均國民所得2007年已達1,932美元，幾乎為印度的兩倍。非洲經濟的快速起飛，除了本身特有的資源優勢外，隨著貧窮及戰亂問題陸續獲得解決，多數非洲國家開始步入安定，資源出口帶來的收入減輕了外債負擔，加上其戰後相關基礎建設急需復建，內需大增，為非洲市場帶來大量的就業機會及商機。此外，大量的年輕勞動人口及強勁的消費力，吸引大量的國際資金進駐投資，讓非洲在新興市場中迅速崛起，成為一股不可忽視的新經濟力量。

主要的經濟體南非、埃及、阿爾及利亞與尼日利亞，因政局相對地穩定、經濟成長較佳，使得產值占非洲一半。以地方作為區隔，北非、南非及東非經濟發展較為成熟，而撒哈拉沙漠以南的中非國家，也正急起直追，經濟成長率

2007～2009年依序為7.2%、6.6%、6.8%。

3. 有東南亞的味道

2008年8月中，國際貨幣基金公布一項統計數據，從國內生產毛額成長、貨幣供給與債市成長三方面，比較當今的迦納、肯亞和奈及利亞等撒哈拉沙漠以南非洲經濟體，跟1980年代的東南亞國協（ASEAN），結果非洲國家占上風。當時的東協成員包括馬來西亞、印尼和新加坡等亞洲虎。非洲研究員大衛・奈勒在季刊中寫道：「新興市場歡迎機構投資人進軍其股市，非洲國家現在也如法炮製。」例如，非洲聯盟（African Union, AU）師法東南亞國協當年的做法，推出刺激經貿活動的計畫。撒哈拉沙漠以南國家近十年來已大幅提升攸關經濟發展的另一重要變數，即小學就學率與識字率。

貨幣管理業者凡艾克全球公司（Van Eck Global）非洲研究主管馬蘭說：「如果檢視總體經濟面的風險，情況就像1984年的大陸。若你認為商品景氣循環無法持續，為何非洲可以撐下來？原因是非洲各國領袖提供許多刺激成長的誘因。」[4]

4. 淘金客來了

全球投資者都在積極參與到21世紀的非洲股市淘金潮，2008年起，開始陸續有非洲基金推出，詳見表10-16。

四、中東基金

阿拉丁神燈不再只是充滿神秘感的童話故事，中東地區今年以來經濟成長已經開始受到各到各界矚目，繼金磚四國之後，高盛直言中東未來二至三年股市，仍將上漲，而且，將是全球投資人資金配置上不可錯過的標的。

本世紀中期，金磚四國將取代現在的八大工業國，而成為世界經濟強權。第五塊金磚正悄然形成，那就是信奉回教的伊斯蘭世界，阿戴爾・吳哥炎在《第五塊金磚──伊斯蘭市場的崛起及其行銷策略》（長智文化，2007年11月）中有大概介紹。

信奉伊斯蘭教的總人數超過10億人，多數涵蓋中東、中亞、東南亞（主要是印尼）、北非等地區，成為新興市場最主要的族群。預估2037年時，伊斯蘭教徒將占全球人口的三分之一，而且全球18歲以下的人口，回教徒將達三分之二。2008年6月，國際貨幣基金的數字，中東經濟成長率2007～2009年依序為5.9%、6.2%、6%。

---

④ 《工商時報》，2008年9月8日，C1版。

🦉 **表10-16　非洲基金**

美、台的基金	基金名稱	投資對象
一、美國ETF		
(一)南非		
1.南非	JNB	南非40大指數，涵蓋約翰尼斯堡交易所主要成分股
	SER	南非貨幣，由Wisdom Tree資產管理公司2008年6月發行。黃金類股約占40%。
2.波扎那		
(二)北非		
尼日利亞		
埃及		
(三)西非		
迦納		
尚比亞		
坦尚尼亞		
(四)東非		
肯亞		
(五)全非洲	AFK	追蹤道瓊非洲大型50指數（Africa Titan）。
	PMNA	中東&北非邊境ETF(PMNA)投資比重以產油國家為主。
	GAF	非洲和中東指數基金（GAF）投資區域集中在南非、奈及利亞、埃及、摩洛哥；產業分布以石油、礦業、金融族群為主。
二、台灣	ING中東非洲基金	
	保誠投信非洲基金	

投資中東非洲股市，關鍵不在持有油氣相關類股，而是看好中東國家獲得油元資金挹注後，政府經常帳及財政盈餘轉佳，加上致力改革開放，地產開發、公共建設、觀光旅遊、轉口貿易等產業表現欣欣向榮。

1.　指數

由摩根士丹利資本國際公司編製的歐非中東（EMEA）是常用的指數，2004年為基期，2008年約360點。

2008年3月初，美林證券推出「**邊境市場指數**」（**frontier markets index**），主要是波灣、北非（奈及利亞、摩洛哥），巴、越南、克羅艾西亞等17國，50支股票中中東占一半。[5]

---

⑤　《工商時報》，2008年3月7日，A8版，劉聖芬。

2. 推薦基金

　　2007年5月，杜拜代數資產公司（Algebral Capital）執行長馬卡威指出，波斯灣市場股票價值勝過其他新興市場，以預估盈餘為計算基準，本益比為13.5倍，遠比亞洲各國的20倍低。基於市場透明度與開放性不足的關係，單一壓寶中東國家投資風險仍大；以組合基金等分散風險的方式進入，應可享有相當亮眼的投資報酬。

　　在台灣，直接投資中東的基金有5支：摩根富林明中東基金（埃及占22%）、歐非中東基金，前者2007年績效43%左右，看好的股市包括土耳其、埃及和以色列；其次，歐義銳榮歐非中東新勢力基金、摩根士丹利歐洲、中東及北非新興股東基金也沾到一大邊。華南永昌投信的伊斯蘭股票基金，2008年10月募集。

10-5 亞洲基金——兼論新興亞洲

　　2006年以來，亞洲基金是全球投資人的新熱門地區，簡單的說，以股票基金類型來舉例，歐洲基金比較像收益基金，美國基金充其量只是成長基金，亞洲基金則是積極成長基金。

　　在本節中，我們以**新興亞洲**（即**除了日本、中東以外的亞洲**）為主，而其中東協十國自成一格，因此特別拉出來詳細討論。

一、亞洲的細分類

　　由表10-17可見，依工業化、經濟實力先二分法，分成二群。

㈠唯一的七大工業國

　　七大工業國中亞洲只占了一個，即日本。因此談什麼**亞太、遠東基金，大抵不包括日本**，否則日本比重會超過一半，會被日股拖著跑；那就乾脆買日本基金就好了。

㈡新興市場

　　新興市場中又依經濟實力大小分成三群。

1. 一線大國

　　金磚四國中的大陸、印度。

表10-17 亞洲基金的範圍

層級 E（R）	第一層	第二層	推薦基金
60%		一、一線國家金磚四國之中 印（8支）	
40%	新興亞洲（不含日本的亞洲，但是不包括中東，Pacific ex Japan）	二、二線國家 ㈠東協10國 ・其他：汶萊、越 ・四小虎：泰馬菲印尼 ・四小龍之一：星 ・其他：柬 ㈡四小龍之南韓、香港、台灣	施羅德新興亞洲：先機亞太股票 JF東協基金
20%	日本		太平洋基金（含日本，占四成）：貝萊德、富達太平洋基金及霸菱泛太

2. 東協

　　東協十國雖然夠大，區內有5億人，但是主要還是出口導向，2004年以前比較靠美國，之後，越來越偏重大陸市場。東亞新興經濟體是指**東南亞國協**（**ASEAN**）、大陸、香港、台灣和南韓等14國。

3. 二線國家

　　像四小龍是新興工業國，南韓、台灣、香港也是直接以大陸為主要出口國，再加工後，間接出口去歐美。其中以泰、越為主軸的**大湄公河圈**（**Greater Mekong Sub-region**）更是日本野村總和研究所看好，在亞洲中將部分取代大陸的全球工廠的地位。詳見野村總和研究所著《掌握亞洲大錢潮—前進大湄公河經濟圈戰略》[6]。

二、亞洲基本面

　　1997年7月的亞洲金融風暴，大部分國家都受傷不輕。歷經十年改革，亞洲經濟已出現結構性改變，由中印崛起帶動的需求，使鄰近亞洲國家經濟同時呈現蓬勃發展。

---

[6] 寶鼎出版，2007年11月。

▌表10-18　亞洲區域與國家基金分析

區域	國家	經濟實力		指標		2009年股市實力		推薦基金***
		人均所得	ẏ(2009)	產業	公司	本益比	EPS	
一、東協			5.9%					JF、施羅德、富達
	越南	960	9%					
	菲*	2,138	4.4%			9.8	4.2	
	印尼*	2,358	5.2%			9.5	16	德盛、JF
	泰	5,000	4.8%	1.能源 2.石化 3.公用事業		8.7	9.8	安泰ING、JF、利安資產
	馬*	8,361	5.5%			11	11.6	JF、德盛、利安資產
	新*	30,247	5.2%	金融		17.6**		德盛、瑞銀、富達
	汶萊	34,612						
二、	印度*	900	8%	1.石化：信實工業 2.藥廠：雷迪 3.銀行：印度信貸投資銀行（Icici Bank） 4.水泥：安布加 5.資訊：資訊系統（Infosys） 6.營建：DLF		11.6	17.8	聯博、友邦、匯豐
三、遠東								
	大陸*	2,600	9.8%	1.電信：中國移動		11.6	18.7	
	香港*	26,018	4%					
	南韓*	20,000	4.8%	1.電子：三星、樂金 2.工業：現代重工 3.造船：現代		8.6	13.4	景順、富達、霸菱
	台灣*	17,000	4.6%	1.電子：台積電		11.5	7.3	霸菱、JF、富達
	澳洲		4.25%					
	日本*		1.2%	1.銀行：東京三菱、瑞穗、三井住友 2.汽車：豐田 3.房地產		13.2	13	景順、JF、利安資產

資料來源：同表10-15。

三、新興亞洲基本面

2008年4月2日，亞洲開發銀行（ADB）發布2008年亞洲各國經濟報告，新興亞洲經濟成長率將是2003年以來最差（即7.6%各國數字詳見表10-25），而且物價上漲（至少2%以上）嚴重。

・東協

2002年啟動的東協自由貿易區，逐漸以聯盟綜效提升東協在國際經濟上的地位，2007年11月20日共同簽署「東協經濟共同體藍圖」，在2015年將建立類似歐盟的單一市場。東協是一個8億人口的自由貿易經濟體，跟鄰近的大陸與印度相抗衡，東協火紅的投資題材包括原物料出口、基礎建設、消費等，東協有第五塊金磚之稱。新興市場國家都處於長期的建設發展初期，投資題材相當豐富，尤其是亞太地區國家，例如印度有第11個五年計畫，印尼有團結內閣五年計畫、馬亞西亞的第九大馬計畫等，都讓相關新興市場地區充滿基礎建設與人口內需的商機。

2008、2009年東協五國強勁的內需成長可望支撐該區經濟成長率維持5.6%、5.9%。

八支東協基金主力都在新加坡，因此基金績效表現受到新加坡股市波動影響比較大。其中績效前三名為JF東協、利安資產新馬（新元）與東南亞（新元）。

東協小檔案

- 東協（全名為東南亞國家協會）成立於1967年，原本5國，已增至10國，包括東南亞地區。
- 東協經濟共同體，2003年、2007年11月20日簽署，2015年往類似歐盟共同體為目標邁進。

四、新興亞洲金融面

亞洲新興國家已走出1997年7月亞洲金融風暴的陰霾，由於出口暢旺，外匯存底增加；股市前景佳，國際私人資金流入，2007年，是資金流入金額最大地區。

因此，因各國外債過高而引發的貨幣危機幾乎不可能再見。倒是，大陸、香港股市炒翻天（大陸一度到6300點、香港到31000點），隱藏著股災風險。

1. 資金源源不斷

2007年10月21日，由全球數百家銀行組合的國際金融協會（IIF）表示，2007年流入新興市場的私人資金由2007年5,730億美元增至6,200億美元，2008年的資金流入約6,000億美元。

在2007年底全球30大新興市場國家的外匯存底3.46兆美元，首度超越3.3兆美元的外債。新興市場經濟體每年出現龐大的經常帳順差，2007年大陸的經常帳順差3,800億美元，2008年4,500億美元、外匯存底1.8兆美元。

2. 東協基金

JF東協基金的資產配置中新加坡所占的權數最重，近四成，其次為印尼和馬來西亞的19.2%與13.6%，泰國占12%。該基金是採取由上而下的選股方式，避免短線操作，投資範圍尋求長期資本增值的長跑健將型標的，持有約50～70支高成長股票，不受參考指標權重限制。主力位在東南亞的**利安資產管理公司**，旗下兩支星元計價的新馬基金和東南亞基金，2007年則分居東協基金績效第二、三名。

10-6 拉丁美洲基金

原物料的行情起飛，再加上大多數拉美（Latin America）政府致力財政改革，雙管齊下提供了經濟成長的重要支撐，讓拉丁美洲股市的表現名列前茅。2007年，區域股票基金以拉丁美洲基金最拉風，平均績效達34%，勝過全球新興市場基金的平均32%、新興歐洲基金的平均27%、亞太股票基金的平均19%。

一、經濟基本面

拉美的經濟基本面已到了羅斯托的經濟成長理論所主張的起飛階段，已超越人均所得500美元的門檻，進口替代產業會蓬勃成長，內需市場便足以厚植工業基礎。也就是拉美已逐漸脫離賣祖產（金屬礦料）、賣勞力（農產品）階段，到2010年，會像2006年的大陸經濟水準一樣。

由表10-19可見拉美的經濟前景，底下依時間順序說明。

表10-19　拉丁美洲經濟分析

	需求	供給
一、總體經濟		
(一)消費	拉美5.3億人、經濟規模夠,是許多跨國企業看好的消費處女地。 物價上漲率也下來,以巴西為例2006年短率還在21%,2007年初下滑到13.5%,實質利率卻已滑落到10%以下,這是歷史上首見,信用需求大幅成長將有效帶動包括金融、房地產等消費向上,金融業和零售產業前景大好。	(請讀者一起填滿)
(二)投資	受惠原物料出口、外貿財政改善,利率有下調空間,有利於企業貸款以進行投資。	
(三)政府支出	政府政策是持續推升拉丁美洲內需動能之一,隨巴西內需成長持續,2007年巴西政府增加9.7%的政府支出,其中基礎建設與社會福利支出將分別增加12%和17%。秘魯政府投資20億美元興建天然氣管線等基礎建設。	
(四)出口	**巴西的鐵礦砂是世界第一**(占全球62%),鎳礦是全球第十大,秘魯是全球第一大白銀、第三大錫礦和鋅礦產地,智利是全球最大產銅國(占全球54%),拉美的鎳占全球52%,觀察指標為**新興市場**(CRB)**金屬指數**。	
二、金融面	拉美企業2007年每股盈餘成長率15%,略低於亞洲等新興市場,拉美股債市被調升投資評等(re-rating)。	

1. **出口**

    在拉丁美洲各國中,墨西哥跟美國、加拿大簽訂北美自由貿易協定(**NAFTA**),因此只有墨西哥受到美國的影響最大。其他拉美國家,跟歐洲、大陸的關係比較密切。

2. **內需**

    出口帶來的所得,進而帶動內需成長。

二、金融面:沒有金融風暴之虞

    1980～2003年,拉丁美洲平均年成長率僅2%,不但政治勢力搖擺、金融危機頻傳,加上惡性物價上漲肆虐,政府外債不斷攀高;2003～2006年景氣復甦,平均年成長率4%以上。由於財政赤字、外債比重皆下滑,1990年代二次金融危機可能不容易見了。

政府平均外債水準也由1987年的占國內生產毛額42%，大幅下降到2004年的25%。整體外債維持在5,250～5,600億美元間，早年債台高築的墨西哥也可望把外債占其國內生產毛額降到4%以下，創歷史新低紀錄；巴西外匯存底在2008年2月達1,900億美元，超過外債總額。公債水準更從1993年占國內生產毛額比重的73%，下降到2005年的43%，顯示公債發行已經處於供需平衡的良好階段。

三、指數與基金

拉美基金主要受原物料出口影響，由於大陸吸引全球目光，拉美股市反倒沒有泡沫化，比較像龜兔賽跑中的烏龜。即以股票基金四類型來分類，比較像成長型股票基金，新興亞洲比較像積極成長型股票基金。

㈠摩根士丹利拉美指數

拉丁美洲股市權值多由原物料與能源類股組成，摩根士丹利拉丁美洲指數跟新興市場原物料指數相關係數0.6，主要受占**拉美基金六成的巴西**的影響，主要是農礦產品出口獲利，因此難怪**拉美基金本質上是農礦商品基金**。

㈡本益比

巴西的預估本益比仍比全體新興市場股市明顯折價，相當具有投資吸引力，將成為拉美股市向上攀升的一大動力。

㈢基金

拉美基金很多，約17支，**霸菱**耕耘很久，經常名列第一，詳見表10-20。

・**基金計價幣別**

拉美基金計價幣別有美元、歐元和日圓三種。

表10-20　美洲區域與國家基金分析

區域	國家	經濟實力		指標		2009年股市實力		推薦基金
		人均所得	ẏ(2009)	產業	公司	本益比	每股盈餘	
一、拉丁美洲（12支）			4.2%			13		霸菱、JF、歐義銳榮
	巴西*		3.8%	1.石油：巴西石油（Petrobas） 2.鐵礦：淡水河谷 3.電力		9.6**	24	
	墨西哥*		4%	1.電信：American Movil、Televisa 2.銅：Grupo Mexil 3.第四台：Temex 4.金融 5.營建		11.1	13.1	
	委內瑞拉			1.原油				
	智利			1.金融 2.零售				
	哥倫比亞**		4.8%					
	秘魯**		6%	銅				
	阿根廷**		5.5%	黃豆				
	巴拿馬							
	哥斯大黎加							
二、北美	加拿大**		1.9%					
	美國*		2.1%	1.石油：艾克森美孚 2.銀行：花旗		11.2	20	

資料來源：同表10-15。

第 11 章 海外基金Part II：國家基金

　　美國第二大共同基金公司——先鋒集團（Vanguard Group）的公開說明書封面，有一艘帆船平穩地航行在風雨交加之狂風暴雨下，在既定的路線上行駛，圓滿達成任務。

　　理財投資未嘗不是如此，面對各式投資工具之暴漲暴跌，很少有投資人能冷靜面對，往往在追高殺低的市場循環中，成了輸家，投資人花太多時間，追逐熱門各股，太在乎每日漲跌，面對多變的投資環境，市面上有形形色色的投資專家，卻很少人能向投資人保證，10年、20年、30年後，退休的老本沒問題。

——吳啟銘

政治大學財管系教授

美國特許財務分析師（CFA）

《經濟日報》，2005年3月18日，B5版

給人釣竿，勝過給人魚吃

在本章中，我們以美日、金磚四國六國基金，約可抓住八成的國家基金，延續第10章區域基金的分析方式，重點在於本章所一以貫之的國家基金的分析架構（表11-7、8），這包括二個層面。

1. **必要條件：基本面**

簡單的說，即大一經濟學所稱的需求（國民所得式的$Y = C + I + G + X - M$）與供給等基本面。

2. **充分條件：資金面，即資金行情**

適當的本益比，再加上星星之火可以燎原，配合資金就可以把指數往上推。

唯有系統的思考，才可以避免瞎子摸象，你可以把這個的架構用在其他國家基金，Trust me, you will like it！

本章六個國家、股市的重點皆不同。

- 美國，2007年7月房市泡沫破滅後，偏重景氣預測與股市前景。
- 日本，人口老年化的「日本病」，有同樣症狀的國家，宜小心。
- 大陸，重點在於股市泡沫，連帶帶動香港股市泡沫。
- 印度，難得一見的內需導向大陸型經濟。
- 巴西，以出口礦產、農產品讓經濟到起飛階段，股市卻未獲重視。
- 俄羅斯，以賣能源致富。

11-1 國家基金

投資在單一國家股市的國家股票基金（簡稱**國家基金**，country fund），在海外基金中可說是最大一群，幾乎占了三分之一。但要如何投資呢？

一、瞭解國家的經濟基本面

大抵說來，由表11-1可看出，依經濟發展程度可以把國家分為三級。

1. **已開發國家**

已開發國家其實不多，主要是美加紐澳，西歐的英法，北歐的瑞典、挪威、丹麥，中歐的德、瑞、奧地利，南歐的西、葡、義，和亞洲的日本，這些國家平均經濟成長率在4%以下，平均國民所得為3萬美元以上。

2. 新興工業國

　　　主要以**亞洲四小龍（南韓、台灣、香港、新加坡）**、以色列為代表，平均經濟成長率為4～6%，年平均國民所得為2萬美元。

3. 開發中國家

　　　主要投資地區如下。

(1) 東南亞

泰馬菲印（尼）有**亞洲四小虎**之稱，一般經濟成長率在6%以上，平均國民所得為2,000美元。

(2) 金磚四國

2003年10月1日，高盛證券編號第99號的全球經濟報告，點出「金磚四國」在2050年有可能取代八大工業國（G8），成為全球大型經濟體。

大陸經濟實力居金磚四國第一強，預估2009年將取代德國，成為世界第三大經濟體，2025年取代美國，成為世界最大經濟體。

二、指數預測是積極投資方式的第一步

　　基金積極投資方式跟股票一樣，必須對未來一年的該國股價指數進行預測，才能據而決定買點、賣點，**表11-1中只能列出預估本益比，由大盤實際本益比便可判斷大盤未來走勢。**

三、看本益比也一樣

　　看指數作股票比較簡單明瞭，但是風險比較低的是看本益比。把歐、亞、拉美各國的2008年本益比列出，再加上2009年預估盈餘成長率，便可以得到2009年的預估本益比。

$PER_{t+1} = P_t(1 + g)$，g 代表每股盈餘成長率

舉例

$12x = 10 (1 + 20\%)$，x 代表倍數

表11-1　全球常見國家、地區股市的代表性指數

洲	國家地區	指數	預估本益比	預估指數
亞洲	大　陸	上海證券綜合指數（簡稱滬綜指）	詳見表10-15、	
		深圳成分指數（簡稱深指）	10-18、10-20	
	香　港	恆生指數		
	印　度	孟買SENSEX30指數		
	印　尼	雅加達「綜合股價」（或證交所）指數（JSX）		
	泰　國	曼谷「SET」（或證交所）指數		
	越　南	越南綜合股價指數		
	菲律賓	菲律賓綜合股價指數		
	新加坡	富時海峽時報指數		
	馬來西亞	吉隆坡「綜合股價」（或證交所）指數		
	南　韓	首爾綜合指數（Kopsi）		
	台　灣	加權股價指數		
	日　本	日經225指數（簡稱日經指數）		
		東京證交所一部指數（Topix）		
澳	澳　洲	雪梨AS30普通股（或稱澳洲普通股）指數		
美	巴　西	聖保羅證交所（Bovespa）指數		
	美　國	道瓊工業指數		
		標準普爾500種指數		
		那斯達克綜合指數		
		費城半導體指數		
歐洲	俄羅斯	俄羅斯交易系統（RTS）指數（美元計價）		
		MICEX綜合指數（盧布計價）		
	英　國	倫敦金融時報綜合指數		
		倫敦金融時報100指數（FTSE-100）		
	法　國	巴黎券商公會40指數（CAS-40）		
	德　國	法蘭克福DAX指數		

四、跨國型基金

有些基金只投資二個國家，詳細區分，至少可分為下列二類，而對投資人的意義也不一樣。

1. 同一洲的二國：不足取

同一洲內經濟程度相同的跨國基金，其實無法真正地降低風險，不論是中歐的德瑞基金（德國、瑞士）或是東協的馬泰基金（馬來西亞、泰國）要好是兩個哥倆好、要壞也是難兄難弟。

2. 不同洲的二國：宜考慮

　　　　反倒是不同洲的跨國基金比較能降低風險，例如跨美、亞二洲的美台基金，除了擁有已開發國家（例如美國）股市的穩定性，又兼具新興工業國家股市（例如台灣）的爆發力，所以邏輯上來說，這種基金比起新興市場的區域基金，更能降低風險，因為它橫跨二洲。這可由下列二次金融風暴的情況看出，隔洲有防火巷的效果。

· 1994年12月的拉丁美洲金融風暴，連美國都遭殃，不少銀行的海外放款變成呆帳，企業海外投資變成泡沫，歐亞二洲則逃過一劫。

· 1997年7月起的亞洲金融風暴，東南亞到東北亞股市、匯市幾乎像骨牌般全倒，美歐二洲的不利影響不到一成，歐洲從1998年起甚至變成全球投資比重最大區域。

　　像美台基金這種基金不易成為全球性商品，投資人皆可以自己把台股基金跟美股基金組合起來，除非是市場上沒有這些基金。所以這也難怪跨國基金占基金比重很低，尤其是跨洲型的跨國基金大都是土產，只在這二國內銷售，其他國家投資人往往不會買這種「搭售」式的產品。

11-2 美國基金

　　美國股市市值占全球市值約四成，只要美國打噴嚏，全球股市大都會感冒。可惜，2007～2009年房市泡沫破滅，2007年6月爆發次級房貸風暴，如骨牌般的拖累經濟中的消費、投資與政府支出。道瓊指數在10月9日漲到14165點高點後，下跌約兩成。

　　美股2009年只會小漲（15%以內），弄得2007年起，流入美股的資金逐漸轉入歐洲、新興市場。這是在分析美國基金值不值得投資時，一開始時便需定調的，否則很容易迷失在冗長的分析中。

 ## 美國小檔案

· 土地面積：964萬平方公里
· 首都：華盛頓特區
· 人口：3億人

> ・GDP地位：全球第一大，約13.65兆美元，占全球比重26%，人均所得4.9萬美元
> ・貨幣：美元

一、2008年景氣趨緩

2008年3月12日，美國杜克大學跟《財務長雜誌》針對475位公司財務長做調查，半數受訪者認為2009年第二季經濟才會復甦。

美國著名經濟學者**克魯曼**（Paul Krugman）認為，美國房價將下跌25%（房市市值下跌6～7兆美元），**房貸證券損失1兆美元，景氣衰退到2010年**。[①]

二、上市公司盈餘衰退

2007年3、4季，美國企業出現盈餘衰退（earnings recession）其中占美國標準普爾500種指數二成的金融業盈餘下跌16%、9%。「盈餘衰退」的定義為連續兩季獲利下滑，出現自2001年第4季與2002年第一季以來首見的盈餘衰退。

美國企業獲利展望惡化，主要是因花旗集團與美林等大型金融集團勾銷因信用市場動盪而產生的損失金額超過預期。

三、2008年美國股災

依據傳統定義，多頭時指數下跌一成視之為修正，兩成即為空頭。2007年10月美國走到高點，道瓊14000點，2008年在7000點附近拔河，2009年應會浴火重生。

四、前三名基金

在台銷售的海外基金中，駿利、環球沛智二家基金公司的各支基金是績效前三名的常勝軍，一年報酬率三成以上。

---

① 《經濟日報》，2008年3月25日，A8版，陳家齊。

11-3 日本基金

　　在國家基金中，日本基金績效幾乎都墊底。因為眾人嫌，基金公司也不敢多加宣傳，以致日本投資資訊很有限。日本這個國家的經濟跟其老年化社會（65歲以上人口占20%）一樣，欲振乏力，以致缺乏題材，股市在12000～14000點附近久盤，弄得日本基金大都賠，2007年海外基金賠錢前10名中，日本基金包辦8名，跌幅17～32%。

　　日本經濟成長率必須在1.5%，才有可能脫離「經濟黑洞」，但也不知道何時日本才會「旭日東升」！

日本小檔案

- 土地面積：37.8萬平方公里
- 首都：東京
- 人口：1.24億人
- GDP地位：全球第2大（約4.4兆美元），僅次於美國，占全球比重7%，人均所得3.55萬美元
- 貨幣：日圓，1$：100日圓

・基金表現烏鴉鴉

　　64支日本基金2005～2008三年都賠不少，一般來說，每二三年有一次小表現，但是再低的本益比也敵不過投資人的缺乏耐心。

11-4 大陸基金——兼論大陸股市泡沫化

　　2006～2008年，全球最紅的股市可說是大陸股市，衛星股市的港股也因而受惠。由於大勢所趨，因此本書用二節來討論如何賺大陸基金的錢。

大陸小檔案

- 土地面積：960萬平方公里
- 首都：北京市
- 人口：13.29億人
- GDP地位：全球第四大，2008年4.2兆美元，占全球比重8%
- 貨幣：人民幣，1$：6.84RMB

一、基本面

　　大陸經濟以出口掛帥，經常帳盈餘（即出超）占國內生產毛額10%（2007年，台灣才占7%），隨著出口趨緩，再加上房市走疲，2008年經濟成長率約9.7%，比2007年減少1.2個百分點。

二、資金行情

　　1978年經濟開放以來，人民儲蓄金額達人民幣35兆元。再加上實質利率為負的（一年期定期存款利率2.52%減物價上漲率5%），存銀行反而使錢變薄，逼得存款戶把定存解約，投入股市，跟1985年9月，台股從指數600點起漲的情況如出一轍。

　　2005年5月起，陸股從998點起漲，只花了2年就變成全民運動，2007年每日開戶20萬戶，7月底，上海股市開戶數達1.1億人；9月底，基金投資人戶數9,000萬戶，直逼股民數。

三、股市泡沫

　　2007年陸股、港股的泡沫化（2007年10月，陸股漲至6030點，本益比70倍；2008年10月3日，跌到2100點，下跌65%），從事後來看，可說一目了然，可是人在當下，很多人唯恐搭不上火車，卻不見「他山之石」（例如表11-2）。在本節中，與其說是回顧陸股泡沫化的跡象，倒不如說，把投資學所學運用在基金投資。

　　可見，**泡沫不是一天形成的，但是泡沫卻是一天便破滅**，就跟探索頻道中拍攝的夏威夷雨蛙，徹夜鳴叫求偶，吵得令人睡不著覺，數目多到趕不完、捉不盡。可是一旦蛙鳴霎間停止，就好像蛙群一起說好了似的，立刻陷入死寂。

表11-2　股市泡沫

		1990.2.21	2.10	2000	2007 大陸	
		日本	台灣	美國 那斯達克	上海	深圳
高點	時間	1989.12.9	1992.1	2000.3.17	10.16	10.16
	指數	38916	12495	5048	6300	
	本益比	70	60	200	60	75
低點	時間	1992.6	1990.10			
	指數	15952	2912			

㈠泡沫的定義

2007年12月初，謝國忠來台灣演講，詳細說明大陸股市、房市泡沫的分析。

1. 股市＋房市泡沫

$$\frac{股市 + 房市}{國內生產毛額} = 4.2 > 3$$

股市泡沫

$$\frac{股價}{淨值} = 6.5 > 2.2$$

2. 看漲幅就知道了

「狂風不終夜，暴雨不終朝」，一國股市一年漲超過**140%**，第二年就會因投資人「高處不勝寒」的危機意識而只剩小漲，甚至小跌。然而，陸股卻是「一路響叮噹」，看起來沒有煞車的感覺，從下面二個角度來說，都說得通。

(1) 以2005年6月當起漲點
2005年6月時，上漲指數998點（四捨五入當1000點），到2007年10月高點6158點，二年半漲5倍。

(2) 以2007年為例
2007年年初迄10月高點，也漲了2倍。

㈡本益比露餡了

滬股在2007年10月15日漲到6030點時，本益比達70倍（市值22.5兆人民幣）、深圳股市75倍，可說是個超級大氣球。到了11月28日，滬綜指已下滑至4800點，本益比仍達46倍。

1. 歪理硬拗

有些人不認為陸股存在泡沫，陸股的成長源自於盈餘的支撐，不完全是資金堆砌的結果。上市公司2007年前三季盈餘64%，是主張陸股尚未出現泡沫一派的主要依據。

2. 不務正業的橫財

　　值得警惕是，上市公司盈餘成長有很大一部分跟股市繁榮有關，股市投資獲利約為人民幣1,700億元，占上市公司盈餘三成。

　　摩根士丹利證券大陸策略分析師婁剛以「國王的新衣」來形容第三季盈餘。不包括保險類企業，每股盈餘成長由上半年的67%跌至59%；要是剔除營業外收入，成長率由上半年的48%跌到35%，**核心（即本業）本益比50倍**，這明顯存在著巨大的泡沫。日股在1992年的教訓顯示，一旦股市開始逆轉，盈餘預期的下調和本益比的收縮將共同凝聚動力，使股價如山頂滾落的雪球一般崩潰。[2]

3. 房市泡沫

　　2007年10月17日，前摩根士丹利亞太區董事總經理謝國忠在《金融時報》撰文指出，大陸的城鎮房地產價格和海內外上市公司資產總額約為其國內生產毛額的3.5倍，而日本和香港在泡沫前最高峰時曾達到10倍。

(三)氣球洩氣了

　　陸股在2007年2、5月30日各有一次暴跌，已顯露出「驚弓之鳥」的末升段態勢，2007年7月，美國次級房貸風暴刮起，11月拖累美股，全球大部分國家都被「颱風尾」掃到，超漲的陸股當然跌最凶。

(四)一個數字就夠了

　　本章雖然提像表11-2的這樣經濟學的分析架構，但股市卻不必然跟經濟成長率共舞，由大陸股市潮起潮落（圖11-1），不得不承認**分析各國股市，只看一個數字就夠了——本益比**（詳見圖11-2）。可能要到14～16倍本益比才是合理投資價位。2008年9月12日，指數2079點、本益比16.9倍、市值11兆人民幣。

四、大陸的基金規模

　　大陸的A股基金，台灣投資人「看得到，卻吃不到」，由於成長速度太快，因此只能概括介紹一下。根據理柏環球分類（Lipper Global Classification），大陸A股基金有8類。

---

[2]　《工商時報》，2007年11月22日，A12版，康彰榮；《商業周刊》，2007年12月，1045期，第170～172頁。

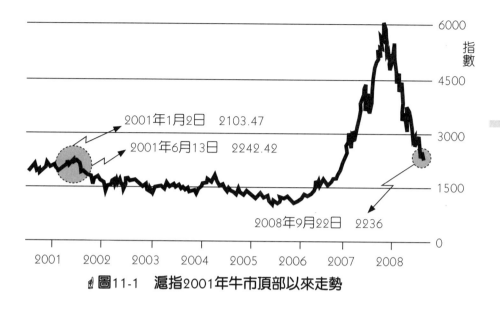

图11-1　滬指2001年牛市頂部以來走勢

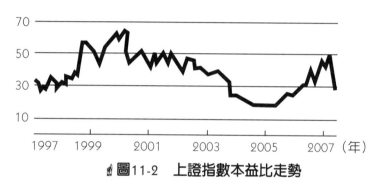

图11-2　上證指數本益比走勢

資料來源：彭博

11-5　大陸基金的替代品——香港基金與台灣的中概股基金

基於台灣法令規定，有一陣子台灣投資人無法買到大陸基金，在「沒魚，蝦也好」的情況下，有三種替代品就因應而生：香港基金、台灣的中概股基金和新加坡的龍籌股基金。

1.　投資方式

台灣投資人可以透過基金、直接投資港股和陸股等三個方式來介入大中華地區的市場，詳見表11-3。直接投資港股有幾項限制，包括須提前入金才能交易，且跟投資陸股一樣資訊取得不易，因此在自行選股難度較高下，縱使市場

前景看俏，投資人想賺到錢實在不容易。另外，投資大陸股市，更必須承擔因為非法投資而可能求償無門的風險。

表11-3　基金跟投資港股、陸股比較

	國內發行的基金	直接投資港股	直接投資大陸股市
投資地區	台灣、香港、新加坡	香港	大陸
開戶流程	向投信或銀行開戶申購	透過券商海外複委託	必須到海外（香港）開戶
交易價格	T day淨值	交易當天股價	交易當天股價
交割時間	T day	T+2（港股交割） T+1	T+3 T+1
入金時間	T day	（必須帳上有足夠金額才能買賣股票）	（必須帳上有足夠金額才能買賣股票）
入金管道	銀行匯款或約定帳戶直接扣款	匯款至外幣交割帳戶	匯款至外幣交割帳戶
交易幣別	台幣	港元	上海B股：美元 深圳B股：港幣
贖回款入帳時間	T+5	T+3	T+3
最低投資金額	單筆投資1萬元、定期定額3,000元	視股價而定交易、單位為一手（每手股數由掛牌公司自定）	交易單位為**一手**（**每手100股**，每股面額人民幣1元，但多為1,000股為交易單位）
相關費用	手續費、管理費	手續費、股票印花稅、匯費	手續費、匯費等

資料來源：各投信

2.　三種基金任你挑

在台灣，經常可看到的三個股市的大陸概念股，詳見表11-4，這也是國人最常見的沾點大陸「喜氣」的基金。

一、香港基金

2006年起，香港股市大陸化，即中資企業主導港股走勢，因此在2005年以前，以港股二大主流股（金融、地產）的分析方式就不再流行了。在這種情況下，港股就得看陸股（主要是滬，其次是深圳）臉色。剩下能夠分析的便是資金流入量，詳見表11-5。

表11-4　大陸股市相近的三個股市概念股

跟陸股相關程度	10% 新加坡	50% 台灣中概股	60% 港股
股票名稱	龍籌股：中資企業在新加坡上市，約110家，主要是省級國營企業與中小企業，偏向二線公司，市值占星股8%。	中概股 1.中國收成股：指台灣上市公司中，大陸子公司占台灣母公司盈餘二成以上的公司，例如食品股、輪胎股、一些電子股。 2.中國概念股指台灣上市中，大陸子公司未來展望佳者。	中資股分成二類。 (一)H股：在大陸上市的國營企業，之後在香港股市上市，俗稱國企股，有國企股指數型基金。 1.一線龍頭公司：中國人壽、中國石化、中國航運、招商銀行、海螺水泥。 2.二線潛力公司：建設銀行、兗州煤業、中國鋁業、鞍鋼新軋鋼、中海發展。 (二)紅籌股：在香港註冊，且在香港上市的中資公司。台灣金管會的定義是指香港、澳地區「由大陸政府、公司直接或間接，持有股權30%以上公司所發行的有價證券」。 1.一線龍頭公司：中國移動、中國海洋石油、中國網通、招商局國際、中信泰富。 2.二線潛力公司：中國海外、華潤電力、中遠太平洋、中信國際金融、駿威汽車

公司名稱	簡　　介
九天化學	化學原料生產
中國合成革高科	山東皮革製造商
中國能源	能源供應公司
中國航油	航空油料運輸
中翔基建集團	基礎建設公司
中華環保	環保工程
天宇	化纖紡織用品
天津中新藥業集團	中藥生產公司
伊普國際	水污染處理
妍華集團	化妝品製造公司
東方紀元	教育管理公司
東方食品	花生零食生產公司
虎威集團	辦公室設備製造公司
思念食品	冷凍食品製造公司
徐福記	零食製造公司
神州石油	能源開採公司
麥達控股	製造業
鷹牌控股	陶瓷製造公司

表11-5　香港股市的趨勢分析

股市	利多	利空
一、股市	上海A股股價比香港H股高68%，2007年10月17日，中共證監會主席屠光紹表示，研究A股跟H股換股。此舉有助於拉抬H股股價、冷卻A股股價。	（請讀者視狀況填入）
二、資金	1.大陸的銀行小額信託或基金公司的海外基金，其中有三成可投資於單一股市（例如港股）。 2.港股直通車 2007年8月底，宣布將開放大陸人可以直接投資港股，港股從18587點二個月漲70%到31958點。11月初，中共總理溫家寶表示可能對港股直通車踩煞車，港股重跌。	

㈠港股大陸化

　　2000年，中資股（國企**H**股和紅籌股）僅占港股市值27%，2006年9月，到41%，2007年12月10日，中石油、中國神華及中國海外晉升為恆生指數成分股，加入這三支股票後，恆生指數成分股增至43支，陸資股數目增至19支，**占港股市值60%**。

㈡兩地價差

　　香港人用「北水南移」這個詞形容大陸人2006年5月起的資金南移所掀起的港股投資熱潮。為什麼「北水南移」後，關愛的眼神特別聚焦在國企股？

　　原因正如花旗在2006年5月10日的報告所說，對QDII有吸引力的，就是國企股比上海A股便宜。以同時在A股和國企股上市的43支股票為例，只有兩支沒有折價，其他的折價幅度，從3折到95折。換句話說，同樣是大陸成長題材的企業股，在香港的國企股相對比在大陸的A股便宜。以中石油為例，五大指數都把中石油納入成分股，但大陸A股卻比香港國企股高出68%。

㈢大水淹沒龍王廟

　　香港的水主要來自大陸，同樣的，2009年以後，港股資金將主要來自大陸，這可分為2006年起大陸放行的境外投資、2008年放行的大陸人第一階段投資海外股市。本段詳細說明。

1. 大陸的海外基金

　　大陸疏導大陸人民幣35兆元儲蓄洪水的主要措施就是2007年5月11日，大陸證監會開放「合格的本地機構投資者」（**Qualified Domestic Institutional Investors, QDII**）可以進行境外投資，大陸人民可以透過在基金公司、券商等，把手上的錢投資到境外市場。

　　至於是投資哪個境外市場？大陸證監會主席尚福林說得很明白：「香港股市是QDII境外投資的首選。」然而香港股市裡哪些股票會吸引QDII的青睞？不是別人，就是大陸證監會自己審核放行至香港掛牌的國企股！

 QDII小辭典

> 　　QDII是Qualified Domestic Institutional Investor（合格境內機構投資者）的首字縮寫，它是一國境內設立，經該國有關部門批准從事境外證券市場的股票、債券等有價證券業務的證券投資基金。當前大陸開放QDII，允許商業銀行代客投資境外理財商品。

(1) 錢滿為患

大陸人民儲蓄率超過50%，儲蓄金額人民幣35兆元，由於投資工具有限，所以這一大筆儲蓄，除了存銀行外，就是「瘋股市」。在這龐大資金推升下，股市漲勢不歇，許多學者專家一直擔心有泡沫跡象，為了避免更多人民把儲蓄投入國內股市而釀成風暴，大陸政府必須為這些資金洪水另尋宣洩管道。

(2) 錢如潮水到香港

針對大陸投資人結構以散戶為主的情況，短期內能受益的地區，應該是大陸投資人最熟悉的香港跟新加坡股市，尤其在香港掛牌的國企股和紅籌股，以及在新加坡掛牌的龍籌股。

匯豐中華投信認為，以QDII對每一家基金公司有限的配額，就算全部開放，對全球市場的影響也有限。

(3) 小踩煞車

2007年10月起，大陸證監會要求QDII對單一市場的投資比重不得超過三成。

(4) 再踩油門

京華山一研究員李慰民指出，大陸有15家基金公司加入發行海外基金行列，

以每支基金集資額約20～40億美元計算，總額400～600億美元，如果其中20%投資港股，連同銀行、保險、證券公司QDII資金，估計2008年港股來自大陸QDII的金額將達到300億美元。一旦「港股直通車」的資金到位，估計大陸挹注港股500億美元的資金。[③]

a 先上QDII基金公司網站。
b 確定哪些大陸的銀行可申購。
c 建議挑選大陸大型國家級銀行開戶。

a 至大陸的銀行開基本帳戶。
b 建議一次直接開存款、外幣、網路銀行帳戶。
c 需準備台胞證和當地住址，但不能是臨時住址。

a 上網路銀行開基金帳戶。
b 填個人資料，特別要注意證件號碼一欄，記得要選「其他」再填入台胞證號碼。（選台胞證選項開不了戶）

a 開戶完成便可使用存款內帳戶買基金。
b 之後以網路銀行進行交易即可。

圖11-3　如果你想買大陸QDII基金──四個步驟

2. 港股直通車

　　2007年8月20日，**港股直通車（即大陸居民直接投資港股）**政策宣布。受此利多鼓舞，香港恆生指數從8月20日開盤的21140點，在兩個月內一路攀升至31958點最高點。兩個月內漲幅達50%。10月恆生指數急升15.5%，創下香港股市單月升幅最高紀錄。

---

③　《經濟日報》，2007年12月3日，A7版，邱詩文。

然而水可載舟，亦可覆舟，大陸政府一看「大水可能沖倒龍王廟」，便採取拖字訣，港股幾乎跌回起漲點。

㈣香港銷售的大陸基金

香港銷售的大陸基金，每月績效排名前五名變化頗大。

二、台灣的中概股基金

透過投信發行的中概股基金，照樣可以搭上大陸經濟高度成長的順風車。由表11-6可見，依投資地區範圍大小，把台灣銷售的約20支大陸相關基金分類，其中最好分析的是中概股（或台商）基金，因為投資地區僅限於台股。

▊表11-6　台灣沾得上大陸股市光的相關基金

投資範圍	基金支數	基金名稱	推薦基金
四、全球台商基金：投資全球上市櫃的台商企業，海外比重約50%。	1	建弘	
三、亞洲台資企業基金：投資亞洲地區上市櫃的台資企業，海外比重約50%	1	寶來	
二、大中華基金：投資大中華區（台灣、香港、新加坡）上市櫃股票，海外比重約10%	6	國泰、凱基、建弘、日盛、保德信	建弘
一、中概基金：投資台灣上市櫃的中國概念股 1.外銷產業中概股或中概高科技股 2.內銷產業中概股	6	日盛新台商、台灣工銀中國通、保德信台商全方位、聯邦中國龍、凱基台商天下	台灣工銀

㈠中概股的定義

中概股的定義很鬆，由鬆到緊有下列幾個標準。

1.　最鬆的定義

台股基金的投資契約，舉凡中國基金、大中華基金、台商基金等，契約定義的投資範圍很寬鬆，認定赴大陸投資5,000萬元以上上市公司，就符合投資資格。

2. 中概股的意涵

中概股的觀念由窄至寬。中概股的定義已經不再限於早期到大陸設廠的傳產股（以大陸內需為主）身上，只要是運用大陸生產基地的優勢，市場則瞄準全球的台灣公司，都符合「中概股」的概念，而這一類的又以外銷型的電子公司居多。

以中國概念股為主要投資標的中概股基金，主要針對受惠於大陸經濟成長所帶來實質商機的公司進行布局，如傳產類股、觀光類股等。

㈡指數：標準普爾台商收成指數

標準普爾台商收成指數是由台股上市公司大陸子公司占台灣上市公司（母公司）稅前盈餘10%以上的前50大公司組成，包含鴻海、亞泥、嘉泥、潤泰全。

㈢中概股基金的表現

以咖哩塊來比喻，陸股是辛辣、港股中辣，中概股和新加坡的龍籌股微辣。

1. 績效不過爾爾

中概股基金的平均績效表現，雖然略勝台灣一般型股票基金，但也僅跟台灣中小型股票基金報酬率相去不遠，長期的三年期及五年期績效則遠落在台灣中小型基金之後。

2. 建弘大中華，中概基金稱王

中概基金奪冠的建弘大中華基金在操作上以靈活為最大特色。基金經理秦銘徽選股分散，不會重壓某一個股，降低單一個股風險，屬於均衡布局型。該基金主要投資標的還是看個股表現，選股族群以成長展望佳的電子股為主，IC設計、網通、TV相關、手機、LED都會是較重要的投資行業，短期少量持股會以傳產的中概、內需為主。

三、新加坡的龍籌股基金

以棒球隊來舉例，大陸為主，陸股是一軍（大聯盟），港股是二軍（小聯盟），龍籌股則是三軍，難怪新加坡的龍籌股基金數目「只有小貓一二隻」。

1. 龍籌股指數＝新加坡建力中國指數

在新加坡掛牌的大陸企業（即龍籌股）高達100家以上，但是能被編入中國建力指數的企業只有少數二三十家左右。

仔細比較港新掛牌的大陸企業可發現，在香港掛牌的大陸企業多半為大型

的金融股或地產股，在新加坡掛牌的大陸企業多半是以省級的國營企業以及中小型的民間企業為主，例如食品、化學、農業與生技製藥等服務業公司等。「北有康師傅，南有徐福記」，台資企業徐福記，在新加坡掛牌後也漸漸取得了相當於康師傅在香港的地位。

新加坡政府為了吸引大陸省級企業赴當地掛牌，還分別跟大陸各省政府簽定相關契約，且比較掛牌所需時間，大陸企業前往當地掛牌也比香港快一年，這對向來以靈活應變見長的中小企業來說相當具有吸引力；連帶也讓大陸企業在當地掛牌的總市值每年都以50%的速度成長。

2. 中國建力指數只是海峽指數一小部分

龍籌股占整體新加坡股市市值僅7.9%，但是**中國建力指數**（俗稱**龍籌股指數**）漲幅大於海峽指數。

3. 新加坡大華基金

新加坡大華投資基金因為鎖定印尼、泰國和大陸的股票，以高出平均報酬三倍的成績居冠，該基金2007年調整策略，鎖定馬來西亞以求創造更驚人的報酬。馬來西亞比重將由2007年3月的37%調升至40～45%，主要鎖定質優且具有併購題材的銀行類股、替代性能源概念股等，和其他可望得利於大陸市場快速成長的相關企業。

依據海外基金管理辦法第23條第1項第4款規定，國內投資人投資個別海外基金的金額比率不得超過90%。新加坡大華投資基金於2007年4月17日暫停台灣投資人申購。2006年下半年因為同樣原因停賣的基金還有德盛的新加坡、印尼及馬來西亞基金。

11-6 印度基金

2007年，海外基金前十名中，有5支是印度基金，最低報酬率57%，跟釣魚差不多，只要挑對漁場，每位釣客皆會滿載而歸。

印度可說是金磚四國基金中第二紅火的，而且以後也將是如此，可惜，國人對印度的瞭解可能不到對大陸的百分之一。因此，為了讓理專、投資人有個明確的參考架構，在本節特別花多一些篇幅，把印度「講清楚，說明白」。

印度小檔案

- 土地面積：316.6萬平方公里
- 首都：新德里
- 人口：2007年，11.29億人，僅次於大陸的13.21億人
- GDP：全球第12大，1.1兆美元，2007年人均所得1,000美元
- 貨幣：印度盧比，1$：47.85印度盧比

一、印度：大陸型經濟的代表

所有廣土眾民的國家都屬於大陸型經濟，光靠龐大的內需就足以養活企業茁壯。可是大陸、俄羅斯、巴西卻採取海島國家出口掛帥方式來帶領經濟起飛。印度能力不繼，沒搭上出口這班車，只好自給自足慢慢發展。

1. 內需

印度從1990年代初推動市場改革以來，民間創業、投資風氣日盛，主要靠消費支撐，消費市場規模約6,500億美元。麥肯錫全球研究所預測，到2025年，中產階級約5億人，成為全球第五大市場，詳見表11-7。

道路、工廠等投資支出，占大陸國內生產毛額比率接近50%，但在印度則占32%，比較健康。消費在經濟中扮演最重要的角色，印度的消費比例比較接近美、日先進國家，而不是大陸。

2. 以雷曼兄弟證券的角度

雷曼兄弟證券2007年10月的分析報告「India: Everything to Pay for」中指出，印度從2003年以來的快速成長並非曇花一現，其成長的軌跡跟大陸和南韓早期經濟起飛時所展現的特徵非常類似。里昂證券把中印的經濟高成長合稱「龍象崛起」（Chindia）。

印度的成長還只是在初期階段，未來將有更大的成長動能。一個重要的指標是印度的城市化仍然很低，仍有57%人口（大陸47%）住在鄉村。

▌表11-7　印度經濟分析

需求	需求面	供給面
消費（C）	2007年，印度出生率為每千人22.69人，大陸13.45人，世界銀行預估，2025年印度人口將超越大陸，成為全球第一大人口國。 印度消費成長力道可觀，美林證券估計，自2002～2008年度消費的複和年成長率15％，五年的時間就增加一倍。 2007年，薪資成長幅度14.8％，在亞洲地區排名第二，僅次於斯里蘭卡，對於零售業是利多。	零售業的成長爆發力也相當可觀，因此各大城市的大型商店也不斷興起，總面積從2006～2007年度擴增一倍，預估2007～2009年也將呈現倍數的成長。 印度是全球第11大汽車生產國，但印度民眾擁有汽車的比率仍相當低。每千人中僅6人擁有汽車，低於大陸的7人，跟巴西的86人相比，更是相當大的差距，顯示未來隨著經濟環境的改善有大幅成長空間。
投資（I）		
政府支出（G）	人口持續增加對於經濟成長的另一層意義在於，民眾對於住宅、建物、基礎建設、民生消費品的需求也將隨之升高，印度政府在2008～2012年的第11個五年計畫中，將跟亞洲開發銀行、世界銀行及日本國際合作銀行合作投入印度公路、鐵路、機場與港口等基礎設施的建設；農村生活的改善也是該五年計畫的重點項目。	
出超（X-M）	出口占國內生產毛額23％、出超占5％。2007年，盧布兌美元升值12％，不利於印度出口。	腦力的優勢，促使印度成為全球最重要的軟體、資訊技術服務外包中心，安永（Ernst and Young）研究機構預估，印度將成為亞太前五大新興生化產業領導國之一。 根據美林證券2006年的報告，印度25歲以下的人口占總人口數的比重達53％，不僅遠高於歐美日等成熟國家，也高於大陸的38.8％，這種人口年輕化的優勢，會持續反映在長期內需消費市場的蓬勃發展以及勞動人口的不虞匱乏上。

二、基本面：需求

　　「有需求才會有供給」，這在印度更可以看得清清楚楚，如果說2007年大陸成為「全球市場」，那麼**2009年，印度將成為「新全球市場」**，「龍象興起」將繼美

國之後，成為全球經濟成長的雙引擎。

1. 消費

消費占印度國內生產毛額63%，主要得力於印度人多、人口年輕（消費傾向比銀髮族高）、中產階級興起，底下簡單說明。

2. 投資

大城市的製造業與服務業成長快速，優渥薪資是吸引勞動人口移居的主要誘因。預估2008～2017年將有2.2億人遷移至城市，其中，大批從農村移居都市的勞工，更是刺激大規模住宅建設的推手。中產階級快速崛起，為了滿足他們對住屋品質與辦公場所的渴求，許多主要城市紛紛積極建設郊區住宅，加上政府鼓勵，許多國外房地產投資業者，包括馬拉松資產管理公司和美國鐵獅門，都樂與印度建商合作。

3. 政府支出：基礎建設

印度政府有意把印度建設成全球生產中心的宏圖大業，基礎建設的殷切需求更是被投資人視為是推升經濟成長及相關企業獲利的主要推手。過去幾年印度強勁的經濟成長令投資人印象深刻，但是基礎建設的發展卻未能同步跟上，導致經濟成長的潛力未能完全發揮。

有鑑於此，政府在第11個五年計畫中，持續強調基礎建設投資，包括鐵公路、運輸及電力的建設皆是政府未來施政的重心。基礎建設支出約為5,700億美元，其中道路建設及電力設備等營造工程部分1,935億美元。

因此，在政策方向明確的情況下，相關資本設備及建設營造相關個股的商機自然值得期待。在2008年印度持續升息政策已接近尾聲的情況下，營造工程類股過去所面臨資金成本上揚而使獲利受到壓縮的情況應可獲得舒緩，有利整體類股表現。電信類股龍頭的Bharti Airtel、工程建設的Larsen & Toubro和塔塔鋼鐵明顯成了領頭羊。

4. 出進口

印度經歷了大規模的市場開放，貿易占國內生產毛額的比率從2004年的31%成長到2007年的49%。在未來十年這個比率將會更進一步成長一倍，進而對經濟成長率貢獻1.5個百分點。

印度的最大優勢在於具有世界龍頭地位的軟體工業，2007年，印度軟體產值達313億美元，成長率33%，是印度主要外匯收入來源。

印度經濟為內需導向，2007年9月高盛證券駐孟買的經濟分析師波達爾（Tushar Poddar）說，萬一美國經濟因房貸違約事件衰退，但當美國經濟每衰

退1個百分點，對印度經濟的影響僅是減少0.25個百分點。[④]

三、基本面：供給

跟大陸的公司相比，印度的製造業較弱，玩具、成衣、電子產品出口不是大陸的對手；資金成本（主要是貸款利率）也比較高，以致印度的出口產業競爭優勢較弱。

但印度的服務業活力充沛，在全球景氣下滑之際，比大陸出口導向的製造業更能提供經濟強有力的支撐。

四、金融面

印度股市可說是「小大陸」（或縮小版的陸股），看了下面的說明，就可知道，然而，印度股市比較健全。

1. 上市公司盈餘穩定成長

經濟成長的確反映到了企業的高獲利上。

2. 上市公司財報可信賴度高

印度跟大陸資本市場最大差別在於，印度市場民營化機制健全，英國殖民統治所留下的法治傳統讓印度公司治理具相當水準，因此股市能充分反映經濟成長動能。

3. 外資聞香下馬

外資直接、間接投資成為經濟與股市成長重要推手，印度近年來經濟成長強勁，吸引不少尋求高報酬的外資流入印度市場，2007年買入約173億美元的印度股票和債券，遠遠高於2005年創下的94億美元紀錄，龐大的外資推升指數上漲超過四成。

4. 股市上漲──孟買證券交易所30種敏感股價指數（Sensex）

孟買證券交易所是亞洲最老的股市，成立於1875年，印度孟買Sensex指數是由當地市值最大的前30家公司所組成。印度處在長期發展的結構當中，以中、小企業為主流的內需消費類股，將可隨著人民所得的提升而成長。所以就題材而論，單看Sensex指數的表現，未必能反映當地市場的成長潛力。不過，國家股票交易所的績優50股價指數（Nifty）也只是比Sensex指數多20支股票，代表性略增而已！

[④] 《經濟日報》，2007年11月16日，B4版，曹佳琪。

11-7 巴西基金——占拉美基金六成的龍頭

巴西占拉美六成，買拉美基金可說是買巴西基金。雖然拉美基金熱門，可是我們對巴西的瞭解卻很有限，由表11-8可見，巴西給人的刻板印象是「賣商品給中美」賺錢。

2007年，人均所得570美元，跟印度2004年比較像，內需逐漸抬頭，2010年將由出口導向國家轉為內需導向經濟體。

表11-8 巴西經濟分析

需求面	說明	供給面
消費（C）	2003～2006年薪資年成長率4.6%，失業率由2003年8月的13%下降至2007年10月9.7%。就業及薪資持續改善，人民財富穩健成長，有助支撐內需消費，可望持續推升經濟成長。 自總統於2006年上任後，成功改善物價上漲問題，促使巴西央行得以自2005年5月開始持續降息，把基本利率由19.75%降至2007年9月的11.25%。在持續降息下，內需消費也由單純的零售，逐漸擴展至提升生活品質的金融保險與醫療產品等服務業。零售市場連續14年成長，每年平均成長率9%。	最大飲料公司Fomento Economico Mexicano、食品商Bimbo、化工物料供貨公司Alfa及連鎖百貨通路Fama。
投資（I）	根據市場研究機構的預測，巴西的資訊支出規模將由2007年的205億美元成長至2011年的323億美元；巴西占南美洲46%，其次則是墨西哥（23%）和阿根廷（6%）。2006年巴西的電腦銷售額成長率超過23%。	包括戴爾、鴻海、IBM、摩托羅拉、諾基亞以及Smart Modular等跨國企業，都已在巴西設置製造據點。

政府支出（G）	高盛合作夥伴建商ICA接獲政府41億美元建設案。	最大營建公司Geo。 巴西政府於2000年設立Ceitec（迷你版的台積電），2008年6吋晶圓廠完工，月產晶圓4,000片。此外，成立幾個IC設計中心。
出超（X-M）	↑，大陸 ↓，美國	(一)電子產品 出口由原來的以原物料為主，逐漸在2006年起調整為電子產品，例如電信設備及電子設備，其年成長率58%和28%，此因外人投資所帶來的技術進步。 (二)原物料 1.淡水河谷公司（CVRD） 出口鐵礦砂、鐵鋁氧石，氧化鋁及鋁的成長率呈現雙位數成長。 2.水泥公司Cemex 北美最大水泥供應Cemex營收25%以上皆來自美國，所以美房市持續疲軟將持續打壓營收表現。

巴西小檔案

- 土地面積：851萬平方公里，全球第五大，次於俄、加、中、美，26個州和一個聯邦特區
- 首都：巴西利亞
- 人口：1.89億人，全球第五大
- 語言：葡萄牙語，因巴西曾為葡萄牙殖民地
- GDP：全球第10大，約1.31兆美元，人均所得570美元
- 貨幣：巴西里爾（或巴西幣），1$：2.3143巴西里爾

一、供給面

巴西在供給面方面，比較多資料著重在出口產業。

㈠出口

巴西參與的主要國際經濟組織，計有美洲國家組織（OAS）、拉丁美洲經濟組織（SELA）、拉丁美洲自由貿易協會（LAFTA）、國際貨幣基金會（IMF）、美洲開發銀行（BID）、南方共同市場（MERCOSUL）、世界銀行（BIRD）、世界關務組織（WCO）及世貿組織。

㈡工業產品出口

匯豐投資管理（巴西）執行長巴培卓（Pedro Bastos）指出，原物料只是推動巴西成長的原因之一，製造業比重已超越原物料成為巴西出口主體，分散多元的出口產業與開放的經濟政策，才是讓巴西快速成長的主因。[5]

㈢農產品出口

拉丁美洲國家是各種農產品的生產國，例如巴西的家禽、白糖、咖啡、牛肉、凍橘汁等出口與產量市占率多為全球之冠。更重要的是拉丁美洲的耕地並未遭到嚴重的濫墾濫伐且少用化學肥料因此栽種的成本相對低廉，除了價格有助出口之外，在各國政府對食物價格高檔多設有限制下，食品價格上漲對於拉丁美洲經濟的影響是利多於弊。

巴西農耕面積也是全球最大，農產品逾半外銷，黃豆、牛肉、紙漿、棉花出口量均名列前茅。巴西農產品和肉類價格十分便宜。

㈣金屬

巴西是地球的肺，也是全球穀倉與礦場，蘊含豐富的原物料。由於全球原物料蘊藏量有限，具有不可取代性，相較新興亞洲的科技題材，原物料長線需求可持續暢旺，儘管價格可能隨季節波動。整體走勢卻易漲難跌。

巴西擁有世界第二大的鐵礦蘊藏量，存量足供全球500年所需。也是全球石英最大出產國，錳與錫的產量都居全球前五名。巴西擁有全世界水流量最大的亞馬遜河水，全球二成的淡水都集中在巴西。巴西電力有九成為水力發電，電力過剩，還可供出口。

1. 淡水河谷公司（CVRD）

出口鐵礦砂、鐵鋁氧石，氧化鋁及鋁的成長率呈現雙位數成長。

---

[5] 《經濟日報》，2007年1月30日，B5版，賴育漣。

2. 水泥公司Cemex

　　北美最大水泥供應Cemex營收25%以上皆來自美國，所以美房市持續疲軟將持續打壓營收表現。

㈤原油

　　2007年11月上旬，根據彭博資訊指出，巴西石油公司宣布在巴西東南深海區域發現一處預計儲量50～80億桶的油田，使得巴西石油儲量躍居全球第9大，預計2013年投產，巴西將成為世界主要石油出口國之一。

二、股市

　　巴西股市以大宗物資題材為主，光是兩家大公司──巴西國家石油公司（Petrobras）和礦業巨擘淡水河谷──就占總市值的30%。

11-8 俄羅斯基金──占東歐基金六成的龍頭

　　俄羅斯是新興歐洲最重要的國家，在新興歐洲基金中，俄羅斯的比重通常高達五六成。拜油價上揚之賜，俄羅斯股市近年水漲船高，也推升相關基金淨值上漲。展望未來，俄國內需強勁、工業基礎紮實，這是俄國經濟可穩健增長的最佳磐石。

俄羅斯小檔案

- 土地面積：1,707萬平方公里
- 首都：莫斯科
- 人口：1.42億人
- GDP：1.29兆美元，人均所得526美元
- 貨幣：盧比，1$：24.73盧比

一、需求面

　　俄國總統普亭（《工商時報》譯為普丁，其餘有譯為蒲亭）在2000年上台後，推出一連串政經改革，俄羅斯搭上經濟成長快速列車，俄股漲幅曾在2001年居全球

之冠，2003～2007年，經濟成長率皆在6%以上。

(一)出口

俄羅斯經濟近年來靠石油、天然氣、**煤鐵礦砂**等原物料撐起大片天，經濟成長良好、外債清償，外匯儲備已是全球第三大。石化產業是現階段驅動俄羅斯經濟的主要動力。相關產業市值占摩根士丹利俄羅斯指數極大的權重。

1. 天然氣

俄羅斯的天然資源豐富，根據國際能源組織的數據，俄羅斯的天然氣存量、產量居世界第一位，煤蘊藏量居世界第二位，同時更是全球重要產油國之一；詳見表11-9。

表11-9　俄羅斯：全球原物料供應中心

天然資源	全球總生產量比重	全球總生產量排名	全球總蘊含量比重	全球總蘊含量排名
煤	5%	5	17%	2
鎳	20%	1	11%	2
鐵礦砂（鋼鐵）	6%	4	17%	1
森林	3%	>10	20%	2－3
水力	－	－	30%	1

資料來源：EIA, UBS

(二)強健工業基礎，支撐經濟成長

由原物料和原油出口帶來的經濟成長動能外，俄羅斯豐富的投資題材，讓投資人有機會在21世紀看到俄羅斯重演「**大國崛起**」新戲碼。

俄羅斯跟其他金磚四國最大的不同點，也是最大的核心能力主要來自於人口的高文化素質，以及雄厚工業科技基礎，俄羅斯國民接受教育水準在世界各國中名列前茅，平均每萬人中的大學生人數僅次於美國、加拿大和古巴，居第四位。相對於其他新興國家還停留在勞力密集產業來說，人民識字率超過98%的俄羅斯，絕對是「以質取勝」的國家。

俄羅斯高素質人才及高度工業化基礎，更是其迎頭趕上其他經濟大國的武器。俄羅斯繼承了前身蘇聯高科技的精髓，被列為八大工業國之一，也是所有被定義為新興市場國家中，工業化程度最高的國度。

俄羅斯2007年來股市表現不再跟隨原油行情起伏，原因在於普亭為了均衡俄羅

斯產業發展，提供稅賦優惠給能源中上游產業或其他製造業，以引導俄羅斯發展能源以外的各種產業。

二、基金

　　市面上俄羅斯基金有94支，由42家基金公司發行，但亞洲投資人卻難有這麼多選擇，以金融最國際化的香港，政府也只核准兩支俄股基金，一是荷銀俄羅斯基金、一是俄股指數型基金；台灣，2007年11月始由荷銀投顧代理銷售荷銀俄羅斯基金。

第 12 章

合成資產基金

投資若能看對趨勢，就成功了一半，另一半則有賴長期投資的毅力與決心。

——傅子平

德盛安聯全球人口趨勢基金基金經理

《經濟日報》，2007年8月

金融資產中的木瓜牛奶

「木瓜牛奶」、「金桔檸檬」、奶茶、雞尾酒，這些都是把二種飲料適度混合，創造出另一種兼具二種特色的飲料。

金融資產只有「**固定收益證券**」（即票、債券）與「**非固定收益證券**」（即股票）二種，投資屬性太單調，最簡單的做法就是把二者混合，就成為「平衡型基金」，就跟久津公司把蔬菜、水果適度混合，就成為兼具蔬菜的纖維與水果的維他命C的蔬果汁，波蜜果菜汁的廣告slogan便是「均衡一下」！

合成資產的第二種合成方式是基本資產加上衍生性金融商品，像第1節的保本基金，本質上是「95%的債券，5%的期貨或選擇權」。

第4、5節的組合基金，可說是買冷凍食品來做大餐，自己不做菜，只把五支（以上）基金組合起來，創造出一支基金。主要用在全球、區域等二種幅員廣闊的基金，與平衡型基金。

由表12-1可見，三中類的**合成資產基金**（**synthetic fund**），依據投資屬性可分為二群，如此一來，便可以很容易抓住其性質了。

◤表12-1　三類合成資產基金的投資屬性

基金＼投資屬性	保本基金	平衡型基金		組合基金
		防禦性	攻擊性	
英文名稱	principle guaranteed fund	balanced	fund	fund of funds
1.E(R)即淨資產保障（surplus protection）			√	√
2.E(L)為主，即虧損上限（shortfall constrain）	√		√	
		採取下列二種投資以排除下檔風險（downside risk）1.投資組合保險 2.市場中立策略		

12-1 保本基金

保本基金（**principle guaranteed fund**）顧名思義，是指「投資一段期間後」保證「還本」的基金，是專為「又想玩又怕賠本」的投資人精心設計的。

一、保本基金的性質

保本基金契約書中都會特別針對保本基金的保本率、投資報酬的參與率、基金存續期間與提前贖回限制等做詳細規範。

㈠到期本金保本率

保本率保證投資人到期時，在最壞的情況下，投資人可以領回的原始投資金額的比率。**保本率**（**principle reserve rate**）大都為90～100%。如果保本率為百分之百，基金到期時，投資人至少可領回投資本金的全部；如果保本率為九成時，投資人至少可以領回投資本金的90%，保本率越高，投資人面對的投資風險越少，但相對的，投資人的可能獲利也會降低。

2005年1月25日，證期局發布「投信基金管理辦法」，保本基金分為「保證型」和「保護型」兩類，兩者差別就在於有沒有經過保證機構認證。

1. **保證型保本基金**

保證型保本基金是指在基金存續期間，藉由保證機構，到期時，提供投資人一定比率本金保證的基金，可以投資債券、結構型等固定收益證券，投資標的比較寬鬆。

2. **保護型保本基金**

保護型保本基金是指在基金存續期間，藉由投資工具，而沒有保證機構，在到期時，提供投資人一定比率本金保護的基金。

保護型保本基金應於公開說明書及銷售文件清楚說明基金沒有提供保證機構保證的機制，並不得使用「保證、安全、無風險」等文字。

在手續費和管理費方面，保護型比保證型低。

3. **百分之百保本率的元大龍虎傘型基金**

2004年12月初，元大投信推出首支傘型基金元大龍虎傘型基金，投資人可選擇申購元大祥龍基金或元大瑞虎基金，也可兩支皆同時申購，保本特性詳見圖12-1。元大龍虎傘型基金是以兩支保本基金做包裝，因此無法像免費轉換條款基金可以允許子基金間相互轉換，甚至可享免轉換手續費的優惠；而是跟一般保本基金一樣，僅能於募集期間申購，且於該基金閉鎖期後指定之日期申請買回。因此「傘型」這個命名「不符定義」。

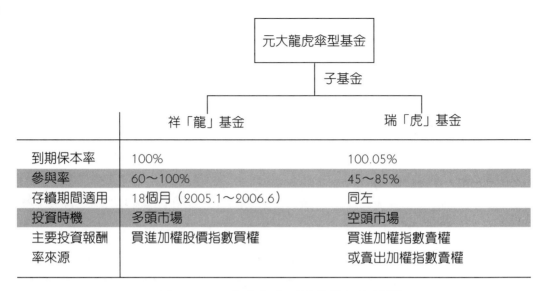

	祥「龍」基金	瑞「虎」基金
到期保本率	100%	100.05%
參與率	60～100%	45～85%
存續期間適用	18個月（2005.1～2006.6）	同左
投資時機	多頭市場	空頭市場
主要投資報酬率來源	買進加權股價指數買權	買進加權指數賣權或賣出加權指數賣權

圖12-1　元大龍虎傘型基金的保本性質

(二)參與率

參與率（**participation rate**）是指在設定期間的報酬率中，投資人可以分享的比例，因此參與率的高低直接影響保本基金的報酬率。

當基金有10%的投資獲利時，如果參與率是50%，則投資人可以分享到5%的投資收益，參與率的高低取決於基金經理所投資的衍生性商品與保本率的高低。投資人要求的保本率越低，投資人的參與率越高；基金經理投資的衍生性商品槓桿倍數越高，投資風險相對較高，但參與率也會較高。

(三)存續期間

保本基金有固定的存續期間，當基金存續期間越長，保本基金投資衍生性商品的比率越高。保本基金的壽命多為2～4年，但也可能長達10年以上。

(四)買回要求

如果投資人未到期前即要求提前買回，則沒有「保本」的保障，也就是有虧損時投資人也只能願賭服輸，且必須支付買回手續費。

2005年3月，首支以台幣計價、連結衍生性金融商品基金指數選擇權的日盛穩泰保本基金發行，存續期間19個月，存續期中，開放五次提前買回機會。基金費用包括保管費0.05%、保證費0.01%、管理費0.7%，申購手續費最高不得超過1.5%。提前買回費用，依提前買回的時間不同，分屆滿3個月、屆滿6個月、屆滿9個月、

屆滿12個月、屆滿15個月，分別收取1.5%、1.2%、0.9%、0.6%、0.3%買回費用。

二、對投資人涵義：虧損上限的投資需求

有些人又想享受刺激，又不能太刺激，所以就有保護級的雲霄飛車（六福村就有一部）的推出。同樣的，有些投資人又想瘋一下，但又「輸不起」。金融機構體會到「民之所欲，商機所在」，所以推出保本基金、保本定存、保本投資型保單。

保本基金很適合30歲左右的人，當未來（例如三個月、一年）要繳房屋頭期款等，便可以先把錢拿去「有限度冒險」，反正，屆時如果不賺，至少還可保本，夠繳款用。

對於既想保本，而且至少要能保值（即每年要跟得上物價上漲），甚至還要滿足某種給付的要求，抱歉的是保本基金並無法滿足這麼多需求，所以保本基金不太適合作為退休人士的唯一投資對象。

保本基金的優點有二。

1. 這是一種「健康的」基金

「保本」跟人體健康「保健」觀念類似，不像股票基金「搏得太過」一樣，所以是一種「滿健康」（對投資人的健康）的基金，如果我是投信總經理，一定會努力做好，以饗投資人。

2. 這是一個好觀念

「保本」這觀念每個人可運用於建立適配的基金投資組合。

三、保本基金的保本秘訣

保本基金的保本秘訣有二。

1. 先求保本，再求獲利

保本基金本質上是「一段投資期間時具有保本功能的平衡型基金」，由投資型定存可以清楚瞭解，把利息收入用於基金投資，縱使這部分全賠，至少本金還在。

2. 有些多空皆可做，刀切豆腐兩面光

保本基金跟一般基金只能作多不一樣，有下列三種的操作方式。

· 只能作多；

· 只能作空；

· 多空皆可，此種方式基金經理揮灑空間較大。

有不少保本基金也可「作空」，但不是融券賣出股票，而是賣出股票指數期貨，以透過槓桿倍數來擴大獲利，各類基金中以衍生性金融商品、保本基金具有作多作空的兩棲功能，其餘絕大部分基金皆只能作多，所以行情一陷空頭，便只有挨打的份。

(一)「先求保本，再求獲利」最簡單做法

已知：
本金100元
台灣銀行一年期定存利率2.5%
指數期貨預期年報酬率240%
可投資期間1年
目標報酬率8%
投資限制：滿1年時，100元本金要在（即保本率100%）
求解

$$x(1 + 2.5\%) = 100$$
$$x = 97.56$$
$$100 - x = 100 - 97.56 = 2.44$$

這部分即安全邊際（**safety margin**），拿去賭博（以本例買指數期貨），全輸掉，屆期也不怕蝕本。

$$E(R) = (0.9756 \times 2.5\%) + (0.0244 \times 240\%) = 8.3\%$$

縱使屆期，指數期貨報酬率為0，屆期本金還是存在的。

(二)保本基金只是複雜一點

上述是為了簡化、舉例，實務做法也複雜不到哪裡。保本基金本質上是「一段投資期間時具有保本功能的平衡型基金」，分成二部分。

1. **債券基金**

保本的投資主要是公債，在美國是以零息票公債為主，台灣沒有此種公債，還要去計算公債的本利和。這在債券投資組合稱為現金流量配合。所以此

部分可說是債券基金，債券基金本質上就具有保本功能。

2. 衍生性金融商品基金

至於**基金剩餘**（或可說是**安全邊際**）的部分，則投資於風險性資產，一般都是衍生性金融商品，銀行發行基金偏重外匯選擇權、期貨投資，基金公司發行的基金偏重股票、債券的衍生性金融商品。

四、台灣的保本基金

2003年7月，證期局開放投信募集保本基金，8月，寶來福星高照基金開始募集，詳見表12-2。

2003～2004年成立的保本基金全槓龜，除了兆豐保本一號守住10.09元外。剛起頭就出師不利，保本基金需要有王建民這一類的明星基金經理，才能吸引人氣。

2005年募集的基金，多強調100%保本。由於利率水準仍偏低，要完全保本，只好拉長投資期限。包括元大、新光的保本基金，投資期間都是18個月，比起2004年募集的保本基金，投資天期拉長一倍。

五、第一支保本外幣保單

2007年9月，宏利人壽推出台灣首張保證最低提領總額的外幣變額壽險保單，投保年齡限制41～75歲，這張躉繳的投資型保單，最低投資門檻5萬美元，最高150萬美元。

在美國、加拿大和日本的退休市場相當受到歡迎，2007年起集團陸續在新加坡、香港推出，台灣是第三個推出的亞洲國家，2007年上半年在美就創造高達50億美元保費收入，在新加坡、香港推出不到半年，至今1億美元的保費收入。這張保單最大的特色在於保證把投入的保費全數提領回來，除此之外，透過加值和鎖高的機制，來替退休金增值。

「加值」機制是指如果保戶前五年都未提領，保單在第五年會自動增值25%，10年都未領取則可自動增值50%。假設投入100萬美元保費，第五年就增值至125萬美元，第十年則增值至150萬美元。如果投資效益佳時，透過自動鎖高機制於每五個保單年度，直接鎖住市場績效，來增加保證提領總額，同時享有此特殊機制到80足歲為止。

在費用率方面，首年度就把所繳保費全部投資，主要費用在於連結投資的標的上，該保單提供了積極型、成長型、平衡型三種投資組合，每種組合中有九支海外基金，費用率分別為一年2.25%、1.8%、1.7%，以及提早終止契約的解約費用。

🦉 表12-2　台灣保本基金概況

基金名稱	成立日	成立金額（億元）	保本率	基金存續期間	到期日基金淨值	買回申請	選擇權連結標的
寶來福星高照	2003.9.17	20	95%	5年	9.18	自成立日起每一個曆月之第二及第四個星期三及到期日	選擇權商品為股票連結型選擇權，並以兩組一籃子股票之相對報酬差（強勢股票與弱勢股票）為連結標的。
國際保本一號	2003.10.27	25	97%	9個月	10.09（2004年7月30日）	每季開放一次及到期日	投資於歐元／美元匯率選擇權、標準普爾500種指數連結型選擇權。
荷銀亞洲增長保本	2004.3.10	30	95%	13個月	9.54	自成立日起（不含當日）3個月、6個月、9個月之次一營業日及到期日	投資3個亞洲股票INDEX連結選擇權，包括日經指數（Nikkei 225）、恆生指數（HangSeng Index）、南韓200指數（Kopsi 200）三大指數選擇權。
元大台灣保本	2004.2	20	96%	9個月	9.60（2004.11.16）	每月之15日及到期日	投資購買台灣股票市場中一籃子股票連結型選擇權
華南永昌富泰保本基金	2004.3.19	20	97%	9個月	9.81（2004.12.21）	每季開放一次及到期日	投資購買標準普爾500種指數選擇權、美國十年期政府公債選擇權及美元兌日圓匯率選擇權。

資料來源：各投信、網站

註：寶來福星高照、荷銀亞洲增長保本尚未到期，淨值分別統計至1月13日、1月14日

12-2 平衡型基金Part Ⅰ：防禦型

平衡型基金（**balanced fund**）簡單的說便是一種雞尾酒式基金，主要是由股票、債券這二類基本資產所組成。

一、理論上進可攻、退可守

投信在賣每支基金時總是「好話說盡，壞話不提」，對平衡型基金最能「令人心動不如馬上行動」的宣傳詞則為「進可攻，退可守」，光這六個字，就可以給人無限的想像空間，而其具體的部分詳見表12-3。股票的部分屬於「進可攻」，債券部分扮演股市下跌時「退可守」的功能。

㈠股票比重決勝負

雞尾酒並沒有一定的比率，端看個人喜好而定；同樣的，平衡型基金也是各家口味不同，主要還是看股票所占投資比率而定。

1. **防禦性平衡型基金**

既然掛名「平衡型」，照道理來說，應該是股票、債券各占一半，但事實上，沒這麼剛好的事。實際上，**「股三債七」**（股票占三成以內，債券占七成以上）的**防禦性平衡型基金**還是占多數。

以雞尾酒來說，酒占三成、蘇打水（例如蘋果西打）占七成以上，喝得到蘇打水的甜味、氣泡，酒的後勁又不那麼強。以全家便利商店販售的「冰火」來說，便是這類雞尾酒。

2. **攻擊性平衡型基金**

至於攻中帶守的**攻擊性平衡型基金**至少是「股五債五」，以雞尾酒來說，這樣的酒味已很濃，比較不甜，也比較容易醉。至於「股七債三」（股票最多七成，債券至少三成）的攻擊性平衡型基金，本質上已經不算雞尾酒，而是一種調酒，蘇打水的作用只是用來當作水，稍微沖淡伏特加等烈酒的燒喉威力。

表12-3　平衡型基金的小分類

小分類 持股比率	防禦型	攻擊型
50%		√，本質上是股票
30%	√，即「股三債七」	

(二)這真的不容易

對應到基金市場上，績效穩固的平衡型基金，就像是烏龜一樣，一點一滴累積獲利，成效可觀。

根據投信投顧公會資料顯示，平衡型（一般、價值）基金計有51支，其中有五支基金三年的時間出現正報酬。

二、平衡型基金適用對象

平衡型「守中帶攻」的特性，滿適合下列二種情況使用。

1. **50到60歲**

　　這種人能再冒一點點險，所以平衡型基金便成為最適配的籌老本方式。

2. **資金只能使用三年以內**

　　暫時有筆錢，而三年以內必須把基金投資本金撤出，轉為其他用途。此時，平衡型基金可說是「有點險又不會太險」的適當投資對象。

三、第一種防禦性平衡型基金：股三債七──以群益多重收益組合基金為例

群益投信的多重收益組合基金是非常具有代表性的防禦性平衡型基金，由表12-4最右邊一欄可見，股票占13%、固定收益證券占80%、現金7%，甚至連股票也有11%擺在收益型。以這支基金為代表的原因也很單純，因表12-4手到拈來，報紙上就有。

◈表12-4　多重收益基金的資產配置

類型	資產類型			特色	比重（%）
高股息資產		產業型		現金股利率高，且股利配發穩定的產業，例如公用事業、能源、非循環消費、房地產等皆具有此種特性	2
		價值型		具高現金股利率特性的價值型股票	4.5
	收益型	增強收益股		透過多元化投資組合，持有高現金股利率的股票及國內外轉換債，除爭取較高現金收益之外，也採用選擇權交易策略來增強股票投資之收益所得	6.5
		特別股		特別股具有穩定配息且擁有盈餘優先分配權，以特別股為主要投資標的的基金，投資目標為希望在追求高現金收益的同時，也能夠有爭取資本利得的機會	
固定收益證券	高報酬率資產	長期債券		到期日10年以上，通常殖利率比中期或短期債券高	1
		高報酬率公司債		債信評等為BB以下之公司債，因信用風險較高，所以發行公司必須付出較高利率給債券持有人	8
		新興債券		新興國家發行的公債及公司債，由於新興國家政治與經濟波動風險較高，因此其債券殖利率比美國公債高	13
	中報酬率資產	中期債券		到期日1～10年，殖利率通常介於相同發行公司所發行的長期跟短期債券之間	15
		物價上漲或利率連動型債券		前者為抗物價上漲的國庫券（TIPS），其本金將隨物價上漲率的變化進行調整；後者為浮動利率債券，其利率通常為基準利率加碼	6
		投資級公司債		債信評等為BBB以上的公司債，殖利率約介於公債與高收益公司債之間	5.5
	低報酬率資產	貨幣市場		到期日在1年以下，具有流動性佳、波動性低、收益穩定等特性，例如商業本票、定期存單、銀行承兌匯票等	
		短期債券		到期日1年以下，發行目的為籌集臨時週轉資金或平衡預算收支。短債跟央行貨幣政策的連動性高，常率先反應市場利率的變動	31
現金	零報酬率資產	活存		現金是預備隊，等候股債市狀況佳而進場	7

資料來源：群益投信，2006.3.2

四、第二種防禦性平衡基金：策略平衡型——財務工程或計量模組的運用

2004年台股表現不太爭氣，債券基金規模又因地雷債風暴，從2.6兆元的規模，大幅縮水。投信大打財務工程運用於平衡型基金，想把「進可攻，退可守」做到可以量化，不再只是一句宣傳詞罷了。模組型平衡型基金訴求的特點是，利用財務工程的特性，降低跟股票市場的波動關聯性。因此，訴求報酬率是高於固定收益型基金，低於一般平衡型基金，報酬率4～6%。

尤其是在**下方風險**（downside risk）的控制常採下列二種方式：市場中立策略和投資組合保險。底下詳細說明。

(一)市場中立策略

1. 中立

瑞士、泰國是「中立」國，不管哪國跟哪國打，反正都不想選邊站，希望中立的結果也不被捲入戰爭的漩渦。投資學把「中立」這觀念學來用。

2. 市場中立

「中立」（**neutral**，或中性）的是不太高或不太低，以酸鹼值來說，7就是中性。以資本市場定價模型（CAPM）來說，即指該基金的貝他值（β）等於零，表示基金淨值波動不受整體經濟環境的影響。新光策略平衡基金自成立以來，貝他值平均接近於0，不僅相較其他平衡型基金低，更顯示基金避險效果佳，可有效降低系統性風險。[1]

市場中立策略優勢除了可完全避開市場風險外，如果基金投資組合部位下跌幅度比大盤少，基金還可因此賺取跟大盤跌幅間的差異報酬。在空頭時運用市場中立策略更具操作彈性。

3. 白話一些的說法

「市場中立」指的是基金經理不主動預測指數，單純依賴當初設計的模型操作基金。意即不會隨指數變化殺進殺出，可避免周轉率過高及無謂的墊高交易成本。

4. 做法

市場中立策略是利用指數期貨避險，放空跟基金股票部位同等市值的台股指數期貨，一旦大盤指數跌得越多，放空台股期貨的部位同樣也會獲利越多，

---

[1] 《經濟日報》，2004年11月15日，B5版。

利用這部分報酬跟基金股票部位下跌的損失相抵，就是市場中立策略。

㈡投資組合保險

投資組合保險（**portfolio insurance**）這觀念在大三投資學中常須花一章篇幅才能「講清楚，說明白」。但很多投資學的書並沒詳細討論此觀念，所以本書必須重點介紹一番，詳見表12-5。

主要模組	固定比率投資組合保險（CPPI）	時間不變投資組合保險（TIPP）	動態策略投資組合（DSP）
目的	保護下檔風險	保護下檔風險、鎖住上檔獲利	保護下檔風險、鎖住上檔獲利
操作概念	利用槓桿倍數與保本水位，決定投資風險性資產比率	跟CPPI相似，不同在於TIPP保本水位可向上調升	模組決定風險性資產投資比率，並動態調整
優點	固定比率保本，策略簡單易懂	在空頭市場時，本方式比CPPI賠得少	運用計量模組達到絕對報酬目標
缺點	沒有鎖定獲利機制，不適合區間震盪行情	鎖利機制將使股市在大多頭行情下，表現不如CPPI	重大事件產生巨幅波動時，模型有偏離目標的風險

1. 投資組合保險快易通

    想清楚瞭解投資組合保險必須靠幾個數字例子才可以，但是反倒令人「見木不見林」。它的本質可因下列二個原則形容。

  (1) 股市多頭時，減少持股
      即有危機意識，晴天為雨天做準備，先獲利一些，雖然少賺，但至少不會因「搏得太盡，而在股市重挫時，摔得鼻青臉腫」。
      減少持「股」（或風險性資產）比率，增加無風險資產（例如債券或定存），目的在於把虧損率控制在一定範圍（一般3～7%）。本質上是保本基金觀念的運用。

  (2) 股市空頭時，增加持股
      在股市空頭時，逢低買進，增加持股比率。由此看來，投資組合保險跟投資人的常見智慧「追高殺低」正好相反。

2. 投資組合保險並不保證不賠

    投資組合保險的觀念可用「富貴險中求」來形容，以開車為例，連續踩油

12

合成資產基金

門後，便把腳放在煞車上，方便隨時可減速甚至煞車。

投資組合保險僅在多頭市場有效，短中期如果碰到空頭市場，此方式照賠不誤，所以**名為投資組合「保險」，但是並不真的保險！**

尤有甚者，碰到萬劫不復（例如1990年日股36800點，2008年頂多回來一半，到18000點）的股市，投資組合保險的逢低加碼，更會造成層層套牢的結果，死得更慘。

3. 固定比例投資組合保險

固定比例投資組合保險策略（**constant proportion portfolio insurance, CPPI**）沒有鎖定獲利機制，因此較不適合區間震盪時。

4. 時間不變性投資組合保險

時間不變性投資組合保險策略（**time-invariant portfolio protection, TIPP**）屬於固定比例投資組合保險策略的變型。基金經理設定一個「**資產保護下限**」（**protection floor**），當股市行情走高，採用TIPP的基金便向上調節一部分的風險性資產（例如股票等），把它移轉到固定收益證券（如債券等），以求提前落袋為安，幫助基金鎖利固本，讓基金績效不會因為股市回檔而曇花一現。

TIPP可以保護一定比例的投資本金，鎖住部分獲利，讓投資組合價值不至於因市場下跌而大幅縮減。

一旦行情持續上揚，則追漲力道相對較弱，可說是較為保守穩健的投資策略。

2003年4月，寶來投信自行開發的計量模型程式，導入固定比例投資組合保險策略電腦計量系統，輔助全權委託業務進行操作，基金經理可藉電腦程式輔助，配合即時股價系統，隨時監視持股安全性，掌握投資帳戶下檔風險。同時為因應不同客層需求，7月又加入時間不變性投資組合保險策略，先求「固本」再要「獲利」，利用TIPP逐步提高保障比率，為投資人鎖住獲利。

5. 日盛投資組合護本策略

日盛投信自行研發的日盛投資組合護本策略（JSPI），是透過財務模型的精密計算，以選擇權觀念配置資產，擺脫CPPI與TIPP固定槓桿乘數僵化的設計，也沒有Gamma風險的產生，使避險部位產生誤差。如此一來，更可預先估算投資組合的參與率，以及所能承受連結標的的最大跌幅。

（三）投資績效

模組操作平衡型基金大抵名副其實，即賠不多（例如新光策略平衡近三個月賠0.2%），但是要賺也**賺不多**，無法跟股票基金比。

模組操作平衡型基金的標竿竟然是同類，即一般平衡型基金，想藉電腦來贏過人腦。

五、以群益安家基金為例

證期局為了鼓勵投信業者的創新，在2004年10月7日首度給予群益安家專利保護，6個月內同業不可抄襲。

有了證期局破天荒專利保護期的加持，群益安家基金是2004年下半年，投信業最熱賣的一支基金，不到一星期就募到120億元，許多投資人即使抱著滿手現金也買不到。

1. 來得早，不如來得巧

更有投信業者直言，新光策略平衡、日盛策略平衡及復華神盾三檔平衡基金，沒有受到證期局專利保護權的肯定，最重要的原因是，金管會是2004年7月1日才成立，這三支基金早在7月1日前就投入市場，根本沒有尋求證期局專利保護的參賽權。群益安家是唯一一支由證期局審核、採用財務工程設計的基金，再加上證期局打算鼓勵投信業者研發金融創新產品，才會得到證期局關愛的眼神，並不是真的有多創新。

日盛投信策略管理部協理藍新仁就說，群益安家的投資方式在證券業的新金融商品部早就是司空見慣，只是很少有投信業拿來使用，就算證期局沒有給予專利保護期，也不見得會有其他投信業會模仿。

2. 創意在這裡！

在防禦性平衡型基金基礎上，群益安家再加入財務工程概念。分析股市、債市的市場行情，選擇一個操作模式之後，設計出一套電腦程式，由電腦來挑股票、債券，同時能夠進行期貨、選擇權的避險操作，把基金經理選股的干預程度變小，避免人性的干擾。

一手買股票等著漲，一手賣出看空選擇權做避險，把兩者的損益相加就是群益安家的獲利來源。而群益安家鎖定的股票，是台灣50大成分股，但2005年至3月底止，台灣50指數下跌3%，跌幅比大盤還高。偏偏台股波動率也從歷史平均的30%跌到歷史低點的13%，也就是說，原本用來做股市避險的選擇權，

價值越來越低,使得群益安家設計的避險模式短期也跟著破功。[2]

安家基金經理人李宏正表示,首先在價格風險管理的創新方面,群益安家基金揚棄傳統平衡型基金,利用動態調整股、債比例來降低投資組合波動性的方法,而提出創新的「模組化管理」的概念;模組化管理策略的好處,運用在股票部位,便是透過複雜的選擇權交易策略,獲取選擇權時間價值,為基金鎖住獲利,同時也達到控制風險的目標。運用在債券部位則以五年期以下高品質債券為核心,用來保護資本維持穩定收益,再彈性配置具投資潛力的債券來提高投資收益,希望塑造出無論市場多空,具低風險、報酬穩健增長特性的投資工具。[3]

表12-6　群益安家基金和新光策略平衡基金之比較

四個模組	群益安家基金	新光策略平衡基金
一、鎖住獲利		
(一)固本核心模組	主要投資高品質公司債與貨幣市場工具,並適時投資長天期的高品質債券、公債。	以價值型股票搭配賣出買權。
(二)彈性增益模組	轉換債	
二、避險		
(一)指數化模組	賣出買權,用指數化方式複製買權來賺權利金而不是賺股票價差。	
(二)避險模組	舉例,「基差套利」指的是期貨市場因為成本或其他因素考量,期貨價格跟現貨價格的基差會有不合理的表現。例如當市場出現逆價差時,有可能是期貨價格被低估,因此提供市場交易人在現貨市場賣出、在期貨市場買入的套利機會,正價差則反之。期貨指數跟現貨要有正價差1%以上(約指數90點)才有獲利空間,不過,每年僅有四分之一的時間,正價差可以在1%以上。	使用轉換債「波動率套利」方式操作,先以波動率判斷選擇權價格是否過高或過低,理論上波動率應該相當,但如果短時間內某些因素造成波動率過大,便買進波動率低的標的,同時賣出波動率高的標的,等兩者波動率回歸正常後,達到獲利目標。

---

[2]　《商業周刊》,2005年4月1日,第88～90頁。
[3]　《工商時報》,2004年11月4日,第18版,周志威。

12-3 平衡型基金Part II：攻擊型

攻擊性平衡型基金「半吊子」的習性，有點兩面不討好，因此在台灣並不吃香；一般人也比較不熟悉。攻擊性平衡型基金至少可分為三類：「股五債五」、「股、債、匯」的策略配置基金，和轉換債基金，本節依序簡單說明。

一、股五債五的平衡型基金

國內的攻擊性平衡型債券大都是股債比重「股五債五」，名副其實的一半一半的均衡。至於「股七債三」，大部分股票型基金都是最低持股比率七成，因此「股七債三」的平衡型基金本質上還是股票型基金了。

二、股、債、外匯的平衡型基金──以瑞銀環球戰略配置基金為例

海外平衡型基金投資資產多外匯一項，常以「資產配置基金」（asset allocation fund）來命名。也就是能同時掌握股市、債市及匯市，投資在具成長潛力的標的，計算其投資價值，在三種資產類別間交叉評估後，挑選出最適投資工具。

不管是一年、三年平均甚至10年平均，以名列前茅的美林環球資產配置基金為對象，報酬率約15%。看似爆發力不足，但是「路遙知馬力」。至於跟摩根士丹利世界指數相比，倒不見對味，平衡型基金的目標應該不在於打敗大盤，而在追求長期穩定的報酬率。

不過這類基金不易在台灣發行，主因在於中央銀行不喜歡有人炒作台幣匯率。

三、轉換公司債為主的平衡型基金──轉換公司債債券型基金

股票投資人可能都知道什麼是轉換公司債（一般稱可轉債），但可能不明瞭為什麼要把**轉換公司債債券基金（CB Fund）**擺在「資產組合類」基金討論，而不擺在債券基金中說明：原因不在於它的名字，而在於它的本質。轉換公司債由純粹公司債加上認股權證組合而成，由於票面利率常不到一般公司債的一半，所以股票的性質比較濃一些，因此它是在股票市場買賣，從每天股票行情表中也可以看到它的交易行情。

永豐投信的債券基金便具此類基金性質，是國內第一支。

擴而大之，如果以轉換公司債、轉換特別股這二種轉換證券為投資對象，則可以推出「**轉換證券基金**」（**convertible securities fund**），像美國富蘭克林轉換證券基金，這類可說是雌雄同體資產所構成的一體成型的平衡型基金。

1. 賺得不少喔

依據彭博資訊統計顯示，轉換債套利指數2000～2006年的七年累積報酬率達到87.21%，比摩根士丹利世界指數的13.92%，以及美國標準普爾500種指數的1.71%，明顯高出許多。以年報酬率來看，轉換債套利指數均衡年報酬率達9.49%，超出摩根士丹利世界指數的1.9%及標準普爾500種指數的1.89%，長期表現擊敗股市。

2. 新光全球可轉債策略平衡基金

有鑑於台灣轉換債市場規模有限，套利空間不大，因此，新光投信推出以全球市場為主的轉換債策略平衡基金，這是國內第一支轉換債平衡型基金，同時也是跟轉換債專家法國巴黎資產管理公司首度合作，跨足全球12個市場。

2007年4月，新光全球轉換債策略平衡基金上市，是第一支聚焦全球、針對轉換債市場，且採模組操作的平衡型基金。雖然波動風險比國內模組平衡型基金稍大，但仍低於一般股債配置的平衡型基金，且投資範圍包括歐洲的英、德、法、瑞士四國，美洲的美加兩地，以及亞洲的日、韓、香港、台灣、新加坡、印度與澳洲共13個國家。基金經理賴冠吉表示，橫跨海外市場布局，採全球化的資產配置，是解決基金「**系統風險**」（**指覆巢之下無完卵**）的方法之一，加上單一市場套利機會有限，跨足海外不同國家布局，也可增加投資套利機會，獲利契機更多。

由於基金的操作策略兼具市場中立特性，該模組同步建構期貨或選擇權避險機制，以抵抗市場行情出現震盪或盤整，可減輕轉換債價格受到市場非理性利空衝擊，尤其是當市場行情出現盤整時期，運用轉換債套利模組，有機會使基金報酬抗跌緩漲，兼具風險偏低、報酬出色的雙重投資優勢。這是跟一般轉換債基金最大差別。[4]

---

④ 《工商時報》，2007年4月24日，C3版，魏喬怡。

12-4 組合基金Part I：台灣

英國科學家牛頓曾說過：「我站在巨人肩上，所以看得比巨人還遠」，在基金投資中，最典型的是組合基金，基金經理專挑有前途的基金，以多支基金來建構自己的投資組合。如此便可以發揮「管理」的本質——「因人成事」！

一、基金中的基金

組合基金是**基金中的基金**（**fund of funds**），顧名思義當然是指以基金為投資對象的基金，基金經理由全體市場的基金中篩選出「成分基金」（**baby fund pool, component fund**）後選出最終的投資標的基金，以達成不同投資目標。

基金是「一籃子股票」，而組合基金則是「一籃子基金」。

根據證券投資信託基金管理辦法，組合基金指的是「投資於證券投資信託事業或外國基金管理機構所發行或經理的受益憑證、基金股份或投資單位，且不得投資於其他組合型基金者。」而且每一組合基金至少應投資五個以上子基金，且每個子基金最高投資上限不得超過組合基金淨資產價值的30%。

二、就近取譬

有人說「男人中的男人」是周潤發，有人認為林志玲是「女人中的女人」，這樣的造句方法，還有大二貨幣銀行學中把中央銀行稱為「銀行中的銀行」，由圖12-2可見，中央銀行的顧客是銀行，銀行缺錢時可以向央行質押借款。

就近取譬比較容易瞭解與記得住，組合基金是「基金中的基金」，光看前面例子，就知道組合基金投資標的是基金。

三、適合退休基金投資

美國證券市場和投資行為經濟學者墨基爾（Burton G. Malkiel）表示：「確保老年生活無憂的唯一途徑，就是緩慢、穩定地累積老本。」基本上在籌措退休金時，要以「安全至上」作為退休規劃的前提，全球組合基金普遍被認為是最適合當作退休準備的投資工具，主因是兼具主動及被動管理的優點，也就是說除了跟一般基金一樣嚴選投資標的、創造附加價值之外，更能運用廣泛的投資標的而適度的分散投資風險。

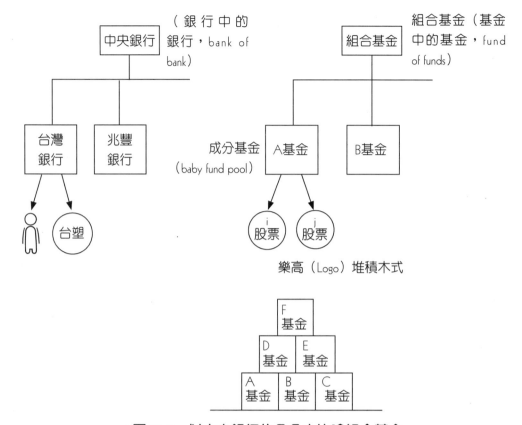

（銀行中的銀行，bank of bank）

組合基金（基金中的基金，fund of funds）

成分基金（baby fund pool）

樂高（Logo）堆積木式

▲圖12-2　以中央銀行的角色來比喻組合基金

香港的經驗可提供大家參考，香港的勞動人口約300多萬人，之前大約只有三分之一能獲得退休保障，這些人大部分是受僱於政府機構或大公司，然而一般公司甚少為員工設立退休保障計畫。因此，香港政府成立強制性公積金計畫（簡稱**強積金，Mandatory Provident Fund, MPF**），大部分就是透過一籃子基金的投資方式，規劃出適合不同人生階段的投資選擇。

以香港強積金市占率最高的匯豐及友邦退休金服務機構來說，有八成以上的顧客選擇以組合基金作為強積金投資標的。

四、管理費

依據證期局的規定，組合基金的管理費有下列二種計算方式。

1.　自家基金，沒有重複收費問題

組合基金投資自家投信所發行的基金時，則不得再收取經理費，因此不會有「一頭牛被剝二層皮」的問題，但是這只限台灣境內，像友邦和匯豐的境外組合基金，會對關係企業所發行的海外基金投資，此時，「親兄弟還是要明算帳」的。

2. 別家基金時

　　　　組合基金投資別家基金公司所發行的基金時，則可依規定收取0.5%管理費。

五、歷史發展

　　組合基金不需多複雜的創意，就跟插花一樣，插花人人都會，但是要插出美感，甚至要像日式插花有「流」可言，那倒是要學過，才會有模有樣。本段說明組合基金的發展。

㈠美國

　　在1970年代就已經有組合基金問世，只是當時僅有零星的發行，但到了1990年代後半期，組合基金的發行便有越趨熱絡的局面，2003年以來全球組合基金的平均成長率20%以上。

㈡台灣

　　台灣在組合基金的投資地區，可分為二階段，第一階段2003年，只准投資台灣的基金，第二階段2004年，可以投資境外的基金。

1. 2003年的國內組合基金

　　　　2002年年底，證期局開放投信募集「國內」組合基金。

　　　　從2003年4月7日成立的元大精華組合基金以來，接著還有5支：新光冠軍、富鼎精選、施羅德旭日、盛華5168、兆豐台灣好；其中元大精華是防禦型平衡基金，富鼎精選是攻擊型（此處：股五債五）平衡基金，新光冠軍是股票基金。因投資範圍小，報酬率偏低，逐漸萎縮，瀕臨清算邊緣。

　　　　或許你在其他報刊上會看到這6支國內組合基金又稱為第一代組合基金，但遲早會消失，當第一代不存在，再去叫第二代是第二代有意義嘛？此外，站在命名角度，稱為國內組合基金、跨國組合基金（詳見第2段）不是更容易懂嘛？

2. 2004年以來的境外組合基金

　　　　2004年證期局開放組合基金可以投資海外基金，約55支，金額約1,450億元，是2006年各類型基金中規模成長最快速的基金。在2006年組合基金的報酬率表現上，以跨國組合基金表現最優，平均報酬率16.41%，匯豐歐洲經典組合基金報酬率高達30.49%，詳見表12-10。表中順序是先依第2欄的基金數，在同一基金數情況下再依基金規模來排先後。

　　只要基金公司招牌夠大、背後的操作小組又有多元經理背景的話，多半會成為組合基金市場中的佼佼者。以匯豐全球趨勢組合基金（詳見第5節）來說，在募集金額上，就創下了1998年以來非債券基金的募集紀錄，從2007年2月迄4月共募集了137億元，是規模最大的股票型組合基金。

12-5　組合基金Part Ⅱ：海外──以匯豐全球趨勢基金為例

　　在台灣，由於值得投資的股票數有限（約上市上櫃的二成，300支），因此各投信的研究人員、基金經理還處理得來，一碰到海外投資，只要是投資地區為區域、全球，地區範圍太廣，此類海外基金傾向於間接投資，即買一些對味基金。

一、投資資產

　　組合基金是指基金的投資方式，至於其投資屬性，還得看其主要投資資產而定，由表12-7可見，海外基金很多是採取組合基金來進行投資，尤其是投資範圍最廣的全球基金。由表可見，連全球債券基金都採組合基金方式。

表12-7　海外組合基金

操盤方式	債券基金	平衡型		股票型
		防禦型	攻擊型	
一、操盤方式				
1.自操	大部分為自操，但有些有聘請海外投資顧問			
2.代操				
二、代表性基金	華南永昌		友邦旗艦全球成長	匯豐歐洲精典
	全球亨利	JF安家理財	彰銀安泰鑫平衡	保德信全球
	第一富蘭克林	大眾全球平衡	友邦旗艦全球平衡	富達卓越領航全球
	全球債券	建弘全球平衡	匯豐環宇精選平衡	永豐雙核心組合
	金復華全球債券		聯邦全球	匯豐新日本動力
	匯豐五福全球債券		台壽保閣來寶全球	寶來全球ETF成長
	富鼎全球固定收益		永豐全球平衡	台新全球ETF
	復華全球債券		統一全球精選	
	統一全球債券		富達動力領航	
	保德信新興趨勢			
	永豐全球債券			

二、全球股票基金的資產配置

全球股票基金的資產配置，至少有下列二種方式，詳見**圖12-3**。

1. **依國家來分**

以全球防禦型平衡基金之一的英國保誠質量精選組合基金為例，在區域配置上，美國占54.5%、歐洲占30.2%和亞洲占15.3%。

2. **依產業來分**

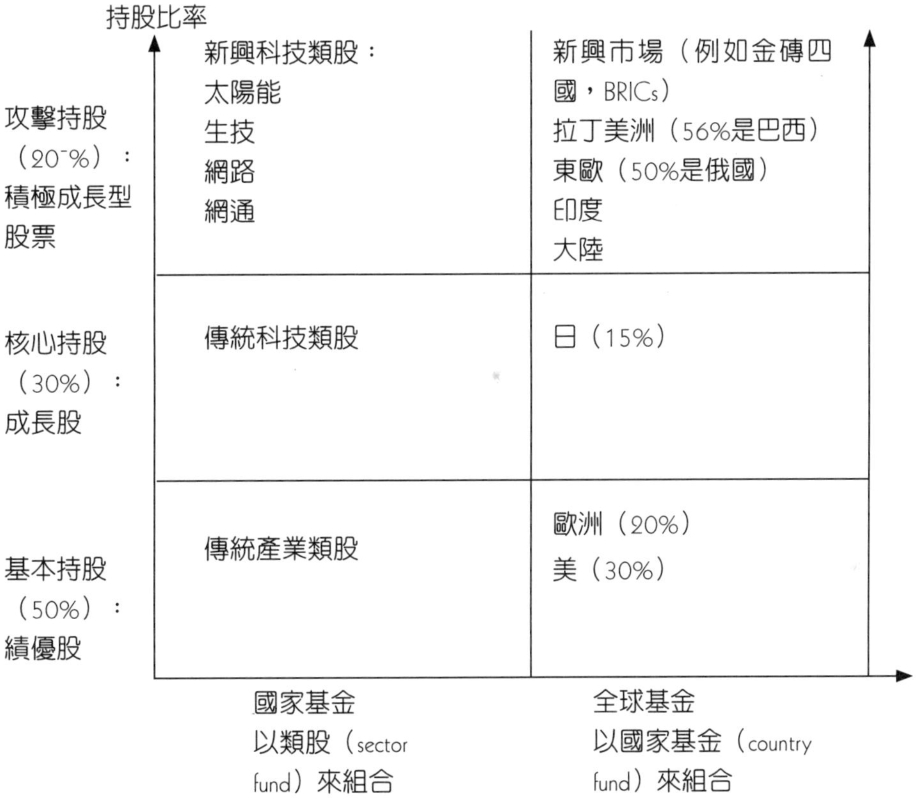

持股比率

	新興科技類股： 太陽能 生技 網路 網通	新興市場（例如金磚四國，BRICs） 拉丁美洲（56%是巴西） 東歐（50%是俄國） 印度 大陸
攻擊持股 （20⁻%）： 積極成長型股票		
核心持股 （30%）： 成長股	傳統科技類股	日（15%）
基本持股 （50%）： 績優股	傳統產業類股	歐洲（20%） 美（30%）

國家基金 以類股（sector fund）來組合	全球基金 以國家基金（country fund）來組合

圖12-3 二種組合型基金的基金組合

三、抓趨勢、講議題的匯豐全球趨勢基金

2005年以來，許多全球基金，不再呆板的依股市市值占全球股市市值來進行資產配置，而是依趨勢（有點「十年河東，十年河西」的感覺）。以2007年3月26日起募集的匯豐全球趨勢基金為對象來說明。先看表12-8，先有個譜，再來看底下的說明。

❦ 表12-8　匯豐全球趨勢基金投資方式說明

目標配置	說明
一、投資目標	絕對報酬，以靈活捕捉全球市場快速變動下的投資焦點。大大提升投資的彈性與規避系統性風險的能力，隨著市場變動彈性轉換投資組合，快速掌握全球獲利契機！
二、資產配置	
S（結構趨勢）：挑國家	例如2007年五大趨勢與議題產業。 1.人口老化／高股息：美國保險、歐洲電信 2.新興市場／天然資源：墨西哥、南非 3.公司併購：美國投資銀行業者 4.歐洲長期復甦：德國、比利時 5.亞洲資產升值：新加坡、馬來西亞
C（議題）：行業	透過優勢投資主題模型篩選出最終5到8個優勢投資主題，例如，精品、綠能源、新興市場，和醫療生技等熱門投資題材。
V（價值）：選股	二高選股，找有投資價值的個股。
三、投資對象	
1.積極管理	
2.消極投資	以一般股票基金為主，以指數型基金為輔。

資料來源：整理自《經濟日報》，2007年3月20日，B2版；《工商時報》，2007年3月23日，C3版
*套用德盛安聯全球人口趨勢基金

(一)趨勢

匯豐中華投信總經理陳如中表示，根據該公司歸納，全球市場大致可分為三大巨型趨勢，也就是「大退休潮來臨」、「窮國經濟翻身」、「企業帝國成形」。此外，包括「歐洲長期復甦」與「亞洲資產升值」，也是投資人不可忽略的重要投資趨勢。[⑤]

前二大趨勢可說是人口財，在第7章第3節已詳細說明。

1.　人口老化（即人口財之一）

美歐日「大退休潮」是指屆齡退休的二次戰後「嬰兒潮」，這群在1945～1965年間出生的族群，他們不僅累積了雄厚財力，強大的消費力更將改變舊有退休消費型態，創造新的商機。

據美國聯邦準備銀行統計，美國54歲以上人口擁有的淨資產是該年齡層以下人口的一倍。日本政府調查也指出，日本60歲以上人口所擁有的資產，是40

---

⑤　《工商時報》，2007年3月27日，C4版，林俊輝。

～50歲人口的三倍以上，這群數量龐大且消費潛力驚人的「熟齡世代」，對於退休相關服務及產品的需求，將為保險、醫療保健、旅遊及財富管理等產業帶來無窮商機。

2. **窮國經濟翻身（即人口財之二）**

　　新興市場國家（金磚四國占八成以上）憑藉著蘊藏豐富的天然資源與廉價勞動力，近年來隨著原物料價格飆漲與全球企業的進駐投資，展現強勁經濟成長力道，也累積驚人的財富實力。

　　1997～2006年，新興國家的經濟成長率幾乎是已開發國家的兩倍，以**購買力平價（PPP）**衡量，新興國家的國內生產毛額總和占全球國內生產毛額的比重已超過50%，外匯存底水位更暴漲至3.5兆美元，是工業國家的兩倍之多，全球經濟版圖已產生明顯變動。

3. **公司併購**

　　這股企業帝國趨勢帶動的併購風潮，使2006年全球企業合併及收購金額達4兆美元，輕易打破2000年網際網路鼎盛時期創下的3.4兆美元。

4. **歐洲長期復甦**

　　歐洲和亞洲受惠於全球化的影響，歐洲企業前進東歐成果顯現，也讓歐洲市場逐漸邁開復甦的步伐。

5. **亞洲資產升值**

　　亞洲在大陸、印度市場的崛起，帶動亞幣升值趨勢，中印已成為全球經濟發展中關鍵要素。

㈡議題：即主題式投資

　　優勢投資主題模型精選最具盈餘成長動能，股價被低估，且股價趨勢向上的投資主題。匯豐小組先挑選出20個投資主題，並隨市場變化，進一步嚴選出5到8個（例如精品、新興市場、替代能源和醫療生技等）有爆發利多因素的主題作為投資對象。

㈢投資於相關基金

　　透過匯豐多元經理的篩選過程，找出最能代表這些趨勢、議題的指數股票型基金或優質子基金。

1. **匯豐集團的強項：挑基金**

　　還記得第3章第3節，全球多元經理基金龍頭美國羅素集團養了200位研究

員來挑選外部的代操人員嘛？

匯豐中華投信的母公司是匯豐集團，因此子以母貴，可藉重24人的研究員來挑外部基金。匯豐全球趨勢組合基金經理楊曜維（原為匯豐歐洲精典組合基金的基金經理）表示，匯豐中華投信在組合基金領域之所以表現突出，應歸功於匯豐集團的「多元經理小組」加持。[6]

匯豐投資管理集團早在1990年代初期，即導入「多元經理」方式，至今管理海外組合基金的歷史已超過10年。這研究小組由24位資深投資專家組成，包括總體經濟、財務金融、投資心理、行為財務等投資專家，平均投資經驗12年以上，分布在倫敦、巴黎、紐約及香港等。

他們深入地對基金公司、基金經理做訪談，不止追蹤基金績效，也會定期追蹤基金公司與基金經理的最新動態。以質、量化方式，持續追蹤、分析全球超過1萬支基金，並從中挑選，向自己旗下的組合基金的基金經理推薦優質基金。他們是名副其實的「基金達人」。以歐洲股市為例，2006年漲的是大型股，在研究員訪談追蹤下，已清楚瞭解哪些基金是投資大型股，而這些基金的基金經理，又有哪些是這部分的專家；經過篩選後，就能在第一時間內挑出適合的子基金，投資組合可快速搭上趨勢順風車。匯豐全球趨勢組合基金幫投資人從800支指數型基金中，透過量化質化的方式選出5到8個主題進行投資。

2. 買基金的議價優勢

截至2005年12月底，匯豐多元經理小組受託管理資產規模高達130億美元，加上匯豐集團（主要是銀行）遍布全球77個國家和地區，設有超過9,800個營運據點，旗下匯豐銀行代銷全球知名基金，往來基金公司甚多，基金銷售量龐大，讓匯豐對基金公司的管理費、申購手續費費率比一般法人有更強的議價能力，有時手續費可降至零，因此可為組合基金的投資人省下可觀的子基金投資費用。

(四)倒流測試

匯豐中華投信針對全球趨勢組合基金，**用過去資料來模擬**（稱為**倒流測試**），投資績效很好，以表12-9來說，在2006年時，比摩根士丹利世界指數多賺12.5%。

---

[6] 《工商時報》，2007年3月20日，C3版，魏喬怡。

▌表12-9　抓對投資主題有超額報酬：以2006年為例

超額報酬	第一季	第二季	第三季	第四季	全年
優勢投資主題	比利時、大陸、日本、荷蘭、南非	比利時、香港、南韓、美國、英國	澳洲、大陸、香港、拉丁美洲、南韓	比利時、歐洲保險、法國、墨西哥、台灣	
(1)優勢投資績效*	10.6%	1.0%	4.8%	11.5%	30.5%
(2)摩根士丹利世界指數**	6.1%	−1.1%	4.1%	8.0%	18.0%
(3)超額報酬 =(1)−(2)	+4.5%	+2.1%	+0.7%	+3.5%	+12.5%

*資料來源：匯豐中華投信，《工商時報》，2007年3月21日，C3版

**資料來源：Thomsen Financial Datastream、Starmine及Heckman Global Advisors，美元計價

㈤先行指標：匯豐歐洲精典組合基金

　　匯豐充沛的全球資源是有效掌握趨勢輪動的關鍵，在2004年底匯豐集團就推出全球第一支金磚基金，並於2005年推出台灣首支金磚概念基金，為投資人準確掌握金磚四國市場的脈動。匯豐歐洲精典組合基金，2004～2006年的績效為30.5%、44.8%、52.1%，位居前茅。2006年6月，匯豐五福全球債券組合基金成立以來，9個月報酬率已超過6%，績效傲人。至於匯豐新日本動力組合基金，不但創下三個月13.08%的績效，更榮獲亞洲資產管理報導（Asia Asset Management）的「最佳創新產品獎」。

第13章 衍生性商品基金（對沖或避險基金）

凡事總有盛極則衰或否極泰來的時候，狂漲之後就是狂跌，狂跌則孕育著大漲。要想從中獲利，重要的不僅僅是認識到形勢的轉變不可避免，還在於找出這個轉捩點。

──喬治‧索羅斯
索羅斯基金管理公司董事長
（註：有關索羅斯的書很多，另可參考《商業周刊》，1081期，2008年8月，第131～142頁）

13-1 衍生性商品基金

衍生性商品基金（hedge fund）是以衍生性商品（derivative）或衍生性商品的本質（槓桿交易、多空皆可做）為投資對象的基金，就跟股票基金以股票為投資對象、債券基金以債券為投資對象的道理一樣。只是有時眾口鑠金，反倒讓人有瞎子摸象的感覺。由於一開始時，我們的用詞便不採用對沖基金或避險基金，所以必須詳細說明為何「必也正名乎」！

一、衍生性商品基金大易分解

乍看「避險基金」（hedge fund）這四個字還會誤以為這類基金具有避險功能，其實正好相反，它是百毒之毒，專門投資於四種專用於避險的衍生性商品。

㈠衍生性商品（hedge）

1. 小約翰可不小

在介紹什麼是衍生性商品基金之前，先講個故事。**虛構人物英國俠盜羅賓漢**要進入雪伍德森林時，有一群人攔住他，要他在小橋上以棍棒單挑其中一位，他問：「你們之中有誰啊？」他聽了人名後，就挑選跟小約翰對打，他心中如意算盤當然是「柿子要挑軟的」。沒想到小約翰卻有NBA球員的體格，人名和本人有天壤之別，這下羅賓漢的臉可綠了。

2. hedge的本意

「**hedge**」這個字是在賭博兩面下注以避開風險的方法（try to offset possible losses），1949年瓊斯（Alfred Winslow Jones）率先推出，他的方法是短線操作買空賣空（short selling），以避開股市的風險。

3. 逐漸走味

歷經數十年演變，衍生性商品基金已失去起初的風險對沖內涵，成為一種新的投資模式的代名詞。它用最新的投資理論和複雜的金融市場操作技巧，充分利用各種金融衍生產品的槓桿效用（leverage），承擔高風險、追求高收益的投資模式。

㈡衍生性商品基金

hedge fund無論是翻譯為避險基金或對沖基金，皆無法令人望文生義。當初老

美用這名詞也很有意思，避險基金並不是指「具有避險功能的基金」（這種稱為保本基金），而是指「投資於避險工具」（如期貨、選擇權、遠期市場、資產交換等衍生性商品）的基金，更精確的說，以「**衍生性商品基金**」（**derivative fund**）來命名則更寫實，讓人一眼就可明瞭這是種「以衍生性商品為投資對象」的基金。

二、有比較，更容易瞭解

有比較才會更容易瞭解，表13-1中，拿衍生性商品基金跟一般人熟悉的股票基金相比，就比較突顯衍生性商品基金的與眾不同。本段接著針對其中大部分項目，依序說明。

表13-1　衍生性商品基金跟股票基金比較

基金屬性	衍生性商品基金	股票基金
報酬目標	絕對報酬	相對報酬
募集對象	合格投資人	一般投資人
基金公司身分	以投資顧問公司形式	以資產管理公司形式
操作策略	作多作空、衍生性金融商品	只能作多
持股比率	據市場狀況調整持股比率	須維持一定高持股比率
基金公司收費	管理費1～2%與績效費20%	管理費1～2%
基金淨值揭露	一個月一次	每日
贖回	每月或每季某一天才可	每個營業日
與投資人的關係	合夥關係	信託關係

(一)目標：絕對報酬

衍生性商品基金所追求的獲利是絕對報酬，這也是壽險或歐美退休法人青睞衍生性商品基金的關鍵。因為基金經理可用靈活度高的操作方式並利用槓桿操作來放大獲利的特性。

衍生性商品基金投資對象幾乎涵蓋所有資產，基金操作的方式靈活，除了可以作多外也可作空。當景氣趨勢不明，基金經理無法明確判斷操作方向時，可以把所管理資產百分之百以現金方式持有。因為有多空操作的優勢，所以衍生性商品基金不但在多頭市場可以獲利，只要基金經理的眼光夠精準，在空頭市場也可獲取高額利潤。

講求絕對報酬、波動性低，為衍生性商品基金吸引投資人的最大誘因，根據衍生性商品基金研究公司統計，從1993年12月至2004年6月超過10年時間，全球衍生性商品基金指數的累計報酬率為194.8%，同期間摩根士丹利世界指數、標準

普爾500種指數的報酬率分別為70.3%及143%。以波動率來說,衍生性商品基金僅7.52%,遠低於標準普爾500種指數的15.77%和摩根士丹利世界指數的14.69%。

㈡私下募集

衍生性商品基金募集時通常以私募為主,參與投資的人數不多,最低投資金額通常在10萬美元以上,散戶根本沒有機會接觸。很多衍生性商品基金都限定每週或每月僅有固定一天可供申購或贖回。

㈢最低投資金額

隨著基金業競爭激烈,基金公司竭澤而漁,往下開拓顧客層,因此大約在2005年,有些基金公司大幅降低投資金額。衍生性商品基金從富人俱樂部變成升斗小民的會堂。

1. 2004年以前——衍生性商品基金的本質——代操的極致

位於芝加哥的**衍生性商品基金研究公司**(**Hedge Fund Research**)認為,衍生性商品基金是為投資額100萬美元以上的投資人而設、且管理鬆散的投資組合。

2. 2005年以後

由於衍生性商品基金標榜的是正報酬,如同中樂透的報酬率不斷吸引許多的投資人,原先投資人以法人為主,2005年以來,一般投資人比例日漸增加,透過組合基金與**免費轉換條款**的型態,把基金的投資門檻降低,使一般投資人也能投資。2005年以來,美國瑞銀和JP摩根大通等公司的衍生性商品基金,投資人只要有1,000美元就可以投資了。

㈣基金公司費用:管理費和績效費

跟一般基金相同,衍生性商品基金每年收取固定管理費,此外,基金公司最大的收入就是**績效費**(**performance fee**),約為當年獲利的20%。有的基金會事前訂定績效目標,當基金當年報酬率高於目標報酬時,基金公司才能收取績效費。此外,其他常見的規定:一旦基金經理操作出現虧損,則往後收益應彌補已往的虧損,才可以收取績效費。

1. 利之所在,勢之所趨

華爾街最賺錢的高盛公司,旗下的衍生性商品基金**全球阿爾發**(**Global Alpha, α**)基金規模約100億美元,2006年(到11月24日為止的會計年度)卻帶進7億美元的管理費及績效獎金,彭博資訊用「高盛的金礦」來形容。以指

數型基金聞名的先鋒集團是美國第二大基金公司，旗下標準普爾500種股價指數型基金的規模達1,200億美元，但管理費率只有0.2%，每年收的管理費約2.4億美元。

2. 天下最賺的工作

機構投資人公司（Institutional Investor）發行的《阿爾發雜誌》（*Alpha Magazine*），公布2007年全球收入最高的50位衍生性商品基金經理排名，合計所得近290億美元，約為台灣的國內生產毛額七成五。**復興科技公司（Renaissance Technologies）的西蒙斯**（Jimes Simons，1937年次）以28億美元由第一退居第三；索羅斯（George Soros）以29億美元排名第二；鮑森公司的約翰・鮑森以38億美元排名第一。

以排名第三的數學奇才西蒙斯為例，穩坐最高收入的衍生性商品基金經理榜首，這位前大學數學教授使用複雜的電腦數學模式，為衍生性商品基金操作股票、債券、商品等金融工具。由西蒙斯掌管規模達53億美元的Medallion基金，西蒙斯的價碼是管理費5%、績效費44%，2007年投資績效73%。

這些基金公司收費高昂是有道理的，因為他們拿得出成績。機構投資諮詢業者資產服務公司（Asset Services Company）投資及諮詢事業群總監海夫（Gordon Haave）說：「大家到最後要的是經過風險調整的績效。只要有達到優異績效，投資人才不在乎費用高昂。」[1]

3. 選人不選公司？

衍生性商品基金可說看人演出，應驗了「**好的老師帶你上天堂，壞的老師帶你住套房**」這句名言，可見明星基金經理的重要性，日盛投信全球平衡基金經理人陳愛萍指出，挑選衍生性商品基金時，投資法人著重的是「基金經理」而不是「基金」的績效。[2]

(五)基金淨值揭露

衍生性商品基金的資訊取得不易，基金公司通常每月公布與更新一次。雖也有獨立評比機構可提供基金資訊，但絕大多數的評比網站均須收取高額的使用費。

(六)基金贖回

衍生性商品基金流動性較差，大多數採月報價，所以投資人申購與贖回基金的

---

[1] 《經濟日報》，2007年4月25日，A9版，吳國卿。
[2] 《經濟日報》，2004年12月15日，B5版，蘇惠君。

時機每月僅有一次。且約一週以上通知基金公司。收到款項所需時間最少也有15～20個工作天。所以投資的資金來源不能是短期資金。

13-2 衍生性商品基金的發展沿革與政府金融監理

「鑑往知來」，衍生性商品基金的發展歷程，很具有啟發性，花一些時間瞭解，有助於預估未來的趨勢。

一、瓊斯開路先鋒

在1970年代以前，衍生性商品比較缺乏時，避險交易主要的做法就是透過放空股票來達成，這個概念最早是由美國人《財星雜誌》的編輯**瓊斯**所提出。1949年瓊斯成立瓊斯公司（A.W. Jones & Company），創立第一支衍生性商品基金，因此瓊斯又被稱為**衍生性商品基金之父**。瓊斯透過放空與融資操作的方式，來消除系統風險對投資組合所造成的影響。

但瓊斯並非特別善於操作，主要是管理太太的財產，沒有辦法吸引顧客資金，把衍生性商品基金發揚光大。一直到1964年，美國只有一家衍生性商品基金公司，就是瓊斯設立的。透過媒體的相關報導，投資人開始注意到瓊斯衍生性商品基金的表現遠超過共同基金績效的事實，使投資人及基金經理漸漸注意到衍生性商品基金。

二、1960年代

1960年代的中期，衍生性商品基金已漸漸成為共同基金投資不可忽視的一環，投資人開始把衍生性商品基金納入投資組合。一時間基金公司紛紛設立，導致衍生性商品基金大量增加，例如史坦哈特（Michael Steinhardt）的史坦哈特基金（Steinhardt Partners）和索羅斯（George Soros）的量子基金（**Quantum Fund**）。

1992年索羅斯認為英鎊已過度高估，因此大幅放空英鎊，導致英鎊匯價一路下滑，索羅斯放空英鎊一役，使得索羅斯的量子基金大賺10億英鎊，也讓各國政府體驗到衍生性商品基金在市場上的影響力。

三、羅伯森的老虎基金發揚光大

羅伯森（Julian H. Robertson）1980年以800萬美元起家，創立老虎管理公司（Tiger Management Corp.），這時衍生性商品基金還是隱藏在角落裡、神神秘秘、規模很小、不為人知、公司常常登記在國外租稅庇護區、不太接受證管會監督的小小資產類別。1985年，羅伯森認為美國經濟和貨幣政策將使美元進一步走貶，因此透過買進大量的美元外匯賣權，即大量放空美元，獲取了高額的利潤。

1. 好漢的當年勇

羅伯森開始以衍生性商品基金的方式，代客管理資產後，居然操作得轟轟烈烈，投資績效高到不行，顧客和他自己都賺大錢，因此雖然最低投資金額高達500萬美元，許多有錢人還是聞風而來。老虎管理公司一共設立了6支基金，巔峰時期曾經吸引了260億美元的資金，是世界最大的衍生性商品基金。連索羅斯這麼聲名赫赫的投機大師都自嘆不如，量子基金巔峰期管理的資產共有220億美元，比老虎基金少了一點，可見羅伯森在衍生性商品基金圈中呼風喚雨的能力。

1980和1990年代，羅伯森創造了華爾街最驚人的報酬率，老虎基金（Tiger Fund）年複合報酬率高達32%，用數字來表示，在扣除管理費與基金經理的績效獎金前，1980年拿1美元投資老虎基金，到1997年會變成139美元。實際報酬當然沒有這麼高，因為基金操作獲利時，要抽20%的績效費。

這段期間裡，羅伯森選股能力打遍華爾街無敵手，大家稱呼他叫「華爾街奇才」，當然他也得到極為豐厚的報酬，據說光是1993年裡，他從老虎基金領到的薪水、獎金、紅利和投資報酬就超過3億美元。

2. 背離市場：錯失網通股價飛漲

慘烈的1998年結束後，羅伯森重拾舊愛，走回價值型投資的老路，投資價格低估、獲利展望良好的股票。1999年正是網際網路和科技股狂潮走到高峰的時候，汽車、紙業、航空之類的舊經濟股票股價全都低估，羅伯森可以盡情購買。

羅伯森雖然持有微軟和南韓三星電子之類的科技股，卻避開飛躍上漲又沒有盈餘的網際網路與科技股。羅伯森在科技股狂潮時代，堅持投資股價不會漲的舊經濟績優股，但這個時候，舊經濟股票根本漲不動，沒有本益比、只有本夢比的網通股卻漲翻天，老虎基金的做法跟市場大勢背離，表現自然不如勇於買進科技股的年輕基金經理。

投資人贖回也傷害了老虎基金，為了應付贖回，羅伯森必須賣出持股，

賣出持股會傷害績效，引發更多的贖回，形成惡性循環，總計從1998年8月到1999年10月間，投資人一共贖回了76.5億美元。投資人拚命贖回，讓老虎基金窮於應付，迫使老虎基金必須宣布從2000年3月起，不再讓投資人每季可以贖回，改為半年開放贖回一次。從這件事來看，就可以想像老虎基金當時確實相當窘困。

3. 好手跳船：一年走了25位分析師

除了投資人贖回外，羅伯森旗下好手也紛紛跳船，光是1999年到2000年初，就有25位分析師拋棄羅伯森，他新僱用了15位新分析師，同時把融資比率降低一半。到了2000年3月底，羅伯森宣布自己已經67歲，退休，這時他主持的六支基金資產已經降到60億美元，其中15億美元是他自己的財產。

四、柯恩帶領風潮

在美國紐約華爾街素有「**衍生性商品基金之王**」美譽的SAC資產顧問公司創辦人史帝芬‧**柯恩**（Steven A. Cohen）1992年自立門戶，以2,000萬美元成立公司。他成立的時機真是再好不過。在這之前，衍生性商品基金的規模都不大，在市場也不受重視。然而美股大多頭行情從1992年展開，連帶也拉抬衍生性商品基金興起，並且造就了如索羅斯和羅伯森等基金經理成為華爾街寵兒。

以他親自操盤的旗艦基金SAC管理基金為例，自1992年以來平均報酬率達43.5%，遠高於過去十間美國所有衍生性商品基金平均年11.4%的報酬率水準。《華爾街日報》指出，也就是由於柯恩的基金績效卓著，許多人都跟進開設衍生性商品基金，並且仿效柯恩的投資策略。

柯恩投資的策略跟股神巴菲特所主張的「安全型投資」概念完全相反。巴菲特強調的是買進績優股，然後長期持有，且永遠不要投資自己不懂的股票，然而柯恩卻是認為只要觀察股票的行情變動模式，即可看出該股未來幾小時或幾天內的行情走勢。巴菲特對柯恩這種手法深惡痛絕，曾不只一次指責這樣的手法毫無理性，有如瘋漢持鎗亂射，只會使得市場更為混亂。然而柯恩這樣的手法卻是獲利頗豐。

SAC資產顧問公司是華爾街名副其實的大戶，該公司平均一天的交易量就占了美股的2%，以每交易一股就付給證券公司一美分的手續費來計算，該公司一年支付的手續費高達4億美元以上。

1956年次的柯恩出生於紐約，父親是一位成衣製造商，母親則是小學老師。他共有七位兄弟姐妹。他說他靠著從小跟兄長們搶玩具，學會了眼明手快的行事作風。

他在賓州大學就讀經濟系時，靠著打牌贏來的7,000美元在券商開了個帳戶，開始進出股市，自此之後，他再也沒有向家裡伸手要學費和生活費。他說他打牌時所學得察言觀色的本領，對他日後觀察股市動向有很大的幫助。

柯恩憑其搶進殺出，獲利無數的膽識與本領，在華爾街掙得衍生性商品基金之王的稱號，然而從小認識他的人，包括他的母親在內，從來就不曾想過他會有今日的成就。就連柯恩自己也承認，直到今天，他的母親還認為他擔任會計師的哥哥才是家裡最會投資的。

柯恩大膽作風回報頗豐，根據衍生性商品基金研究公司指出，1998年底，SAC基金該年報酬率達49.2%，遠高於總體平均的2.6%。1999年到2000年科技泡沫時期，柯恩更是如魚得水，2006、2007年的報酬率分別高達68.1%與73.4%。

五、2008年的狀況

1990年時只有610支衍生性商品基金，基金規模200億元，衍生性商品基金能在市場翻雲覆雨，靠的是雄厚的本錢，衍生性商品基金研究公司統計顯示，2008年全球衍生性商品基金1萬支，基金規模2兆美元，這比盛產石油的22個阿拉伯國家的國內生產毛額總和還要高八成。

截至2005年底，又以股票多空對沖（27.5%）、事件導向（23.8%）和全球總經（11.6%）策略為市場主流。衍生性商品基金已經進入一個騷動期（turbulent phase），投資進入門檻很低，成功的門檻卻很高，在競爭激烈的關鍵時刻，基金經理的求生策略是「求小」，然後等待機會，求大的時代已經過去。

2008年，受全球金融海嘯的衝擊，股市、商品市場重挫，衍生性商品基金虧損累累，至少700支基金慘遭清算。一時半載間，光榮盛世不易恢復。[3]

---

③ 《經濟日報》，2008年9月30日，A7版，吳慧珍。

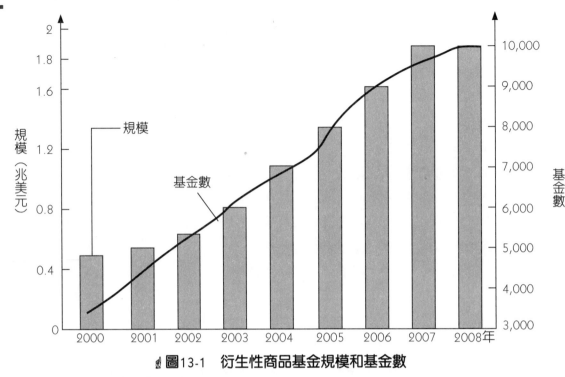

圖13-1　衍生性商品基金規模和基金數

資料來源：衍生性商品基金研究公司

六、衍生性商品基金越來越平庸

2000年以來，衍生性商品基金報酬率越來越平淡，原因至少有三。

1. 投資難度加大

投資於衍生性商品基金的資金激增一倍，至2005年4月約1兆美元，為如此龐大的資金尋找建設性的投資去處十分困難。

2. 投資人怕死

籌設一支衍生性商品基金也無需特殊的技巧，因此衍生性商品基金爭相設立。投資人也得承擔部分的責任，他們一方面衝著衍生性商品基金慕名而來，但卻又無法忍受虧損的風險。

3. 代理問題

但真正問題可能出在基金經理身上，他們賺太多了。這是一個普遍的現象。基金公司收取2%管理費用外，對於該年的投資獲利還抽取兩成的績效費。縱使一名基金經理未幫投資人賺到任何一毛錢，他還是為自己賺進大筆財富。這樣想好了，光是上班現個身，一名掌管10億美元資產的基金經理，一年管理費的保證收入就有2,000萬美元，他何必要做風險性的投資？

七、各國政府的金融監理

1998年長期資產管理公司倒閉迫使美國官員出面安排援救計畫以控制損害。衍生性商品基金管理龐大的資產，且營運大都不受證期會約束，近來已成為世界各大金融市場的主力之一，尤其是在紐約華爾街與倫敦。譬如，第一家在美國上市的衍生性商品基金業者Fortress投資集團，2007年2月9日在紐約證券交易所掛牌首日股價飆漲12.50美元，漲幅高達68%，以31美元作收，市值暴增為124億美元。世界最大上市的衍生性商品基金公司曼恩集團（Man Group）的市值為217億美元。

2007年2月10日，在德國工業重鎮埃森開會的七大工業國（G7）發表聲明說，由於衍生性商品基金備受矚目且具高度波動性，其動向逐漸引起金融決策官員重視，美國與英國都傾向支持衍生性商品基金制定自律規範。

衍生性商品基金的發展以美國較為成熟，美國衍生性商品基金在美國大部分是屬於「未經註冊登記」類的基金，也就是未向美國證管會申請註冊登記，但依然接受美國衍生性商品基金規範的管理。

2004年10月，美國證管會（**Securities and Exchange Commission, SEC**）為了保護投資人，規定基金公司必須依據其交易商品的內容、業務的內容和募資的對象向主管機關申請註冊登記，申請的類別可分為四類。

1. **投資公司**（investment company）

   投資公司必須接受投資公司法（Investment Company Act of 1940）的規範，其中對於投資公司需向證管會及投資人報告（reporting）及揭露（disclosure）的內容、方式和頻率，以及公司各項紀錄保存（record-keeping）的範圍及年限皆有規定。

2. **投資顧問**（investment advisor）

   投資顧問公司必須接受投資顧問法（Investment Advisors Act of 1940）的規範，對於紀錄的揭露、保存及收取績效費用等項目均有規定。

3. **商品交易投資公司**（commodity pool operator）

   衍生性商品基金如果有交易期貨或期貨選擇權，則基金公司必須向美國商品交易管理委員會（Commodity Futures Trading Commission, CFTC）申請登記成為商品交易投資公司來接受管理。

4. **商品交易經理顧問**（commodity trading advisor）

   衍生性商品基金公司如果有交易期貨或期貨選擇權，而投資人的資金是屬於管理帳戶（managed account）來管理，則基金公司需向美國商品交易管理委員會申請登記成為商品交易經理顧問執照來接受管轄。

除了上述第3和第4類無法豁免外，基金公司大都選擇下列方式來豁免第1類和第2類的註冊登記。

1. 投資人沒有超過100位，並且不透過公開銷售的方式來募集資金。

2. 投資人通過一定程序的資格審核（例如投資人至少有500萬美元以上的投資等）。

美國的衍生性商品基金大都是以有限合夥人註冊，而其他國家則是以有限公司的型態較多。根據前述法規，美國衍生性商品基金採有限合夥人註冊，且合夥人在100人以內時，基金可不受證管會的管轄且不需對外公開報告基金的相關資訊。

因此絕大部分的基金並沒有主管機關，投資人並沒有投資保障的法源依據。投資章程與相關規定依各支基金量身訂做，並沒有一定的標準模式，且內容通常涵蓋廣泛具有極大彈性，因此授予基金經理在投資操作上有極大的權利。

由於大部分基金公司規模小且註冊於無嚴謹投資規範且資訊取得不易的海外免稅天堂，一旦基金遭遇到非人為疏失或操作失誤，大部分風險將由投資人承擔。過去衍生性商品基金有許多負面傳聞，最常引人詬病之處除了操作失當（例如長期資產管理公司）外，就是基金公司因管理機制的不健全而導致虧空的情況（例如2004年遭到清算的CSA絕對報酬基金）。

美國有價證券法（Securities Act）、證券交易法（Exchange Act）、反詐欺條款（Antifraud Provision）及反洗錢條款等法案，都對基金交易訂定規範，防止基金涉及不法交易行為。

八、衍生性商品基金無法普及的原因

1. 各國政府的態度

各國政府對衍生性商品基金是又愛又恨，期待衍生性商品基金的資金進入本國金融市場投資，卻又害怕本國市場受到衍生性商品基金交易的影響過大，導致本國金融市場震盪加劇。因此各國政府依然對衍生性商品基金有相當嚴格的規範，已開發國家對衍生性商品基金的公開募集與私下募集均有相當嚴格的限制。在各國政府的限制下，一般投資人投資衍生性商品基金的困難性也隨之增加，進一步妨礙了衍生性商品基金的發展。

2. 資訊不透明

小至基金淨值的逐日揭露，大至持有資產明細的定期揭露，基金公司都做不到，這對投資人權益的保障很不利。也因此，證期局才不允許海外衍生性商品基金在台銷售。

衍生性商品基金金額大，所以是個燙手山芋，由於有1萬支基金，投資範圍無限，因此有各種分類方式，以求更加摸清衍生性商品基金的性質。

一般在做研究時，如果能回到基本（return to basics），反而能看得更清楚，這也是本書的貢獻。

一、由資產來分類：本書的分類

由表13-2可見，一事不煩二主，我們以圖2-1此一資產投資屬性圖一以貫之，以CSFB/Tremont（簡稱Tremont）的八中類分類為基礎（詳見第4節一㈡），涵蓋超級資產分類中的二項，由右往左說明。

㈠以價值儲存資產

貨幣是價值儲存資產的主體，尤其是外匯，由於匯率受總體經濟（尤其是進出口）影響，所以以全球外匯為投資對象的衍生性商品基金又稱為**全球總體策略**（**global macro strategy**）。

㈡以金融資產為投資對象

八類中有七類以金融商品為投資對象，這又分為下列三大類。

1. **基本資產**

   以基本資產中的股票為投資對象的衍生性商品基金共有四項，依投資屬性由低往高排列：股票中立、股票多空、事件導向和新興市場；占八類的一半。

   以基本資產中的債券為主的有一類：固定收益證券套利型。

2. **合成資產**

   以合成資產為主的衍生性商品基金只有一種：轉換證券套利（convertible arbitrage），由於其中轉換特別股較少見，大都以轉換公司債為主，所以往往又稱轉換公司債套利（**CB arbitrage**）。

3. **衍生性金融商品**

   以股票（少數時債券）的指數期貨為主要投資對象的衍生性商品基金稱為期貨經理策略（**managed future strategy**）。

至於以商品為投資對象的，勉強先放在管理期貨策略這一項內。

表13-2　八種單一投資策略的衍生性商品基金

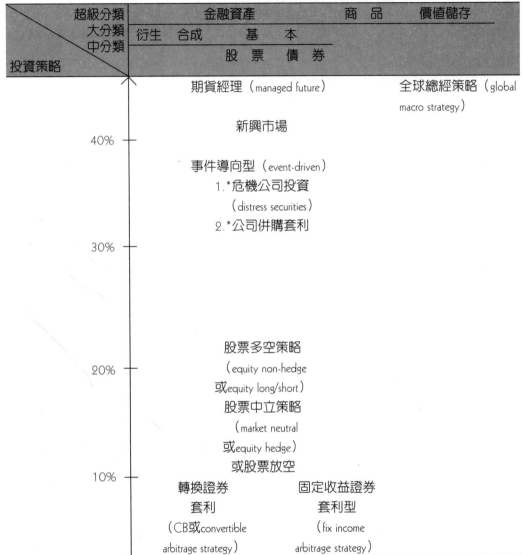

二、戰術性分類：以投資策略來分類

在第3章，我們強調投資資產是基金「大同」原因，至於投資方式則是造成組內差異（小異）的原因，這可分為下列二種投資策略。

1. 單一策略

單一策略（**single strategy**）基金是對單一策略進行操作，表13-3中八類都是。

2. 多種策略

多種投資策略（**multi strategy**）的衍生性商品基金比較受到市場歡迎，這是因為能達到風險分散及市場中立，其中衍生性商品組合基金便是典型。

管理和績效費合理、反應快，就是多重投資策略衍生性商品基金獲得法人青睞的關鍵，68億美元的美國聖地牙哥郡勞工退休金就將原本只作多的5.25億美元委外代操，改請三家衍生性商品基金公司進行多重投資策略。德州大學投資管理公司手上就有190億美元中的4%資金布局衍生性商品基金，尤其是多種策略型。

㈠晨星公司的四大類

晨星公司把衍生性商品基金依投資策略歸納為股票聚焦、套利、企業生命週期和總體經濟趨勢四大類，再細分為十類，詳見表13-4。這十類跟Tremont的八類有六項相同，詳見表中第3欄，只是用詞有些出入罷了。

Tremont的事件導向策略涵蓋了晨星公司的危機公司、合併套利。

晨星公司的多種策略、組合基金型衍生性商品基金指數，這二項倒是滿有貢獻的。

㈡普羅財經投顧的分類

台灣的普羅財經投顧公司把衍生性商品依投資方式分成三類，詳見表13-3。

1. 消極投資方式

相對價值型衍生性商品基金比較偏重撿便宜貨的價值投資法，包括三中類：固定收益證券套利、轉換公司債套利和市場中立策略。

2. 積極投資方式

採取積極投資方式的有二中類，由低往高說明。

(1) 賺機會財的事件導向型

耐心找到機會之門短暫打開的證券，巧妙發財的事件導向型衍生性商品基金至少有三種：財務危機公司債券套利、公司併購套利和特殊事件套利。

(2) 賺波段的方向型

順勢而為的方向型或趨勢型衍生性商品基金有五小類。市場趨勢是否形成對於基金獲利有著關鍵的影響力，2006年因為商品市場走勢分歧、趨勢不明，增加商品類衍生性商品基金經理操作上的困難，進而抑制其績效表現。在2007年商品市場趨勢明確，基金經理交出漂亮的成績單。

▌表13-3　普羅財經投顧的分類

大分類 預期報酬率	相對價值型 （偏重價值投資法）	事件導向型 或機會型	方向型或趨勢型
投資策略	市場中立 轉換債套利 固定收益套利	特殊事件套利 公司併購套利 財務危機公司債券套利 統計套利	新興市場 股票多空 股票放空 期貨經理 全球總經

㈢2006年基金績效

　　衍生性商品基金研究公司統計，從2000～2006年，衍生性商品基金平均報酬率8.4%，不到1990年代的一半。先鋒集團旗下標準普爾500種股價指數基金2006年上漲15.6%；衍生性商品指數上漲16%，然而由表13-4可見，晨星公司的衍生性商品基金才上漲11.6%（CSFB/Tremont指數13.86%），而高盛集團旗下最大衍生性商品基金全球阿爾發基金虧損6%。

▌表13-4　各類型衍生性商品基金2006年平均報酬率

單位：%

投資策略	2006年報酬率	CSFB/Tremont
新興市場	28	√
危機公司	18	－
合併套利	14	－
企業事件	14	事件導向
多種策略	14	－
轉換證券套利	14	√
作多策略	13	股票中立策略
組合基金	10	－
固定收益證券套利	7	√
總體經濟策略	6	√
平均	11.6	

資料來源：晨星

　　接著詳細說明表13-4中幾個類別的基金。

　　新興市場基金巧妙度過年中市場的大幅調整，2006年輕鬆戰勝其他類別，其中特別受惠大陸和東歐的漲幅。倫敦GLG合夥公司規模20億美元的新興市場基金，投

資績效60%。

公司併購達到高點，湯姆森金融（Thomson Financial）調查顯示，全球宣布的合併收購交易達3.8兆美元，私募基金扮演主要角色。因此，以合併套利及企業事件為驅動策略的基金也受惠，漲幅都接近14%。以荷恩（Christopher Hohn）操盤的TCI基金為例，2006年投資績效接近40%。

多種策略型基金特別注意獲利時機成熟的企業，作多基金則在股市對沖後實現報酬，表現都還不錯，分別上漲13%、14%。

在固定收益證券方面，許多固定收益證券套利基金具有複雜投資策略，難以歸納在同一類型。有些基金利用長期公債與短期公債間的差距套利，但2006年大部分時間內，美國公債殖利率曲線相對平坦，也沒有出現吸引人的固定收益環境。固定收益證券套利型基金報酬率只有7%。

全球總體經濟策略表現最差，報酬率只有6%。其投資策略變化多，運用多種手段投資在匯率、利率、廣泛的全球經濟趨勢等。

三、全球總經策略

1. 索羅斯的量子基金（Quantum Fund）

這是索羅斯發跡的衍生性商品基金，成立於1987年元旦，1992年因放空英鎊，一週賺進10億英鎊，量子基金也一炮而紅。1997年，「量子基金」放空泰銖，買進美元，在全球金融界人士瞠目結舌下，眼看泰銖一夕之間貶值100%，從1美元兌26泰銖貶值至50泰銖。

其投資對象以外匯和股票為主，所以馬來西亞、南韓的中央銀行對這支外匯炒手的基金恨得牙癢癢的。2000年，美國那斯達克股市泡沫破滅，量子基金受傷慘重，索羅斯最後只好交給兒子操盤。

2. 高盛的旗艦基金：全球阿爾發基金

成立於1995年，由頂級顧客和高盛自家合夥人投資的全球阿爾發基金，以代表「績效領先大盤」的**alpha**為名的全球阿爾發基金，一直以來都能有超越整體市場的表現，一向是衍生性商品基金界的模範生，一直是高盛相當引以為傲的一支基金。由卡爾哈特與伊瓦諾斯基擔任基金經理，2007年前8個月淨資產值已減少三分之一，跟2006年3月高點相比，則淨資產縮水幅度達44%。

巴菲特vs.索羅斯

人物	綽號	投資利器	出道時間	重要事蹟	資產	近期名言
巴菲特（Warren Buffett）	美國股神	高收益（垃圾）債券和價值型股票	1957年	以每股8美元收購波克夏公司，股價6.84萬美元	約600億美元（全球排名第一名）	喊進垃圾債券
索羅斯（George Soros）	國際金融炒家	衍生性商品基金	1969年	透過衍生性商品基金炒作亞洲貨幣	約70億美元	放空美元、喊進歐元

資料來源：聯合新聞網

四、固定收益證券套利型

固定收益證券套利以相似的債券為標的，同時建立多空部位，基金經理透過殖利率曲線、預期現金流量、信用評等及債券條款差異的分析，研判債券應有的價值及不同債券間的價差。當兩種債券價差不合理時，買進預期利率將下跌的債券，賣出利率將上升的債券，可以賺取兩者間的價差。由於債券的價格變動通常比較小，因此固定收益證券套利型衍生性商品基金會利用融資來擴大操作部位以提高獲利。

不過，只要碰到重大違約事件，此類基金也會輸到脫褲子。2007年5月起，美國的次級房貸風暴和投資人信用風險意識升高，導致**貝爾斯登**（Bear Stearns，美國第四大券商、第二大抵押貸款債券承銷商）公司兩支投資房貸擔保債券的基金虧損累累。High-Grade Structured Credit Strategies基金、High-Grade Structured Credit Strategies Enhanced Leverage基金都由執行董事席歐菲（Ralph Cioffi）操盤，基金規模200億美元以上。貝爾斯登貸款32億美元，以避免債權人扣押基金的擔保品，這是1998年來最大規模的基金紓困案，2008年3月下旬，貝爾斯登被迫賣給摩根大通銀行。

五、股票類：股票中立策略

「市場中立」（market neutral）是指投資對象的市場價格走勢不會影響其基金風險，而要達到「中立」效果，必須一方作多、一方放空。股票中立型基金經理買進好股票並買進壞股票的賣權，以規避掉系統風險，把重點轉移至選股的功力。

・撿便宜貨的白金基金

1950年次的尼爾森（Kerr Nielson）投資績效向來穩健，白金資產管理公司（Platinum Asset Management）旗下資產規模最大的白金國際基金於1995年創立，每年平均報酬率為17.4%，比摩根士丹利世界指數的8.1%高出一倍多。

截至2007年4月底，白金國際基金的資產規模為96億澳幣，前三大持股為北美第二大肥料製造公司Mosaic、微軟公司，以及全球紙業巨擘國際紙業公司。白金公司基金規模達220億澳幣。

尼爾森穩定而優異的投資績效甚至吸引索羅斯青睞，索羅斯基金管理公司先後於1994和2003年委由白金管理全球股票投資，2003年並管理對日本和南韓的投資。曾任美林證券澳洲負責人的雪梨企業併購諮詢業者InterFinancial董事長邦迪說：「尼爾森可說是澳洲最棒的基金經理之一，你很少有機會可以投資業界的超級巨星。」2007年5月23日，白金資產管理公司在雪梨證券交易所掛牌上市，交易第一天股價就飆漲76%（從5到8.8澳幣），創辦人尼爾森一夕之間成為坐擁28億澳幣（768億元）的億萬富翁。

六、股票類：股票多空策略

衍生性商品基金最常運用的「多空套利」，小至對同一產業不同兩家公司分別融資買進和放空，賺取兩者未來發生的價差空間；規模更大的，甚至可以買進和放空一整個市場。業界多稱這些衍生性商品基金和計量基金為「**Smart Money**」，它們的基金經理多半擁有數理相關的專業學歷和豐富的投資經驗。

2005～2006年，在美國，多空都進行的衍生性商品基金規模幾乎倍增，達到165億美元。2006年這類型基金報酬率表現還不如標準普爾指數近16%的漲幅。作多作空都可以的基金共有51支，有37支是2000年以後才推出。這類型基金除了可以放空以外（一般基金不能放空），還可以投資在期貨和選擇權，並且用財務槓桿來提升報酬率，但財務槓桿的倍數比一般衍生性商品基金大。JP摩根最大的多空策略基金規模達21億美元，2004年以來每年平均報酬率達5.2%。美國有14支放空型指數型基金，以其中成交量較大的SDS（Urtra Short S&P500 Proshares）為例，槓桿倍數二倍（即兩倍放空）。

在歐洲，多空策略基金在2004年才開始出現，原因是歐盟開始准許基金採用衍生性商品基金的一些策略。2006年英國成立了9支絕對報酬基金，2004年時只有4支。

七、股票類：事件導向策略

基金經理利用**特殊事件（event-driven）**，找尋被低估或具有潛力的證券，從中獲利；因此，報酬率比較不受市場影響。特殊事件包括瀕臨破產、重整、負面消息充斥、收購或合併等。因此事件導向型衍生性商品基金包括公司併購和**財務危機公司（distressed securities）**策略二種，詳見表13-5。基金經理以下列三項條件來評估各種投資情況。

1. 發掘公司證券價格跟事件結束後預期價格間的失衡關係。
2. 從最近發生的事件中尋找足以讓市場重新評估該公司債券與股價的催化劑，並衡量此催化劑浮出檯面的可能性。
3. 估計催化劑完全顯現以及市場矯正價值失衡所需花費的時間。

表13-5　事件導向與轉換公司債套利策略的關係

事件	公司併購	發行轉換公司債
2007年	3.79兆美元	600～700億美元
2008年（F）	4.24兆美元	
衍生性商品基金的投資策略	事件導向策略	轉換公司債套利策略

八、轉換證券套利型

轉換證券套利策略在1990年代中期以後獲利驚人，資金大量湧入，投資機會減少，因此在2004及2005年表現平平。2006年競爭者變少，轉換證券套利策略基金報酬率14%。CQS是全球最大轉換公司債策略衍生性商品基金公司，規模36億美元，2006年報酬率15.5%，高於2005年的9%。

此種基金比較保守，主要投資策略是以買入轉換證券並且放空標的證券。基金經理發掘出市價跟實際價格偏離時，且具備有利於整體報酬表現特質的轉換公司債，這特質是指當大盤下跌時，轉換公司債的跌勢比標的股票緩慢；當大盤上漲時，則緊隨標的股上漲。

轉換公司債跟標的股票的價格間幾乎沒有過一對一的對應關係，例如：轉換公司債的價格傾向跟利率呈現反向的波動，然而其標的股票則反映利率波動對總體經濟的影響。只有一系列具不同程度之預測能力的變數，而且沒有單一公式可以計算標的股票的波動跟影響相關轉換公司債的函數關係。基金經理發覺轉換公司債跟標的股價格關係間的失衡，並密切觀察可能改變此關係的變數，藉此套利。

九、新興市場型

　　此類基金主要投資新興國家中具有增值潛力的股票或債券，由於新興市場的市場流動性不高、交易資訊不夠透明、投資選擇性較少，並且容易受到政治局勢影響，因此其投資難度高於一般的金融市場。而且新興市場的投資工具與避險工具較少，因此新興市場型衍生性商品基金主要採取單邊的作多策略。

　　由於許多新興市場國家的金融市場並不允許外國投資人放空該國股票和債券，因此基金經理為了保護其部位，必須尋求其他避險方式，例如透過店頭市場或向國際金融機構購買賣權，以降低部位的跌價損失。

　　根據2007年8月13日出刊的《時代》雜誌（*Time*）報導，一家位於美國邁阿密的衍生性商品基金Everest Capital，有20億美元投資在各類商品上，該基金創辦人德米崔（Marko Dimitrijevic）聲稱他專門投資新興市場，最大的交易標的正是台股，還包括台灣的「利率交換交易」（Interest-Rate Swap, IRS，一種交換利息流量的遠期契約）。

　　台灣還是新興市場嗎？為何把最大籌碼壓在台灣？德米崔認為，判斷一地是否為新興市場，是要看該市場的「相對價值」，而跟全球各地市場相比，「台股算便宜的」（Taiwan is cheap）。此外，他並說：「在台灣融資真是便宜到離譜的地步。」[4]

十、期貨經理策略

　　期貨經理業（**Managed Futures Industry**）源自期貨市場發源地美國，投資人透過期貨經理公司（即期貨交易顧問）全權委託交易方式來投資期貨與選擇權，達到獲利目的。

・紅風箏也受傷慘重

　　2007年9月，全球最大金屬衍生性商品基金紅風箏金屬（Red Kite）大賠20%，1月虧損29%時，就已引發投資人可能大舉贖回的猜測。隨後紅風箏即與投資人協議，要贖回，須提前45天告知，大幅拉長原先約定的15天。

④　《商業周刊》，1031期，2007年8月，第63頁。

13-4 衍生性金融商品基金指數與組合基金

　　既然有上萬支衍生性商品基金與各種分類方式，便有足夠樣本可以來編製各種指數，藉以衡量基金績效良莠。有了各類指數，至少可以兵分二路，一方面推出**衍生性商品指數型基金**（**hedge fund ETF**），一方面推出衍生性商品組合基金。

一、衍生性商品基金指數

　　衍生性商品基金指數首先由紐約的衍生性商品基金研究機構Hennessee於1992年推出，緊接著衍生性商品基金研究公司於1994年推出自己的衍生性商品基金指數。

　　全球衍生性商品基金指數編纂者共有13家，詳見**表13-6**，但所有績效資料皆來自TASS、MAR和HFR等三個資料庫，各家按自己邏輯抓取所需的基金支數，就其績效來編纂指數，結果常天南地北。

　　底下依時間順序，介紹三個較普遍的指數。

㈠HFRI衍生性商品基金指數

　　衍生性商品基金研究公司於1994年所編纂，共追蹤約1,650支基金，計有73種分類，由1,400支基金選取出來，並加以簡單平均得到HFRI衍生性商品基金指數（HFRI Monthy Indices）。每月根據個別基金績效扣除管理費、績效費後加權平均得出指數月報酬率。每月檢討一次成分基金，刪除清算、結束營運的基金後重新加權。

㈡CSFB/Tremont衍生性商品基金指數

　　業界、學術界所普遍沿用的則是瑞士信貸第一波士頓（CSFB）與Tremont合作，於1999年推出的CSFB/Tremont衍生性商品基金指數（CSFB/Tremont Hedge Fund Index），為業界首先推出的資產加權平均衍生性商品基金指數，選樣來自全球最大TASS衍生性商品基金資料庫。

　　該指數由美國投資銀行領導者瑞士信貸第一波士頓（CSFB）與擁有全球最齊全衍生性商品基金資料庫TASS的Tremont資產管理公司合作編纂，共追蹤約401支基金，共有10種分類，並首創以資產規模加權平均，為產業最具代表性的資產加權

衍生性商品基金指數。

　　每月算出月報酬率，成分基金的檢討則每季調整一次，納入本指數的衍生性商品基金須符合下列條件。

1.　資產規模要大於1,000萬美元；
2.　績效追蹤期超過一年；
3.　具最新經會計師審核的財務報表的衍生性商品基金。

㈢標準普爾衍生性商品基金指數

　　2001年後全球股市步入大空頭，投資人對絕對報酬的金融商品需求尤殷，也激起標準普爾和摩根士丹利等金融服務公司於2002年11月推出衍生性商品基金指數，倫敦的富時在2004年底推出富時衍生性商品基金指數。

　　標準普爾衍生性商品基金指數包含40支基金，是九種衍生性商品基金策略後再簡單加權平均，另有三種分類指數。納入標準普爾衍生性商品基金指數（S&P Hedge Fund Index）的基金須符合一定條件。

1.　根據標準普爾的計量模型篩選出過去歷史風險報酬足以允當代表策略風格的衍生性商品基金。
2.　標準普爾對資產管理公司進行法令審核，以確保資產管理公司的風險管理及行政管理是優良的。
3.　只追蹤淨值經過第三方認證無誤，且能夠每日更新淨值的基金。

㈣可投資vs.不可投資

1.　不可投資衍生性商品基金指數（hedge fund index）。
2.　投資型衍生性商品基金指數（investable hedge fund index），比較像指數型基金。

　　在投資型衍生性商品基金指數建立後，結構型商品連結衍生性商品基金指數更容易，各種連動性債券如雨後春筍般推出，終讓投資人得到安心，簡便參與衍生性商品基金指數投資的管道。常見的投資型衍生性商品基金指數有前述標準普爾衍生性商品基金指數。

　　衍生性商品基金研究公司隨即在2003年4月推出HFRX Global Hedge Fund Index，由約4,000支基金的資料庫選出50支成分基金，選樣更為廣泛。CSFB/Tremont也於8月推出CSFB/Tremont投資型衍生性商品基金指數。

▌表13-6　衍生性商品基金指數

編製公司（依公司英文字母順序排列）	指數	投資策略分類	指數計算方式	成分基金之更換
1.CSFB/Tremont* 即瑞士信貸第一波士頓（CSFB）公司跟衍生性金融商品基金顧問公司	總指數，從5,500支基金中選60支 8個分類指數	10	資產加權	半年
2.Eurekahedge 理柏資訊旗下專攻衍生性金融商品基金資料庫	·北美衍生性金融商品基金指數 ·歐洲衍生性金融商品基金指數 ·亞洲衍生性金融商品基金指數 ·日本衍生性金融商品基金指數			
3.*富時（FTSE）衍生性金融商品研究公司（Hedge Fund Research, HFR），位於美國芝加哥	全球衍生性金融商品指數（HFRX Global Hedge Fund Index）從4,000支基金中選63支	8	資產加權	每季
4.晨星				
5.摩根士丹利*	摩根士丹利投資型衍生性金融商品基金指數，從1,700支基金中選97支	31	資產加權與平均加權	每季
6.標準普爾公司*	標準普爾投資型衍生性金融商品基金指數，從3,500支基金中選40支。總指數、3個分類指數。	9	平均加權	每年

*表示投資型衍生性金融商品基金指數

二、衍生性商品組合基金

在第12章第4節中，我們介紹過組合基金（或基金中的基金），**衍生性商品組合基金**（**fund of hedge funds**或**hedge fund of fund**）是很自然的產物。由於能截長補短，在各類衍生性商品基金中市占率第二，僅次於股票類衍生性商品基金，主要投資人是歐美的退休金管理公司。

13-5 認股權證與期貨基金

　　最簡單的衍生性商品基金就是以衍生性商品為投資對象的基金，包括認股權證基金、期貨基金。

一、認股權證基金

　　認股權證基金（warrant fund）是投資認股權證的基金，一般認股權證的槓桿倍數多數是四倍，也就是每1元的認股權證，約能認購同一公司市價4元的股票；換句說說，股票價格每漲跌1%，認購權證價值便會漲跌3～5%。基金投資認股權證，波動自然會高於投資股票。

1. 產品種類

　　大部分的認股權證基金都是作多的，也就是買權認股權證（call warrant）；但少數則為作空的，即賣權認股權證（put warrant），例如1996年5月美商信孚國際公司就發行一支台股賣權認股權證，以便讓看空台股的國際投資人投資，或是手上有台股的人買此產品來避險用。

2. 市面上產品

　　市面上的認股權證基金至少有下列六支。

　　‧豐盛、瑞士友邦、億順三家的日本的認股權證基金；

　　‧施羅德的遠東認股權證基金；

　　‧億順的亞洲、歐洲認股權證基金。

二、衍生性商品基金原型——期貨基金

　　期貨基金（future fund）一看就知道是以期貨為投資對象的基金，由於期貨具有「高槓桿」（1元至少可做10元交易）交易性質，所以輸贏都是現貨市場十倍以上（視槓桿倍數而定）。

1. 期貨基金的種類

　　期貨基金也是依其投資資產（如股票、商品、債券、外匯）、地區、投資方向（作多、作空）而分類的。就跟賽車很容易車毀人亡一樣，有些業者便推出低車身低速的安全賽車。同樣的，也有基金公司把期貨、保本基金融合在一起，推出「期貨保本（保息）基金」，本質上是保本基金的一種。

2. 台股指數期貨基金

2008年底期貨基金問世，期貨信託基金在台灣算是一種全新的商品，投資募集的資金，可以100%投資期貨市場，滿足投資人高風險、高報酬的投資需求。

第14章 人生各階段的基金投資

王建民「不是一夕之間的奇蹟」，時間、耐心與關鍵時機的正確眼光，成就了台灣之光。

——喬・托瑞（Joe Torre）
曾任美國職棒洋基隊總教練
現任道奇隊總教練

沒有最好的基金，只有適不適合

人之不同，各如其面；連個小感冒，大家已養成習慣找醫生針對體質來開處方。同樣道理，沒有任何一種基金（甚至保本基金，全球基金）可以適用所有投資人，所以基金不是挑選報酬率高的就好，重要的是看跟自己適不適配，而且個人生涯各階段需求皆不同。

很多沒學過插花的人，沒有布局，隨興插花草，結果不僅沒有因為無所不包而多彩多姿，反而可用慘不忍睹來形容。基金投資組合也一樣，有些人道聽塗說（主要是基金公司的海外基金投資組合建議），或是隨興所至亂投資，結果常常弄得事與願違，這種沒有投資方案的基金組合應儘量避免。

14-1 不同投資目標的投資決策

由於每個人的投資目標、限制不同，所以投信便設計許多種基金來滿足投資人多樣的需求，甚至可以說，每個人一生都可能經歷過這些不同的投資需求，唯有先知己，再知「彼」（基金），再來下投資決策就容易多了。看表14-1讓你五選一，你會投資哪一支基金？要是你挑A基金，認為它過去五年平均報酬率為15%，排行第一，因此所有人都會選這支基金，「難道還有其他答案嗎？」是的，就是有其他答案。人之不同各如其面，對於投資的需求至少可分為五種。

表14-1　2004～2008年5支基金的報酬率

單位：%

基金＼年	2004	2005	2006	2007	2008	五年平均報酬率	排名
A	-10	22	23	18	22	15	1
B	8	17	16	19	10	14	2
C	10	16	14	14	11	13	3
D	6	12	14	16	12	12	4
E	7	7	8	9	24	11	5

一、沒禁忌的投資人——報酬率最大準則

在投資時，最簡單的決策準則就是挑報酬率最高的基金（及其組合）去買。那又為什麼表14-2第三欄，同一個決策準則，竟然有人會選A基金、有人會選E基金

呢？答案也很簡單：

1. 只看短期績效

只看一年報酬率時，會挑E基金。

表14-2　三種不同屬性投資人的決策準則

投資人屬性	決策準則	選擇基金
35歲以下，有閒錢	沒有任何限制情況下，依最大報酬率來挑基金	A或E
為子女籌措教育經費、投資報酬率需大於學雜費漲幅、退休金理財	每年至少需符合報酬率下限（10%）的最大報酬率基金	C
短期內投資資金有他用（繳子女學費等）所以不能蝕本	年度虧損率上限（5%）的最大報酬率基金	B

2. 看五年績效

在第16章第2節中，我們將說明「基金過去績效未必保證未來績效」，就跟「小時了了，大未必佳」一樣。注重基金穩定表現的人，比較會用過去三、五年的平均績效來選基金，以免以一年來做判斷時，容易被短期脫穎而出卻不能持盈保泰的基金誤導了，因此選A基金。

二、年報酬率須達最低標準的投資人——淨資產保障下的最大報酬率準則

有些投資必須達到每年10%的最低報酬率要求，否則以後就無法跟得上負債（或費用）的成長速度。大學學雜費（2008年，私立大學學期學費約4.7萬元）每年平均成長10%，對於為人父母的投資人來說，投資標的的選擇最好能確保每一年都有10%以上的報酬率，所以表14-1中的A、B基金雖然五年報酬率位居第一、二名，但B基金有一年報酬只有8%，未達低標。所以只能再往排名後面的基金去找，排名第三的C基金恰巧合適。

三、每年要支付例行支出的投資人

有些投資人（例如退休人士）沒有薪資所得來支應生活費用，所以有些投資專家建議，宜把七成以上資金比重擺在固定收益證券，這種主張太「憨直了」。投資資產本身有沒有固定收益跟是否能滿足投資人每年費用支出的需求無關，縱使投資在成長型或積極成長型股票基金，只要每年有賺，將一部分基金變現，不僅能支應生活所需，而且報酬率還更高。

將退或已退人士宜以固定收益基金為主，原因在於它的低風險，不在於其他。

也有55歲以下的人，每年有例行支出需求，例如兒女的大學教育費用，這種人還可考慮買保本基金，至少要用錢時本金還在。

簡單的說，投資收益需滿足每年的例行性支出，這只是個「變現力管理」的問題，縱使股票基金一時被套住，投資人還是可以透過手上保有的預備金來支應，除非完全沒預留不時之需的救命錢，此時也可考慮基金去質押一點錢，撐過一段期間，又是一尾活龍；當然質押不是長久之計，也不應該是常態。

四、只能小賠甚至需保本的投資人——有年度虧損率上限的報酬率準則

個性保守的人不能容忍賠本，至於已退休人士投資更是不允許賠本，否則棺材本都不見了。對快要退休的人來說，由於即將沒有薪資所得，但是支出卻不能停止，所以，隨著年齡的增加，對風險承擔能力也大打折扣。

這種投資人挑基金，就跟挑另一半一樣，先把自己討厭的候選人篩掉，再從不討厭的那一堆中找一個最適配的，所以表14-1中，A基金因曾有一年虧損10%，不符合標準，剩下四支基金合格，那當然挑B基金了。

五、要報酬又不容許虧損的投資人

60歲以上的人投資，便面臨這個問題，既不能容忍虧本，又要求報酬率至少需達到3%，雙重限制，也使得可投資範圍縮小了。

有一些人也有如下的限制。

1. 婚前「賺某本」（儲積結婚費用）的人。
2. 想撈一筆來創業或買房子的人。

這種「毛病多」的投資人，只能挑C基金了，雖然不是所有基金中報酬率最高的，但至少跟投資人的要求最適配。

六、找出可行的投資範圍

前面我們只是用股票型基金來討論，回到第2章所談的三個超級分類的資產，再來看三種決策準則下的可行投資資產範圍，詳見圖14-1，以當年虧損率上限定為10%的投資人來說：

1. 單押情況下，「高報酬，高風險」的衍生性金融商品基金、積極成長型基金都不合格，所以整條證券率市場線這部分以虛線表示，不宜全部押注。
2. 在基金投資組合時，高風險資產占資金比重應控制在二成內，以免虧損時嚴重

拖累整個投資組合。

1. 沒有限制情況下的可行投資組合

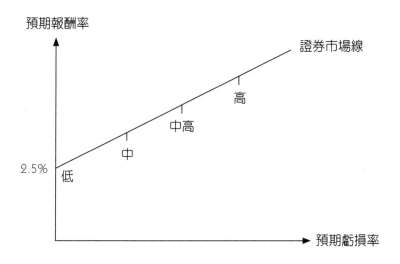

2. 有虧損率上限的可行投資組合

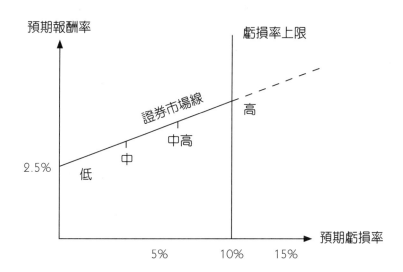

3. 有報酬率下限的可行投資範圍

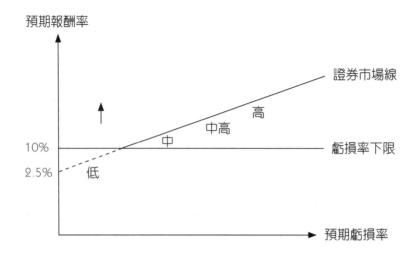

圖14-1 三種決策準則下的可行投資組合

<h1>14-2 人生各階段的適配投資屬性</h1>

　　人生各階段的投資策略，受事業發展、家庭狀況影響，而基金投資組合只是這生涯發展導向式的投資策略中的一環罷了，所以我們由表14-3的宏觀角度先全盤說明。

一、目標相同，但條件互異

　　發財（報酬率）的目標方向或許人人相同，但是**風險**（**年虧損率**）承擔能力、投資金額和可用期間則很少有人雷同。由表14-3可見，我們把人生各階段的基金投資策略看成下列限制的線性規劃問題。

1. 要求的每年報酬率下限。
2. 風險承擔能力，主要的影響因素是年齡，越老風險承擔能力越低。
3. 資金金額和可用期間。

　　圖解詳見圖14-1。

表14-3　人生各階段的投資目標、限制和基金組合

投資屬性 ＼ 年齡	18～35歲	36～45歲	46～55歲	56～65歲	66歲以上
一、投資屬性 E(R) E(L)	沒有限制的人	E(R)>12% 即有報酬率 下限	雙重限制的人 E(R)>10% E(L)<3%		E(L)<0 即有虧損上 限
二、投資型態 （投資資產） 1.投信的分類 2.銀行自律規範 3.三分類	冒險型 積極成長型 冒險型	積極成長型 成長型 成長型	成長型 穩健型	穩健型 保守型 保守型	同左 同左
三、幣別比重 1.台幣資產 2.外幣資產	65$^+$% 35$^-$%	70$^+$% 30$^-$%	75$^+$% 25$^-$%	80$^+$% 20$^-$%	90$^+$% 10$^-$%
四、海外基金組合 1.攻擊 2.核心 3.基本	3$^+$個國家 印度30% 南韓30% 美40%	區域－跨國 新興市場 25% 新興工業國 30% 美歐日45%	區域 新興市場 20% 歐30% 全球50%	區域 新興市場 10% 歐30% 全球60%	全球 美或歐20% 全球80%

說明：外幣資產比重＝1－台幣資產比重

外幣資產主要為海外基金、外幣存款

二、年齡是持股比率的取決因素

「老壽星吃砒霜──活得不耐煩」、「臨老入花叢」、「老之年戒之在得」，這些古諺皆指出人生階段不同，生活也必須跟著改弦更張。在基金投資方面，年齡跟所得狀態息息相關，所以用年齡來決定持股比率就顯得順理成章。

㈠目標隨年齡而遞減

「錢越多越好」大部分人都不會反對，一旦退休後不僅沒有薪水而且還得吃老本，此時對於「老本」投資可容忍的虧損率幾近於零，可投資範圍大受限制，而且連帶的投資目標也必須「識相」的調低。

所以由表14-3可見，隨著年齡的增加，可容忍虧損率、期望報酬率卻遞減。

(二)掐頭去尾，其間十年一級距

基金投資組合（簡稱基金組合）該如何隨著年齡而變化，在表14-3中，我們首先把人生分為五個階段，一般皆是以十年為一階段，而這跟個人事業發展、家庭狀況關係有關。

1. 很多投信都以十年為級距

曾以人生各階段做規劃發行一系列基金的友邦投信，針對「人生階段基金」概念所推出基金商品，可讓投資人依人生階段、風險需求的轉變，透過組合基金資產配置、風險分散等優點，在任何時刻做生涯理財規劃，都有合適其屬性的產品。友邦把人生各階段投資規劃，簡單分為「三個十年」，即25、35及45歲。

2. 這是我們的五級距分類

在圖2-1、表14-3中都有同樣的依年齡層把投資人分成五類，背後的邏輯是這樣的。

(1) 從66歲當起點

假設65歲退休，那就說66歲吧，退休人士照樣得投資，才能一年出國玩二次。

(2) 往前每十年算一個級距

‧36～45歲，事業衝刺，養兒育女期。

‧46～55歲，中年事業成長階段，子女上高中、大學。

‧56～65歲，壯年事業已達高原，子女大學畢業且工作，甚至已成家立業。

(3) 第一個級距最廣：畢業到結婚

至於以18歲到35為一個級距，主因是有些人18歲就開始上班，念大學打工或零用金也不少，開始有能力投資。

三、投資屬性跟著年齡走，八九不離十

由表14-3可見，我們把人生各階段的投資屬性跟適配的基金組合型態（冒險型迄保守型），一一對映。

(一)投資型態（即投資資產）

18～35歲階段，可從事冒險投資，但隨著年齡增長，投資資產（或基金組合）的性質，如同圖14-2所示，每到了人生一關，投資型態也宜由線的右上方往左下方

移動一格。例如36～45歲還可嘗試積極成長型資產，但到了66歲以後，則只能買「低風險、低報酬」的固定收益證券基金了。

(二)台幣、外幣資產所占比重

究竟資金比重中有多少該擺在海外投資（海外基金、外幣存款）中，由表14-3可見外幣資產的比重是逐年減少的，這背後當然是假設99%的投資人生活在台灣，所以以台幣為主；到了65歲以後，尤其退休以後，除非出國旅遊要用外幣，否則在投資方面，外幣資產比重減至一成以內即可，不用為了賺老外的錢，而天天擔心台幣大幅升值。

假設外幣資產全用於海外基金投資，在表14-3最後一列中，我們也標示了海外基金的組合。

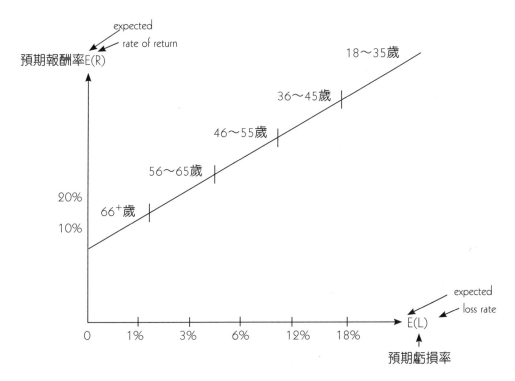

▲圖14-2　依年齡把投資人分成五個級距

(三)持股比率、現金比率

你會看到此處我們套用股票投資的一個廣泛使用名詞「持股比率」，其公式如下所示。股票基金投資是股票間接投資方式，因此也可套用持股比率一詞，無須再自作聰明的另創一個名詞，此時「持股比率」可解釋為，投資資金中持有股票基金

所占的比例。

1. 持股比率

你有100萬元準備做股票投資之用，當已花了80萬元買股票，那麼此時你的持股比率便是80%（或八成）。

$$持股比率 = \frac{投資於「股票」金額}{可投資金額}$$

例如

$$80\% = \frac{80\,萬元}{100\,萬元}$$

2. 「現金」比率

「**現金比率**」是指可供「股票」投資金額中未投資於股票的金額所占比重，由下式可見，只要知道持股比率，便可算出現金比率，可說是硬幣的二面，如影隨形。

「現金」大都擺在固定收益證券基金等短期資金調度工具上，以賺點蠅頭小利。所以「現金」這詞沒用好，很容易讓外行人傻得以為是指會計科目上的現金（包括銀行活期存款），其實它只是指「不投資於股票，而投資於隨時可變現的金融投資」。

$$現金比率 = 1 - 持股比率$$

例如

$$20\% = 1 - 180\%$$

3. 股市專家所指的「現金」其實不是指現金

有時你會看到投信的「第○季基金投資組合」建議，或是投資專家的「本週股票投資組合建議」，其中都有「○成現金」這一項目。你可不要憨直得真的把錢擺在活期存款帳上；股票（基金）投資專家所指的「現金」，其實是指「持股比率以外」的部分，例如持股比率七成，那麼「現金」比率便是三成；但是這暫時不投資於股票的資金絕大部分人會拿去買固定收益證券基金，聊勝於無的賺點收入，反正「錢可以多，但不可以（浮）爛」。

㈣股票基金在投資所占比重

或許你很有興趣知道我們怎麼推論出不同年齡情況下股票基金占你投資金額的比重。由表14-4可以看得一清二楚。這公式看起來像不像標準體重的計算公式？在分母擺個100，主要是為了化成「百分之幾」的表達方式。

表14-4　不同年齡階段股票投資比重公式

年齡	49歲以前	50歲以上
適用公式	$\dfrac{100-你的年齡}{100}$	$\dfrac{80-你的年齡}{100}$
舉例	30歲時 $\dfrac{100-30}{100}=70\%$	60歲時 $\dfrac{80-60}{100}=20\%$

四、你的錢能「放」多久？

很多人沒學過財務管理，但都懂得「**短期資金不能長期使用，長期資金不宜短期使用**」的道理。以後者來說，長期資金拿去存一年定存甚至買票券，報酬率2.5%以下，實在不划算。同樣道理，債券基金也不宜占長期投資二成以上比重，以免獲利被拉低了，對中長期投資來說，固定收益證券基金只是股票基金投資的避風港罷了。短期資金「不能」長期使用的道理也很明確，股市有一個玩笑，菜籃族的媽媽們把買菜錢也拿去買股票，原以為跑個短線，二三天小賺就獲利了結，沒想到股票被套牢，全家只好吃泡麵過日子。

仔細評估未來三年資金的可用期間長短，再配合基金的性質，便可得到「投資期限」（即資金可用期間）跟基金適配組合，詳見圖14-3。

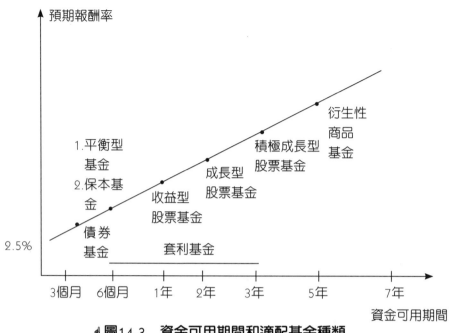

⌘ 圖14-3　資金可用期間和適配基金種類

14-3　X世代的基金投資──18迄35歲，想賺大錢又不怕賠的人

　　X世代指的是21～30歲這年齡層的人，本書視為第一個年齡層（18～35歲），這層投資人「年青就是本錢」，敢投資，不怕賠。但是最怕的是「只懂花錢，不懂得投資」。

一、學生打工收入的基金投資

　　由於青少年打工風氣越來越風行，所以投信「沒魚蝦也好」，也把銷售對象動到學生打工收入上，希望定期打工的學生，定時定額基金投資。每月3,000元，三年（高職高工）、四年（大學）、六年（研究所）後，創造百萬財富非夢事。

　　這點子不錯，不過根據實際情況來看，學生打工很少存下錢，大多數自己花掉，少數交給父母以補貼家用。難怪有人會說：「**年輕時賺的錢，存不住**」。不過，要是你有很強的毅力，透過打工來存留學深造、畢業創業等基金，投資於基金倒是滿好的點子。

二、新鮮人定期定額投資，人生第一桶金

社會新鮮人所得雖不高，但如果能夠積極理財，到了35歲，就有可能以一己之力買車購屋，此時可以明顯看出跟同儕的差別。不要以為累積100萬元很困難，以每個月定期定額1萬元為例，年平均報酬率在13%左右，大約68個月（即5年半）即可累積人生第一個100萬元。

以月薪平均2.6萬元的新鮮人來看，要是每月僅能投資6,000元，以上述同樣的投資組合及條件計算，則需要八年才能累積100萬元。無論如何，要達成人生第一個100萬元，只要持之以恆投資，絕對指日可待。

三、20支值得投資20年以上的基金

截至2006年底，理柏資訊所擁有最多年份，即長達19年基金報酬率，顯示不少長年績效相當優異的基金都能無懼於歷次景氣循環波動、重大突發事件、政經相關利空，繼續創造高倍數報酬率。由表14-5可見，近19年績效前20名基金為例，前四名的天達環球能源基金、德盛小龍基金、貝萊德美國特別時機基金、JF太平洋證券基金，累積報酬率都在十倍以上。

換句話說，如果挑中長年績效穩健成長的基金，進行單筆投資，將近20年下來，100萬元變1,000萬元。縱使是採取定期定額投資，去頭去尾也應該有個五倍的報酬率，讓你歷年所陸續投入的100萬元變500萬元，用來規劃退休金，可說是再適當不過。

以富蘭克林坦伯頓成長基金為例，該基金成立54年以來，只更換過三位基金經理，基金規模達400億美元（註：2008年8月只剩272億美元），有42年為正報酬。[1]

四、投資100萬元，40年後賺進4,526萬元

如果每年平均複合報酬率可達10%，在30歲時投資100萬元，50歲時，本利和可達672萬元，60歲時，本利和達1,745萬元，70歲時更可達4,526萬元，可見複利的驚人效果。因此，除非是投資高手，有把握每年都可賺到10%以上的報酬率，否則，與其老是因追高殺低而扼腕怨悔，不如穩穩當當抱住這些長期表現績優的核心基金。

---

[1] 《經濟日報》，2007年12月24日，A2版，張瀞文。

表14-5　成立滿19年基金績效前20名

基金名稱	基金成立日	成立時間（年）	近19年報酬率（%）
天達環球能源基金A	1985.1.25	21.78	1,517.76
德盛小龍基金A收息	1987.1.30	19.76	1,192.53
貝萊德美國特別時機基金A2美元	1987.5.13	19.48	1,043.31
JF太平洋證券基金	1978.5.26	28.45	1,040.10
富蘭克林坦伯頓成長基金A美元	1954.11.29	51.96	987.96
德盛東方入息基金 I 收息	1985.11.8	20.99	889.00
貝萊德歐洲特別時機基金A2歐元	1987.5.13	19.48	875.90
貝萊德歐洲特別時機基金A2美元	1987.5.13	19.48	870.24
富蘭克林坦伯頓世界基金A	1978.1.17	28.81	832.15
富蘭克林高成長基金A	1987.1.14	19.81	818.74
聯博國際科技基金 I 美元	1984.3.27	22.61	807.06
M&G全球原物料基金A收入	1977.4.12	29.57	792.81
M&G全球原物料基金A累積	1973.2.28	33.69	791.57
霸菱澳洲基金　美元	1981.12.4	24.92	787.86
利安資產新馬基金（星幣）	1987.5.29	19.44	763.49
M&G新契機基金A收入	1969.5.23	37.47	753.11
富蘭克林坦伯頓外國基金A	1982.10.5	24.09	749.29
新加坡大華投資基金	1986.6.2	20.43	734.76
M&G歐洲基金A收入	1972.7.24	34.29	726.44
M&G歐洲基金A累積	1972.7.24	34.29	726.36

資料來源：理柏資訊，資料截至2006.10.31

14-4　中年人的基金投資──36～55歲，想賺又只能小賠的投資人

　　36～55歲的人，雖然分成二個年齡層，但是投資屬性是一樣的：「有最低報酬率」和「最高虧損率」雙重目標，只是幅度有差別罷了。因此，我們「畢其功於一役」的放在一節討論。此外，針對甦活族、單親媽媽（或爸爸）也專段說明。

一、有最低報酬率限制的典範──諾貝爾基金會也須投資

　　1895年阿弗雷德・諾貝爾在遺囑中交代以瑞典幣3,100萬元（註：2008年4月，1瑞典幣折合台幣5元）成立基金會，自1901年，即諾貝爾逝世五年後，基金會開始頒獎給對物理、化學、醫學、文學、和平五個項目具有重大發明或貢獻的人。本來基金會採用把這筆錢存在銀行的極端保守方式保管，用利息收入支付獎金，但是到了1940

年代就會發不出獎金了。

因此，在1920年代，基金會改投資股票、房地產，諾貝爾基金會資產倍增，去年底已達35.7億美元，每年諾貝爾得主的獎金也從1901年的15萬增加到1,000萬瑞典幣（約90萬美元）。

二、夜長並不會夢多

股市投資，長期的風險遠低於短期，由表14-6可見，基金投資期間只要到6年，幾乎就不會虧損，而且還有82.7%的報酬率。

所以財富跟耐心的人有緣了。

📖 表14-6　投資基金獲利與年期關係一覽

單位：%

年期	獲利機率	該期間如果獲利時的平均報酬率	虧損機率	該期間如果虧損時的平均報酬率
六年	99.2	82.7	0.83	-1.88
五年	78.3	82.8	21.7	-8.6
四年	70.8	70.4	29.2	-14.0
三年	75.0	49.3	25.0	-18.6
一年	74.2	17.5	25.8	-14.9
半年	65.0	10.6	35.0	-7.5

資料來源：台新銀行

三、20支適合中年人的海外基金

核心基金（core fund）是指能在各種景氣環境下讓資產持盈保泰的基金，下列三個篩選標準符合中年人的投資屬性。

1.　基金成立十年以上

長期投資必定會經歷一次以上的景氣循環，因此基金成立期間至少應在十年以上。

2.　十年平均報酬率10%以上

3.　空頭時，頂多賠15%

如果依照這三項指標來篩選海外基金，共有20支基金符合標準，多數是區域和全球，不過主要集中在歐美等工業化國家，詳見表14-7。

🔖 表14-7　不畏股災，年報酬10%以上的海外基金

單位：%

基金名稱	投資標的	十年複利報酬率	十年報酬率	過去一年報酬率（即2006年）	單一年度最大跌幅
瑞士銀行（盧森堡）中歐基金	區域股票型	15.6	327.1	36.8	-12.4
富蘭克林潛力組合基金	組合型	15.1	308.1	15.4	-6.6
百利達澳洲基金	單一國家股票型	14.6	292.1	34.1	-12.3
富達基金—澳洲基金	單一國家股票型	13.6	257.2	33.0	-14.1
百利達美國小型公司基金	單一國家股票型	13.1	243.1	3.3	-12.8
德盛德利全球資源產業基金（歐元）	全球股票型	12.8	234.6	44.2	-13.5
富蘭克林坦伯頓成長基金（美元）	全球股票型	12.8	232.0	20.9	-10.0
M&G新契機基金	全球股票型	12.5	225.4	36.6	-9.1
富蘭克林高成長基金	全球股票型	12.4	223.1	16.4	-12.7
貝萊德英國基金（英鎊）	單一國家股票型	12.1	213.8	31.1	-13.7
富蘭克林坦伯頓世界基金	全球股票型	12.0	209.7	19.9	-12.9
富蘭克林坦伯頓全球投資系列—中小型企業基金（美元）	全球股票型	11.6	199.7	27.1	-11.1
新加坡大華全球資本基金	全球股票型	11.5	198.0	25.6	-11.9
富達基金—歐洲平衡基金	區域平衡型	11.4	194.5	21.7	-10.3
富蘭克林坦伯頓外國基金	全球股票型	10.7	177.4	19.0	-9.2
M&G公司債基金	債券型	10.7	177.2	14.2	-6.0
天達英國股票基金	單一國家股票型	10.6	174.0	29.8	-9.7
景順策略債券基金（美元）	債券型	10.2	164.4	9.2	-5.4
富蘭克林坦伯頓中小型公司成長基金	全球股票型	10.2	163.6	23.3	-12.6
景順英國債券基金（英鎊）	債券型	10.1	160.7	14.1	-6.7

資料來源：理柏資訊

註：台幣計價至2006.12.31

四、子女教育基金怎麼籌措？

　　「望子成龍，望女成鳳」原本就是社會上共同價值觀，也是為人父母的共同心願。對於三四十歲的人來說，或許有像我們父母的經驗，每次到了開學時，母親總會偷偷起個會或是標了會，來籌措子女們的學雜費。這或許是他們每年二次的財務難關，但父母總不希望子女知道父母的苦。

　　或許你會有疑問：「為什麼要那麼杞人憂天，學雜費會漲價，我們當父母的薪

水每年也會調高！」問題就出在有幾位父母的薪水每年調幅超過10%的？父母可選擇的理財工具變多了，也越來越有投資觀念，不少人有先見之明的在生兒育女之後便開始籌措「**教育基金**」（college fund）。

雖然有不少投信作表計算子女念公立、私立大學的文法、商、醫學院各得花多少錢，不過，鑑於每個人小孩年齡皆不一樣，所以你還是不知道每個月得投資多少錢。

這個問題變成一個簡單數學問題，在投資管理書上屬於「有最低報酬率限制的投資問題」。

1. **目標**

  大學學雜費每年平均上漲10%。

2. **投資工具選擇**

  投資於基金十年以上，年報酬率必須大於10%，依這樣標準來看，幾種投資對象就出局了。

  ‧零存整付的定存，存款利率不可能超過10%。

  ‧債券基金，其報酬率在2～2.6%。

  由此看來，最好投資於下列二種基金。

  ‧海外基金，詳見表14-7。

  ‧國內成長型股票基金，平衡型基金可能偶有馬力不足。

3. **投資金額**

  最好每個月4,000元以上做定時定額基金投資，當然，只要財力夠，金額多多益善。就算子女到時不向學，沒考上大學，屆時這筆錢就當作父母送子女的「某本」（或嫁妝錢）、「創業基金中的父母配合款」。

五、甦活族的理財策略──看財務狀況決定投資比重

有不少「小辦公室、在家上班」（small office, home office, SOHO）的甦活族，事業、生活的收支常是同一件事，所以更要看財務狀況來決定投資比重；而創業的階段又決定了甦活族的財務狀況。

‧甦活族的創業四階段

甦活族事業發展四階段，可由圖14-4一目瞭然。我們特別用三種股票基金和平衡型基金來命名，以方便記憶其應該買哪一些基金。

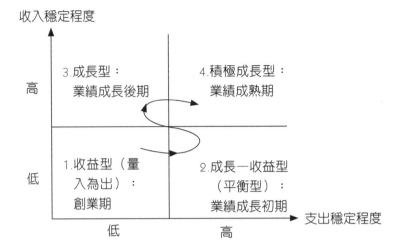

▲圖14-4　甦活族事業發展階段

▲表14-8　甦活族不同階段投資

創業階段		1.量入為出型	2.成長收益型	3.成長型	4.積極成長型
特色		收入穩定性低 支出穩定性低	收入穩定性低 支出穩定性高	收入穩定性高 支出穩定性低	收入穩定性高 支出穩定性高
資金分配	保險支出	20% 只求基本保障／死亡險、意外險	30% 提高保額／死亡險、意外險、醫療險	20% 保障適度即可／死亡險、意外險、醫療險	20% 保障適度即可／死亡險、意外險、醫療險
	投資	50%： ・平衡型基金30% ・成長型基金20%	60%： ・成長型基金30% ・積極成長型基金30%	70%： ・成長型基金40% ・積極成長型基金30%	80%： ・成長型基金50% ・積極成長型基金30%
	流動需求	30% 存款	10% 存款	10% 存款	0% 存款

　　基金投資只是甦活族資金分配的一環，由表14-8可見，在創業期，閒置（或多餘）資金只有五成用於基金投資，有三成擺在定存以備不時之需、周轉之用。

　　隨著業績成長，進入成長期、成熟期，此時不時之需的「意外」機率比較少了，所以有更多比重的儲蓄可擺在基金上。不過，如果你注意看第二至第四階段，擺在積極成長型基金的比重皆以三成為限，隱含著風險控制的觀念，以免樂極生悲。

六、單親媽媽的基金組合

藝人劉嘉芬跟台灣歌王葉啟田離婚曾經喧騰一時，媒體大幅報導她重新就業，以維持生計。女性都有可能成為單親媽媽，根據統計，台灣女性離婚比例最高的年齡是35～39歲，其次是40～44歲，這個階段的女性，子女都還沒成年，是生活負擔最重的時候，因此，單親的女性戶長很容易陷入經濟困境；因為女性的勞動參與及薪資所得多較男性為低，再加上台灣又沒有離婚贍養費給付制度，使離婚的女性經常一無所有。女性喪偶者是男性的三倍多，且女性喪偶者年齡在50歲以上居多，這個年齡並不好找工作，而台灣社會福利有限，使許多老年喪偶的女性晚景堪虞。

單親媽媽遭遇最大的問題之一就是經濟問題，單親媽媽除了必須獨力負擔撫養子女的費用及子女未來的學費外，還必須為自己儲蓄退休基金，因此，單親媽媽對投資的迫切性比一般人都來得高。

由表14-9可見，單親媽媽的投資可依財務狀況循序漸進分成三階段，隨著財務狀況越來越穩，股票基金所占比重便可逐漸增加。

▌表14-9　單親媽媽的投資組合

投資考量	資產	初離婚時	工作或創業	財務很穩時
安全性	定存、債券	40%	30%	15%
獲利性	1.平衡型	25%	20%	15%
	2.股票基金	40%	60%	70%
	(1)成長型	15%	20%	海外基金30%
	(2)積極成長型	-	20%	25%
變現性	現金、活儲和定存	20%	10%	5%

14-5　生命週期基金──20～55歲的套裝基金

手排檔的車很麻煩，從起動到高速，常需換四次檔（從1檔到4檔），反之，減速也是如此。自動排檔就方便多了，有開過兩種車的人應該會有此體會。

同樣的，既然有五個年齡級距，就如同手排車有五個檔，由18～35歲進入下一個年齡級距，基金組合就得重新調整，看似有點麻煩。

於是有些體貼的基金公司，推出為你這個年齡層訂做的生命週期基金，讓你能「一檔到底」。

一、生命週期基金分二小類

　　生命週期基金（life cycle fund）的設計本意，主要是著眼於每一個投資人的生命階段不同，投資屬性不盡相同的特性，基金資產配置也應隨之機動調整；在基金分類上，生命週期基金屬於混合資產（mixed-assets）類別，同時含有股票、債券及貨幣等不同類別資產。

　　生命週期基金崛起的時間不長，全球第一個類似基金起源於1993年，但因價格過高而欠缺市場認同，直到富達於1996年砸下重金行銷，才開始紅起來。美股於2000年科技泡沫化後崩跌，也使戰後嬰兒潮面臨退休的中產階級意識到退休規劃的重要性，再加上先鋒集團及普萊斯等重量級資產管理公司陸續加入戰場，生命週期基金開始蔚為風潮。

　　生命週期基金近年資產規模大幅成長，2000年時，基金資產規模僅633億美元，2004年已成長至1,397億美元，其中前五大業者是富達集團（市占率33%）、先鋒集團（16.6%）、WM（6.7%）、羅素集團（4.0%）及普萊斯（3.9%）。

　　由14-10可見，生命週期基金可分為二小類。

表14-10　生命週期基金的性質

基金生命週期（life cycle fund）	說明
1.目標日期基金（targeted date fund）或目標退休基金（targeted retirement fund）、生涯規劃基金（life part fund）	(1)基金有到期日 (2)由基金經理調整資產配置 　目標日期基金最大特色就是自動定期資產配置，管理費也會隨股債比例調整，每五年調降一次，最低可到0.35%。其中，目標2015及2020基金自成立日起，股票比例低於70%，是全球平衡型基金；而目標2030基金成立時股票占90%，初期為全球股票基金，2016年起將轉為全球平衡型基金。
2.目標風險基金（target risk fund）或人生階段基金（life style fund）	(1)基金沒有到期日可以永續存在，依投資人不同年齡和不同風險承擔能力，進行資產配置。 (2)投資人自行調整不同基金比例：目標風險基金是比較常見的傘型基金概念，投資人可以在同一家基金公司自行決定轉換基金，節省轉換手續費。 　是一種靜態的資產配置基金，該類基金多以組合基金為主，也就是在基金成立時，按成長、穩健、保守等不同風險屬性，提供各種不同資產類別基金的投資比重。

1. 像手排車的目標風險基金

　　分成3～4種年齡級距適用的子基金，投資人屆期必須自己轉換成下一支子基金。

2. 像自排車的目標日期基金

　　以十年為一個級距，像2040年退休人士用的退休基金，買了後，就可以像射後不理的飛彈，它會自己鎖定目標。

　　由於目標日基金比人生階段基金簡單明瞭，因此規模成長速度明顯超越人生階段基金。根據理柏統計，人生階段基金2004年資產規模達958億美元，2004年成長率達28%；目標日期基金資產規模雖僅439億美元，但2004年成長率則高達65%。

二、須定期轉型的目標風險基金

　　目標風險基金是針對投資人各年齡層的容忍虧損率（其實是波動性），去設計出3～4種風險等級的基金。大多數的這類基金是組合基金，子基金有股票、固定收益證券基金等。以三種級距為例。

1. 年輕人適用成長型的人生階段基金，以股票基金為主。
2. 中年人適用穩健型的人生階段基金，偏重平衡型基金。
3. 銀髮族適用保守型人生階段基金，以債券及貨幣市場基金為主。

◢表14-11　二家基金公司的目標風險基金

年齡	18～35歲	36～45歲	46～55歲	56～65歲
AIG友邦旗艦基金	全球成長組合基金		全球平衡組合基金	全球安穩組合基金
寶來證券代理的多元經理基金*	環球90	環球70	環球50	環球30
	數值代表股債比率			

*資料來源：《工商時報》，2007年9月12日，C3版，徐晨縈

三、可以「投資後不理」的目標日期基金

　　儘管人生階段基金可依投資人風險屬性不同進行選擇，然而並不是每一個投資人都能主動且精準地掌握自己風險屬性。因此有些基金公司又發展出「**目標日期基金**」（**Targeted Date Fund**），它指的是投資人先預定好自己的退休年齡，然後購買以該退休時間點命名的基金。例如，預計2025年退休，可以選擇2025年到期的生命週期基金。

　　只要選定退休時間點和每月投資的金額，就可以放著不管，不必每天擔心股價的起伏和資產配置。因為基金經理會隨著你所預定退休年齡的接近，每年慢慢減少股票比重（詳見圖14-5），然後提高債券的比重，逐步降低投資風險。資產管理公司設計此類基金商品時，通常會推出未來10～30年到期的基金進行，投資人再選擇其中跟其投資時間相符的目標日期基金。

　　目標日期基金可以說是懶人的終極基金，投資人申購後就可完全不予理會，由基金公司來進行資產配置。生命週期基金在到期之後，會自動轉換成固定收益證券基金，屆時投資人可以選擇贖回、轉換為其他天期的生命週期基金，或是繼續投資。

1. 報酬率參考指數

　　美國道瓊目標日期指數（Dow Jones Target Date Index）專供退休金投資市場參考而編製的美國股市指標，該系列指數2002～2006年累計總報酬皆在四成以上，詳見表14-12。目標日期越長的基金追求較積極的報酬，越接近目標日期的基金，由於側重風險考量，績效表現相對保守；顯示目標日期基金初期重獲利、後期重固定收益的穩健特性。

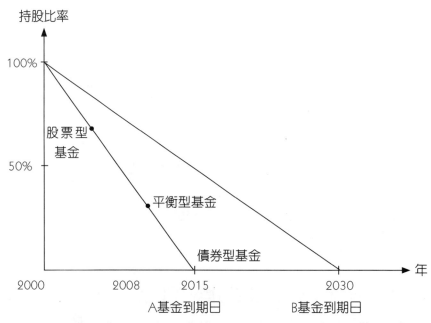

圖14-5　生命週期基金（目標日期基金──隨投資人退休而調整的基金）

表14-12　各項道瓊目標指數報酬率

目標日期指標指數	累計報酬率（%）			
	年初至今	過去一年	過去二年	過去五年
道瓊目標2010指數	8.54	10.46	14.09	42.99
道瓊目標2015指數	10.22	12.72	17.53	49.19
道瓊目標2020指數	11.68	15.03	22.45	57.33
道瓊目標2025指數	12.35	16.49	26.88	65.02
道瓊目標2030指數	12.78	17.49	30.38	71.52
道瓊目標2035指數	12.67	17.74	32.23	75.71
道瓊目標2040指數	12.37	17.55	32.50	76.89
道瓊目標2045指數	12.37	17.55	32.50	76.89

資料來源：彭博資訊，資料日期：2006.11.6

2.　平平16歲，大細漢卡差那麼多

　　晨星分析師卡普爾（Kunal Kapoor）提醒投資人，雖然很多公司推出名稱類似的生命週期基金，但彼此可能有很大的差異。例如，普萊斯推出的2010退休基金，有60%以上在股票，但先鋒2015目標退休基金或富達自由2010基金，所含的股票比重都不到50%。富達自由2020基金包括18支子基金，但普萊斯2020退休基金只有10支子基金，先鋒2025目標退休基金中的子基金只有4支。

　　卡普爾認為，富達自由2020基金的子基金中就包括3支大型混合基金、3支大型成長型股票基金、1支大型價值型股票基金、2支大型國際股票基金，卻欠缺小型股票基金。此外，在債券子基金中，同質性也顯得高。富達自由2040基金雖然離規劃退休日期還有35年，可以承受較高的風險，但竟然沒有把小型基金涵蓋在內。相形之下，普萊斯及先鋒的同期基金就有約9%的比重放在小型股票基金。[2]

---

[2]　《經濟日報》，2007年3月1日，B2版，張瀞文。

第15章 基金投資

當你的錢在儲蓄存款戶頭價值縮減時，千萬不要袖手旁觀，反而要讓錢為你做工，而藉由購買共同基金所介入的股票，你就可以買進其他公司，變成資本家。

——坦伯頓爵士
富蘭克林坦伯頓基金集團創辦人之一
《坦伯頓致富金律》
（註：有關坦伯頓的書很多，例如《坦伯頓和菲利普斯》、《坦伯頓投資法則》，麥格羅‧希爾公司出版，2008年7月。）

舉一反三

如果你有投資股票，那麼再來看基金投資就容易多了；只要看大同「小異」的部分。要是沒有股票投資經驗，也不用擔心，本章深入淺出說明基金投資的幾個重要觀念。

然而，在本章中，很多看法（例如停損）跟投信的「老王賣瓜自賣自誇」的建議或股票投資不一樣，所以本章值得你細看。

15-1 基金組合原理

人之不同各如其面，因此在第14章，我們依五個年齡層建議了適配投資屬性的基金，然而各種資產也不是那麼乖，起伏在所難免，可用「天有不測風雲」來形容。為了避免「賭錯邊」，因此不宜單押，宜採取把雞蛋放在好幾個籃子的方式。

一、勿單押一支基金

有些投資人認為基金本身就是一個投資組合，已替你分散持股，所以為了省事起見，買一支基金就好了。

(一)只能淺嘗，不能豪飲

就跟酒精純度在40度以上的威士忌、高粱酒，只能淺嘗，不能豪飲一樣，同樣的道理，也適用在金融投資上。以地區來說，這是指國家（尤其是開發中）基金，以資產來說，股票中的高科技基金、衍生性商品為主的衍生性商品基金，這些基金一年跌幅往往會腰斬，跌一半以上，而且碰到這種崩盤情況，常常五年還無法翻身。

高風險本質的基金不僅不能單押（甚至連投資地區都完全分散的全球高科技基金），而且縱使投資，比重也不宜超過15%，更不要說押寶式的全押上了。

(二)基金公司為何不按牌理出牌

投信是全世界最應該遵守「不要把所有雞蛋擺在同一個籃子」的人，但是投信卻會推出一些風險集中的基金。

· 衍生性金融商品為主的基金，例如認股權證基金、指數期貨基金。
· 投資某一產業的類股基金。

這些風險集中的基金，投信推出的目的不是要給你單點，而是給你做基金組合或避險用的。

1. **樂高積木般的基金組合DIY**

　　就跟有些有特殊尺寸、偏好，不喜歡買成衣的人一樣，有些投資人不喜歡一般性的股票基金，尤其是不喜歡其中各類股的產業比重。例如，自己理想的持股比率為營建類（國建基金）20%、電子類股（高科技基金）40%、中概股（台商基金）20%、其他20%。在此情況下，就可以自己買一些類股基金來組合成心目中的基金組合。

2. **猛虎難敵猴群**

　　除非基金採取「多位基金經理共同操盤」，否則一般基金大都是一個人操盤，不管有多少研究員，但是基金經理可能術業有專攻，只精幾個產業，難免掛一漏萬。

二、二分法是不夠的

　　基金組合中有種常見的二分法方式，即長打型的核心基金與短打型的衛星基金。

　　貝萊德投資管理資產配置及經濟研究小組（Strategic Investment Group）董事格立瀚（Colin Graham）指出，在建立資產配置時，要先有**核心資產**與**衛星資產**的概念，「核心」要穩，「衛星」要活的原則下，來建構基金組合。

1. **核心資產**

　　核心資產是指歷經景氣多空循環後，還能持續締造具吸引力報酬的資產，必須要有較穩健的績效，較低的波動率，讓投資人可以放心地持續投資，並長期持有，以達成長期的投資目標。

　　全球基金適合作為核心資產投資，投資此類基金，看似僅持有一支基金，實際卻是投資布局範圍最廣，以一擋百的投資。

2. **衛星資產**

　　至於**衛星資產**一如「眾星拱月」般的圍繞著核心基金，有時甚至像「彗星」稍縱即逝，有時像「流星」剎那即是永恆。因此衛星型基金是可以換來換去的。

三、「五三二」原則

　　套用「**80：20原則**」，可以得到核心基金占八成、衛星基金占二成。如果稍微

加工，再把八成分成二份，分成「50：30」，那就可以得到「五三二原則」。圖15-1是我常用的基金組合方式，而且照表操課。

- 圖中第1欄投資期間和功能，這是基金經理在建立投資組合中常見的三種不同功能的持股，而在投資人的基金組合，股票則由各別基金取代。
- 第3欄為投資地區，這是海外基金時才有這一欄；如果只考慮國內基金組合時，這一欄可以直接跳過。

資金比重%

投資期間和功能	資金介入方式	投資地區（海外基金時）	投資資產（股票基金）	市況（以股市為例）
20% 1年以內，攻擊性持股	單筆	國家或新興市場基金	積極成長型	末升段
30% 1~3年以上，核心持股	定時定額為主，單筆為輔	區域基金歐洲、美洲或跨國基金（例如美台基金）	成長型	主升段
50% 3年以上，基本持股	定時定額，單筆更合適	全球	分散型收益型	初升段

圖15-1　短中長期的（海外）基金投資策略

1.　用50%基本組合打地基

基本組合的功能在於穩定整個投資組合，首先三年以上不會賠本，而且宜產生持續、穩定的報酬率，目標是最少每年12%。要想降低賠本的機率，那麼投資地區最好是全球，而投資資產宜為分散型或收益型的股票基金或平衡型基金。由於投資期間長、投資地區廣，所以資金介入方式宜採定時定額法。

2.　30%的核心組合攻守得宜

整個資金有三成是擺在中度風險的資產，以股票基金來說，可選成長型，為了減輕資產帶來的風險，因此在投資地區宜以已開發國家的區域基金為主，例如歐洲、美國（美國大到可以抵得上歐洲），台灣投資人還可以考慮美台基金等跨二洲的跨國型基金。

核心組合以中期投資為主，所以一到三年必須更換投資地區，例如歐洲股市比較穩健，所以宜列為中期投資。有大錢就單筆介入，如果每月只有三五千

元的小錢，只好採取定時定額投資。

3. **20%的攻擊性組合恰恰好**

把二成資金擺在高風險資產，例如積極成長股票基金、衍生性商品基金、開發中國家或新興股市基金。這些都屬於一年內投資，也就是「打帶跑」的短打，不過，基金的「搶短」要比股票的「搶短」時間長很多。一旦達到獲利目標，這些投資就得「拔檔」，千萬不能戀戰，否則從短期投資一拗再拗，變成中期投資，屆時一旦崩盤，三個月跌五成，把過去二年漲三成都跌光了不打緊，而且連本都賠進去了。

要是你想多賺點錢，那麼可以把攻擊（或冒險）比重提高到三成，而把基本比重由五成降至四成。不過心裡要有準備，要是有個三長二短，則年報酬率可能會呈現負值，連本金都被拖累了。

4. **金字塔形的圖示方式**

圖15-1是教學時使用的圖示，當我在外演講時，則會用**金字塔形**來表示，金字塔底穩（占50%）、塔頂窄（占20%），立得穩，不會倒。而且還有一說**「人怕時間（因為人難免一死），時間怕金字塔」**。

此外，我野人獻曝的在圖15-2上提出一些推薦基金。在第16章第9節，我的學生的期末報告的基金組合也是依此原理做出來的。

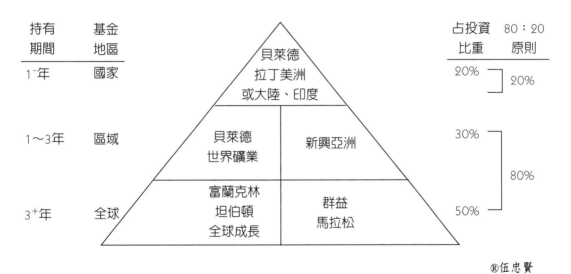

®伍忠賢

🔔圖15-2　基金組合

15-2 適才適所，皆大歡喜

「武大郎玩夜鷹——什麼人玩什麼鳥」，這句諺語最足以形容基金投資時，不同條件的投資人宜採取適合自己的投資策略。例如理財菜鳥或是公務員，勉強自己買賣封閉型基金，想賺取短線差價，很容易事與願違，這種錢不是什麼人都可以賺的。投資人宜真實的面對自己，瞭解自己的條件，以進而採取「適配」的投資策略。

一、男女性格上的差異——女性偏好定期定額、男性偏好單筆投資

不少投信對男、女性投資人進行調查，發現下列現象。

・男性投資IQ高於女性，顯示男性投資人投資知識比較豐富，比較喜歡殺進殺出的單筆式基金投資。

・女性投資人傾向於採取定期定額基金投資，投資「情緒商數」（EQ）比男性高。

「耐性與成功結緣」，這句話也適用於基金投資，不論是守株待兔的單筆投資「不要賣」，或是「隨時買」的定期定額基金投資，只要是多頭市場時，女性投資人由於比男性投資人「不貪短利」、「不自以為是」（所以不會聰明反被聰明誤），也就是女性的理財「情緒商數」比男性高，反倒「合理膽小的人」賺最多，即不會暴虎馮河的去單押積極成長型股票基金。

如此看來，夫妻之間由太太來決定基金投資反倒比較合適呢。

二、在變與不變之間

積極、消極投資策略只是一種分類方式，並不是說只有這二種方式可以選擇。黑色和白色之間也有灰色地帶，同樣的，也有「守中帶攻」的混合投資策略，平時以定時定額投資策略為主，但碰到可遇不可求的股市超跌情況（例如本益比跌到只剩12倍），此時不賺白不賺，額外再用剩餘資金（也許只占總投資資金二成）買基金，賺個7%，在半個月、一個月內就獲利了結。同樣道理，也有「攻中帶守」的混合投資策略，有四成以內資金進行定時定額基金投資，六成以上資金進行短中期的單筆投資。

三、不宜中長期融資買基金

　　許多投信皆強調基金有依市值質押八成的優點，貸款期間五年，到期還本，期間每個月只需還利息，利率跟台幣定存單質押差不多，約為4～6%。看起來貸款條件不錯。有不少人想多賺一點、快速致富，便採取融資資金來買基金。不管融資資金哪裡來的，縱使是親朋無息借給你的，也不適合借太久。

1. 投資風險額外加財務風險

　　投資本身的風險本來就不低，如果還額外增加個還息還本的財務壓力，在股市下跌時常會令投資人有「蠟燭兩頭燒」的壓力。例如本來可以停損的，但因質押之故，反倒怕還不清貸款，因此被迫再標會來付質押貸款的還本還息，又增加一項財務負擔。這也是為什麼有那麼多投資專家三令五申的主張「**閒錢買股票（基金），越陳越香**」的道理。

2. 融資只能用於短線操作

　　當然，如果有限度的融資，也就是還本還息都在能力範圍之內，也不是絕對不宜融資。但為了控制財務風險，融資操作反倒宜短期使用，也就是融資期間不宜超過一年，其功用在於擴大短打投資的戰果，而不是賺取中長期的利得。

3. 有條件限制下融資買基金

　　借錢買基金還沒嚴重到完全不宜的程度，否則也太不近人情了。就跟下面故事的道理一樣的。有個連長向全連弟兄告誡：「義務役士兵不准騎乘機車」，「但是如果一定要騎，最好不要在大都市（免得被憲兵逮到），而且一定要戴安全帽（降低車禍時受傷程度）。」

　　如果要額外冒財務風險，那麼最好得更注重風險管理，我們建議採取表15-1中的方式。

▓ 表15-1　有條件限制下的融資來買基金

投資策略	最好	不宜
融資資金來源	1.壽險保單質押，利率6%左右 2.基金質押，利率6%左右	1.標會，利率12～20% 2.信用卡透支，利率18～20% 3.地下錢莊，利率300%以上
投資對象	初升或主升段的股票基金	1.衍生性商品基金 2.末升段的股票基金
投資期間	三個月內	八年抗戰、十年教訓
融資金額	原投資金額三成以內	超過原投資額三成

15-3 定期定額投資

常常有人問我：「我該定期定額或是單筆買基金呢？」我的回答是：「這是兩碼子事」，定期定額就跟零存整付的定期存款一樣，適合每個月有些結餘（至少3,000元）的人；單筆投資跟一筆存5萬元定存一樣，適合現在手上就有1萬元以上的人。

本節內容很完整，頗適合用5W2H的解決問題架構來說明。

一、這樣子比較毫沒道理

2002年10月20日～2007年10月20日，共五年，以指數來計算報酬率。

1. 單筆投資

單筆投資大盤，五年大盤漲115.6%。

2. 定期定額

定期定額買基金，有時遇到指數低點，但有時碰到高點。所以報酬率（詳見表15-2）當然比買到低點的單筆投資低。每月定期定額投資加權指數1萬元，一年期的投資報酬率為17.94%，五年期累積報酬率達57.21%。

表15-2 2002～2007年台灣加權指數定期定額累積報酬率

投資年數	投資金額	投資報酬	累積財富	投資報酬率
1	120,000	21,532	141,532	17.94%
2	240,000	77,443	317,443	32.27%
3	360,000	148,685	508,685	41.30%
5	600,000	343,266	943,266	57.21%

資料來源：理柏資訊，上開試算是從2007年10月20日往前推算一至五年，台灣加權指數之定期定額投資報酬率，每月投資金額1萬元。投資人因不同時間進場，將有不同之投資績效，過去之績效亦不代表未來績效之保證。

二、Why？財富跟投資人的耐性成正比——定期定額一如複利的利滾利

定期定額基金投資是小氣財神積少成多的最佳途徑，只要時間夠久，「小卒嘛也變英雄」！

1. 定期定額投資像「零存整付」

　　你大概看得出來，我並不太強調定時定額投資法在「時間分散」（即隨時買）的降低投資風險的功能。我比較傾向於強調它跟「零存整付」的存款一樣，具有小錢（最少3,000元）也能投資股市，強迫儲蓄的功能。

　　當你手邊沒有終值表或年金終值表，複利效果可以利用「72法則」來做簡單說明，72法則是一種計算財富倍增所需的時間的簡單公式，以72為分子，投資報酬率為分母，兩者相除即為財富倍增所需的時間。舉例來說：投資人選了一支年報酬率為10%的基金，投資了100萬元，依照**72法則**（72/10 = 7.2），7.2年後，你的資產可以從100萬元變成200萬元。

2. 日本竹子的故事

　　西班牙身兼管理學教授、經濟學者和暢銷作家等多重身分的亞歷士‧**羅維拉**（Alex Rovira）在《**這一生都是你的機會**》書中，有下列這則發人深省的小故事。

　　　　縱使不是種田的農夫也知道，所有的好收成都需要的必備要件是優良的種子、適當的施肥以及持續的灌溉。栽種日本竹子更是奇特了，耐心不足的人是絕對種不成的。灑了種子之後，不但需常施肥，而且要勤灌溉。播種後，幾個月都不見動靜，不僅如此，入了土的種子整整七年都沒有萌芽。碰到這種情形，經驗不足的農夫大概會以為自己播了壞種。然而就在第七年，僅僅六個禮拜內，竹子不但長出來了，而且短時間內就長到30公尺高！

　　難道，竹子的成長只需要六個星期嗎？

　　當然不是！事實上，它需要七年的成長時間，只是集中在最後六個禮拜茁壯、長高了。前面七年的成長顯然是無形的，原來竹子在土裡七年時間，並不是什麼事也不做，它默默地吸取養分、向下紮根，這片密實的根網，蓄積的能量終於在最後六個星期內爆發，奮力向上竄高，足以支撐又高又壯的枝幹！

　　投資也是如此，需要付出時間和耐心。定期定額投資就像栽種竹子一樣，選擇優良的標的，每月不間斷地扣款，所投資的單位數累積越來越多，在時間複利的效果下，以期追求累積財富的機會。

　　定期定額投資也要有紀律，持之以恆地扣款，不能因為短期的市場波動，而隨便調整投資或任意停止扣款。

3. 鑿井勝過挑水的故事

　　新光投信總經理黃植原認為，定期定額要賺錢，必須堅持長期投資、不中

止扣款，即使累積報酬出現虧損，仍持續扣款。投資基金應該要規律的、穩健的投資，就像「鑿井理財哲學」一樣。網路上流傳的一則故事，兩個和尚分別住在二座山頭上沒水喝，必須每天下山挑水，日子久了，只見一位和尚仍在挑水，另一位和尚已不見蹤影；原來，不挑水的那位和尚，每天除挑水外還自己鑿井，日子一久，井也鑿好了，再也不必下山辛苦挑水。

定時定額投資基金就像每個人每天花些時間為自己鑿井盡一分力，只要定時定額扣款時間一久，累積的財富就有如井水般源源不絕，等於為自己下半輩子另闢財源，萬一有一天工作斷炊，也不怕沒有收入來源。[①]

三、Who？適用定時定額法的投資人

定期定額法最適合具有下列屬性的投資人。

- ·「低IQ」：定期定額投資是全自動的定時投資，跟「選時買」這種積極投資策略相比，便顯得呆板許多，難怪是傻瓜投資術典型方法之一（另二種方法是「買入持有」、指數複製）。
- ·「高EQ」：定期定額就跟寫日記一樣，得很有恆心、毅力，否則一年半載看不到具體成果，不少性子急的人就容易見利思遷。所以，此類投資人必須具備日本德川家康幕府將軍的耐性。

根據統計，定期定額投資人往往熬不過連續六個月的負報酬率，很多人會選擇停止扣款或認賠殺出，讓過去累積的投資效益功虧一簣。但依據經驗顯示，多頭期間平均23個月、空頭期間13個月，黑暗總會過去，黎明終會來臨。

群益投信總經理賴政昇指出，定期定額投資透過平均分攤投資成本的概念，在股市下跌過程中累積更多單位數，一旦恢復股市上漲走勢，往往可以帶來不錯的投資效益。最可惜的是因為股市一時的變化而停止基金扣款，反而會失去定期定額複利的意義。[②]

四、How much？——決定定時定額基金投資金額

就跟買壽險一樣，首先必須算出多少的保額保障才足夠，其次是繳費期間、每期（如每季）繳費金額的決策。同樣的，定期定額基金投資也有這些「How much」的問題。

[①] 《經濟日報》，2007年8月28日，B3版，曹佳琪。
[②] 《經濟日報》，2007年8月29日，B4版，曹佳琪。

1. **最適投資金額的功能**

　　理財原則之一是「量入為出」，而投資原則之一則是「今天要為明天做準備」，明天（退休後）生活水準（每月）需要多少錢才能維持（至少是目前水準）？在假設的投資期間（例如你還要工作25年）、假設投資報酬率之下，便可倒推出唯一的未知數；從今天起每月「最佳」定期定額投資金額。

　　為什麼叫「最適」？那是投資報酬只要夠用即可，不要為了退休後好過，而今天節衣縮食的省錢來投資，這樣的投資很容易半途而廢；此外，勉強持之以恆，到時也才發現「過去沒有必要那麼虐待自己」。

2. **決定每月投資金額**

　　大部分投信皆有推出定期定額基金投資，透過銀行、郵局來扣款，一般投資規定如下。

- ・每月最低申購金額：以3,000元最多，少數為5,000元。
- ・扣款日：以6日、16日或26日為最多，主要是配合大部分公司5、25日發薪水。
- ・申購手續費：通常為3%，要是沒有到達最低手續費標準（200元），有些銀行還是會以後者收費。
- ・開戶：只要有活期儲蓄存款戶，再額外填表「指定用途信託帳戶」，指定投資標的，便可以開始投資。

五、What？定期定額的人氣基金

　　由表15-3可見，依各類股票基金分類，定期定額投資人氣旺的基金首推國泰中小，其次是群益創新科技。單月扣款金額超過1億元的基金，該基金總規模都不小，其中群益馬拉松及群益創新科技基金都超過100億元。這些大型基金的平均績效平均一年達39.1%，五年期長期績效有134.1%的水準，表現相當亮麗。

六、When？何時扣款最合適？

　　有沒有哪一天扣款（如六號、八號）最大吉大利，答案是「沒有」，雖然股市呈現「週末（或週一）效果」，不過週一不必然在每月中哪一天出現，自然就無法「選時」了，那麼「選時不如撞時」，時間拉長來看，每月哪一天扣款的影響可說幾乎不存在。

▌表15-3　定期定額人氣基金（依各類型扣款金額排名）

公會分類	基金名稱	2007.7扣款金額（萬元）	定期定額績效（%）2007.7			
			一年	二年	三年	五年
上櫃股票型	保德信店頭市場	4,344	42.9	67.7	130.7	198.2
	群益店頭市場	3,136	46.3	68.0	95.5	133.0
中小型	國泰中小成長	15,922	33.2	56.1	90.3	153.3
	群益中小型股	4,358	44.9	71.2	102.7	133.6
科技類	群益創新科技	13,110	49.5	86.8	131.9	184.8
	摩根富林明JF新興科技	4,944	28.0	38.5	53.1	66.9
一般股票型	群益馬拉松	10,100	39.7	64.0	91.0	132.8
	保德信高成長	788	39.0	63.0	108.1	162.7
價值型	摩根富林明JF價值成長	924	28.1	44.3	58.7	87.4
	元大巴菲特	587	39.8	54.5	70.3	88.4
平均績效			39.1	61.4	93.2	134.1

資料來源：扣款金額來自投信投顧公會

1. **每月何時扣款不重要**

　　一個月中無論哪天扣款，報酬率差距都非常小，因此投信業者還是建議投資人與其去找哪天扣款最賺不如落實持續扣款的原則，才是上策！

　　投資人應該從個人本身的資金調度習慣與需求去做考量。例如每個月的資金調度都是剛好的投資人，建議扣款日不妨薪水入帳的次日，至少也要緊跟著薪水入帳日。這樣一來可以強迫自己儲蓄，二來可以避免扣款日離領薪日太遠，造成資金調度吃緊，讓定期定額因此扣不到錢而錯失潛在的投資機會。

2. **存款不足時**

　　當你下個月可能缺錢時，沒錢買基金，銀行會來函通知你注意帳戶要保持足夠扣款金額。

　　要是接連幾個月都青黃不接，對定時定額基金投資的影響又怎樣？投資人當初跟銀行簽下定時定額投資契約時，其中有一條款是有關連續三次扣款不成功時的處理方式，通常契約上會註明「該行有權逕行賣出」。銀行會自動解除契約外，還會將您帳上已累積持有的共同基金全數強制贖回。為避免被強制執行，所以投資人如果預期會阮囊羞澀，則宜事先通知銀行或投信暫停扣款或降低扣款金額（如果還有空間的話）。

七、How？定期不定額

定期定額投資最大的敵人就是投資人缺乏耐性，這也難怪，投資人買基金是為了賺報酬率，不是為了累積基金的單位數。

在本段中，先說明呆板的定期定額投資弄得投資人大落跑。接著再說明投信2006年變聰明了，推出「定期不定額」投資，股市空頭時，建議投資人少買點（基金），股市多頭時，多買（即加碼）。

㈠不跑，死得很難看

由圖15-3可見，基金定時定額扣款人數最高峰是在2000年台股萬點時，當年12月60.2萬人、扣款金額29.1億元。隨著全球科技破滅，投資人意興闌珊，定期定額人數持續衰退，2000年3月迄2002年大空頭期間，持續二年多，基金越買越套、越買越賠，很多定期扣款的投資人也受不了，紛紛停扣，一批批出場。空頭結束、2002年多頭來臨，投資人逐年增加，2008年突破60萬人，等於每三位基金投資人，就有一人選擇定時定額。

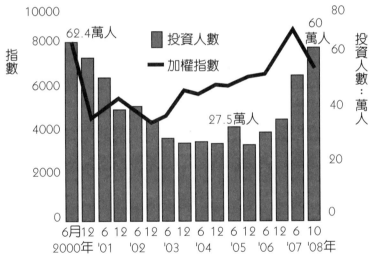

⚙圖15-3　定期定額投資vs.台股指數

資料來源：投信投顧公會

㈡定期不定額

為了進一步提高定期定額投資共同基金的報酬，2006年來投信紛紛研發出「定期不定額」的投資機制系統，詳見表15-4。而結果也顯示，大抵可以提高基金投資報酬率！

📖 表15-4　改良式定期定額

投信	專案名稱	產品特色
復華投信	好利High定時定額	第一利High：智慧型逢低加碼。 第二利High：預先設定停利點。 第三利High：停利後自動再投資復華平衡系列基金。
新光投信	雙利投資計畫（定存型投資）	投資固定收益證券基金30萬元以上，本金不動用的情形下，自行以資本利得定期定額轉申購股票基金。每筆轉申購獲利達20%時，系統自動贖回至債券型基金，累計本金再滾利。
犇華投信	活利「EZ扣」	鎖利計畫：扣款基金達到投資人設定的停利點後，把報酬自動轉申購犇華（2006年以前稱為倍立）寶元固定收益證券基金，達到獲利落袋的目的，原基金則繼續維持扣款動作。 富利計畫：投資人把10萬元以上資金存入犇華寶元債券基金，利用定期定額的操作方式，轉申購犇華旗下股票基金，停利後再轉入寶元固定收益證券基金，達到分散時間風險的目的。 活利計畫：結合鎖利計畫及富利計畫，把先前已停利的投資收益，再次以紀律化的方式投入犇華投信旗下股票基金，形成循環再加碼的操作，達到時間複利的效果。
ING彰銀安泰投信	ING定利搶先報	只要預設基金的期望報酬率，ING彰銀安泰投信經由電腦系統每日監測，一旦達到預設的期望報酬率，隨即主動發送大哥大簡訊或電子郵件通知
元大投信	2 IN 1智慧型定時定額	2 IN 1的投資比例配置： 2 IN 1投資原理是運用「資產配置」的觀念，依據「大盤指數漲跌」自動分配每月股票／固定收益證券（或平衡型）基金的扣款比例，以達逢低加碼逢高減碼之目的。當加權股價指數跌破十年均線時，跌得越深扣股票基金越多，固定收益證券及平衡型基金越少；反之，股票基金扣得少，固定收益證券及平衡型基金扣得多。

資料來源：各投信

(三)攻擊型基金最適合定期不定額

匯豐中華投信表示，定期不定額投資特別適合波動性大又具成長性的市場，台股和新興市場都是很適合用此策略操作的市場。

2004年10月～2007年10月，每月5,000元定期定額扣款一次投資新興市場摩根士丹利指數，報酬率達70.4%，但是有適時獲利了結，原來每月扣款5,000元，跌至成本一成以下加碼至1萬元、漲到一成以上減碼至3,000元，結果報酬率可提高至77.9%。顯示投資新興市場勇敢出場的效果。

不過，多數投資人在獲利了結方面都很乾脆，但是在股市重挫之際相對敢加碼的投資人就不多了，摩根富林明資產公司強調，投資新興市場最好能夠出場和進場一樣勇敢，才能掌握最大的獲利空間。[3]

㈣匯豐中華投信的定期不定額投資計畫

匯豐中華投信在2004、2007年各推出一次智慧型定時定額的投資準則。

1. 200日均線

匯豐中華投信建議的定期不定額方法，則是以200日均線法為準則。舉例來說，假設投資人在投資基金，第一個扣款日扣款3,000元，則在第二個月扣款日當天，可先向銀行理專或申購基金公司查詢，檢視基金當天技術指標是否低於200日均線，如果低於200，就增加扣款加碼至8,000元，如果高於200，則繼續扣款3,000元，以此類推。

200日移動平均線為美國投資專家**葛藍碧**（Joseph Granville）所研究與試驗，認為其在長線走勢中最具代表性，股市長期會依此均線上下移動，因此，要是能在200日以下加碼，可增加單位數，也能取得較低的平均成本，發揮複利的效果。

把200日均線法來跟波動幅度較大的新興市場做檢驗，2000～2006年8月，一共扣款80期，則產生的報酬率可達到178.57%，比80期定期定額扣款3,000元來說，報酬率整整多了10個百分點。

匯豐中華投信資深副總經理李哲宏表示，經過八個月的研發，2007年10月22日推出「iSmart定期不定額投資計畫」及「動態超能投資計畫」，利用電腦系統為投資人降低風險，來追求較高的報酬率。

2. iSmart定期不定額投資計畫

這個升級版系統可以提供投資人自動「逢低加碼、逢高減碼」方案，從回測數據上，以2000年3月底到2006年10月底為例，運用iSmart投資計畫直接投資於摩根士丹利世界指數，期末報酬率比一般定期定額法高出9個百分點，更比單筆投資法高了45個百分點。

3. 動態超能投資計畫

動態超能投資計畫是針對投資金額達100萬元以上的VIP顧客而設計，融合資產配置、自動停利以及定期不定額等機制的新型態投資。

---

[3] 《工商時報》，2007年11月6日，C3版，陳欣文。

匯豐中華投信資深經理李慧芬解釋,動態超能投資計畫依投資人的風險屬性,建立初步資產配置,其中穩健型基金部位是為原始基金,這部分是以單筆投資為主,主要是買固定收益證券或類貨幣型基金,再搭配積極型基金(電腦系統裡的標的基金),採定期不定額方式來操作。

電腦系統會主動監測基金投資報酬率,一旦標的基金到達停利點時,會自動全數轉申購報酬率穩健的原始基金,讓獲利先落袋為安。

至於停利後轉回原始基金的資金,則於下一個約定日時再轉申購標的基金,墊高長期報酬。[④]

㈤新光投信的季線乖離率準則

新光投信利用大盤季線乖離率研判賣點,達(或接近)10%時顯示股市接近高檔,「定期不定額」者宜停利買回;大盤季線乖離率達負10%則表示股市相對低檔,就應該加碼投資。

㈥犇華投信的活利EZ扣

投信犇華的「活利EZ扣」是結合停利點設定和固定收益證券基金轉申購的投資計畫,投資人可以依自己的需要選擇下列三種方法。

1　富利計畫:先單筆投資債券基金再分期把資金轉投資股票基金,到停利點即獲利出場再轉至固定收益證券基金。

2. 鎖利計畫:獲利到一定比率之後即轉入固定收益證券基金。

3. 活利計畫:定期定額投資股票基金,獲利即轉入固定收益證券基金,原扣款基金繼續扣,在固定收益證券基金的獲利也會轉入股票基金。

15-4 單筆投資

單筆投資於基金也是常見的事,當有時會有一筆閒錢時,當然以單筆投資為主,至於報酬率主要是抓各種資產、國家的**趨勢性**(三年以上)、循環性和季節性。

---

④　《經濟日報》,2007年10月23日,B3版,李娟萍。

一、趨勢性

去比較單筆投資與定期定額哪種投資時機比較賺，這種比較毫無意義。因為在空頭市場時，買到最高點的單筆投資最衰，定期定額投資還能少輸就是贏。

反之，在多頭市場，買到最低點，總比定期定額投資去追高來得賺。

但是，很少單筆投資的人會衰到「最高點」或爽到「最低點」，因此，任何數字舉例是毫無必要的。

以投資群益馬拉松基金為例，一時半載可能面臨股市空頭，等到V型反轉（甚或W底）確立時，再來賺波段錢似乎較佳。

至於多頭時，有錢就買基金，不用擇時了。

二、季節性

有些資產價格起伏跟四季般具有明顯的寒暑循環，掌握此奧秘，就形同取得入門贏家鎖鑰，只要一筆錢就能波段操作賺到滿意的報酬。

摩根富林明投信副總經理吳淑婷強調，每年10月可布局歐股，持有到隔年4月份左右，平均可有近10%的獲利，詳見表15-5。然後在4、5月間獲利出場，再轉進能源類股，以搭第三季油價往往飆到最高點的獲利列車，詳見圖15-4。

表15-5　1988～2006年8月，歐美股市波段表現

國家	摩根士丹利歐洲指數	摩根士丹利美國指數
每年11月到隔年4月		
期間年平均指數漲跌	9.70%	7.45%
過去18年上漲次數	16次	15次
過去18年下跌次數	2次	3次
每年5月到同年10月		
期間年平均指數漲跌	-0.24%	2.64%
過去18年上漲次數	10次	14次
過去18年下跌次數	8次	4次

資料來源：彭博資訊

資料整理：摩根富林明投顧

到10月份，再把能源類股獲利了結，轉進歐股，如此循環操作只需一筆資金，

就能夠波段賺錢成為贏家。[5]

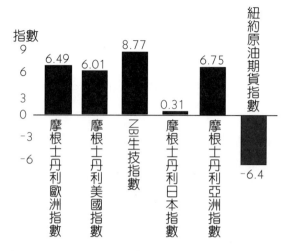

指數

摩根士丹利歐洲指數	摩根士丹利美國指數	ZB生技指數	摩根士丹利日本指數	摩根士丹利亞洲指數	紐約原油期貨指數
6.49	6.01	8.77	0.31	6.75	-6.4

圖15-4　1995～2005年來主要市場第四季漲跌

資料來源：彭博資訊，統計期間：1996～2005年

資料整理：摩根富林明投顧

15-5 停損

停損（**stop loss**）是指認賠了事，在股票投資時，有些人有錯誤看法，認為採取攤平法，就可以少輸，但是碰到崩盤時，這麼做的結果是「層層套牢」。

同樣的，絕大部分投信都建議投資人採取攤平法，也就是不要採取停損法。但是，我主張採取停損。本節說明理由和做法。

一、股災來了，驚衰先落跑

2007年，經過2月、7月兩次股災（詳見圖15-5）震撼，投資人越來越短期操作，直接下單贖回、先走先贏。

---

⑤　《工商時報》，2006年9月15日，C1版，林明正。

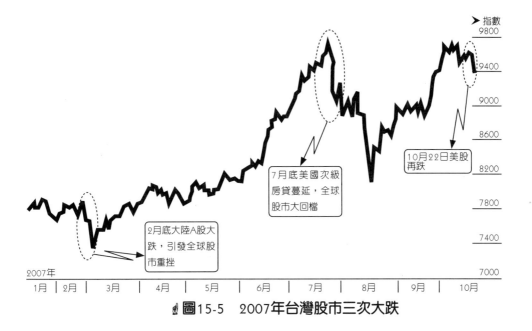

圖中標註文字：

指數
9800
9400
9000
8600
8200
7800
7400
7000

7月底美國次級
房貸蔓延，全球
股市大回檔

10月22日美股
再跌

2月底大陸A股大
跌，引發全球股
市重挫

2007年

1月　2月　3月　4月　5月　6月　7月　8月　9月　10月

圖15-5　2007年台灣股市三次大跌

二、停損可避免本金賠光

停損就跟開車時看情況不對而踩煞車的道理一樣，或許你會說那要是判斷錯誤，不是會造成「賣得太早」的錯誤嘛？

㈠定期定額投資，看長不看短？——空頭時暫停扣款將失去攤低成本的機會？

你是否看過這樣的建議：「股市空頭時，定期定額投資暫停扣款將失去攤平成本的機會」，理由是定期定額的投資，是以「平均成本法」的觀念進行，此時股價下跌雖然連帶基金淨值也下跌，不過，同樣的投資固定金額卻能購買更多的「單位數」，因此，現在不投資，很可能日後贖回時，發現跟按月投資的人相比，投資報酬率有天壤之別。

你是否同意投資專家上述的建議？

不過抱歉的是，我並不同意投資專家的上述建議，定期定額法並不適用於股市空頭市場時。

㈡「停損」如同踩煞車

基金投資停損的問題主要還是來自投資人「隨便買，隨時買，不要賣，賺最多」的迷信。但如同上坡的路，不只是只有上坡，也有下坡的。

1. **有些股市20年都無法翻身**

　　像日本股市從1991年2月36800點崩盤，恐怕20年（2010年）還無法翻身。台股也只是五十步笑百步，從12680點崩盤，花了10年也無法收獲失土，詳見表15-6。

2. **定期定額投資不是攤低成本，而是層層套牢**

　　「刺到肉才知痛」，碰到崩盤、結構性空頭，這時定期定額投資不僅不是攤低成本，而是層層套，套牢一缸子。此時，再不懂得「我的子彈會轉彎」，那也未免太憨直了吧！

　　買股票沒人因**便宜而買**（**buy cheap**），而是**買股票的未來**（**buy future**）。定時定額基金投資只適用於股市為多頭市場時，縱使短期出現一二年的「空頭行情」（或者說大幅回檔整理）時也沒有大礙。只要三五年的大趨勢仍屬上漲，那麼定時定額仍不錯。

　　在股市空頭時，縱使基金淨值不怎麼跌，但是基金管理費逐日侵蝕你一部分基金淨值。所以有人建議單筆投資（封閉型）基金比較划算；另外有人則建議，定期定額基金投資此時則宜暫時停止扣款，省得跟計程車按時跳表計費一樣，車不開也收費。

◧表15-6　1993.5～2003.7全球股市表現

股價指數	年平均報酬率%
摩根士丹利全球指數	9.00
美國標準普爾指數	13.01
美國羅素2000指數	11.47
摩根士丹利歐洲指數	7.61
匯豐歐洲小型類股指數	7.58
台灣加權股價指數	3.03
韓國綜合指數	-1.37
日經225指數	-6.29

資料來源：理柏資訊

三、停損應以大盤為指標

　　那麼何時停損呢？跟股票停損的指標不同，股票基金停損是看大盤，而不是看你的基金跌幾成，或是以你的成本設定跌二成來算停損點。原因如下。

1. **定期定額投資時平均淨值很少人去計算**

　　既然不清楚你投入基金的成本，那就很難用成本為基準來設定停損點。

2. **中長期單筆投資時**

　　當你三年前低點買進基金（例如9元），經過這三年的多頭走勢，基金淨值已水漲船高。要是還要用當初成本來計算停損點，例如跌二成，即7.2元，那恐怕股市早就崩盤了。就跟開車跟車一樣，前車（即指數）已快速減速，而你自認還有一段安全距離，所以置之不理，你會這樣開車嗎？

(一)短線、長線投資停損點不同

　　停損點依你採短線、中長期投資而有不同。

1. **短線投資時**

　　每個人短線停損的判斷指標、法則皆不相同，硬要以大盤來說，跌二成還不跑的話，可能已經傷得不輕了。

2. **中長期投資時**

　　我們建議停損點設定在「股市跌三成以上，而且期間超過半年」，指數跌三分之一已是小崩盤，跌一半就是崩盤，空頭趨勢已形成，底部在哪裡，往往是深不可測的無底洞。

　　為什麼是「半年」？有些投信建議「三年」，那也未免太麻木不仁了吧！股市反映經濟，而一般經濟趨勢的形成，至少要連續二季、六個月才看出端倪，否則一二個月經濟數字的起起伏伏倒不足以「一葉落而知秋」。

(二)技術分析型的停損

　　富鼎精選組合基金經理林川欽分享其操作經驗，他從過去歷史經驗得知，當指數突破66日（季）均線時，是不錯的買進訊號。所以，當指數突破季線時，股票基金比重提高至50%，當指數繼續往上漲，乖離率達10%時，會賣出25%股票基金先落袋為安。一旦指數向下跌破季均線乖離率10%時，則出清全部股票基金，轉而買進12.5%平衡型基金持盈保泰；一旦指數形成M型右邊肩頂時，則出清全部平衡型基金，轉買固定收益證券基金保本。

　　經過電腦試算，縱使在股市空頭時的2001年元旦至2007年4月28日，都還可創造28.69%的報酬率。[6]

---

[6] 《經濟日報》，2003年2月7日，第4版，李佳濟。

15-6 停利

停利（stop profit）是指局部的獲利了結（稱為調節）或全部的獲利出場。在多頭市場時，停利似乎無法賺最多，我認為只有少數情況下才要停利。

基金投資是否該像股票一樣要獲利了結（即停利）與停止損失？我看了很多投信專家的建議，可用「各執一詞」來形容。一般的教科書，比較像報紙，採取平衡報導方式，因為報社相信「讀者的眼睛是雪亮的」。我們也相信教授、有些學生能慧眼獨具。然而少數自修的讀者可能希望看到具體的東西，而不是「公說公有理，婆說婆有理」。我認為「崩盤」前後宜落跑，其餘時刻就「讓時間替你賺錢」吧！

一、異哉，有所謂基金投資「停益」？

股票投資有「見壞即收」的停損，那一定也有「賺飽離場」的停益，或是稱為「獲利了結」、「落袋為安」。同樣的，或許你看報刊，不少投信建議你基金投資該採取「停益」、「有系統的贖回」觀念，例如賺二成後便把基金贖回，空手等待，伺機進場或轉戰其他國家基金。這種主張，看起來很有道理，可是認真分析卻一無是處，那是誤把股市的一些道理生吞活剝硬套在基金投資上。

二、「系統化贖回」的主張毫無根據

有些書建議投資人採取「系統化贖回基金」，也就是設定基金贖回的日期和每次贖回金額。這方法只適用在一種情況：未來有明確支出的進度表，所以基金贖回只是為了挹注支出罷了。除此之外，下列二種情況，根本用不著這方法。

1. **股票基金獲利了結轉投資定存（或固定收益證券基金）**

   波段操作導向的股票基金贖回應該視大盤而定，有誰那麼聰明能事先訂個贖回進度表呢？萬一贖回時基金處於虧損狀態，「為贖回而贖回」反而害了你。

2. **股票基金比重隨年齡增加而遞減**

   舉一反三的說，圖14-1不是主張「股票基金比重應隨年齡增加而遞減」，那麼不就是得逐漸贖回股票基金才能降低持股比率嗎？不過更好的方法是，55歲以後，每月可投資金額偏重於固定收益基金，逐漸降低股票基金的投資（例如減低定期定額投資金額，由1萬元減為8,000元）。如此，原有的股票基金才

會有陳年美酒的效果。

三、機械式的停益標準毫無意義

「損失二成便斷頭」此一停損法則有其意義，不論以大盤、個股、基金來說，不論你何時（何種價位）買入，一旦賠二成，皆可見股市問題不小，只好認賠、退場觀察。可是，任何機械式的停益是毫無意義的，例如你賺二成（半年），一倍（三年）就贖回，我偶爾會看到下列這樣的建議。

‧美股連漲八年，已漲過頭，不宜再介入；

‧歐股2006到2008年已上漲250%，漲幅過大，不值得介入。

「漲幅過大，後市有限」是種很沒有學問的說法。因為漲幅多大是跟基期比，要是基期值很低，那股價漲十倍（1,000%）也有可能，股王華碩就是最明顯例子，台股從1986年9月600點起漲迄1999年2月，也至少漲了20倍。那什麼叫「漲幅過大」呢？所以以台股來說，不管任何機械式的停益比率都會犯了「放棄太早」的錯誤，這種「沒偏財運」的投資人只好「槌心肝」。

四、我的經驗

2005年印度基金績效第一，漲156%，泰國第二，漲140%，2006年是土耳其基金。**任何國家基金只要年報酬率逾140%**，第二年大都由「絢爛歸於平淡」，沒有「年年過年」的事。

因此，一旦你持有的國家基金年報酬率瀕臨120%，宜有「高處不勝寒」的危機意識，逐漸贖回，頂多留二成。

五、相信我，你就不會反賺為賠──何時贖回跟獲利無關

如果抱定10年、20年的長期投資，那麼為什麼要中途下車？只要股市長期處於大多頭，那麼無論單筆或定期定額投資，本來就是「（基金、股票）抱得越久，領得越多」，為什麼要半途而廢（無論是部分或全部基金贖回）呢？下列二個情況，不管你賺或賠，都要「跑」！

㈠崩盤

2000年3月17日，美國那斯達克股市本益比200倍，終於在5048點爆胎，隔了八年，還是趴在地上起不來。

大盤本益比50倍是股市泡沫的指標，剩下的只是什麼時候爆胎罷了！

(二)杜純琛相信「擦鞋童」理論

　　投信投顧公會理事長、元大投信總經理杜純琛指出,定時定額買基金只要掌握三原則,年平均報酬率15～20%不成問題。

1. 選對基金公司和基金,買基金就像跟會,要選擇好的公司去跟,賠錢倒帳的機率就小。

2. 要停利:就如「**擦鞋童理論**」,當市場過熱時,獲利點也到了就要適時下車。元大投信研究發現,扣款超過四年,獲利機會高達七成以上。且當每次達獲利目標適時停利,把餘額轉至較保守的資產,但仍持續扣款累積下一次獲利契機,通常是基金常勝軍的做法。

3. 不停損:因為不管哪個市場都會有三五年的循環,因此只要定期定額布局,一定可等到多頭的時候,最怕市場不好時跟著停扣,那成本永遠在高檔。[7]

六、賣哪支基金

　　由表15-7可見,當你遇到周轉問題時,二種靠基金賺錢的方法。

　　大部分銀行不做基金質押的貸款生意,要是舉債無門,那只好像小孩子一樣殺「小豬」(即撲滿),也就是賣一些基金。

　　至於賣哪支(些)基金來「套現」(cash-out),判斷原則很簡單,即「汰弱留強」;用個簡單比喻就更清楚了,即淘汰不生蛋的母雞,留下產蛋量高的「金」母雞。縱使所淘汰的是處於賠錢(俗稱套牢)的基金,也該這麼做嗎?那當然,股票投資是看未來、看整體(多支基金);換另一個角度,今天你需要用錢才「忍痛」(當不捨得停損時)賣出,往往因禍得福,省得你以後賠更多(尤其海外基金中的日本基金)。

表15-7　需要用錢時的基金「理財」之道

投資種類 / 資金需求	單筆投資	定期定額投資
只需1～2個月之周轉	基金質押	暫時停止扣款3個月
只出不進的「失血」	基金部分出售,「分批」賣那些「前景」不看好的基金	1. 只有一支基金時,降低每月扣款金額 2. 有多支基金(帳戶)時:結清1(或多)個帳戶,至於出哪一基金詳見前述。

---

[7] 《工商時報》,2007年3月29日,C3版。

第**16**章 如何挑選基金

在台灣的資產管理產業，許多投資人想要買基金，第一個想詢問的就是理專，代表銀行通路的理專等於擁有推薦基金的生殺大權。但理專在許多人心目中，業務成分大於專業，無法滿足投資人進一步的理財諮詢。

我預期以現階段國際資金充裕的狀態下，台灣投資人的理財需要必定將更上一層樓，走向類似國外專業資產管理、專人設計的路。對復華來說，我們的直銷小組就是專業資產管理的種子，在持續深耕下，未來才能承接此類業務。

——楊智淵

復華投信總經理

《經濟日報》，2007年6月12日，B4版

正確開始，成功一半

基金投資最大的管理風險在於選錯基金組合，例如「臨老入花叢」，快退休，還在買衍生性商品基金；第二大風險來自選錯投信；第三大風險在於選錯基金經理，也就是（錢）所託非人。如何避免這問題，滿妙的是，投信反而不會告訴你答案，績差投信怕自暴其短，績佳投信又怕被對手批評為「揭人瘡疤」、「惡質競爭花招」。

「男怕選錯行，女怕嫁錯郎」這句話也適用於挑基金。「選對行」在基金投資時便是選對投資地區、資產，至於「嫁對郎」部分，便是指挑選哪一家基金公司所發行的海外基金。縱使是同一地區、資產（例如歐洲股票基金），第一名基金公司的一年投資績效可能比第十名高一倍以上。

在本章中，我們不僅要告訴你「貨比三家不吃虧」，而且更重要的是，如何從「五花八門」、「爾虞我詐」的宣傳文詞中，簡單的判斷誰是第一名，而且還避免「遇人不淑」、「所託非人」。每次看「如何挑基金」的文章，不管六個、八個原則，看完以後不僅不曉得該挑哪一家投信、哪一支基金，而且站在我的觀點，有很多都是似是而非。在本章中，則把選基金經理、投信的正面因素詳細說明，當然，如果你想看結果（基金明牌），那不妨直接看第8節，不過明牌不是固定的，每年至少換一次，所以還是耐心的把這章看完，**學到的功夫是別人搶不走的。**

16-1 挑投信Part I

挑基金滿像美國的職棒隊，紐約洋基隊旗下有滾地球之王王建民、火箭人（The Rocket）克萊門斯，其他包括2007年10月剛接收洋基隊總教練托瑞的洛杉磯道奇隊。

你會覺得奇怪，為什麼美國職棒大聯盟每年冠軍都是由少數幾家球隊輪著拿，其他二流球隊能打進前四強就高興得半死，三流球隊50年才能拿到一次冠軍。

「5%」的傑出比率也適用於基金，不管有幾家投信、幾支基金，名列前茅的大都是那5%的少數。先抓住這原理，挑投信、基金經理就容易許多了。

一、挑基金步驟一：挑選好的投信

你有沒有挑過結婚照片，拍90組，但是基本費的只有40組，超過的加買，費用很高，一張500元。縱使只有你挑，往往會覺得「這張也要」、「那組不錯」，更

不要說夫妻二人一起挑。婚紗攝影的業務員很有經驗，她建議你「先挑出你（們）不想要的，再來挑你想要的」。這麼一來，真的快很多，一下子就挑完了。

同樣原則也可用在「汰弱存強」的挑選投信。

㈠強者恆強，弱者恆弱

就跟世界杯足球賽一樣，冠軍或許每年不一樣，但是前八強就往往是歐洲、拉丁美洲那幾國，其他如亞洲、非洲、北美連邊都很難沾上。

投信也是有「強者恆強，弱者恆弱」的現象，所以投資人也不必太擔心排行榜變太快以致不知如何適從。「80：20」原則也適用於挑選投信，大抵可以說過去三年內，排名前三（或五）的各類型基金，有八成是由二成的投信所包辦，也就是43家投信中的8家。如此一來，投資人搜索範圍一下子就減少很多。

如果你有打破沙鍋問到底的精神，會問：「為什麼贏球的都是那幾隊？」很大原因在於對資產管理這行業的「專門知識」（know-how），包括下列。

1. （最起碼但不是每家都做得到）內控制度：防止基金經理公器私用，例如：跟公司派換單、跟主力起舞、替自己買的股票抬轎……，詳見第二段。
2. 良好經營環境：良臣擇主而侍，薪水、職位並不是吸引好人才唯一因素，經營環境（例如尊重專業的精神）也很重要，詳見第2節。
3. 適才適所：無論是挖角（或外部招募）、內部培養，老闆辨識「夠格」的總經理、基金經理的能力夠強。千里馬很多，但伯樂卻不多。
4. 近水樓台先得月：績效佳的投信其基金規模也水漲船高，「喊水會結凍」的影響力，比較能從上市公司董事長、總經理處獲得第一手資訊。小基金經理有時慘到只能聽到上市公司發言人的制式答案。而「投資」一事，「資訊就是一切」！

上述因素自成良性循環，除非贏球的投信「自己打敗自己」（常因成功而自滿），否則很難被挑戰者擠下來。這種不因基金經理的更替，而仍能維持基金穩健報酬率的投信，可說是擁有明確、吸引人的「**投信風格**」（**group style**），而這也是「選黨不選人」的適用情況。

㈡投信還是基金經理行？

至於基金經理真厲害還是狐假虎威，常常必須等基金經理另起爐灶後，才能判斷究竟是「大樹下好乘涼」（即投信風格）還是「難得一身好本領」（港劇小李飛刀的主題曲中的歌詞）。有些表現傑出的基金經理一離開大舞台後，由於缺乏換單

的籌碼，投資績效可能一落千丈。

當然，碰到那種「強將手下無弱兵」、「一門傑出」的各支基金績效大都傑出的，當然是投信（尤其是總經理）的功勞，其麾下基金經理便不容易被外界額外肯定。最厲害的基金經理是在小投信，把吊車尾的基金六個月內反敗為勝，而且屹立不搖，就像美國克萊斯勒汽車公司的艾科卡一樣。

㈢挑投信還是挑基金經理？——基金長期投資以挑投信為宜

就跟選舉中有些選民選黨不選人、有些則選人不選黨。那麼挑基金時該怎麼做才好呢？是選投信就好，然後不用挑基金經理，還是只看基金經理而不必看投信？

滿有趣的選民行為也出現在基金投資上，那就是下列情況。

- 定期定額投資，偏向於選投信而不選基金經理，原因為基金經理會離職，而投信則應了「跑得了和尚跑不了廟」這句話。
- 單筆投資則偏向於選基金經理，終究績效差很多。

二、老外打敗本土投信

43家投信，其中約四成是外資投信、六成是本土投信，然而一般來說，外資投信的基金績效普遍高於本土投信；原因詳見圖16-1，這也是本章主要架構。

想要評估投信整體實力，宜從基金數打敗大盤的比重來看，同時再搭配該公司過去兩年的整體績效表現是否平穩，作為選擇投信的指標。

以股票基金規模前十大的投信，旗下成立一年的股票基金2006年打敗大盤的支數占其所有基金的比重來看，保德信投信以八成以上的高比重奪得第一，其次的群益、國泰和保誠投信等三家公司，也都至少有一半以上的基金打敗大盤。保德信投信研究部門在投信界離職率低，基金經理出走的情況最少見，因此整體績效表現更為穩健。

三、代理問題較少——以認養股票為例

外資投信大抵經營50年以上，想永續經營，因此不會採取機會主義，不跑短線。

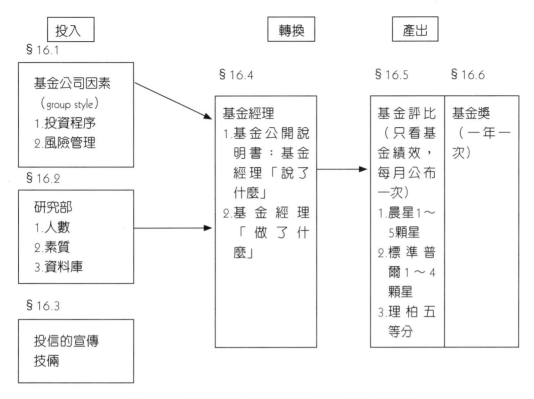

▌圖16-1　挑選基金的幾個角度──與本章架構

1. 信譽是投信最重要資產

投信是幫投資人管錢的人，所以「能不能信賴」可說是投信最基本的資格、生存的必要條件；至於「投資能力」則是充分條件。

 富達投資公司的員工道德規範

富達投資（Fidelity Investment）公司的「道德規範」在1960年代訂定，每年更新一次，內容包括內部（internal）、管制（regulatory）以及產業（industry）的相關作業標準。

對於新進員工，公司將會發放一份「道德規範」文件，並進行簡報介紹，之後更要求員工確認已閱讀全文並願意遵守一切規定。

以下為員工道德規範部分主要內容，有興趣讀者可上網以瞭解細節。

1.範圍與目的

「道德規範」適用於所有跟基金有關的員工，包括基金投資顧問和對於基金交易資訊時程具敏感性的員工。

「道德規範」提供個人投資活動的相關指引並對於富達基金跟員工可能的利益衝突均有明確的行為準則。

2.道德規範

富達瞭解「信任」（trust）和「誠實」（integrity）對於顧客的重要性，因此非常重視以此作為規範員工的紀律準則。

富達訂定「道德規範」（**Code of Ethics**）用以確保員工瞭解應把顧客置於最優先的位置，並能以此道德規範為榮。

3.員工道德要求條件

員工每年須複習本道德規範並繳交書面報告，確認其個人投資部分均已適當地控制並且符合「道德規範」的要求。[①]

2. 手腳不乾淨的投信宜敬而遠之

就跟公司挑職員一樣，總會要求「身家清白」、「無不良紀錄」，這些是最底線篩選標準，一旦不合格，那麼能力再強也不予考慮。同樣道理，投資人挑選基金時，第一步便是把「品行不佳」的投信列為拒絕往來戶，縱使其旗下有基金目前績效名列前茅，但遲早投資人會吃虧的。

四、比較「有恆產者有恆心」——好投信不拚短期績效

一般來說，自認為基金投資應該「看長不看短」，而且認為「路遙知馬力」的投信（像富邦投信），比較不斤斤計較三五個月的基金績效評比，比較偏重三五年的穩定績效。

這種「經營理念」反映在「用人」，所任命的總經理、基金經理都不是那種「大進大出」型。並且透過績效評估（或考核）制度，去引導基金管理相關人員不要短視近利。

㈠基金公開說明書上的投資哲學

投資人要買基金時，最好先看基金的公開發行書，讀讀投信、基金經理的投資哲學、投資程序。有的人比較積極，有的人比較保守。在多頭時，積極型的很好，但是景氣反轉時，常常是績效原本在排頭的，變成在排尾。

---

① 修改自www.fidelity.com相關部分。

㈡富蘭克林坦伯頓成長基金——52年績效成長922倍的投資優選

　　能夠克服瞬息萬變的全球市場、能夠在局勢波動中持續擁有亮麗績效的，才是投資信託專家的典範。富蘭克林坦伯頓成長基金以前瞻的視野布局全球，是台灣核備歷史最悠久的全球股票基金，並以超過半世紀的光榮資歷，贏得無數顧客的掌聲。

1.　三原則闖天下

　　坦伯頓成長基金於1954年創立，由於集團創辦人約翰・坦伯頓（John Tempton, 1913～2008）爵士秉持著一貫「**由下**」、「**長期投資**」以及「**價值選股**」三大投資哲學，因此即使在政經動盪的時代，面對越戰、能源危機、科技泡沫等種種大時代的變遷挑戰，基金整體的資產仍能持續成長。不僅如此，有著前瞻洞見的**富蘭克林坦伯頓成長基金**（1954.11～1987由坦伯頓擔任基金經理），更於1960年代即進入當時仍屬新興市場的日本布局，獲利成果斐然。坦伯頓秉持耐心、彈性展望，總是瞭解所有證券與資產的價格最後都會反映未來盈餘。他把自己的成功歸功於能夠維持精神振奮、避免焦慮、遵守紀律。《錢雜誌》1999年推崇他是「**20世紀最偉大的全球選股大師**」。

　　「**由下**」是把評估的焦點放在股票本身的價值，透過研究人員跟基金經理對獲利表現、成長潛力等面向嚴謹分析，才能去蕪存菁，層層篩選出最適合的股票。

　　「**價值選股**」：各基金經理傳承坦伯頓爵士的投資策略：「在世界各地尋找價格低估，但未來深具成長潛力的投資機會」，如此簡明的核心投資哲學是該集團奉行不變的投資準則。

　　「**長期投資**」是該集團歷經半世紀多頭與空頭交戰的深刻領悟，透過沈著穩健的長期投資，跳脫短期市場的波動起伏，以達到投資獲利的目標。

　　與其費心跟市場競賽，不如長期性投資，就基金的投資原則來看，投資的時間（time）遠比個股投資時點（timing）來得重要，尤其透過長線投資更可分享時間所帶來的複利效果。

2.　贏在執行力

　　1954年11月29日，期初投資1萬元，迄2006年11月30日，共52年，美元計價報酬率922倍，即**複利報酬率14%**。

　　富蘭克林坦伯頓集團累積長達半世紀的全市場投資智庫，詳盡的歷史資料、精準迅捷的市場分析，以及全球頂尖的研究部門和豐富管理經驗，是此基金之所以如此傑出的關鍵。

另一個值得驕傲的關鍵是穩定性，在歷經半世紀以來，僅交棒過三位基金經理，使得選股風格及投資哲學能夠圓滿傳承，除此之外，基金經理堅持長期投資的策略，使基金周轉率偏低，大大降低投資人權益的風險。

3. 廣受信賴的優質品牌

該基金累積不少優良的社會評價，榮獲美國《錢》（*Money*）雜誌評選為「最佳全球型股票基金」，美國《共同基金雜誌》評選其為白金基金（Platinum Funds）。

佳評連連，該基金贏得許多投資人信賴，基金規模達312億美元。舉個有趣的例子，由於該基金的全球投資人數實在太多，在德國召開股東大會時，只能移至法蘭克福市郊的「動物園」來舉行，這可不是耍噱頭，只因為這是在當地唯一找到可容納這麼多投資人的場地！

富蘭克林坦伯頓公司簡介

富蘭克林基金集團成立於1947年，創辦人魯伯特‧強生把班傑明‧富蘭克林的投資哲學——「在規劃金錢與財務時，嚴謹至上」——奉為公司企業文化，同時為貫徹富蘭克林的投資觀念，更是長期推廣全球化投資、逆勢操作、複利哲學、長期投資等宏觀理念。1992年，合併約翰‧坦伯頓（John Templton, 1913～2008）所創辦的坦伯頓成長基金公司。

「全球化布局」、「價值選股」這些近來頻頻出現在財經版面的字眼，早已是富蘭克林坦伯頓基金集團堅守超過半世紀的法則。

該公司是第一家被納入標準普爾500種指數成分股的基金公司，富蘭克林坦伯頓基金集團在紐約證交所、太平洋證交所及倫敦證交所均有掛牌交易，也是全美市值最大的上市基金公司。

該基金集團管理全球5,529億美元的資產規模，旗下擁有超過200支基金、410位研究分析師以及140位基金經理，研究據點遍布全球29個國家，為全球超過1,400萬個投資帳戶提供資產管理及各項投資服務，致力確保顧客能快速且定期獲得全球最新金融情勢，並提供全面性的專業分析與服務。

該公司從1977年便開始操作免稅債券基金，在債券的豐富操作經驗，使富蘭克林坦伯頓基金集團成為全球多家壽險、退休基金委託管理其資產的對象。兼具股債平衡發展，集團旗下共有富蘭克林系列、坦伯頓系列、互利系列（Mutual Series）、豐信國際信託公司（Fiduciary Trust Company），各有擅長投資面向，服務對象遍及全球投資人、法人機構和高收入人士。

五、風險管理

為了避免基金經理為了私利（名與利）而拿投資人的錢去鋌而走險，好投信皆非常重視風險管理，尤其投資這件事「賺錢不容易，要大賠只消一二週」。

(一)證期局的規定只是底線

2004年12月23日，證期局發文要求，投信投顧事業財報查核報告必須揭露內部會計控制建議書，以及會計師發現問題時，曾向投信投顧提供的建議等內容，讓投資人更能充分瞭解公司內部管理情況。

會計師辦理投信投顧事業財報查核簽證時，其查核報告所記載的「重要查核說明」內容，至少應包括下列六大事項。

1. 業者內部會計控制制度實施說明及評估。
2. 定存單、有價證券及營業保證金等重要資產盤點前的規劃、觀察程序及結果。
3. 各項資產與負債函證情形，包括函證比率、回函比率、結論及其他查核說明。
4. 公司有無將資金貸與股東或他人的說明。
5. 營業利益比率前後期變動達20%以上者，應分析其變動原因。
6. 其他資產各項目前後變動達50%以上，且變動金額達一定規定以上者，都須分析其變動原因。

(二)群益投信取法其上

好投信很注重風險管理，不會允許基金經理炒短線，群益投信2004年建立的投資風險管理系統（Investment Risk Management System），嚴格管理基金經理的交易行為，包括下列三者。

1. 下單指令超過研究部篩選建議200支股票，不能下單。
2. 價位如果超過研究部門給的區間，也不能下單。
3. 基金經理開盤前要完成下單指令，盤中不能下單。

16-2 投信的硬功夫——挑投信Part II

第1節說的是投信的品德，即諸惡勿做的「有所不為」，本節說明投信的能力，即好事做盡的雄才大略。

一、待遇高、福利好──重賞之下必有勇夫

資產管理是拚腦袋決勝負的事，人才決定腦袋，而外商投信「肯給」，因此在人才爭奪戰比較贏面大，外資投信投顧有薪水多、休假多和出國（受訓）機會多等「三多」。

二、研發部的支援

股票基金經理一年換三分之一，基金想要能在短、中、長期都能有所表現，所仰賴的就是堅強、穩定的投資研究部。判斷堅強、穩定投資小組的依據，最簡單的標準之一在於研究部的人數多寡。除此之外，進一步瞭解研究員的學歷背景，以及操作經驗等資訊，會更有利於判斷該研究部是否具備創造穩定績效的能力。

如果一家投信中，有不少股票型基金可以長期擊敗指數，而長期績效居於同業中上水準的話，就代表該投信的研究部可對不同的景氣循環與股市高低點，從容研擬出不同的投資策略，為投資人創造長期穩健的績效。這樣的投信就相當適合作為定時定額的投資標的。

㈠投信的組織設計

由表16-1可見投信的部門設計，大同小異，小異的部分在於名稱、頭銜，底下以摩根富林明投信為例來說明。

1. 研究（產業分析）

全球各地產業分析研究員負責提供全球對當地市場看法，國外最新研究資源和模型研發也能在第一時間導入各地市場。

2. 基金管理

基金管理部負責下列基金管理業務的執行，外資投信喜歡把基金管理部副總稱為投資長（chief investment officer, CIO）。

負責各產品線的基金經理部則擔負起基金投資的工作。

(1) 基金經理
依基金經理的專長，分為科技、非科技、固定收益證券，和計量模型四大部分。

(2) 專戶管理者

(3) 投資組合經理

表16-1　投信的組織設計

組織層級	投信部門	主管名稱
一、高階管理者		
(一)董事長		
風險管理	風險管理部	
(二)總經理		
二、價值鏈活動		
(一)核心活動		
1.研發		
(1)商品開發	商品開發部	
(2)總體	策略	
(3)個股	研究部	
2.生產	基金管理部	投資長
3.業務	交易部	
	交割部	
(二)支援活動		
人力資源管理部		
資訊管理部		
財務部		

(二)研究報告水準

　　證期局要求投信的研究報告要確實，且投資必須要依據研究報告，是依據投信投顧法第17條第1項及第113條第2款的規定：「投信事業運用證券投資信託基金投資或交易，應依據其分析報告做成決定，交付執行時應做成紀錄，並按月提出檢討報告，其分析報告與決定應有合理基礎及根據。」

　　證期局金檢每一家投信的研究報告，看看有沒有確實在研究，還是只是做樣子，等於是為投資人把關，投資人選擇投信發行的基金也就更有保障。從2006年開始，證期就針對投信研究報告詳加檢查，只要發現缺失，就移請證期局處分。

1.　揭露：證期局直接在網站上公布，哪家投信的研究報告沒有確實，將廣為周知。

2.　罰款：投信業者因為研究報告流於形式會被處以12萬元罰鍰，處分金額雖然不大，但警告效果十足。

　　2008年6月9日，證期局對台新投信處以24萬元罰鍰，原因是檢查發現，台新投

信引用過時的舊分析報告作成投資決定，以及交易分析報告內容矛盾等。[2]

三、公司規模太小，宜敬而遠之

以規模經濟和運作能量來說，一家投信旗下至少要有100億元的股票基金，才能進行完整的投資組合，並提供適切的各類型股票基金。投信有39家，其中擁有100億元以上股票基金的投信只有19家，其餘的20家還在規模經濟的下緣努力。規模成長有限，有些投信的基金規模甚至一年在原地踏步，舊基金績效不好，新基金就沒法賣得好，整個惡性循環就出現。

對於投資人來說，規模不足的投信可能出現人才流失和被收購危機。由此可見，買基金不僅要看基金，更要看公司。2006年起，投信的收購動作風起雲湧。看錯投信，買錯基金，可能會有不少後遺症，例如基金可能被迫下市，投資人被迫贖回基金，長期投資的美夢只好中輟，而必須傷腦筋重覓千里馬。

16-3 投信如何賣基金

法院中被告不必「自證其罪」，同樣的，投信的本能是「隱惡揚善」，即只講自己多厲害，至於表現差的部分就隱而不說，這樣並「沒有說謊」，只是沒有實話「全盤托出」罷了。那麼，投資人該如何在那麼多「叫我第一名」的投信、基金中去擇菁取華呢？本節回答這個問題。

一、識破投信的宣傳花招

投信沒有十項全能的，但是在促銷時，投信大都採取表16-2中「老王賣瓜，自賣自誇」的做法。但卻不老實的提供所有資訊，詳細說明如下。

(一)叫我第一名

賣水果的把又大又好的水果擺在最上面，然後把差的水果擺在下面，引導消費者買下這一盒水果。同樣的，絕大部分投信抱著家醜不可外揚心理，每次在廣告時只列出有哪幾支基金績效名列前茅、被基金評比機構評定績效第一，但卻沒列出有幾支基金吊車尾。這也難怪投信拚老命發行新基金，無異處處押注，就算碰運氣吧，總有跑在前面的。

---

[2] 《經濟日報》，2008年6月10月，B3版，謝偉姝。

我對投資人的建議是，大可以不去理會投信自吹自擂的說法，你只需關心你要買的基金績效好不好。

📖表16-2　投信宣傳手法和投資人判斷之道

對象	宣傳手法	投資人判斷之道
對基金	3支基金績效名列前茅	排行榜都列出旗下所有基金（20支）
對基金經理	美國「晨星」評等（2007）	把基金經理任職期間的績效、評比都列出三顆星

1. **如何「創造」出第一名的績效**

投信當然知道「勝王敗寇」、「西瓜偎大邊」的投資人心理，因此無不希望能把旗下基金弄得都得過第一名，你認為這是癡人說夢嘛？「只要我（投信）願意，有什麼不可以（做得到的）。」你有沒有聽說很多減肥廣告其實「減肥前」、「減肥後」都是同一天拍的，只要耍點攝影技巧，很容易就騙過人眼，而偏偏相信眼見為憑的你我，又很容易「見」以為真。

那就更不用說基金評比涉及專業知識，投信很容易透過下列選擇性安排，就讓投資人叫他的基金「第一名」。

- 某一段期間，甚至只是一個月（新基金推出第一個月在空頭市場時往往就是第一名）；
- 跟自己挑的特定幾支基金相比；
- 用你沒有聽過但看起來很有學問的績效評比方式，例如崔納（Treynor）指標、M.C.V.指標、傑森（Jensen）指標、Smith-Tito指標等。[3]

2. **怎樣評估才正確**

如果你考慮買一支新基金，你關心的是投信整體的資產管理能力，而不是碰運氣的，一葉落而知秋，也就是不能單憑投信拿出最好成績的片面之詞。由表16-3可見，我認為唯有從投信旗下所有股票基金的平均排行名次來區分才合理，例如乙投信雖有2支基金在過去一、三年獲利居前三名，但是6支基金排行平均才25名。相形之下，甲投信雖然只有1支基金入榜，但由於所有基金表現水準相差不大，所有基金排行居15名，遠比乙、丙二家投信水準還要高。

唯有看其整體表現，才不會誤信投信刻意塑造的「明星基金經理」、「招牌基金」（有點像預售屋中的樣品屋）。

---

③ 這些指標的績效區別能力皆低於夏普指標。

㈡基金總值成長的花招

例如有篇文章稱讚美國大師級基金經理**彼得·林區（Peter Lynch）**，說他在1977迄1990年這13年間，管理麥哲倫基金時，基金規模從2,000萬美元增加到140億美元，「增值」700倍。這是錯誤的說法，因為這並沒有把這13年間投資人陸續增購基金的金額排除在外。

◢ 表16-3　三家投信基金管理能力大體檢

判斷	投信	甲	乙	丙
錯誤判斷	宣傳手腕	過去1年獲利前3名基金有1支	過去1年獲利前3名基金有1支、過去3年獲利前3名基金有1支	過去3年獲利前3名基金有1支
正確判斷	過去6個月所有基金平均排行	15	25	35
	基金數	4支	6支	5支

二、吊車尾的基金為什麼還有人買？

或許你不同意我只投資於績效第一名基金的看法，因為這麼一來，績效差的基金，為什麼還有人買？物競天擇的結果，不是只有適者生存、不適者淘汰嗎？

許多排名吊車尾的基金眼看新基金越來越難募集，從1995年以來，便流行著「換單」的歪風，也就是跟上市公司董事長互助，我買你1億元基金，基金經理就投桃報李的買他的股票2億元，這種換單比率稱為「二比一」，這種股票被戲稱為被投信「認養」的股票。

三、砸大錢，打廣告

很多化妝品、偶像歌手都是砸大錢，打廣告硬打打出來的，基金也有這現象。有些投信花大錢打廣告，給予銀行理財專員較高的銷售手續費，以誘導理財專員努力銷售，投資人該怎麼看待？

㈠基金也有名氣排行榜

基智網根據受訪理專、通路銷售排行以及投資人在該網站上討論區等三個管道選出各海外基金的「招牌基金」，詳見表16-4。

1. 招牌基金

　　一家投信可能有數支人氣基金，有的叫好又叫座，幾乎等於該基金公司的代名詞，這樣的基金就是該公司的招牌基金，其中基金規模最大的稱為旗艦基金。

✎表16-4　高人氣的基金

超級資產	金融資產		商品	價值儲存
大分類 地區	股票	債券		
國家	匯豐印度 保誠印度 利安印度 保德信大中華 新加坡大華資產的大華投資 安盛羅森堡日本小型 景順日本 友邦日本小型 所羅門環球視野美國小型成長 聯博美國高收益 駿利美國創業 MFS美國策略 美盛（盧森堡）美國基本價值 保德信美國價值	聯博房地產債券 先機環球完全回報 美元債券	摩根士丹利 美國房地產	
區域	匯豐金磚動力 霸菱東歐、拉丁美洲 鋒裕東歐 法國巴黎資產拉丁美洲 ING高股息基金：全球、歐洲、亞洲 保誠泛歐 富達：歐洲高收益、南歐 瑞銀環球、中歐 MFS歐洲高收益 摩根富林明歐洲小型 德盛安聯東方入息	施羅德新興市場	亨德森遠見 泛歐房地產 股票	

| 全球 | 天達環球策略價值
M&G新契機、領導企業、首域（香港）全球100
瑞銀保健
瑞士信貸全球生技
駿利環球生命科技
兆豐生命科學
貝萊德環球資產
環球沛智創新
邁倫創新產業
安本環球亞太
ING環球品牌
法國巴黎資產全球品牌
荷銀投資社會及環保貢獻 | 摩根士丹利環球轉換債
環球沛智全球高收益歐元
富蘭克林全球 | 天達能源
比利時聯合
全球替代能源、水資源
英國M&G全球原物料
法國興業金礦股票
貝萊德世界礦業 |

2. 特色基金

投信業日趨成熟，積極朝商品多元化發展，也設法為自己尋找市場定調，如ING投信主打高股息基金、華頓投信主打超級差異化的基金等，唯有找出自己的特色，才能產生市場差異，這也是各家投信積極推廣招牌基金的目的。

(二)是「人氣」還是「氣人」？

新基金募集期間，基金公司抓準台灣投資人喜新厭舊習性，搭配佣金戰術，於是理專瘋狂喊進新基金，就連保險業務員也一起出動，造就市場上眾多人氣基金。在理專與業務員的建議之下，投資人藉著贖回或停扣來懲罰讓你賺錢的舊愛基金，轉進過去沒有操作績效可循的新歡人氣基金。

緊接而來的是市場過熱導致修正，於是被套牢的你心有不甘，但依舊力挺新歡到底、不換基金，認為總有一天可以拗回來。你正以每年2%的管理費獎賞使你慘賠的「氣人」基金公司，積極參與對方股東與員工的年終獎金和加薪大賞。

(三)市場人氣vs.績效人氣

人氣基金分兩種，一種是受惠市場熱度的市場人氣基金，一種則是牌子老信用好的績優人氣基金。

長期績效有看頭的基金，例如富蘭克林、天達環球策略價值、安本亞太，甚至群益馬拉松、摩根富林明中小基金，這些得以進駐壽險公司投資型保單的基金績效多半不會太差，也常常是銀行銷售榜上的人氣基金。靠著市場熱度撐盤的人氣基金績效表現如何？以投信2004～2006年募集成績斐然的基金群益安家、摩根富林明絕

對日本、元大亞太成長、金復華精鑽平衡、寶來全球金融資產證券化等基金成立以來績效多半只是差強人意。[④]

16-4 挑基金經理

投資人很關心的問題是「哪一家投信、哪一位基金經理可以讓我託付終生？」答案可能令人失望，「富不過三代」、「江山代有人才出」這些形容詞也適用於挑基金（包括挑投信、挑基金經理）。也就是說沒有哪家投信、基金經理可以五度五關的永遠蟬連衛冕。

這些都指出投信沒有「永遠的第一名」的現象，也就是基金績效不具有持續性（沒有hot hand現象），投資人無法透過「從一而終」的**持續性策略（hot hand策略）**，永遠讓所買基金的報酬率名列前茅。要想讓手上基金都是一等一的，投資人必須定期花一些時間，把資金一部分由不下蛋母雞轉向新的會下金雞蛋的投信。

一、在美國，基金經理真的很重要

保羅・墨頓（Paul Melton）在1996年出版的《全球股票投資》（*Going Global with Equities*）一書中，舉出美國一家基金資料公司對40支股票基金所做的研究指出。

- ・前三名基金，當基金經理離職後五年期間，基金績效反而比排名中間的基金還差。
- ・吊車尾基金，當換上新基金經理後的五年期間，基金績效反倒超越排名中間的基金。

就跟大學強調「選系不選校」一樣，有些投資人覺得基金經理才是決定投資績效的靈魂人，因此「選人不選（投信）公司」，這也難怪有些基金經理跳槽，投資人的錢也跟著跳槽。

(一)永遠的明星基金經理：彼得・林區

99%的基金報酬率都會回歸平均數，只有一支基金例外，就是由林區操盤，在1970和1980年代傲視全球的**麥哲倫基金（Magellan Fund）**。2000年8月成為全美規

模最大的基金，管理1,100億美元資產，一直是富達集團（Fidelity Investment）的旗艦基金。由於規模龐大，從1997年以來，基金就不再接受新散戶的資金。

1. 曠世的基金經理

　　麥哲倫基金創造了傳奇選股大師林區，他在1977～1990年間管理麥哲倫基金，平均報酬率為29%。他連續13年打敗標準普爾指數，在46歲時，不再擔任基金經理，升上去當副總裁、副董事長。

　　他的投資哲學是投資人人都懂的個股，像是汽車製造商與服飾業者等。

2. 死亡巨星基金

　　麥哲倫基金1996～2005年的操盤手史坦斯基（Robert Stansky）被批評過於保守，亦步亦趨跟隨標準普爾指數。

㈡明星基金經理離職，投資人該怎麼辦

　　如果基金經理離職了，投資人該怎麼辦？晨星公司指出，投資人不妨靜觀待變，不必立即賣出基金，而是觀察一段時間後再做決定，觀察期長短要視情形而定，依下列步驟來觀察。

1. 要看基金的投資方式

　　基金經理離職，通常對主動管理型基金的影響大於被動管理型基金，對股票基金影響大於債券基金，對單一基金經理型基金影響大於多重基金經理型的基金。

2. 要看投資策略

　　如果新的基金經理改變投資策略，因而不再符合投資人基金組合，該基金就可贖回了。

3. 看新任基金經理的操盤功力

　　基金經理離職對基金的影響有多大，要看基金公司能否迅速找到優秀的新基金經理。基金公司為保持基金績效，通常會聘請有經驗的基金經理，可能原來是其他基金公司的基金經理，或是該基金公司旗下其他基金經理或優秀的研究員。投資人可以從新基金經理以往績效表規，來判斷操盤水準。

4. 看基金公司整體研究水準

　　如果該基金是基金公司旗下唯一的基金，基金公司很可能沒有其他合適人員可以接替。如果基金公司管理的資產規模較大，旗下有多支基金且類型相

似，公司就可能不乏優秀的基金管理人才。[5]

㈢殞落之星效應

「殞落之星效應」是指在一位奮力掙扎的基金經理下台後，基金反而會演出慶祝行情。

美國股票基金駿利水星基金（Janus Mercury Fund）在藍莫特（Warren Lammert）操盤下，1993～1999年淨值漲了5.26倍，是標準普爾500種指數2.52倍漲幅的二倍多。2000年空頭市場接踵而至，在駿利水星由2000年元旦高峰跌掉62%後，藍莫特2003年2月下台。

在柯金斯（David Corkins）接掌駿利水星後，只花了三個月報酬率13.5%，高於標準普爾500種指數的11.4%。

二、台灣少有明星基金經理

在2000年時，台灣有幾位明星基金經理，例如保誠投信的總經理蔡培珍、旗下的周雷等，但是當紅的期間都不長，無法像美國彼得·林區或約翰·米勒引領潮流13年以上，因此台灣少有明星基金經理。

套用統計學的用詞，基金業組間差異（即不同投信間）明顯，但是組內差異（同一投信內各支基金報酬率）不明顯。

㈠台灣很難培養出大師級基金經理

投資人最大的福氣莫過於找到像美國的巴菲特、索羅斯等大師級的基金經理來操盤或是管理投信。但是如果你問我誰是台灣的巴菲特、索羅斯，我可能沒有答案；問題不在於基金的歷史太短（台灣第一家投信起於1983年），而是表16-5中的原因，以致投信總經理、基金經理換手速度太快，像大風吹似的很少在同一職位滿三年，更不要說10年、20年，因此皆只能以「一時英雄」來稱呼，尚不足以成就大師之作。

跳槽，對基金經理來說，不管是管績效差的基金或新基金，總得一二年才會有所表現，如此一來，對其績效表現就「不連莊」了。

---

[5] 《經濟日報》，2007年6月25日，B4版，張瀞文。

(二)不適任的基金經理

有些投信面臨「蜀中無大將，廖化做前鋒」的困境，連不適任的人也推上火線去當基金經理。

(三)喪失鬥志的優秀基金經理

你會說表16-5中遺漏一種情況，那就是「好基金經理長期管同一支基金」，姑且不論下列二種情況，二三年以後，基金績效仍會生鏽，問題出在哪？

1. 在台灣，沒有高績效獎金或合夥制

你或許會很奇怪，為什麼美國會有巴菲特、索羅斯這些國際知名、大師級的基金經理，操盤達30年。他們是基金公司的董事長，老闆除非自己不幹，否則也無路可退；而且特別努力，像巴菲特持有波克夏·哈薩威基金公司的股票，身價高達500億美元，擠進美國第二大富豪。索羅斯的身價也高達百億美元。努力賺得終生財，焉有怠惰的念頭？

表16-5　好基金經理不連莊的原因

對個人 職位	好發展	壞發展
總經理	1.在同一集團、公司內晉升。 2.自行創業，像1996年時建弘投信總經理葉志勇自行創業集資，成立群益投信，擔任董事長。	功高震主、派系鬥爭，以致被冷凍或逼走。
基金經理	1.在一集團，公司內晉升，不再直接統領兵符。 2.被其他投信挖角。	同上。

台灣的投信不流行給予基金經理高績效獎金，更不用談合夥制（給予基金經理股票，讓他兼任董事）。「既要馬兒肥，又要馬兒不吃草」的結果是，好基金經理很容易「在職退休」，那基金績效怎可能連莊嘛？千里馬不少，但真的肯跑的可不常見，就看蘿蔔有多大囉。

2. 在美國，有高績效獎金、合夥制

縱使像美國，基金公司對基金經理大都給予高額績效獎金，有些還實施合夥制（像律師、會計師事務所那樣），但照樣發生「晚節不保」情況，也就是「好績效不持久」。原因則為「代理問題」（agent problem），這些基金經理為了保持職位、底薪，達到績效後便開始採取下列「投資不足」（**under** investment）方式以「保持戰果」。

- ・較防禦性的持股比率（六至八成）；
- ・較防禦性的投資組合（把原為積極成長型降為成長型，甚至收益型股票基金）；
- ・進出頻率（反映在基金周轉率）減低。

此種「贏錢就離場」的賭徒心理，大部分基金經理、總經理都有，相不相信，連投信董事會也都會有，因此會傾向於保守（以守帶攻），以免衝太快反倒衝過頭了，晚節不保。

㈣對「基金績效、基金經理」應有的觀念

如何判斷好基金（**good fund**）、壞基金（**bad fund**）呢？下列二個美國經驗之論也適用於台灣。

1. 小時胖不見得胖

也就是短暫的表現好，不見得以後也會好，因為那有可能是「矇對了」、「一時心狠手辣（敢賭）」。不過一年能名列前茅，可見功力經得起時間考驗（往往經歷二三次股市重挫洗禮），這種基金經理值得你託付一年，終究「Join the win team」（加入贏隊）才有搞頭。

2. 阿斗到哪裡都是阿斗

不過，有件事可確定的是，「兩光的基金經理到何時何地都是不靈光」，所以不宜把錢託付給績效烏鴉鴉的基金經理。

16-5 基金的績效評比

為了避免投信各說各話、自吹自擂，於是有專業客觀的基金評等公司、機構，來替每家投信的不同投資資產和投資地區做「基金評比」（或基金評鑑，**fund rating**），以提供投資人快又正確的資訊。

一、基金評比

基金評比跟債信評比比較像，只是把「ABCDE」五個級距改成「54321」顆星罷了。而且都是只有三家評比公司。

在詳細介紹這三家評比公司的評比方式之前，先說明三個共通的評比規定。

㈠不評

對於發行未滿三年的新基金，因績效尚不穩定，所以不列入評等。

㈡依資產的投資屬性分類

2006年9月14日，投信投顧公會業委會決議，組合基金分為國內組合與跨國投資組合，後者依資產再細分為股票、債券、平衡與其他類型；依投資地區分為全球市場、區域型與單一國家三大類，其中區域型包含歐洲、亞洲、新興市場；至於單一國家則包括美國、日本與其他。至於債券基金，分為海外債券和國內債券兩大項，另外，多加貨幣市場基金評比。

㈢海外基金績效來源

全球的基金有98%在台灣沒有上市，不管有沒在台上市，很多基金公司、報社就會引用彭博資訊（Bloomberg）的基金淨值，去計算淨值報酬率和排行。

二、晨星公司

晨星公司的名字取得好，因如「寥若晨星」，早晨的星星稀稀疏疏，只有幾顆，而且1960年代，《紐約時報》早已以幾顆星來評比電影的精彩程度，人們早已習慣了星號的意義。

晨星的基金評比主要考量下列二個因素，而得到表16-6的結果。

表16-6　晨星、理柏星號評級意義

評級	成立三年未滿五年的基金	理柏	成立五年未滿十年的基金	成立十年以上的基金
★★★★★	三年績效排名前10%	同左	排名占同類比率同左	排名占同類比率同左
★★★★	三年績效排名第10～32.5%	第11～30%	五年績效占60%	十年績效占50%
★★★	三年績效排名第32.5～67.5%	第31～50%	三年績效占40%	五年績效占30%三年績效占20%
★★	三年績效排名第67.5～90%	第51～75%		
★	三年績效排名後10%	後25%		

資料來源：投信投顧公會

1. 相對報酬率（R-R_f）

其中無風險利率是指90天期國庫券利率。量化條件要求基金績效、風險管理、波動幅度及收費等。

在質方面，基金經理及小組管理基金的年期是考量的條件，這樣可以瞭解基金表現是否可歸功於現任管理小組，並衡量基金管理小組的穩定性。此外，投資策略的一貫性也是考慮因素。最重要的標準是管理小組要關注投資人利益，因為晨星向來以投資人利益為優先考量。如果基金公司不重視投資人權益，會被晨星列入黑名單。

2. 考慮期間

成立比較久的基金，晨星會把基金五年、十年績效納入考量，而不僅以三年作為評鑑考量。

美國晨星公司小檔案

・董事長曼修托（Joe Mansueto），持股比率78%

・股票上市：2005年5月3日

1984年，美國晨星公司執行長曼修托在只有一個房間的公寓裡，以8萬美元創辦共同基金研究公司晨星（Morningstar）。

晨星也算是一家出版社，創業初期，該公司是以出版共同基金每個月和年度的統計數字為主，並以五顆星的評分標準為這些基金評比，比傳統的評估方式更簡單易懂，而這種設計正是他們成功的關鍵。

晨星有網站和軟體，可提供股票和共同基金分析，在美國和海外17國共有逾800名員工。

曼修托說，要成為一位成功的企業家，請「詳讀所有波克夏公司（Berkshire Hathaway）的年報，讀完後，再讀一遍。」[6]

三、美國標準普爾Micropal

標準普爾買下英國基金評比公司Micropal，積極開拓基金服務市場，定期公布績效評比報告，還設立標準普爾基金獎，每年評選公布優良基金名單。

---

[6] 摘自《經濟日報》，2005年12月4日，C4版；廖玉玲。

四、理柏資訊

路透旗下的理柏在2006年以表16-7中的三項來評比各基金。

計算夏普比率的時候，當標準差過小時，會造成夏普比率異常偏高而失去參考性，而且夏普指標對於報酬與損失的評價相同，無法兼顧連續性的報酬與損失。

穩定報酬率採風險規避者的效用曲線函數來計算，三年、五年及十年等不同期間，切割不同時間序列，計算報酬率最領先的20%為第一級，並授予**Lipper Leader**的稱號。接下來每一等級也是以20%為標準再區分為第2級、第3級、第4級及第5級。

表16-7　理柏對基金評比項目

評比項目	保本能力 （preservation）	穩定報酬率 （consistent return）	總報酬率 （total return）
衡量指標	比較考量空頭市場時跌幅相對較小的	風險調整後報酬率，即相對報酬率，分三、五、十年共三組評比	報酬率，即絕對報酬率
適合投資人	保守型（46歲以上）	穩健型（36～45歲）	積極型（18～35歲）
應用		理柏基金獎以穩定報酬率作為主要評選項目	

五、投信投顧公會

台灣還沒到達可以養活基金評等公司的規模，所以從1996年起，由證券投資信託暨顧問同業公會委託台灣大學財金系李存修、邱顯比二位教授進行每個月的基金績效評比，除了一個月、三個月、一年、自成立日起四種期間的報酬率外，還跟英國Micropal公司一樣，計算出貝他係數、標準差、夏普比率，每月8日把上月基金績效評比公布。未來考慮也推出晨星公司的評比方式，以免太注重報酬率。每月第15個營業日公告標準普爾的基金績效評等；每月第18個營業日，公告理柏基金績效評等。

證券投資信託暨顧問商業公會網址如下：http://www.sitca.org.tw。

六、對基金評比應有的態度

《華爾街日報》個人理財專家柯拉曼（Jonathan Clements）就說，「堅持投資五星級基金」就是一種錯誤看法。任何投資人都能證實，過去績效完全不能說明將來的績效能怎樣；晨星的基金評比卻是根據基金過去的績效。但就像晨星公司在自

己的網站上所說的，「星級評等在識別值得進一步研究的基金方面是一個有效的工具，但評級不應被視為指導你買進或賣出基金的參考因素」。不幸的是，許多投資人似乎並未理解這一點。[7]

16-6 基金獎

電影有四大獎項（法國坎城、義大利威尼斯、美國奧斯卡和東京影展），得獎的電影大抵票房看好。當然，很多情況下，是票房成績、口碑，才讓電影得獎，即獎項向商業低頭。

在基金，同樣的有三大獎項，由三家基金評比公司作為宣傳評比服務的年度大戲，詳見表16-8。三個基金評比公司的基金獎項，由於獎項太多，反倒備多力分，令人記不住。底下簡單說明。

1. 理柏獎

理柏基金獎每年1月31日左右在瑞士蘇黎世開跑，4月7日於印度孟買結束，台灣於3月上旬舉行。理柏基金獎共在18個區域舉行，包括美國、歐洲九個、亞洲八個，富達與貝萊德投資管理是大贏家，共囊括全球15%的獎項，聯博排第三名。

2. 標準普爾獎

標準普爾基金資料部門賣給晨星，但2008年亞洲仍舉辦標準普爾基金獎，只是評選方法更新，選出具備前瞻性的基金。標準普爾投資顧問總監伊貝森（Simon Ibbetson）指出，以基金獎現有的評審方式來看，都是肯定基金過去績效及風險管理能力。但標準普爾希望鼓勵有前瞻性的基金，目標是找出能增加投資附加價值的基金管理小組。經濟大環境、基金風格及基金經理技巧，都會影響基金的前瞻性。[8]

---

[7] 《工商時報》，2007年10月2日，C2版，林明正。

[8] 《經濟日報》，2007年3月15日，B5版，張潃文。

▌表16-8 **基金的評比公司**

評比公司	理柏（Lipper）	晨星（Morningstar）	標準普爾
在台合作機構	台北金融研究發展基金會		
獎項名稱	金鑽獎 1998年開始辦	2007年開始辦	台灣基金獎
公布日期	3月2日	3月2日	3月初
得獎（2007年）	得獎率3% 1.國內基金23支 保德信投信以4支基金取得七個獎項，是國內基金組最大贏家。 2.海外基金18支 富蘭克林、摩根富林明及富達以兩項獎同列國外組冠軍，建弘亞洲科技基金為海外基金組中唯一得獎的國內投信基金。 3.研究 為鼓勵基層研究人員，也有傑出「研究人員組」的選拔，得獎者分別是大華證券研究部的林茹靖、元大京華投顧研究中心的蕭惠中、國泰投信投資研究部的黃玉枝。	得獎率1%，10個獎	得獎率5%，共61支

16-7 挑基金的幾個錯誤觀念

　　針對挑基金，投資人有些錯誤的看法（**我不喜歡文言文的迷思一詞**）。所幸，有理財雜誌做了問卷調查，讓我們可以看出有多少人「想歪了」！

一、幾個常見的錯誤看法

　　根據《SMART智富月刊》2007年9月對基金投資人的行為調查，發現投資人偏好用定期定額的方式投資，賺錢的比例也高於單筆投資的人。不過有四個主要的觀念有待修正，國人在操作基金上的心態，跟投資股票相當雷同；但若這樣的心態持續，卻無法發揮基金投資定期定額的優勢，詳見表16-9。

表16-9　投資人在投資基金時常犯的四大錯誤

問題	選項	百分比%
如果有一支你想買的基金淨值已到100元，你會買嗎？	會	10.1
	不會	66.4
	不知道	23.4
如果你的基金6個月來都在賠錢，而且落在同類型基金績效的後段班，你會怎麼處理？	繼續持有等待機會	41.8
	停損賣出或減碼	42.4
	不知道	15.8
如果你的定時定額基金已經獲利出場，你會？	繼續扣款	25.6
	停止扣款，再投資另一支基金	50.0
	不知道／拒答	24.4
請問你是否只買特定公司的基金？	是	27.9
	不是	52.3
	拒答	19.8

資料來源：《SMART致富雜誌》，2007.10.1

1. 喜歡以淨值高低來衡量是否買進某支基金：假設有一支基金淨值已到100元的話，約有66.4%的投資人表示不會購買。

2. 縱使賠錢，也不願停損賣掉：假設基金已經連續六個月都在賠錢，且落在同類型基金績效的後段班，依舊有41.8%的民眾表示要繼續扣款，並等待來日反彈之後贖回。正確觀念請詳見第15章第5節「停損」。

3. 也有50%的投資人認為，假設在基金達到停利點之後，他們就會選擇出場去投資另一支基金，正確觀念請詳見第15章第6節「停利」。

4. 近三成的投資人認為，他們對特定公司出的基金有明顯偏好，正確觀念詳見本章第1節。

二、買基金，別掉入淨值陷阱

在挑選同一個市場的基金時，有些人會選淨值比較低的基金，認為淨值高的基金漲幅已大，未來再上漲的空間縮小，但淨值低的基金過去漲得不多，比較便宜，可以買到比較多的基金單位數，未來應該比較有「補漲空間」。

這些理由看起來很有道理，但卻掉入**「淨值陷阱」**。

1. **高淨值基金代表「過去胖」**

　　相形之下，投資人也不要把高淨值的基金看成「貴」。基金無所謂「貴」或「便宜」，那是跟其他基金相比。至於有些基金淨值為30元，有些才10元，最大差別在於誰生得早，一般來說，早生幾年當然長得比較大。**簡單的說，淨值高低不應列入買基金的參考因素。**除非碰到基金套利，此時淨值高低是跟基

金價格比，這還比較有意義。

海外基金中，淨值即將破百的基金有20支，群益馬拉松基金淨值7月首度向百元叩關。高淨值不代表貴，只要基金績效持穩、投資前景看好，淨值再高也值得投資。

2. **低淨值基金耐跌易漲？**

基金跟股票一樣，面額都是10元。有時基金投資人難免會生吞活剝的把股票投資觀念套在基金身上，例如股市中流行三低股時，其中一低就是股價低，代表股價低的股票比較有上漲空間。因此，有些投資人認為「基金淨值越低越有投資價值」，這背後似乎把基金面額10元當成基本價值，溢價越高，好像脫離本質。

以同一類基金來說，淨值低代表資淺，而要是成立時間差不多，淨值低代表「技不如人」，像聯電的股價不到台積電的一半，反映的便是聯電賺錢能力不到台積電的半截。

基金成立的時間不同，淨值的計算也不相同。在國內，基金一開始成立時的淨值都是10元，因此從淨值高低，就可以判斷基金成立以來上漲或是下跌了多少。

如果是同一市場，假設兩基金成立的時間差不多，高淨值基金可能因為基金管理小組強，善於選股，也很會控制風險，所以基金淨值可以節節上揚，不斷創新高。

但在國外，很多基金成立時的淨值並不是從台幣10元開始，有的可能是從1美元開始，有的甚至是從500歐元開始。

三、貪小便宜是投資大忌

有位朋友問我：「我想買股票基金，是不是該挑基金費用便宜的買？」

這種想法主要來自下列二個來源推波助瀾：

・不少投信打「低費用牌」，甚至推出「免佣基金」；
・不少投資專家認為基金未來報酬是未知數，而基金費用則是十分底定的，所以應該「將本」求利的買「費用最低」的基金。

(一)省了手續費，可別賠了績效

📗表16-10　二支基金的報酬率

	A基金	B基金
淨值報酬率	12%	20%
基金費用	2%	3%
基金報酬率	10%	17%

　　有些投資人不明就裡的就把生活中經驗法則硬往基金投資上套，其中一項便是「價格高的品質一定好」，這是因為顧客不瞭解品質的好壞，所以從「價格中隱含（傳遞）著品質資訊」，例如一般人寧可多付幾萬元來買豐田汽車，因為覺得它耐用、省維修。

　　那麼基金是否也可套用這個經驗法則呢？下列比較方法提供你參考。

1. **跨類型基金比較**

　　國內股票基金的基金管理費皆有各投信統一報價的現象，以年費1.5%最常見。但是海外基金中的衍生性商品基金、保本基金，操作困難度較高，所以基金管理費常達3～5%，但跟它所多創造的預期報酬率相比，多增加一二個百分點的管理費，看起來還是划算的。

2. **同一類基金比較**

　　但是正確的比較是要「香蕉跟香蕉比，橘子跟橘子比」，在同類（例如股票基金）中來比較，與其問有少數基金為什麼管理費比較高，還不如問「**為什麼有些基金管理費比較低（例如年費只有1%）**」。

　　這其實不成問題，**如果要挑便宜的，買套裝到路邊攤買最便宜**，我們來看表16-10中的B基金總費用3%，比A基金貴一些，看起來成本高。但買基金，哪有人只看費用的？都是看基金報酬率，B基金淨值報酬率為20%、減掉費用3%，投資人收到基金報酬率為17%。反之，A基金淨值報酬率才12%，扣掉費用2%，才替投資人賺10%。由此可見「費用便宜的基金，不見得划算」。

　　這個例子說明無需把費用看得太重，除非是固定收益證券基金，每家投信的操盤績效相差不多，所以只好在基金費用上打肉搏戰。然而，不要因基金費用低廉而上當受騙。

(二)美國公司挑基金公司的標準

　　美國的公司買基金或透過資產管理公司來代客操作，主要的考量因素如表

16-11所示，可能令投資人很訝異的是「**基金費率**」的重要性只占**5%**，可說微不足道，這也是前面所強調的：「共同基金費用每家基金公司都差不多，但是投資能力可能有天壤之別，所以**費用不是重要因素**。」

由本表可看出，基金績效擺第一，占三成重要性，至於第二到五項因素，也只是判斷「基金績效持續性」是否會繼續下去的輔助指標罷了，簡單的說：「**費用不重要，會不會賺才是關鍵。**」

█表16-11　美國公司找基金公司、代客操作受託人的考量因素

基金績效（淨值表現）	30%
投資哲學和策略	20%
人員（研究、基金經理）素質	20%
安心因素（基金規模、合法）	15%
行政管理和定期報告	10%
基金費率	5%

資料來源：Stoakes & Freeman, "Managing Global Portfolios", *Euromoney Publications PLC*, 1989, p.56 Exhibit 5.7.

四、高配息不代表高績效

就跟股票一樣，息值（即現金股利）高的股票不見得是股價就會漲，只是代表公司有錢可以配發股利給股東。但是虧損的上市公司往往沒能力「凱」一下的配息，這點倒是真的。

同樣的道理，有賺錢的基金才有能力配息；沒賺錢的基金，投資人可就只能乾爽。不過，你也不能說「高配息基金表示投資績效好」，賺錢跟所得分配是兩碼子事，投資績效第一名的基金搞不好不配息，以免投資人領了配息，再加上其他股利、利息收入，一下子就超過27萬元的利息所得免稅門檻。投信為投資人節稅打算，甚至乾脆不配息，讓基金利滾利。投資人如果缺錢，可以賣掉一部分基金，而基金的資本利得視為證券交易所得，是免納入個人綜合所得稅申報的（俗稱免證券所得稅）。

（一）基金的配息規定

有少數基金在信託契約中訂有收益分配條款，例如下述規定。

・「可分配收益」是指扣除資本損失後，基金「已實現」的各種利得。

1. 配息門檻

在會計年度終結日，當可分配收益超過基金淨值5%，例如基金淨值20元，可分配收益不到1元就不配息。

2. 配息上限

有些有配息上限限制，例如配息超過10%的部分，延到下一年再補發。

㈡基金有填息行情？

股票有填權行情，那麼基金是否有「**填息行情**」（基金沒有除權的）？少數投資人認為20元的基金，除息2元後，只剩18元，看起來比較便宜，會引發投資人貪小便宜，所以預期會有填息行情（除息後立即回到除息前價位）。

可惜的是，上述都是少數投資人一廂情願的想法，現實中可沒這回事。

五、滾石不生苔？

有一種說法是周轉率高的基金，交易成本會侵蝕獲利，因此建議投資人不要買周轉率高的基金。這種說法完全是「只見毫末（鳥翅膀羽毛的末端），不見輿薪」。以高周轉率（6倍）基金來說，比低周轉率（2倍）基金高出4倍；套用散戶的券商手續費（0.1425%）和證交稅（0.3%），4倍的交易成本多2.34%。

以股票基金動輒40、50%的報酬率來說，多付一些交易成本，卻可以「追亡逐北」，講句簡單的話：「**開賓士車的人哪有人計較油價高低**」。

16-8 挑基金

「千金難買早知道」，這句話貼切描寫「慧眼獨具」的不容易，就因為「支支有希望，個個沒把握」，所以才有很多人提出挑基金的方法。

基金投資的重大錯誤觀念之一是「分散不足或過度分散」，只買一二種（支）基金（全球基金例外）可說不夠分散、風險太過集中，最好能分散在幾個地區型基金。縱使僅談國內基金，也是應該適當分散在三家投信的3到6支基金。當然，買八種以上基金那也是過猶不及。有些書建議投資人最多只應把資本分配在6支基金就夠了，因為基金投資對象大都重疊，所以買太多支基金對於風險分散沒有多大幫助，而且也沒有那麼多時間去管。

在本節中，我們把範圍縮小到某一種基金（例如印度基金），而不是在大海中

把所有基金用同一個篩選原則來過濾。

一、三個十原則

有些專家採取三個「十」原則來挑基金，以海外基金來說，有19支。底下詳細介紹表中第二名的富蘭克林坦伯頓成長基金。

1. **至少成立十年以上**

好基金一般來說是要看長線績效，畢竟一個完整的景氣循環通常是8到10年，因此一支基金長線績效維持穩定，才能看出功力。

2. **基金規模10億美元以上**

這原則的精義就是指規模要夠大，長期投資才可享有較低的管理費。

3. **一年頂多跌10%**

在空頭期間，單年跌幅控制在10%內，甚至要能逆勢上揚，代表基金經理的操盤有一定火候，才值得長年追隨。

二、十年每年都賺的基金

2007年10月9日，晨星公司評估美國4,929支可以投資債券和衍生性商品的股票基金後，挑出到2006年有十年績效紀錄的1,818支基金，找出10支年年都賺錢的基金，大部分是「資產配置基金」，也就是可以根據市況，在股票、債券和現金之間調整投資組合的基金。

晨星公司基金分析主管班斯說：「這些基金幾乎全都不是純粹的股票基金，如果你希望找表現穩當、儘量不虧錢的基金，要找資產類別多樣化的基金。」這10支基金從1997年以來，每年報酬率都是正數，基金經理擊退科技股泡沫和空頭市場熊爪，縱使操盤績效偶爾不如大盤，到了每年1月，投資人都發現自己沒有虧錢。班斯說：「這種成就真是難能可貴。基金經理有把資金全部投資下去的壓力，其中的缺點是有些年頭基金會虧錢。」[9]

三、排行榜前十名

迄2007年2月，成立滿十年以上的股票基金共57支，平均報酬率110.64%，績效前十名基金平均報酬率261%，同期加權股價指數報酬率僅0.34%。其中前三名的累積報酬率皆在300%以上，底下我們拉個特寫鏡頭，詳細介紹群益馬拉松基金。

---

[9] 《經濟日報》，2007年10月10日，A8版，劉道捷。

四、台灣最值得長抱的基金之一：群益馬拉松

2003年11月，群益馬拉松的基金經理王智民說明能「路遙知馬力」的竅門。

在投資操作上，我們相當堅持從基本面挑選個股，絕不隨市場起舞。

個股的選擇是採「由下」的選股策略。群益馬拉松基金雖然長跑不差，但是短線績效有時跑輸大盤。

我認為，發掘一家成長性高的績優公司，並堅持長期投資會比追漲殺跌投機股來得好，而且更有保障。

我們透過頻繁拜訪上市、上櫃公司，並充分利用每一個可能的管道，瞭解企業實際營運狀況，藉此來發掘具有獲利爆發力的潛力股，同時我們集中持股。因為基金規模大，我們多選擇中、大型的股票。

該基金規模可以持續成長最主要因素是長期績效佳，基金公司品牌、募集銷售能力也是重要因素。[10]

群益馬拉松基金

群益投信馬拉松基金成立於1996年，基金成立規模僅有15億元，2007年6月底基金規模已經超過133億元，累積報酬率600%，表現亮眼。

群益投信表示，群益馬拉松基金未限制投資類股，選股範圍廣、投資彈性大，因此能隨主流產業趨勢靈活調整投資方向、均衡布局，是基金績效優異的關鍵。

五、李存修、邱顯比的4433原則

台灣大學財務金融所教授李存修、邱顯比，建議投資人採取「4433」長中短與極短期兼顧的篩選基金方式，詳見表16-12。

符合4433法則，表示該基金不僅長期績效良好，在股市盤整修正期間，也能夠保持良好的績效，足見研究部對趨勢及個股的掌握程度相當高，181支股票基金中，只有2%符合標準。接著，在2007年，他們還提出更嚴格的444333原則，只是把4433原則往前後延伸，詳見表16-12的下半部。

⑩ 《經濟日報》，2003年11月22日，27版，俞蘋。

▌表16-12　4433原則圖解

4433原則	過去3個月 第1個3	過去6個月 第2個3	過去1年 第1個4	過去2～5年 第2個4
排名	居前三分之一	同左	居前四分之一	同左
步驟	步驟3	步驟4	步驟1	步驟2

444333原則	過去3個月	過去6個月	過去1年	過去2年	過去3年	過去5年
排名	居前三分之一	同左	同左	居前四分之一	同左	同左
步驟	步驟4	步驟5	步驟6	步驟1	步驟2	步驟3

六、伍忠賢的三三三原則

「**簡單就是美**」，基於容易操作的考量，我採用兵分三路的「三三三」原則。詳見表16-13，以印度基金為例，我會把3萬元分成三支基金，不厭其煩的填寫申購單，因為「**想賺錢就不要怕麻煩**」。根據我及學生8年、600支基金的驗證，「**三三三原則**」績效**95%**情況下，打敗單押過去一年第一名的挑基金方式。底下說明原因。

少數情況下，過去一、二、三年的第一名都是同一支，例如霸菱東歐、拉丁美洲。

▌表16-13　單一類基金的分散三支投資原則

	過去一年	過去二年	過去三年
著眼點	取其爆發性與抓住新趨勢	一、三年的中庸	取其穩定性
舉例（印度基金）	聯博	摩根富林明	富達

(一)短期（最近一年）：著重其前瞻

擺三分之一資金在新起之秀的「最近一年績效第一名」基金上，主要還是看上它的爆發力，也就是對於最近行情有「他捉得住我」的能力，合理預期，這些「今天打贏」的基金經理，明天連莊的勝算也比較大。

為什麼我們把這部分的基金組合比喻成股票投資組合中的「攻擊性持股」呢？攻擊性持股就跟游擊戰一樣，打帶跑的跑短線，只要有賺就好。

(二)中期（最近二年）：著重其成長

這部分基金在你的基金投資組合中所扮演的角色跟足球隊的中鋒一樣，「進可

攻，退可守」，兼具「最近一年第一名基金」這前鋒和「最近三年第一名」這後衛的功能。有如股票投資組合中核心持股的功能。

(三)長期（最近三年）：著重其穩定

基金大都屬於中長期投資，所以長期投資績效最能看出「路遙知馬力」的功效。這類投信（像富邦、群益等）比較不強調一時輸贏，公司的投資哲學屬於「追求中長期穩定績效」，比較不在乎短期績效，所以旗下基金經理比較不會短視近利的鋌而走險，例如押一些投機股。

這部分基金所扮演角色跟大船的「壓艙物」一樣，用以穩定船身，單以股票投資來比喻，這部分稱為「基本持股」——值得持有三年以上的股票。

還有一項證據支持「看基金三年績效就夠了」的看法，主要是來自實證研究發現，「三年績效對基金規模的影響最大」。

投信投顧公會秘書長蕭碧燕強調，投資人在投資基金時也容易出現「第一名迷思」，喜歡買績效第一名的基金。只是，第一名的基金往往得重押某些股票，績效雖然暫時領先，卻不代表年年都能獲得穩定報酬。因此，她建議，挑選近三年績效穩定居前段班（排名在前15%）的基金。為什麼要看三年的績效？因為一個景氣循環差不多需要三年的時間，如果這支基金在近三年的績效都能穩居前段班，就表示無論在任何景氣階段，該基金都能提供相對穩健的報酬。[11]

(四)沒有人看一、三個月績效的

或許你會問「為什麼不選上個月第一名的基金呢？」原因有二。

1. 小時胖不是真胖

像空頭市場時前三名基金皆是三個月內進場的新基金，這可從「基金成立日」一欄看出，還在建立基本持股（約占資金三成）階段，所以手上「現金」（其實可能是固定收益證券基金）比股票還多，一旦碰到當月空頭（即月線收黑）情況，新基金當然會沾到「少輸就是贏」的好處。

所以要看新基金經理屬不屬害，得看他在進場後三個月，必須把資金七成以上放在股票上，這時跟其他舊基金比較的基礎才一致，這時來比才有意義。

2. 避免一時矇對了

有時基金經理可能一時矇對了，因此當月他最行，以反彈行情來說，可能

---

[11] 《工商時報》，2006年10月2日，C2版，林明正。

是以金融、塑化等大型股領軍，由於占加權指數比重大，所以成為黨政基金拉指數的主要目標。但這只適用於短期，中長期還得靠電子股。

為什麼不會押「近三個月第一名（或前三名）」，原因還是擔心它只是一時矇對了，例如反彈行情時，誰會爬起來最快，當然是那些高持股比率的基金，手上抱滿股票，要漲就漲得快。可是不到三個月，其他基金也都恢復正常持股比率（八成），這時決勝負的反而是選股能力。也就是「最近一年」基金績效才看得出哪一位基金經理慧眼獨具。

伍氏三三三原則的實例詳見第9節。

七、投資資訊哪裡找？

投資人最關心的是基金「行情表」（淨值表）在哪裡可以找得到？當下或下一季的投資組合建議在哪裡？

這些資訊只要看了本則，你就可以很容易手到擒來，不致上窮碧落下黃泉的找得汗流浹背。對大部分投資人來說，報紙是最便宜的基金資訊來源，《工商時報》、《經濟日報》比一般性報紙，在這方面著墨要多。由表16-14可見，行情表、專題報導皆在相關版面可以找得到。

▌表16-14　工商時報、經濟日報有關基金的行情、投資建議

	經濟日報		工商時報	
新聞	A1版	基金投資	D2版	金融商品
	B2版	基金寰宇	D3版	基金焦點
	B3版	基金平台	D5版	全球ETF
	B4版（半版）	基金走廊		
行情表				
(一)台灣				
1.封閉型基金	C4～C5版		B7版	
2.開放型基金	B4版		D5版	
(二)海外	B4版		D5版	

達成人生目標的投資建議

提案人：邱郁淇

2008年4月30日

一、投資目標

1. 投資年齡：23至28歲（五年）
2. 金額：房屋頭期款　　600,000元

　　　　補英文　　　　200,000元

　　　　學習技能　　　200,000元

　　　　總金額　　　1,000,000元

3. E(R)：37.0348%(370,348元)

二、投資限制

E(L)：0%

三、投資建議

㈠投資金額（年）

$$1,00,000 \div \frac{[(1+37.0348\%)^5 - 1]}{37.0348\%} = \$99,638.4422$$

㈡投資組合

基金名稱	比重（%）	E(R)	E(L)
3.攻擊：匯豐環球投資基金—印度基金	20%	60.658%	0%
2.核心：霸菱東歐基金—美元	30%	45.674%	0%
1.基本：群益馬拉松	50%	22.402%	0%
小計	100%	37.0348%	0%

註：$\sum E(R)$=20%×60.658% + 30%×45.674% + 50%×22.402% = 37.0348%

$\sum E(R)$=20%×0% + 30%×0% + 50%×0% = 0%

四、基金組合介紹

(一)基本：群益馬拉松—投資比重50%

1. 成立日期：1996.8.20
2. 基金規模：188.32億元
3. 計價幣別：台幣
4. 基金類型：國內股票開放型一般股票型
5. 投資區域：台灣
6. 投資標的：以國內上市或上櫃為主要投資標的

基金報酬率

	群益馬拉松				
1.年份	2003	2004	2005	2006	2007
2.報酬率（%）	21.97	12.10	39.27	22.96	15.71
3.預期報酬率E(R)	(21.97＋12.10＋39.27＋22.96＋15.71)/5＝22.402%				
4.預期虧損率E(L)	0%				

基金績效表

基金	淨值	淨值日期	自今年以來的報酬率（%）	年化標準差	Sharpe	β
群益馬拉松	75.36	2008/4/28	-4.09	34.93	0.03	1.21

相關新聞

1. 國內股票型基金規模前五大，群益馬拉松長期居冠。
2. 群益馬拉松基金經理董士德表示，股市受政治因素干擾往往是暫時性的，投資人的觀察重點應是基本面是否有變化，只要基本面並未改變，股市終究會回歸經濟實質表現。以產業族群來看，電子股仍是未來相對看好的產業，尤其外資買超還是以科技股為主，像是半導體、IC設計、Flash、手機製造與零組件等族群，皆具有表現空間。

(二)核心：霸菱東歐基金美元—投資比重30%

1. 成立日期：1996.9.30
2. 基金規模：37.2272億美元（2008.2.29）

3. 計價幣別：美元

4. 基金類型：區域型基金

5. 投資區域：東歐

6. 投資標的：股票型

基金報酬率

	霸菱東歐基金—美元				
1.年份	2003	2004	2005	2006	2007
2.報酬率（%）	55.78	41.79	45.94	49.89	34.97
3.預期報酬率E(R)	(55.78+41.79+45.94+49.89+34.97)/5＝45.674%				
4.預期虧損率E(L)	0%				

基金績效表

基金	淨值	淨值日期	自今年以來的報酬率（%）	年化標準差	Sharpe	β
霸菱東歐基金—美元	155.66	2008/4/28	-7.92	26.73	0.16	1.07

相關新聞

• 《績效會說話》東歐基金一年飆逾五成（2007.10.08）

東歐在8月股災時，下跌4.5%，然而，在天然資源及歐盟市場整合雙力驅動下，國內已核備的東歐基金，近一年平均表現有45.85%，其中排名第一的瑞銀中歐基金近一年績效達52.74%，第二名的霸菱東歐基金有50.59%，緊接在後的是荷銀東歐基金，報酬率也有48.5%！

(三)攻擊：匯豐環球投資印度股票基金—投資比重20%

1. 成立日期：1996.3.4

2. 基金規模：72.4937億美元（2008.2.29）

3. 計價幣別：美元

4. 基金類型：單一國家基金

5. 投資區域：印度

6. 投資標的：股票型

基金報酬率

匯豐環球投資—印度股票基金					
1.年份	2003	2004	2005	2006	2007
2.報酬率（%）	117.12	27.79	34.51	45.95	77.92
3.預期報酬率E(R)	(117.12+27.79+34.51+45.95+77.92)/5＝60.658%				
4.預期虧損率E(L)	0%				

基金績效表

基金	淨值	淨值日期	自今年以來的報酬率（%）	年化標準差	Sharpe	β
匯豐環球投資印度股票基金	204.79	2008.4.29	-19.70	33.91	0.28	1.21

相關新聞

- 進攻新興市場摩根5月設印度私募股權部門

  （中央社台北2008年4月23日電）美國第二大券商摩根士丹利（MS）表示，預定5月1日在印度成立私募股權基金部門。摩根士丹利的私募股權部門，將透過規模15億美元的亞洲基金，投資印度市場。

※附註

利用年金終值概念可求每月應投資金額（Y）：

$$X \times \frac{(1+37.0348\%)^5 - 1}{37.0348\%} = 1,000,000 \text{ 元}$$

得X = 每年投資大約99,638元

Y = 每月投資大約8,303元

所以投資三支基金定期定額每月每支約2,800元，總計8,400元符合投資需求。

參考 文獻

（中文依出版時間順序）

1. 伍忠賢，海外基金的第一本書，商用出版公司，2001年10月，初版。

2. 伍忠賢，超越基金，遠流出版公司，2002年10月，初版三刷。

3. 陳登源等，基金管理，雙葉書廊有限公司，2007年7月，初版。

第一章

1. 高蘭芬，「運氣好或操作策略好？——拔靴法下共同基金之績效衡量」，管理與系統，2007年7月，第341～358頁。

2. 陳樹，「私募股權基金之介紹及發展現況」，證券公會季刊，2007年7月，第18～32頁。

3. 蕭碧燕，買基金為自己加薪，元智出版公司，2007年9月。

4. Kosowski, Robert et al., "Can Mutual Fund 'Stars' Really Pick Stocks? New Evidence from a Bookstrap Analysis," JF, Dec. 2006, pp.2551-2596.

第二～四章

1. 韓世芳譯，「金融秩序遭打亂，最糟時刻還沒過去」，商業周刊，1031期，2007年8月，第136～138頁。

2. 單小懿，「葛洛斯為何再次成了贏家？」，商業周刊，1087期，2008年9月，第118～122頁。

第五章

1. 呂國禎，「2015年油價200美元」，商業周刊，1031期，2007年8月，第104～110頁。

2. 王茜穎、蕭勝鴻，「我們將面對非常大的通膨」，商業周刊，1031期，2007年8月，第110～115頁。

第六章

1. 吳怡蕙等，「台灣REITs個人與法人投資需求之研究」，台灣銀行季刊，2008年9月，第72～94頁。

第七章

1. 曹耀鈞等，「社會責任投資共同基金之績效檢視——台、日、星、港四域比較研究」，證交資料，544期，2007年5月，第2～24頁。

2. Cooper, Michael J. et al., "Changing Names with Style: Mutual Fund Name Changes and Their Effects on Fund Flows", JF, Dec. 2005, pp.2825-2858.

第八章

1. 陳靜芬等，「以海外股價指數發行ETF上市交易相關作業之可行性」，證交資料，541期，2007年2月，第21～40頁。

2. 駱莎玲等，「我國指數股票型基金市場引進造市商制度之可行性分析」（上）（中）（下），證交資料，541、542、543期，2007年2、3、4月。

3. 黃昭豐，「持續成長的美國指數股票型基金市場」，證交資料，549期，2007年10月，第44～47頁。

4. 劉宗聖等，ETFs——資產投資新趨勢，財訊文化公司，2007年6月。

第九～十一章

1. 奧力佛・米勒，錢進印度——全球基金經理人新目標市場，知識流公司，2007年7月。

2. 阿米爾・富曼，杜拜 & Co.——掌握波灣國家商機的全球布局，麥格羅・希爾出版公司，2008年9月。

3. 陳忠慶，大賺A股基金，原富傳媒出版公司，2007年10月。

第十二、十三章

1. 林泔薇等，「透視對沖基金—— 全球主要國家與我國證券市場之比較（上）」，證交資料，553期，第6～61頁。

2. 盧陽正、許淑琇，「美國對沖基金之類型及其操作績效持續性（上）」，台灣期貨市場，2005年7月，第3～9頁。

3. 胡采蘋譯，「鬼牌人人會拿到，信用風險越滾越大」，商業周刊，1037期，第138～140頁。

4. 王照宇，「避險基金之管制：美國哥倫比亞特區上訴法院Goldstein vs. SEC案簡介」，證交資料，544期，第3～86頁。

第十四章

1. 戴錦周、林孟樺，「投信與基金績效之研究」，台灣金融財務季刊，2007年9月，第65～87頁。

2. Bollen, Nicolas P. B., "Mutual Fund Attributes and Invsetor Behavior", JFQA, Sep. 2007, pp.683-708.

3. Lettau, Martin and Jessica A. Wachter, "Why Is Long-Horizon Equity Less Risky? A Duration-Based Explanation of the Value Premium", JF, Feb. 2007, pp.55-92.

第十五章

1. Avramov, Doron and Russ Wermers, "Investing in Mutual Funds When Returns Are

Predictable", JFE, Aug. 2006, pp. 339-378.

2. Elton, Edowin J. etc., "The Impact of Mutual Fund Family Membership on Investor Risk", JFQA, June 2007, pp. 257-278.

3. Busse, Jeffrey A. and Paul J. Irvine," Bayesian Alphas and Mutual Fund Persistence", JF, Oct. 2006, pp. 2251-2288.

第十六章

1. Gaspar, José-Miguel etc., "Favoritism in Mutual Fund Families Evidence on Strategic Cross-Fund Subsidization", JF, Feb. 2006, pp. 73-104.

2. Kacperczyk, Marcin etc., "On the Industry Concentration of Actively Managed Equity Mutual Funds", JF, Aug. 2006, pp. 1983-2012.

3. Kacperczyk, Martin and Amit Seru, "Fund Manager Use of Public Information: New Evidence on Managerial Skills", JF, Apr. 2007, pp. 485-528.

國家圖書館出版品預行編目資料

基金投資與管理 ／伍忠賢著.
—初版.—臺北市：五南， 2008.12
面； 公分.
ISBN 978-957-11-5423-7（平裝）
1.基金 2.投資
563.5 97019666

1MCG
基金投資與管理

作 者 ─ 伍忠賢(31.3)

發 行 人 ─ 楊榮川

總 編 輯 ─ 龐君豪

主 編 ─ 張毓芬

責任編輯 ─ 吳靜芳 雅典編輯排版工作室

封面設計 ─ 盧盈良

出 版 者 ─ 五南圖書出版股份有限公司

地 址：106台北市大安區和平東路二段339號4樓

電 話：(02)2705-5066 傳 真：(02)2706-6100

網 址：http://www.wunan.com.tw

電子郵件：wunan@wunan.com.tw

劃撥帳號：01068953

戶 名：五南圖書出版股份有限公司

台中市駐區辦公室/台中市中區中山路6號

電 話：(04)2223-0891 傳 真：(04)2223-3549

高雄市駐區辦公室/高雄市新興區中山一路290號

電 話：(07)2358-702 傳 真：(07)2350-236

法律顧問 元貞聯合法律事務所 張澤平律師

出版日期 2008年12月初版一刷
2011年10月初版二刷

定 價 新臺幣550元